AF368628

CONFÉRENCES

DU PALAIS.

PREMIÈRE ANNÉE.

TOME II.

J'ai déposé à la Bibliothèque Impériale les Exemplaires voulus par la loi ; je déclare que je poursuivrai devant les Tribunaux tout contrefacteur ou débitant d'Edition contrefaite.

CONFÉRENCES DU PALAIS,

OU

JOURNAL DES TRIBUNAUX

CIVILS, CRIMINELS ET DE COMMERCE;

PAR M^e. MAUGERET, AVOCAT.

A PARIS,

CHEZ MAUGERET FILS, IMPRIMEUR-LIBRAIRE,
rue Saint-Jacques, n°. 38,

Et salle Dauphine, n°. 1, au palais de Justice;

ET DANS LES DÉPARTEMENS,

Chez les principaux LIBRAIRES.

M. DCCCIX.

AVERTISSEMENT.

Nous avons, dans le premier volume de nos *Conférences*, rempli et au-delà les engagemens que nous avions contractés envers nos Souscripteurs ; car, bien que nous eussions annoncé dans notre Prospectus que l'année entière ne formerait que trois volumes, néanmoins le premier trimestre compose seul un volume de 395 pages.

A l'avenir, nous ne recevrons plus de souscriptions par mois, mais bien par volumes. Chaque souscription sera remplie par un, deux ou trois volumes de vingt-quatre feuilles d'impression au moins, ainsi que nous l'avons promis.

Au moyen de ce changement, le prix d'abonnement sera, pour Paris,

De 6 fr. pour un volume ;

De 12 fr. pour deux volumes ;

Et de 18 fr. pour trois volumes.

Le prix d'abonnement sera, pour les départemens, franc de port pour les Abonnés,

De 8 fr. pour un volume ;

De 16 fr. pour deux volumes ;

De 24 fr. pour trois volumes.

On peut s'abonner chez MM. les Rédacteurs des Journaux dans les départemens;

Chez les principaux Libraires;

Chez les Directeurs des postes aux lettres.

Il faut affranchir le port des lettres et de l'argent.

Le second volume contiendra diverses Conférences sur le nouveau Code d'Instruction criminelle, sur la Régie des Douanes, sur le Timbre, sur l'Enregistrement, sur les Octrois municipaux et de bienfaisance, sur la Légion d'honneur, sur la Noblesse, sur les Injures écrites, sur les Contre-Lettres, sur les Testamens, sur les Fonctions des Maires, sur celles des Jurés.

Il contiendra en outre le Bulletin des Lois; savoir, par extrait seulement, les Lois et Décrets impériaux qui n'ont pour objet qu'un intérêt local et individuel, et en entier, ceux qui embrassent des objets d'intérêt général.

Nos *Conférences* peuvent devenir tous les jours plus utiles et plus intéressantes, si MM. les Avocats et Avoués veulent y concourir, en nous envoyant le précis exact des causes importantes qu'ils auront instruites et plaidées, avec le texte fidèle des Jugemens et Arrêts qui les auront résolues, tant en matière civile qu'en matière criminelle et commerciale.

XXVe. ARTICLE.

HUISSIERS. — FAUX COMMIS EN DÉCLARANT QU'ILS ONT EUX-MÊMES DONNÉ LES EXPLOITS QU'ILS ONT CEPENDANT FAIT PORTER PAR DES TIERS.

RIEN n'est plus ordinaire, rien n'est plus commun que cet abus.

Sous le vain prétexte qu'ils sont trop occupés, qu'ils ne peuvent se transporter partout, que l'expédition des affaires en serait ralentie, beaucoup d'huissiers se permettent d'envoyer leurs clercs, ou d'autres personnes sans caractère public, porter les copies de leurs exploits ; et cependant il est dit, dans l'original, que la copie a été, par l'huissier lui-même, remise au domicile de l'assigné, en parlant à...

Nous disons que c'est d'abord un très-grand abus. Combien de fois n'arrive-t-il pas que le porteur, qui n'est point responsable, qui n'a aucuns risques à courir en ne remettant pas la copie qui lui est confiée, ne la remet pas en effet, soit par paresse, soit par oubli, soit par mauvaise volonté, quelquefois même par l'effet de la séduction, de la corruption, de la crainte.

Celui qui devait recevoir le libelle ne le reçoit pas : il ne se défend pas, parce qu'il ignore qu'on l'a attaqué (1) ; il ne paye pas, parce qu'il n'a pas

____

(1) Et il est condamné par défaut.

reçu le commandement qui lui en portait l'injonc-
tion (1) ; il ne vient pas rendre témoignage, parce
qu'il n'a pas su que tel juge, tel Tribunal, telle
Cour, l'avait appelé comme témoin, et il est condamné à supporter tous les frais du débat qui est
remis, parce qu'on ne peut pas juger sans l'entendre:
il ne fait pas telle chose dans le délai fixé par un
contrat ou par un jugement, il en est déchu, parce
qu'il n'a pas reçu la sommation qui faisait courir
un délai fatal ; il perd son recours contre celui de
qui il tenait un effet de commerce, parce que
n'ayant pas reçu de protêt, il s'est cru dispensé d'en
faire de son chef.

Un domaine frauduleusement vendu à vil prix,
au préjudice des créanciers, reste sans surenchère
au profit de l'adjudicataire, ou plutôt du débiteur,
dont l'adjudicataire n'est que le prête-nom, parce
que les créanciers inscrits n'ont pas reçu la signification qui, en leur ouvrant la faculté de surenché-
rir, fait courir le délai, à l'expiration duquel ils
ne le peuvent plus.

Un jugement contradictoire est rendu : celui qui
a perdu son procès veut en interjeter appel. Il sait
qu'il a pour cela trois mois, à partir du jour de la
signification du jugement rendu en première instance. Il attend cette signification, elle lui est *souf-
flée*, le délai s'écoule, et il faut qu'il exécute ce
à quoi il a été peut-être mal à propos condamné.

Un jugement en dernier ressort est rendu. La
partie condamnée a le droit de l'attaquer par la
voie du pourvoi en cassation ; cette faculté peut
être exercée pendant les trois mois qui suivent la
signification du jugement en dernier ressort. Il ne
reçoit pas cette signification, il reste tranquille sur

____

(1) Et il subit l'éclat d'une saisie et en supporte les frais.

(9)

la foi du délai; ce délai expire, et le jugement qu'il aurait attaqué peut-être avec succès, a acquis la force de la chose jugée , il faut l'exécuter.

Un juré tombe au sort, il ne reçoit pas l'assignation qui l'appelle à ses fonctions pour tel jour. Il ne se rend pas à l'audience, et il est inévitablement condamné à 5o fr. d'amende et dix jours d'emprisonnement.

Un débiteur est condamné par corps ; on lui *souffle* les copies des actes préparatoires à son arrestation. Il aurait payé dans l'intervalle de l'un à l'autre de ces actes, et il se voit scandaleusement enlevé à sa famille, à ses affaires, plongé dans les fers, privé de sa liberté, flétri pour toujours dans sa réputation et son crédit.

Et contre les justes réclamations de toutes ces victimes, les magistrats sont obligés de proclamer ce principe, que les actes des huissiers font foi jusqu'à inscription de faux!!!

Jusqu'à inscription de faux! Et comment le malheureux frappé dans sa liberté, dans son honneur, dans sa fortune, pourra-t-il se flatter de réussir dans une inscription de faux, par suite de laquelle il n'aurait à prouver qu'un fait négatif, dont la preuve est presque toujours impossible?

Combien les tribunaux doivent être sévères, quand il arrive qu'on leur administre la preuve judiciaire d'un fait qui joint aux caractères matériels du faux, le danger imminent, et trop souvent peut-être la volonté de nuire à autrui!

Est-il bien vrai que l'intérêt public commande, en quelque sorte, la tolérance de cet abus? Est-il bien vrai qu'il importe à la célérité des affaires que le même huissier atteste, par sa signature, qu'il a porté lui-même vingt exploits dans un jour, quand il est matériellement et physiquement démontré qu'il n'aurait pas pu en porter lui-même plus que huit ou dix ?

Le véritable motif n'est-il pas le desir cupide d'accumuler des profits, et de gagner en un jour ce qu'on n'aurait dû gagner qu'en deux ou trois ?

Dans les grandes villes, à Paris surtout, où il y a beaucoup d'huissiers peu connus, peu occupés, ne faudrait il pas au moins que ceux qui ont mérité et obtenu la confiance du public ou celle des grandes administrations, fissent faire par ces huissiers, qu'on appelle vulgairement EN SOUS-ORDRE, les actes dont ils ne peuvent pas aller porter eux-mêmes les copies ?

Il en résulterait plusieurs avantages.

1°. Ces officiers ministériels, ainsi occupés pour le compte et sous la surveillance de leurs collègues, trouveraient dans leurs occupations des moyens licites d'existence, et on n'aurait pas aussi souvent le triste et scandaleux exemple de ces poursuites ruineuses, vexatoires, et souvent aussi préjudiciables au poursuivant qu'au poursuivi.

2°. Celui qui porterait et signerait en son nom les actes et exploits, étant fonctionnaire et responsable, serait retenu par son devoir, par son intérêt, et la crainte de compromettre sa liberté, son honneur, son état et sa fortune.

Les tiers, sans caractère public, par lesquels certains huissiers se font suppléer, ne sont pas retenus par de semblables motifs ; ils n'ont point de responsabilité, souvent point de domicile, et le torrent de l'habitude ne leur permet peut-être pas même de réfléchir qu'ils se rendent complices d'un faux chaque fois qu'ils vont ainsi porter une copie.

3°. L'individu qui reçoit une signification quelconque a le droit d'y faire une réponse. Les lois obligent l'huissier qui fait la signification à recevoir cette réponse, à la charge par le répondant de parfournir les droits d'enregistrement auxquels sa réponse peut donner naissance.

Si l'acte principal est porté par un officier ministériel, il peut, comme il doit, recevoir la réponse ; il la fixe par sa signature ; la loi est respectée et l'intérêt de la partie conservé.

Mais si la copie est portée par un homme sans caractère, il est impossible à celui qui la reçoit de faire sa réponse, puisque celui qui la porte est inhabile à la recevoir.

Il serait trop long d'examiner tous les dangers d'un usage beaucoup trop accrédité, qui est plus qu'un abus, puisqu'il présente tous les caractères du crime de faux : la raison seule le dit, et les Cours l'ont prononcé toutes fois que la question leur en a été soumise, ainsi qu'il résulte des exemples suivans.

1re. *Espèce.* — Les sieurs M., frères, étaient créanciers inscrits sur les biens du sieur B.

Celui-ci vendit quelques-uns de ses immeubles, et l'acquéreur fit notifier son contrat aux créanciers inscrits.

Les sieurs M. prétendirent que la notification ne leur était pas parvenue ; ils s'inscrivirent en faux, et dans le cours de l'instruction, il fut établi que l'huissier O., chargé de faire les notifications, avait envoyé et fait distribuer la plupart des copies par des clercs qui n'avaient point de caractère public.

La répression du crime de faux était alors poursuivie pardevant les Cours de Justice criminelle et le jury de jugement.

Un acte d'accusation fut admis contre l'acqué-reur au nom duquel les notifications avaient été faites, contre l'huissier qui les avait faites, et contre les individus qui avaient, de leur aveu, porté les copies signées de l'huissier.

Les accusés furent acquittés par la déclaration du jury de jugement, mais l'instruction et le jugement consacrent le principe, que le fait constitue le crime de faux (1).

2ᵉ. *Espèce.* — Le sieur P. avait acquis un immeuble situé dans l'arrondissement communal de Corbeil, département de Seine et Oise.

Il chargea le sieur C. de faire faire la notification de son contrat aux créanciers inscrits.

Le sieur C. choisit un huissier de Corbeil, par lequel les originaux furent signés, et qui ne remit pas lui-même les copies.

Une plainte en faux fut portée contre le sieur C. et contre l'huissier.

Pendant que l'instruction se poursuivait, on acquit la preuve qu'une surenchère avait été faite.

L'accusation fut admise, et les deux prévenus traduits devant la Cour de Justice criminelle du département de Seine et Oise, séante à Versailles.

La déclaration du jury de jugement fut qu'il avait été commis un faux, consistant à ce qu'un officier ministériel avait attesté, par sa signature, avoir porté et remis lui-même des copies d'exploits de notification, lorsqu'il résultait même de son aveu qu'il ne les avait pas portées;

Que l'huissier.... tel.... était coupable de ce faux, mais qu'il n'était pas constant qu'il l'eût commis méchamment et dans l'intention du crime;

____

(1) Je plaidais pour les plaignans. (*Note du Rédacteur.*)

Qu'il avait été fait usage de pièces fausses; que le sieur C. en avait fait usage ; qu'il l'avait fait sachant qu'elles étaient fausses , mais qu'il ne l'avait pas fait méchamment et dans l'intention du crime (1).

Ceux qui furent prévenus dans ces deux espèces n'ont pas à se plaindre de leur destinée. Ils seraient peut-être moins heureux aujourd'hui, que la Cour de Cassation a prononcé plusieurs fois, 1°. que le fonctionnaire public qui commet un faux dans l'exercice de ses fonctions, est nécessairement coupable, et qu'il est inutile d'examiner la question de savoir s'il a commis le faux méchamment et dans l'intention de nuire à autrui;

2°. Que celui qui fait usage d'une pièce fausse, sachant qu'elle est fausse, est coupable, et qu'il est inutile d'examiner s'il a agi méchamment et dans l'intention de nuire à autrui, la moralité du fait étant suffisamment résolue par la déclaration que l'accusé a fait usage d'une pièce fausse sachant qu'elle était fausse.

3ᵉ. *Espèce.* — Le sieur Fauré père était huissier au Tribunal de première Instance de l'arrondissement communal de Castel-Sarrazin, département de la Haute-Garonne.

Il fut chargé de citer divers individus devant le Tribunal de Police du canton de Verdun.

Les citations furent signées par lui, mais presque toutes les copies furent remises aux assignés par le sieur Fauré fils, qui n'avait point de caractère public.

Ce fait fut dénoncé à M. le Procureur-Général impérial près la Cour de Justice criminelle et

____

(1) Je plaidais pour l'huissier. (*Note du Rédacteur.*)

spéciale du département de la Haute-Garonne ;
une instruction fut par lui requise ; elle produisit
la preuve et même l'aveu du fait.

Dans cet état, la Cour de Justice criminelle et
spéciale rendit, le 17 nivose an 14, un arrêt de
compétence en ces termes :

Attendu qu'il s'agit de la remise faite à divers individus
de citations à comparaître devant le Tribunal de Police de
Verdun, et autres exploits, par Fauré fils, qui n'a aucun
caractère public ; de l'ordre, au nom et pour le compte du
sieur Fauré, son père, huissier, reçu au Tribunal de Castel-
Sarrazin, et résidant à Verdun ;

Qu'il résulte de la procédure que les copies que ledit Fauré
fils remettait étaient revêtues de la matricule et de la signature de son père ; qu'elles portaient même le parlant aux personnes des assignés, et étaient toutes prêtes ;

Que ces circonstances constituent, en point de droit, un
faux véritable de la part de l'homme revêtu d'un caractère
public ; que Fauré père est convenu du fait en cherchant à
l'excuser ;

Attendu que, par arrêt du 9 nivose an 12, la Cour de
Cassation a décidé qu'un fait de cette espèce est de la compétence des Cours de Justice criminelle et spéciale, en confir-
mant un arrêt de compétence rendu par la Cour de Justice
criminelle et spéciale du département de l'Aisne contre un
huissier qui s'était permis d'envoyer une copie de citation par
un tiers, et l'avait signée comme s'il l'avait remise ;

Que dès lors il ne saurait y avoir de doute à ce que la Cour
retienne la connaissance de la procédure actuelle, pour la
juger conformément à la loi du 23 floréal an 10 ; la Cour se
déclare compétente, etc.

Tous les arrêts de compétence rendus par les
Cours de Justice criminelle et spéciale doivent être
adressés à la Cour de Cassation pour y être confirmés ou cassés.

Celui que nous venons de rapporter a été confirmé, le 16 janvier 1806, par l'arrêt dont suit la
teneur :

La Cour, attendu que Pierre Fauré père, huissier, est

prévenu de faux en écritures publiques, délit dont la connaissance est attribuée aux Tribunaux Spéciaux par l'art. 2 de la loi du 23 floréal an 10, confirme l'arrêt de compétence rendu par la Cour de Justice criminelle et spéciale du département de la Haute-Garonne.

4°. *Espèce.* — Philibert Guiot, huissier, était prévenu d'avoir faussement déclaré dans un exploit l'avoir remis lui-même, quoiqu'il l'eût été par un tiers, et d'avoir même fait cette remise à la femme, quoiqu'elle l'eût été au mari.

Il résultait de semblables énonciations, sur des faits aussi essentiels, un crime de faux, dont la connaissance était exclusivement dévolue aux Cours Spéciales, d'après l'art. 2 de la loi du 23 floréal an 10.

Cependant la Cour Criminelle et Spéciale du département de l'Allier s'était déclarée incompétente par arrêt du 5 mai 1806.

Cet arrêt, comme violant toutes les règles de compétence et la disposition de l'art. 2 ci-dessus cité, a été cassé par l'arrêt suivant, en date du 22 mai de la même année :

Ouï M. Babille et M. Jourde pour le Procureur-Général impérial ;

Vu l'art. 2 de la loi du 23 floréal an 10 ;

Et attendu que l'huissier qui, dans un exploit, fait une fausse énonciation sur un fait aussi essentiel que celui de la remise de l'exploit à la partie elle-même ou à son domicile, commet le crime de faux, et se rend passible des peines prononcées en ce cas par le Code Pénal, lorsqu'il atteste comme faite par lui cette remise, qu'il a fait faire par un autre non revêtu d'ailleurs d'aucun caractère public ;

Attendu que, dans l'espèce, Philibert Guiot, huissier, est prévenu d'avoir faussement déclaré, dans l'exploit de notification d'une cédule de juge de paix, l'avoir remis lui-même à la femme de celui auquel il avait fait cette notification, tandis qu'il l'aurait, au contraire, fait remettre par un tiers, non à la femme, mais au mari ;

Et qu'en le faisant, cet huissier aurait, d'après cette prévention, commis un crime de faux, dont, aux termes de l'art. 2 de la loi du 23 floréal an 10, la Cour de Justice criminelle et spéciale de l'Allier aurait dû retenir la connaissance au lieu de se déclarer incompétente;

Par ces motifs, la Cour casse et annulle l'arrêt d'incompétence rendu, le 5 mai, par la Cour de Justice criminelle et spéciale du département de l'Allier.

Ce n'est pas seulement par nos nouvelles lois qu'il est défendu aux huissiers de faire porter par des clercs les copies de leurs actes et exploits; voilà ce qu'on trouve dans le *Répertoire de Jurisprudence*, au mot *Exploit* :

« Il est défendu aux huissiers et sergens, par
» plusieurs arrêts de réglement, de faire faire au-
» cunes significations par leurs clercs, A PEINE DE
» FAUX, notamment par un arrêt du 22 janvier 1606;
» et par un réglement du 7 septembre 1654, il est
» défendu aux procureurs, sous les mêmes peines,
» de recevoir aucune signification que par la main
» des huissiers. Mais ce dernier réglement ne s'ob-
» serve pas à la rigueur; les huissiers envoient or-
» dinairement par leurs clercs les significations qui
» se font de procureur à procureur. »

Et sur ce passage, M. le Procureur-Général MERLIN ajoute : *C'est un abus contre lequel les Tribunaux ne sauraient sévir avec trop de rigueur.*

Nous avons dit plus haut, qu'à l'égard d'un fonctionnaire public convaincu d'avoir commis le crime de faux dans l'exercice de ses fonctions, il était inutile d'examiner la question de savoir s'il l'a commis méchamment et dans l'intention de nuire à autrui.

Voici une espéce dans laquelle la Cour de Cassation a consacré ce principe, et telle qu'elle est rapportée au bulletin des arrêts de cette Cour :

5e. *Espèce.* — Le nommé Lauternier, huissier, traduit devant la Cour de Justice criminelle et spéciale du département des Forêts, comme prévenu de faux en écriture publique, avait avoué que dans divers actes de son ministère, il avait inséré de fausses dates et de fausses énonciations ; mais il s'était excusé sur ce qu'il prétendait n'avoir point eu l'intention de nuire, et sur ce que, disait-il, ces faux matériels n'avaient réellement préjudicié à personne.

Par arrêt du 3 janvier 1807, la Cour de Justice criminelle et spéciale, après avoir énoncé comme constant le fait reconnu par l'huissier, a en même temps admis son excuse ; et sur le motif seul qu'elle ne voyait pas dans l'instruction déjà faite l'intention du crime, elle s'est déclarée incompétente.

La Cour de Cassation a pensé au contraire que, sans qu'on eût à examiner quelle avait été ou pu être l'intention de l'huissier, LE FAIT SEUL DE FAUSSES ÉNONCIATIONS ET DE FAUSSES DATES, ÉCRITES VOLONTAIREMENT DANS UN ACTE PUBLIC, SUFFISAIT POUR ÉTABLIR LA PRÉVENTION DU FAUX EN ÉCRITURES, prévu par l'art. 2 de la loi du 23 floréal an 10, et pour fixer la compétence de la Cour Criminelle et Spéciale, sauf à juger, lors de l'arrêt définitif, sur l'intention et sur la défense du prévenu, le degré plus ou moins fort de culpabilité. En conséquence, elle a rendu, le 22 janvier 1807, l'arrêt suivant :

Vu l'art. 456, no. 6, du Code des Délits et des Peines, et l'art. 2 de la loi du 23 floréal an 10 ; attendu que le faux *commis volontairement*, par un fonctionnaire, *dans un acte public, et dans l'exercice de ses fonctions*, suffit pour constituer ce fonctionnaire en prévention de délit, sans qu'il soit besoin de rechercher, par des circonstances particulières, s'il a commis ce faux méchamment et à dessein de nuire à autrui ; le caractère et l'intention présumée du crime

étant toujours et nécessairement liés à un fait de cette nature;
— D'où il suit que la Cour de Justice criminelle et spéciale
du département des Forêts, en déclarant, comme fait constant
et reconnu, que l'huissier Lauternier avait, dans divers actes
relatifs à ses fonctions, inséré de fausses énonciations et de
fausses dates, et en se déclarant néanmoins incompétente pour
connaître de ce délit (sur le seul motif qu'il ne résulterait pas
de l'instruction que cet huissier eût eu l'intention de nuire),
a commis un excès de pouvoir et violé l'art. 2 de la loi du
23 floréal an 10 ; — La Cour casse et annulle, etc.

XXVIe. ARTICLE.

DES INJURES ÉCRITES.

On appelle en général INJURE, tout ce qui peut
outrager autrui par parole, écrit, ou par voie de fait.

On outrage verbalement quelqu'un, lorsqu'on
lui adresse des propos insultans, lorsque soit en sa
présence, soit en son absence, on l'attaque dans
son honneur, dans sa probité, dans sa réputation,
dans son crédit, dans ses mœurs; lorsqu'on chante
des chansons, ou lorsqu'on récite des écrits diffamatoires contre lui; lorsqu'on se borne même à
des menaces contre son honneur, sa personne, ses
biens, la personne, l'honneur ou les biens de sa
famille.

On outrage quelqu'un par écrit, lorsqu'on compose ou qu'on distribue des écrits, des chansons,
des libelles diffamatoires contre lui ; lorsqu'on lui
impute, dans des pièces écrites, dans des actes,
dans des correspondances, dans des journaux, des
faits contraires à l'honneur et à la probité ; lorsqu'on expose des peintures, gravures et dessins,
qui représentent des choses contraires à la pudeur
et à l'honneur ; par exemple, peindre avec des
cornes, ou mettant la main dans la poche de son
voisin, ou exposé au carcan ou sur l'échafaud,

un individu tellement ressemblant que chacun le reconnaîtrait, serait une injure de la nature des injures écrites.

On outrage quelqu'un par voie de fait, en se permettant sur sa personne des voies de fait, des violences, en le frappant avec la main, avec le pied, avec une canne, un bâton ou autres armes et instrumens meurtriers.

Les gestes même qui expriment une violence, une voie de fait ou une injure, comme lever la canne, menacer de la main, faire les cornes ou un signe qui exprimerait un supplice, sont aussi des injures par voie de fait.

Chacune de ces injures peut être accompagnée de circonstances qui la rendent plus grave.

Celles faites dans un lieu public sont plus graves que celles faites dans un lieu où il y a peu ou point de spectateurs.

Celles commises envers les personnes du sexe, les vieillards et les enfans, les dépositaires de l'autorité publique, sont très-graves.

Celles commises par les enfans envers leurs pères et mères, par les domestiques et les ouvriers envers leurs maîtres, et en général par l'inférieur envers le supérieur, sont d'autant plus graves qu'il y a plus de distance entre l'offensant et l'offensé.

Enfin, les voies de fait portées sur le visage ont toujours été considérées comme beaucoup plus offensantes que celles portées sur toute autre partie du corps.

Les injures écrites seront seules l'objet de cette Conférence. Nous ne balançons pas à les regarder comme beaucoup plus graves que les injures verbales,

1°. Parce que les écrits restent et passent à la postérité, tandis que les paroles s'envolent et que les traces même des voies de fait s'effacent et disparaissent ;

2°. Parce que l'injure écrite a presque toujours été réfléchie, combinée, méditée, d'où il suit qu'elle a été l'ouvrage d'une volonté perverse, mais libre et indépendante, et que celui qui l'a commise n'en a point eu de repentir, puisqu'il aurait pu supprimer ou détruire l'écrit qui la contient, au lieu que l'injure verbale, et même l'injure par voie de fait, sont souvent produites par un mouvement de colère, d'irréflexion, d'impatience, auquel succèdent bientôt, mais cependant trop tard, un repentir amer et des regrets impuissans ;

3°. Parce que les injures verbales et par voie de fait n'offensent que pour le moment présent, tandis que les injures écrites portent leur ravage jusque dans la poussière des tombeaux, et flétrissent à l'avance, et dans l'avenir, la mémoire de celui qui vit encore.

Tout individu injurié par écrit, a le droit de demander une réparation.

Cette réparation doit être proportionnée à la nature et à la gravité de l'injure, à la qualité de l'offensant et à celle de l'offensé.

Dans l'état actuel de la législation, la réparation des injures écrites consiste en des dommages-intérêts pécuniaires, en des actes publics de réparation d'honneur, et en l'impression et affiche des jugemens.

Les lois anciennes et la jurisprudence des Tribunaux avaient plus de rigueur : le blâme, le bannissement, l'aumône, l'amende honorable, le carcan, étaient quelquefois infligés aux auteurs de diffamations graves.

- Aujourd'hui les injures par voies de fait sont du

ressort des Tribunaux correctionnels ou criminels ; suivant la nature et les suites des violences.

Les injures verbales sont rangées dans le domaine des Tribunaux de simple police, et punies de l'amende et de l'emprisonnement suivant les circonstances.

Quant aux injures écrites, la réparation n'en peut être poursuivie que par action civile, et devant les Tribunaux d'arrondissement.

Le Code des Délits et des Peines prononce, art. 605 :

Sont punis des peines de simple police..... 7°. les auteurs d'injures verbales, dont il n'y a pas de poursuites par la voie criminelle.

Il est souvent arrivé que des individus se prétendant injuriés dans des pièces écrites, en ont poursuivi et obtenu la réparation devant les Tribunaux de simple police.

Mais toutes les fois que leurs jugemens ont été dénoncés à la Cour de Cassation, ils y ont été annulés, comme on va le voir dans les espèces suivantes :

1re. *Espèce.* — André Pinçon avait dénoncé au juge de paix, comme officier de police judiciaire, un individu, comme coupable d'un vol avec effraction.

Il fut instruit sur cette dénonciation : un acte d'accusation fut dressé et admis, mais l'accusé fut acquitté sur la déclaration du jury de jugement, portant qu'il n'était pas convaincu d'avoir commis le vol.

Après son acquittement, il traduisit Pinçon, son dénonciateur, devant le Tribunal de police du canton de Brécy ; il y demanda et obtint contre lui, le 24 thermidor an 6 , un jugement de condamnation à une amende de la valeur de trois journées de travail , avec dommages-intérêts.

André Pinçon se pourvut en Cassation contre le jugement : il prétendit qu'il y avait eu excés de pouvoir , en ce que le Tribunal de Police avait statué sur des injures écrites , à l'égard desquelles aucune loi ne l'avait rendu compétent.

Le 11 brumaire an 8 , le Tribunal de Cassation prononça le jugement suivant :

Vu l'art. 432 du Code des Délits et des Peines , ainsi conçu : *Les juges prononcent ensuite et sans désemparer, la peine établie par la loi , ou acquittent l'accusé, si le fait dont il est convaincu n'est pas défendu par elle. Dans l'un et l'autre cas, ils statuent sur les dommages et intérêts prétendus par la partie plaignante ou par l'accusé. Ils ne peuvent, à peine de nullité, y statuer que par le même jugement.* — Considérant qu'aucune loi n'attribue aux Tribunaux de Police municipale , non plus qu'aux Tribunaux Correctionnels, la connaissance des demandes en dommages-intérêts pour cause de dénonciation que les Tr bunaux Criminels ont jugé mal fondée ; d'où il suit que les demandes sont laissées dans la classe des actions ordinaires , lorsqu'elles n'ont pas été formées devant le Tribunal Criminel ; vu aussi l'art. 605 du Code des Délits et des Peines , qui contient le détail des actions dont la connaissance est attribuée aux Tribunaux de Police municipale , duquel il a été fait lecture par le président, et dont le n°. 7 est ainsi conçu : *Les auteurs des injures verbales , dont il n'y a pas de poursuite par la voie criminelle.* — Considérant que l'attribution formelle pour les injures verbales est une exclusion implicite pour les injures écrites ; — Considérant que le même art. 432 précité , en autorisant la condamnation en dommages-intérêts, n'étend pas la peine de la dénonciation mal fondée à l'amende contre le dénonciateur , et que les lois pénales ne sont susceptibles d'extension ; par ces motifs, le Tribunal casse et annulle, etc.

2e. *Espèce.* — Avant l'émission du Code des Délits et des Peines , la répression des injures verbales avait été mise dans les attributions des juges de paix, par l'art. 1er. du tit. 3 de la loi du 24 août 1790, ainsi conçu :

> Le juge de paix connaîtra, sans appel, jusqu'à la valeur de cinquante livres, et à charge d'appel, à quelque valeur que la demande puisse monter des actions pour injures verbales.

Lors de la formation des listes communales en l'an 10, pour le département du Jura, le sieur Saint, avocat à Dôle, prétendant qu'il avait réuni le nombre de suffrages nécessaires pour que son nom fût inscrit sur la liste, et ne l'y trouvant pas, crut devoir en attribuer la cause à l'un des scrutateurs, le sieur Saget, maire de la commune de Mont-Mirey.

Il prétendit même que les procès-verbaux de l'assemblée communale contenaient des expressions injurieuses proférées contre lui par le sieur Saget.

Pour en obtenir réparation, Saint assigna Saget devant le juge de paix du canton de Mont-Mirey-le-Château, où il conclut à ce que Saget fût condamné en 50 fr. de dommages-intérêts, par forme de réparation civile, et à ce que le jugement à intervenir fût imprimé et affiché au nombre de deux cents exemplaires.

Saget soutint que le juge de paix était incompétent, 1°. parce que la confection des listes des notables communaux était un acte purement administratif, dans la connaissance duquel il était interdit aux Tribunaux de s'immiscer; 2°. parce que dans tous les cas, il ne s'agissait que d'injures écrites dont la répression n'était pas attribuée aux juges de paix.

Nonobstant ces exceptions, Saint obtint l'adjudication de ses conclusions par un jugement qui statua tout à la fois et sur la compétence et sur le fond.

Saget demanda acte à l'audience de ce qu'il entendait attaquer ce jugement par la voie du pourvoi en cassation ; le juge constata cette réquisition, et le refus qu'il fit d'y acquiescer.

Le condamné crut alors qu'il pouvait considérer ce jugement comme attaquable par la voie de l'appel.

Il présenta requête au Tribunal de première Instance séant à Dôle, tendante à être reçu appelant dudit jugement, et à ce qu'en ordonnant que les parties viendraient plaider au fond dans les délais, le Tribunal fit défenses provisoires à Saint d'y donner suite ni exécution, ainsi qu'à tous huissiers et autres agens de la force publique, de l'exécuter dans aucune de ses parties.

Le Tribunal de Dôle admit ces conclusions, et rendit un jugement conforme.

Il paraît que les parties ne donnèrent plus suite à la contestation, mais le Commissaire du Gouvernement près le Tribunal de Cassation lui dénonça l'un et l'autre jugement, et, sur son réquisitoire, intervint le jugement suivant sous la date du 12 nivose an 10.

Le Tribunal, ouï le rapport du cit. Bailly en ce qui touche le jugement de la justice de paix ;

Vu, 1°. l'art. 21 de la Constitution, portant que le Sénat Conservateur maintient ou annulle tous les actes qui lui sont déférés, comme inconstitutionnels, par le Tribunat ou par le Gouvernement, et que les listes d'éligibles sont comprises dans ces actes ;

2°. L'art. 13 du tit. 2 de la loi du 24 août 1790, concernant l'organisation judiciaire, lequel article est conçu en ces termes : *Les juges ne pourront*, à peine de forfaiture, *troubler*, de quelque manière que ce soit, les opérations des corps administratifs, *ni citer devant eux les administrations pour raison de leurs fonctions ;*

3°. L'art. 1er. du tit. 3 de la même loi, qui dispose : Le juge de paix connaîtra, sans appel, jusqu'à la valeur de cinquante livres, et à charge d'appel, à quelque valeur que la demande puisse monter, des actions pour *injures ver-bales* ;

4°. L'art. 75 de l'Acte constitutionnel, dont voici le texte : Les agens du Gouvernement, autres que les Ministres, ne peuvent être poursuivis pour des faits relatifs à leurs fonc-tions, qu'en vertu d'une décision du Conseil d'Etat ;

5°. L'art. 77 de la loi du 27 ventose an 8, qui porte : Il n'y a point ouverture à cassation contre les jugemens en dernier ressort des juges de paix, *si ce n'est pour cause d'incom-pétence ou d'excès de pouvoir* ;

Considérant que la prétendue injure de laquelle le cit. Saint se plaignait ne pouvait être que le résultat de la nullité de la liste des notables communaux de l'arrondissement, nullité qui n'était point jugée, qui ne pouvait l'être que par l'au-torité à laquelle la loi en a délégué le droit, laquelle autorité est étrangère à l'ordre judiciaire ;

Considérant qu'en dépouillant le scrutin, et en signant la liste de laquelle il s'agissait, le cit. Saget avait fait une opé-ration administrative, pour raison de laquelle la loi défendait à tous juges de le citer devant eux ;

Considérant qu'en supposant que le cit. Saget eût prévari-qué dans cette opération, cela ne pouvait donner à aucun Tribunal le droit d'adjuger les réparations civiles que cette prévarication aurait été dans le cas de produire, qu'après une décision du Conseil d'Etat, décision qui n'existait pas dans l'espèce ;

Considérant que, dans l'hypothèse même de cette décision, il s'agissait d'une prétendue *injure écrite*, qui n'est point de la compétence des justices de paix ;

Considérant encore que le pourvoi en cassation, dont le cit. Saget a déclaré vouloir faire usage, était fondé sur in-compétence et excès de pouvoir ;

Annulle le jugement de la justice de paix.

Et à l'égard du jugement sur simple pétition, rendu par le Tribunal de première Instance de l'arrondissement de Dôle ;

Considérant qu'il a reçu l'appel d'un jugement en dernier ressort, qui ne pouvait être réformé que par le Tribunal de Cassation ;

Considérant que, non content de recevoir l'appel, le Tri-bunal de Dôle a fait défense d'exécuter un jugement en der-nier ressort et sur simple pétition, sans que l'autre partie ait été ni entendue, ni dûment appelée ;

Considérant qu'il a poussé l'abus de son pouvoir au point

de défendre *à tous agens de la force publique* d'exécuter, en aucune de ses parties, le jugement qui lui était incompétamment déféré ; en quoi il a anticipé sur les fonctions qui ont été déléguées au Gouvernement par l'Acte constitutionnel ;

Annulle ledit jugement du 22 vendémiaire an 10 pour incompétence et excès de pouvoir, et pour contravention directe à l'art. 65 de la Constitution, à l'art. 7 de la loi du 27 ventose an 8, et à l'art. 14 du tit. 20 de la loi du 24 août 1790 ;

Annulle spécialement la disposition qui contient *des défenses à tous agens de la force publique* d'exécuter le jugement de la justice de paix, pour usurpation du pouvoir délégué au Gouvernement par l'art. 47 de l'Acte constitutionnel, conçu en ces termes : *Le Gouvernement..... distribue les forces de terre et de mer, et en règle la direction, etc.*

3ᵉ. *Espèce.* — Le sieur Flesch était prévenu d'injures par écrit : l'offensé le traduisit devant le Tribunal de Police du canton de Bermastell, arrondissement de Trèves.

Ce Tribunal retint la connaissance du litige, malgré l'incompétence que Flesch lui opposait, et par jugement du 1ᵉʳ. pluviose an 12, il le condamna en vingt-cinq francs d'amende et aux frais, en se fondant sur les dispositions de l'art. 7 du tit. 2 de la loi du 22 juillet 1791, ainsi conçu :

Les délits punissables par la voie de la police correctionnelle seront.... 3°. les insultes et les violences graves envers les personnes.

Flesch s'est pourvu en cassation de ce jugement, laquelle a été prononcée, le 20 ventose an 11, en ces termes :

Ouï les cit. Dutocq, et Jourde, Substitut du Commissaire du Gouvernement ;

Vu aussi la sixième disposition de l'art. 605 dudit Code ;

Et attendu que l'injure dont est question était une injure par écrit ; que par conséquent la compétence du Tribunal de Police, bornée, par l'art. 605 ci-devant cité, aux injures verbales, ne pouvait s'étendre sur l'injure dont Flesch était prévenu ; que le Tribunal de simple Police ne trouvant, par cette raison, dans les lois qui le concernent, aucun article qui fût applicable, en a cherché un dans les articles concernant la police correctionnelle; que l'art 7, première disposition du tit. 2 de la loi du 19 juillet 1791, qui, outre qu'il ne pouvait être appliqué par le Tribunal de Police, n'était, non plus qu'aucun autre de ladite loi, ni d'aucune autre loi criminelle, de police correctionnelle ou de simple police, dans le cas d'être appliqué à l'injure écrite, ces lois se taisant sur ces sortes d'injures; d'où il suit qu'elles rentrent dans la classe générale des torts dont on peut se plaindre, et pour lesquels on peut obtenir des dommages et intérêts en s'adressant aux Tribunaux Civils;

Par ces motifs, le Tribunal, faisant droit sur le pourvoi de Jean-Adam Flesch, casse et annulle le jugement rendu, le 1er. pluviose dernier, par le Tribunal de Police du canton de Bermastell.

4e. *Espèce.* — Nous la copions littéralement dans le Bulletin des Arrêts de la Cour de Cassation, rendus pendant le courant de l'an 13.

Louis-Pierre Lefévre de Sancy avait dénoncé au juge de paix du canton de Passy, la femme Buttier, sa domestique, comme coupable d'un vol fait chez lui; le juge de paix avait, en conséquence, décerné contre elle le mandat d'amener devant le magistrat de sûreté.

Ce magistrat a rendu une ordonnance portant qu'il n'y avait lieu à poursuites.

Cette femme ayant recouvré sa liberté, s'est pourvue en réparation d'honneur et en dommages-intérêts devant le Tribunal de Police, tenu par le même juge de paix qui avait décerné contre elle le mandat d'amener.

Le sieur de Sancy a soutenu que ce Tribunal était incompétent pour connaître d'une pareille action. Néanmoins jugement est intervenu, qui a accueilli la demande de la femme Buttier. Ce jugement ayant été attaqué par le sieur de Sancy, la

Cour de Cassation a statué sur son pourvoi de la manière suivante :

Ouï le rapport de M. Vermeil, l'un des juges, et les conclusions de M. Pons pour le Procureur-Général impérial ;

Vu l'art. 456 du Code des Délits et des Peines, § 6 ;

Vu pareillement l'art. 605 dudit Code, § 7 ;

Et attendu que le jugement attaqué a statué en police municipale sur une action en réparation intentée par la femme Buttier, pour injures écrites et consignées dans une plainte rendue contre elle, sans avoir égard au déclinatoire proposé ;

La Cour casse et annulle ledit jugement, sauf à la femme Buttier à se pourvoir ainsi qu'il appartiendra.

5ᵉ. *Espèce.* — Jacques Schimtz et Laurent Schimtz avaient des discussions d'intérêt avec le sieur Enger Schuller.

Laurent Schimtz écrivit à Schuller une lettre dans laquelle il lui adressait des reproches assez vifs, tant en son nom qu'au nom de Jacques Schimth.

Schiller crut trouver dans ces reproches des injures qu'il devait dénoncer aux Tribunaux, pour en obtenir la réparation. Il cita les frères Schimtz devant le Tribunal de Police du canton de Rheimbac, département de Rhin et Moselle, lequel, par son jugement du 22 frimaire an 13, condamna lesdits Schimtz en une amende et aux dépens.

Ils se pourvurent en cassation contre ce jugement, et le 22 thermidor an 13 (10 août 1805), la Cour de Cassation rendit l'arrêt suivant :

Ouï M. Minier, et M. Lecoutour pour le Procureur-Général impérial ;

Vu l'art. 605 du Code des Délits et des Peines, et le § 6 de l'art. 456 du Code de brumaire an 4 ;

Considérant que, dans l'espèce, la lettre écrite au nom de Laurent Schimtz à Jean Enger Schuller, sous la date du 26 thermidor an 12, ne saurait raisonnablement être considérée comme renfermant une injure ; qu'en admettant même qu'elle renfermât réellement une injure, cette injure n'aurait pu être qualifiée d'injure verbale, puisqu'elle aurait été consignée dans un écrit; que dès lors la réparation n'aurait pu être valablement demandée au Tribunal de simple Police, puisqu'aux termes du § 7 de l'art. 605 du Code des Délits et des Peines de 1791, le Tribunal de Police n'est compétent que pour la répression des injures verbales qui lui sont dénoncées; que dès lors il est évident qu'en se permettant de statuer sur un fait qui n'était pas de sa compétence, le Tribunal de Police du canton de Rheimbach a violé le § 7 de l'art. 605 ci-dessus, et qu'il a commis un véritable excès de pouvoir;

Par ces motifs, la Cour casse et annulle le jugement rendu, le 22 frimaire dernier, contre Jacques et Laurent Schimtz, par le Tribunal de Police du canton de Rheimbach, département de Rhin et Moselle, pour violation des règles de compétence et usurpation de pouvoir.

6e. *Espèce.* — Les principes sur l'objet de cette Conférence ont été développés dans une espèce rapportée au Bulletin des Arrêts de la Cour de Cassation, sous la date du 11 vendémiaire an 14 (3 octobre 1805).

L'arrêt de ce jour fut rendu sur un réquisitoire de M. le Procureur-Général impérial MERLIN.

Nous ne ferons pas à nos lecteurs le tort de les priver de ce réquisitoire. Trop de lumières jaillissent des écrits de M. Merlin pour que nous ne nous fassions pas un devoir de les rapporter dans leur entier toutes les fois que cela nous sera possible.

« Le Procureur-Général impérial expose qu'il est chargé, par le Gouvernement, de dénoncer à la Cour un jugement du Tribunal de Police du canton de Mugron, département des Landes, du 21 prairial dernier. Voici les faits :

» Le 8 prairial dernier, Simon Deyris, propriétaire, domicilié à Larbey, a fait signifier, par un huissier, à Jean Gachibat et à Jean-Baptiste Labarthe, un acte portant (ce sont les termes du

jugement dont il s'agit) que « le vendredi 4 de
» ce mois, ledit sieur Deyris fut induit, par lesdits
» Gachibat et Labarthe, à se rendre dans le chay
» dudit Gachibat pour y goûter du vin ; qu'à peine
» y fut-il entré, qu'un troisième inconnu y entra
» aussi, et ferma la porte au dedans ; que tous les
» trois exercèrent contre lui les plus grandes vio-
» lences ; qu'ils lui passèrent une corde au cou,
» et l'obligèrent ainsi à leur donner la quittance
» de tout ce qu'il devait prendre des sieurs Ga-
» chibat et Labarthe, même de souscrire à chacun
» d'eux une lettre de change, au premier, de 1,000
» ou 2,000 fr., et au deuxième, de 4,000 fr. »

» Le 11 du même mois, Deyris a rendu plainte
des mêmes faits devant le magistrat de sûreté de
l'arrondissement de Saint-Sever ; et cette plainte a
été suivie de deux ordonnances du directeur du
jury, dont le jugement dénoncé ne détaille pas les
dispositions, mais qu'il présente comme préparatoires d'une instruction non encore terminée.

» Le même jour 11 prairial, Gachibat et Labarthe
ont fait citer Deyris à l'audience du Tribunal de
Police du canton de Mugron, pour s'y voir condamner à leur faire réparation des injures qu'il
s'était permises contre eux dans l'exploit qu'il leur
avait fait signifier.

» Le 17, Deyris a comparu sur cette citation, et
a excipé de la plainte qu'il avait portée devant le
magistrat de sûreté.

» Par jugement du même jour, le Tribunal de
Police a ordonné que les pièces produites par
Deyris seraient communiquées, et a continué la
cause au 21.

» Le 21, Deyris a signifié au juge de paix les
pièces justificatives des poursuites par lui exercées
contre Gachibat et Labarthe, et dont le directeur

du jury de Saint-Sever était saisi ; et il a en conséquence sommé le juge de paix de s'abstenir de la connaissance de la demande en réparation d'injures formée contre lui, attendu que cette demande était nécessairement incidente au procès qu'instruisait le directeur du jury.

» Le même jour, 21 prairial, est intervenu jugement, par lequel,

Considérant que les faits contenus dans l'acte du 8 de ce mois sont très-injurieux pour les demandeurs, et qu'ils doivent être regardés comme diffamans, pour avoir été consignés dans un acte public, sans qu'il en existe aucune preuve, même avant qu'ils aient été dénoncés à la justice ;

Considérant que l'injure est suffisamment établie par la signature du sieur Deyris, qui ne la désavoue pas ;

Considérant que l'acte notifié ce jour à la requête du sieur Deyris ne paraît pas devoir arrêter le jugement de la Police municipale, par la raison que le délit dénoncé au Tribunal de Police est étranger à celui dont le directeur du jury est nanti ;

Considérant que la loi classe les injures verbales au nombre des délits qui doivent être punis de simple police ;

Le Tribunal déclare le sieur Simon Deyris convaincu d'injures verbales envers Labarthe et Gachibat, et en vertu de l'art. 605, n°. 7, de la loi du 3 brumaire an 4, le condamne en 4 fr. d'amende, etc.

» Trois moyens également péremptoires nécessitent la cassation de ce jugement.

» 1°. Les Tribunaux de Police ne peuvent, aux termes du n°. 7 de l'art. 605 du Code des Délits et des Peines, connaître des injures qu'autant qu'elles sont verbales, et il s'agit d'injures écrites.

» 2°. L'acte contenant ces prétendues injures n'était, de la part de Deyris, qu'une protestation contre les titres qu'il avait souscrits, le 4 prairial, au profit de Gachibat et de Labarthe ; et cette protestation n'était elle-même que le préliminaire de la plainte que Deyris se proposait de rendre, et qu'il a rendue en effet devant le magistrat de sûreté de Saint-Sever. Les prétendues injures dont se plaignaient Gachibat et Labarthe étaient donc nécessairement connexes à la procédure qui s'instruisait devant le directeur du jury; ce n'était donc que par le jugement à rendre sur cette procédure qu'il pouvait être statué sur ces injures prétendues.

» 3°. La journée de travail n'est fixée dans le département des Landes qu'à 1 fr. 25 cent. Le Tribunal de Police a donc excédé ses pouvoirs en condamnant Deyris à une amende de 4 francs. Il n'aurait pu, s'il eût d'ailleurs été compétent au fond, le condamner qu'à une amende de 3 fr. 60 cent.

» Ce considéré, il plaise à la Cour, vu l'art 456, § 6; l'art. 605, § 7, et l'art. 606 du Code des Délits et des Peines, casser et annuler, pour l'intérêt de la loi, le jugement du Tribunal de Police du canton de Mugron, du 21 prairial ; et ordonner qu'à la diligence de l'exposant, l'arrêt à intervenir sera imprimé et transcrit sur le registre dudit Tribunal.

» Pour justifier le contenu au présent réquisitoire, l'exposant y joint,

» 1°. Une expédition du jugement ci-dessus mentionné ;

» 2°. La lettre du Grand-Juge Ministre de la Justice, du 29 messidor dernier.

» Fait au parquet, le 15 thermidor an 13.

Signé MERLIN.

Ouï le rapport de M. Babille, juge, et les conclusions de M. Pons pour le Procureur-Général impérial ;

Vu l'art. 456 du Code des Délits et des Peines, qui porte :

« Le Tribunal de Cassation ne peut annuler les jugemens » des Tribunaux Criminels que dans les cas suivans : 1°....; » 6°. lorsqu'il y a eu contravention aux règles de compé- » tence...., ou qu'il y a eu, de quelque manière que ce soit, » usurpation de pouvoir. »

Vu aussi l'article 605 du Code des Délits et des Peines, portant :

« Sont punis des peines de simple police, 1°..... ; 7°. les
» auteurs d'injures verbales dont il n'y a pas de poursuites
» par la voie criminelle. »

Vu enfin l'art. 153 du même Code, ainsi conçu :

« Toute personne prévenue d'un délit dont la peine n'ex-
» cède ni la valeur de trois journées de travail....., est citée
» devant le Tribunal de Police, etc. »

Et l'art. 606 du Code, aux termes duquel,

« Le Tribunal de Police gradue, selon les circonstances et
» le plus ou moins de gravité du délit, les peines qu'il est
» chargé de prononcer, sans néanmoins qu'elles puissent, en
» aucun cas, être au-dessous d'une journée de travail ou d'un
» jour d'emprisonnement, ni s'élever au-dessus de la valeur
» de trois journées de travail ou de trois jours d'emprison-
» nement. »

Et attendu, 1°. que le Tribunal de Police ne peut connaître des injures qu'autant qu'elles sont verbales et non poursuivies par la voie criminelle ;

Et qu'ici, d'après le jugement attaqué lui-même, les faits
établissant ces injures sont consignés dans un acte public ;

D'où il suit que ces injures sont écrites ;

2°. Que, dans le cas d'injures verbales, le Tribunal n'est
compétent que pour les délits dont la peine n'excède pas la
valeur de trois journées de travail ;

Et que le Tribunal de Police qui a rendu le jugement attaqué ne pouvait connaître des injures dont il s'agit, quand
elles seraient verbales, puisque, dans le département des
Landes où le délit a été commis, la journée de travail étant
fixée à 1 fr. 25 cent., ce Tribunal n'a pu prononcer, sans
excès de pouvoir, une amende de 4 fr., comme il l'a fait,
puisqu'elle excédait de 15 cent. la valeur de trois journées de
travail dans ce département ;

3°. Enfin, que ce Tribunal était encore incompétent pour
connaître de ces injures, dont la répression, attendu leur
connexité avec la plainte rendue par Deyris devant le magistrat de sûreté de l'arrondissement de Saint-Sever, ne pouvait être portée que devant l'autorité qui devait statuer sur
cette plainte ;

Par ces motifs, la Cour casse et annulle, pour incompétence et excès de pouvoir, et dans l'intérêt de la loi seulement, le jugement rendu par le Tribunal de Police du canton
de Mugron, le 21 prairial an 13 ; ordonne, etc.

Il a été rendu divers arrêts semblables depuis 1805; tous reposent sur les mêmes principes, tous prononcent dans les mêmes termes. Nous nous bornons à rapporter le dernier que nous ayions recueilli.

7ᵉ. *Espèce.* — La dame CORNY s'était répandue en propos injurieux contre le sieur POIRIER.

Elle avait répété les mêmes injures dans un écrit.

Le sieur Poirier l'a poursuivie devant le Tribunal de Police de Paris en réparation de ces injures.

Le Tribunal de Police a statué tant sur les injures écrites que sur les injures verbales, par son jugement du 10 octobre 1808.

La dame Corny s'est pourvue en cassation de ce jugement, qu'elle a soutenu avoir été incompétemment rendu quant aux injures écrites.

La Cour de Cassation a accueilli le pourvoi, et bien que le Tribunal de Police eût été compétent pour réprimer les injures verbales, elle a néanmoins anéanti le jugement en son entier par l'arrêt suivant :

Ouï M. Bauchau, et M. Lecoutour pour M. le Procureur-Général impérial ;

Vu l'art. 456 du Code des Délits et des Peines, du 3 brumaire an 4, nº. 6 ;

Vu aussi l'art. 603 du même Code ;

Attendu qu'il est constant que M. Poirier s'est plaint d'abord d'injures écrites, puis d'injures verbales ; qu'il conste du jugement dont la cassation est demandée qu'il y a eu dans ce jugement appréciation des injures écrites, et que cette appréciation a influé sur la condamnation qui y a été prononcée, et sur sa gravité ; qu'il s'en suit que le Tribunal de Police ne s'est pas borné à instruire et à prononcer sur des injures verbales ; qu'il a connu d'injures écrites ; ce qui a été une violation des règles de compétence établies par la loi, et un excès de pouvoir ;

Par ces motifs, la Cour casse et annulle le jugement du

Tribunal de Police de Paris, rendu le 10 octobre dernier;
ordonne, etc.

Les injures écrites ont donné matière à différentes questions; nous les traiterons dans deux
Conférences, sous le titre de Réparation d'Injures et Libelle diffamatoire.

L'objet de celle-ci était seulement de fixer le
point de compétence; et de tout ce que nous avons
dit, comme des sept arrêts que nous avons rapportés, il résulte,

1°. Que la réparation des injures écrites ne peut
être poursuivie devant les Tribunaux de Police;

2°. Que les Tribunaux Civils sont seuls compétens pour en connaître;

3°. Que lors même qu'il y a cumulation d'injures verbales et d'injures écrites, il faut scinder la
demande en réparation, en portant celle pour
cause des injures verbales devant le Tribunal de
Police, et celle pour cause des injures écrites devant les Tribunaux Civils.

On se demande quelquefois pourquoi le législateur a rangé les injures verbales dans les attributions des Tribunaux de Police, et les a par conséquent soumises aux peines de simple police,
tandis que les injures écrites, presque toujours plus
graves, sont restées dans le domaine des Tribunaux Civils, et ne sont susceptibles d'aucune répression ayant le caractère légal de peine?

Il nous semble que les injures verbales ne pouvant jamais être constatées que par la preuve testimoniale, et les Tribunaux Civils ne pouvant pas
admettre de preuve testimoniale lorsqu'il s'agissait
d'un intérêt excédant cent francs, suivant la législation sous l'empire de laquelle nous nous trou-
vions alors placés, le législateur a dû donner aux
Tribunaux de Police la connaissance des injures

*

verbales, parce que, sans cette disposition, elles seraient restées impunies, ou elles n'auraient jamais pu être réprimées que par une condamnation à cent francs de dommages-intérêts et au-dessous.

Les injures écrites, au contraire, présentent un corps de preuves qui exclut la nécessité des preuves testimoniales. Elles ont dû dès lors rester placées dans les attributions des Tribunaux Civils, par lesquels la répression peut en être portée aussi loin que la conscience des magistrats le croit juste et nécessaire.

Nous sommes convaincus que les commissions chargées de la rédaction du projet de Code d'Instruction criminelle, auront reçu des autorités que le Gouvernement a consultées sur la rédaction de ce Code, des observations sur cette matière. Nous avouons même qu'il paraît étonnant que l'injure verbale, presque toujours moins grave, soit caractérisée DÉLIT, et comme telle, frappée d'une réparation pénale, de la privation même de la liberté, tandis que les injures écrites, toujours plus fâcheuses pour celui qui en est l'objet, et qui, par conséquent, portent un bien plus grand préjudice à la réputation et à l'honneur, ne sont pas réputées délits, ne sont susceptibles que de réparations purement civiles, et ne peuvent jamais être réprimées par une condamnation pénale.

Cependant le nouveau Code d'Instruction criminelle n'a rien changé à cet égard, et son art. 139 porte la disposition suivante :

Les juges de paix connaîtront exclusivement, 1°. des contraventions commises dans l'étendue de la commune chef-lieu du canton ; 2°. des contraventions dans les autres communes de leur arrondissement, lorsque, hors le cas où les coupables auront été pris en flagrant délit, les contraventions auront été commises par des personnes non domiciliées ou non présentes dans la commune ; ou lorsque les témoins qui doivent déposer n'y sont pas résidens ou présens; 3°. des contraventions à raison desquelles la partie qui réclame conclut, pour ses dommages et intérêts, à une somme indéterminée ou à une somme excédant quinze francs; 4°. des contraventions forestières poursuivies à la requête des particuliers; 5°. des injures verbales; 6°. des affiches, annonces, ventes, distributions ou débits d'ouvrages écrits ou gravures contraires aux mœurs; 7°. de l'action contre les gens qui font le métier de deviner et pronostiquer, ou d'expliquer les songes.

Ainsi, dans l'état de la législation criminelle, dont la mise en activité est fixée au 1er. janvier 1810, comme sous l'empire de la législation actuelle, la répression des injures écrites est réservée aux Tribunaux Civils.

Il pourrait cependant encore être innové à ce sujet par le Code Pénal, de la rédaction duquel le Conseil d'Etat s'occupe en ce moment.

XXVIIᵉ. ARTICLE.

SUITE DE LA JURISPRUDENCE SUR LE DROIT DE TIMBRE. (*Voy. le vol.* 1ᵉʳ., *pag.* 186 *et suiv.*)

9ᵉ. *Espèce.* — Le Mont-de-Piété est un établissement public de prêt sur gage.

Cet établissement est d'autant plus utile, qu'il a pour objet de subvenir aux besoins de la classe peu aisée, et que ses bénéfices appartiennent aux hospices.

L'administration chargée de la régie avait estimé qu'elle pouvait se dispenser d'avoir des registres timbrés pour y inscrire les engagemens et les dégagemens.

Les préposés de la régie de l'enregistrement dressèrent procès-verbal de l'existence de ces registres non timbrés, et ils assignèrent les administrateurs du Mont-de-Piété devant le Tribunal

Civil du département de la Seine, pour y faire prononcer l'amende encourue par cette contravention.

Les administrateurs du Mont-de-Piété se défendirent contre cette demande. Ils rapportaient les diverses lois et réglemens relatifs à leur établissement et à leur organisation : ils n'y trouvaient aucune disposition qui les obligeât à faire timbrer leurs registres.

D'un autre côté, les lois nouvelles relatives au timbre ne les y assujétissaient pas nominativement.

Ils en tiraient la conséquence que le législateur avait entendu les en dispenser, et présentaient la nature même de cet établissement comme un motif de plus pour décider que c'est ainsi qu'on devait interpréter son silence.

Le 13 vendémiaire an 9, intervint jugement par lequel,

Le Tribunal de la Seine, attendu que, sous l'ancienne législation, les registres du Mont–de–Piété n'étaient pas assujétis au droit de timbre ;

Attendu qu'aucune loi nouvelle ne les y a nominativement assujétis, décharge l'administration du Mont–de–Piété des fins du procès-verbal de la régie, laquelle est déclarée non-recevable en sa demande.

La régie s'est pourvue en cassation, et le 14 vendémiaire an 10 (6 octobre 1801), a été rendu le jugement suivant :

Ouï le rapport du cit. Doutrepont, l'un des Juges, et les conclusions du cit. Lefessier, Substitut du Commissaire du Gouvernement,

Le Tribunal donne défaut contre les administrateurs du Mont–de–Piété de Paris ; et pour le profit,

Vu l'art. 3 de la loi des 7 et 18 février 1791 , ainsi conçu :

« Seront écrits sur papier timbré les registres des munici-
» palités, pour tout ce qui concerne leurs affaires et sera
» étranger aux fonctions publiques qui leur sont déléguées

» par les lois ; les registres des universités, facultés, colléges,
» hôpitaux, fabriques ; ceux des administrateurs, syndics,
» marguilliers, fabriciens, receveurs des droits et revenus
» des villes et des hôpitaux ; ceux des notaires, huissiers, etc.,
» et de toutes personnes ou corps revêtus d'un caractère pu-
» blic, et obligés, par le réglement, à tenir des registres. »

L'art. 1er. de la loi du 13 brumaire de l'an 7, qui porte :

« La contribution du timbre est établie sur tous les papiers
» destinés aux actes civils et judiciaires, et aux écritures qui
» peuvent être produites en justice, et y faire foi ; il n'y a
» d'autre exception que celles nommément exprimées en la
» présente. »

Attendu qu'une exemption d'impôts accordée sous l'ancien
régime ne peut avoir d'effet sous le nouveau, dont les principes excluent de tels priviléges ;

Que l'impôt du timbre établi sous l'ancien régime n'est
point d'ailleurs l'impôt du timbre qui est en vigueur sous le
nouveau ;

Qu'aucune loi nouvelle n'a exempté les registres d'engagement et de dégagement des Monts-de-Piété, du nouveau droit
de timbre établi par celle des 7 et 18 février 1791 ;

Que les exceptions de cette loi et de celle du 18 brumaire
de l'an 7 les y assujétissent évidemment ;

Que le Tribunal Civil du département de la Seine, en jugeant le contraire, a violé ces lois ;

Par ces motifs, le Tribunal casse et annulle le jugement
du Tribunal Civil de la Seine, section des vacations, du
13 vendémiaire an 9 ;

Remet les parties dans le même état où elles étaient avant
ledit jugement, et les renvoie devant le Tribunal de première
Instance séant à Versailles ;

Condamne les défaillans aux frais et déboursés des demandeurs, liquidés à la somme de 120 francs, et, en outre, aux
coût et frais d'expédition, enregistrement et signification du
présent jugement, qui, à la diligence du Commissaire du
Gouvernement, sera imprimé, et transcrit sur les registres du
Tribunal Civil du département de la Seine ; en marge du jugement, *annulé*.

10ᵉ. *Espèce.* — Les sieurs Coste, Bimard et
Glaize avaient expédié des marchandises pour
Lyon.

Ils avaient remis au voiturier une lettre de voiture signée d'eux, écrite sur papier non timbré.

Cette lettre de voiture fut saisie par les préposés de la régie, qui dressèrent procès-verbal de cette contravention.

Ils n'affirmèrent pas ce procès-verbal, et ils citèrent les sieurs Coste, Bimard et Glaize devant le Tribunal de première Instance de l'arrondissement communal de Montpellier, pour se voir condamner au payement de l'amende par eux encourue.

Les défendeurs prétendirent que le procès-verbal dressé contre eux devait être déclaré nul, pour n'avoir pas été affirmé devant le juge de paix.

Le 4 frimaire an 9, le Tribunal de Montpellier prononça la nullité conformément aux conclusions des sieurs Coste, Bimard et Glaize.

Sur le pourvoi de la régie de l'enregistrement et du timbre, fut rendu, le 2 brumaire an 10 (24 octobre 1801), l'arrêt dont la teneur suit :

Ouï le cit. Riolz, Juge, et le cit. Lefessier, Substitut du Commissaire du Gouvernement ;

Considérant qu'aucune des lois relatives au timbre n'ayant soumis à l'affirmation les procès-verbaux des préposés de la régie, le Tribunal de Montpellier a commis un excès de pouvoir manifeste, en créant une nullité que la loi ne prononce pas, et qu'il a en même temps violé les dispositions des lois qui soumettent au timbre les lettres de voiture, notamment l'art. 5 de celle du 6 prairial an 7, portant :

« Les lettres de voiture, connaissemens, chartes-parties et » polices d'assurance, seront inscrits à l'avenir sur du papier » timbré d'un franc. »

Le Tribunal donne défaut contre Coste, Bimard et Glaize, non comparans ; et pour le profit, casse et annulle le jugement rendu par le Tribunal de Montpellier, le 4 frimaire an 9 ;

Ordonne la restitution des sommes qui pourraient avoir été payées en exécution de ce jugement ;

Renvoie la cause et les parties devant le Tribunal de l'arrondissement de Lodève, et condamne les défaillans aux déboursés faits par la régie, liquidés à 120 fr., non compris les coût, expédition et signification du présent jugement, lequel sera, à la diligence du Commissaire du Gouvernement, imprimé, et transcrit sur les registres du Tribunal de Montpellier.

11e. *Espèce.* — Les sieurs Bimard èt Glaize avaient expédié, le 8 ventose an 8, des marchandises pour Lyon et Romorantin.

Ils avaient remis aux voituriers quatre lettres de voiture signées d'eux, et écrites sur du papier non timbré.

Ces lettres de voiture furent saisies par un préposé de la régie, qui en dressa deux procès-verbaux ; comme dans l'espèce précédente, il n'affirma pas ces procès-verbaux devant le juge de paix ;

Comme dans l'espèce précédente aussi, les sieurs Bimard et Glaize demandèrent et obtinrent devant le Tribunal Civil du département de l'Hérault, un jugement qui déclara lesdits procès-verbaux nuls, et la régie non recevable dans sa demande à fin de condamnation au payement de l'amende encourue.

La régie se pourvut en cassation ; et, comme dans l'espèce précédente, son pourvoi fut accueilli par jugement du Tribunal de Cassation, en date du 2 brumaire an 10 (24 octobre 1801), ainsi conçu :

Ouï le rapport du cit. Rousseau, l'un des Juges, et les conclusions du cit. Lefessier, Substitut du Commissaire du Gouvernement ;

Vu l'art. 31 de la loi du 13 vendémiaire an 7, ainsi conçu:

« Les préposés de la régie sont autorisés à retenir les actes, » registres ou effets en contravention à la loi du timbre qui » leur sont présentés, pour les joindre aux procès-verbaux » qu'ils en rapporteront, à moins que les contrevenans ne

» consentent à signer lesdits procès-verbaux ou à acquitter
» sur-le-champ l'amende encourue et le droit de timbre. »

L'art. 32 , portant :

« En cas de refus des contrevenans de satisfaire aux dispo-
» sitions de l'article précédent, les préposés de la régie leur
» feront signifier, dans les trois jours , les procès-verbaux
» qu'ils auront rapportés, avec assignation devant le Tri-
» bunal Civil du département. L'instruction se fera ensuite
» par simples mémoires signifiés ; les jugemens qui inter-
» viendront seront sans appel. »

L'art. 5 de celle du 6 prairial suivant, portant :

« Les lettres de voiture, connaissemens, chartes-parties
» et polices d'assurance, seront inscrits à l'avenir sur du pa-
» pier timbré d'un franc. »

Attendu que les art. 31 et 32 ci-dessus cités renferment des
formalités à observer de la part des préposés de la régie lors
des contraventions aux dispositions de la loi du timbre ; qu'il
n'y est aucunement question de les obliger à l'affirmation de
leurs procès-verbaux ; que nulle autre loi relative au timbre
n'exige cette formalité ; qu'ainsi il y a excès de pouvoir de la
part des juges pour avoir annulé les procès-verbaux des préposés de la régie d'enregistrement , sous le motif d'un défaut
d'affirmation qui n'est pas prescrite par la loi ; et , par suite,
contravention à l'art. 5 ci-dessus rapporté, qui soumet au
timbre les lettres de voiture ;

Par ces motifs , le Tribunal casse et annulle le jugement
du Tribunal Civil du département de l'Hérault , du 1er. prairial an 8 ; remet les parties au même et semblable état où
elles étaient avant ledit jugement ; ordonne que l'amende
consignée , ainsi que les sommes qui ont pu être payées en
vertu dudit jugement, seront rendues ; renvoie les parties au
Tribunal d'arrondissement séant à Montpellier ; condamne les
défendeurs et défaillans aux frais et déboursés , liquidés à la
somme de 120 francs ;

Ordonne qu'à la diligence du Commissaire du Gouvernement, le présent jugement, dont les coût et signification sont
aux frais des défaillans , sera imprimé , et transcrit en marge
du jugement annulé.

12e. *Espèce.* — Les sieurs GERLEIER , DESMARETS,
CHOLET et CLARIS , négocians, avaient expédié des
marchandises par la voiture de Pierre ISNARD.

Celui-ci fut visité par le sieur Castegnol, visiteur des droits de timbre au département du Rhône, le 13 ventose an 8.

La lettre de voiture délivrée à Isnard n'était pas timbrée ; il en fut dressé un procès-verbal que le sieur Castegnol n'affirma pas devant le juge de paix.

Les sieurs Gerleier, Desmarets, Cholet et Claris, assignés aux fins de ce procès-verbal devant le Tribunal de Montpellier, bornèrent leur défense à demander la nullité du procès-verbal faute d'affirmation.

Les premiers juges crurent trouver cette nullité prononcée par l'article 18 du titre 10 de la loi du 22 août 1791.

En conséquence, et comme dans les deux espèces précédentes, ils rendirent, le 1er. prairial an 8, un jugement ainsi conçu :

Le Tribunal, vu l'art. 18 du tit. 10 de la loi du 22 août 1791, ainsi conçu :

« Le procès-verbal sera affirmé véritable devant le président du Tribunal de district, ou, en son absence, devant l'un des autres juges du même Tribunal, dans les vingt-quatre heures, à compter de celle à laquelle il aura été clos : pourront aussi les procès-verbaux être affirmés devant les juges de paix, et, à défaut, devant le maire ou l'un des officiers municipaux des villes, bourgs et communautés à l'ordre de la nomination. Il est enjoint auxdits juges, maires et officiers municipaux, de recevoir les affirmations à l'instant et au lieu où les procès-verbaux leur seront présentés, à peine de répondre, en leur propre et privé nom, des condamnations qui pourraient en résulter sur le procès-verbal de refus qui serait rédigé par les préposés. »

Attendu que les préposés de la régie de l'enregistrement sont en tout assimilés à ceux de la régie des douanes, et qu'aucune loi n'a dispensé leurs procès-verbaux de l'affirmation ;

Attendu que l'affirmation est le complément d'un procès-verbal de contravention, et peut seule le valider et lui donner foi en justice ;

Attendu que le procès-verbal dressé le 13 ventose an 8, par le sieur Castegnol, visiteur des droits de timbre, n'a pas été affirmé;

Déclare ledit procès-verbal nul et de nul effet; décharge les sieurs Gerleier, Desmarets, Cholet et Claris des fins d'icelui; condamne la régie aux dépens.

Ce jugement a été attaqué par la régie, laquelle a allégué, pour unique moyen de cassation, que la loi du 13 brumaire an 7, qu'on doit regarder comme la loi générale du timbre, ayant prescrit toutes les formalités à faire pour la perception de ce droit, et pour les poursuites à exercer contre les contrevenans, n'avait pas prescrit celle de l'affirmation des procès-verbaux, comme en matière de douanes; d'où elle concluait que le jugement attaqué avait commis un excès de pouvoir en la déboutant de sa demande, et fait une fausse application de l'art. 18 du tit. 10 de la loi du 22 août 1791, uniquement applicable aux matières des douanes.

Sur ce pourvoi, le Tribunal de Cassation rendit, le 13 brumaire an 10 (4 novembre 1801), le jugement suivant:

Ouï le rapport du cit. Pajon, l'un des Juges, et les conclusions du cit. Lefessier, Substitut du Commissaire du Gouvernement;

Et attendu qu'aucune des dispositions de la loi du 13 brumaire an 7 sur la perception du droit de timbre, et notamment les art. 31 et 32 qui règlent la forme des procès-verbaux en cette matière, ne prescrivent la nécessité de leur affirmation, comme la loi du 22 août 1791 l'a prescrit dans la matière de douanes, qui a ses règles particulières; d'où il suit que le jugement attaqué a commis un excès de pouvoir en annulant le procès-verbal dont il s'agit au procès, sous le prétexte qu'il n'a point été affirmé, et a privé par conséquent la régie de l'exercice légitime de ses droits contre les défendeurs;

Le Tribunal casse et annulle le jugement rendu entre les parties par le Tribunal Civil du département de l'Hérault, le 1er. prairial an 8, et les renvoie, pour leur être fait droit sur le fond , devant le Tribunal de première Instance séant à Lodève ; condamne les défendeurs aux dépens de l'instance , liquidés à la somme de 120 francs , non compris les coût et signification du présent jugement, qui sera imprimé, et transcrit sur les registres du Tribunal Civil du département de l'Hérault.

13ᵉ. *Espèce.* — Nous rapportons encore cette espèce , bien qu'elle soit semblable aux trois précédentes , parce que les motifs qui servent de base au jugement de cassation nous ont paru plus développés encore que ceux des jugemens précédens.

Le sieur Joseph MALLET, commissionnaire à Montpellier, avait expédié des marchandises dont il avait écrit et signé les deux lettres de voiture sur papier non timbré.

Le 19 ventose an 8 , le visiteur des postes et messageries au département du Rhône, saisit ces deux lettres de voiture , et en constata la contravention par un procès-verbal qu'il n'affirma pas.

Le sieur Mallet, assigné devant le Tribunal de Montpellier sur les fins de ce procès-verbal , en demanda et en obtint l'annulation faute d'affirmation.

Sur le pourvoi de la régie , le Tribunal de Cassation a rendu , le 1ᵉʳ. ventose an 10 (20 mars 1802), le jugement qui suit :

Ouï le rapport du cit. Cochard, l'un des Juges, et le cit. Arnaud , Substitut du Commissaire du Gouvernement ;

Attendu , 1°. que nulle loi n'oblige les préposés et commis à la régie du timbre à l'affirmation en justice de leurs procès-verbaux :

Attendu , 2°. que celle du 3 ventose an 6 est la première qui ait assujéti au timbre les lettres de voiture ;

Que le droit en a été fixé à un franc par celle du 6 prairial an 7 ;

Que ni l'une ni l'autre de ces deux lois n'ont déterminé le mode de constater les contraventions qui y seraient commises ;

Attendu , 3°. que celle du 13 brumaire an 7 est celle qui

doit être considérée comme la loi générale sur le timbre, et celle dont les dispositions doivent suppléer en tout au silence de toutes les autres lois qui l'ont précédée ;

Qu'en autorisant, par l'art. 31, les préposés de la régie à retenir les actes, registres et effets en contravention à la loi du timbre pour les joindre à leurs procès-verbaux, à moins que les contrevenans ne consentent à signer lesdits procès-verbaux, et à acquitter sur-le-champ l'amende encourue et le droit du timbre ;

Qu'en ordonnant ensuite, par l'art. 32, qu'en cas de refus de la part des contrevenans de satisfaire aux dispositions de l'article précédent, les préposés de la régie leur feront signifier, dans les trois jours francs, les procès-verbaux qu'ils auront rapportés, avec assignation devant le Tribunal Civil du département, on ne voit pas que lesdits articles aient assujéti lesdits préposés à la formalité de l'affirmation judiciaire de leurs procès-verbaux, pour leur donner foi en justice ;

D'où il suit qu'en annulant le procès-verbal du 19 ventose an 8, pour cause d'omission de cette formalité, les juges du Tribunal Civil du département de l'Hérault sont contrevenus auxdits articles ci-dessus rappelés, et ont commis en même temps un excès de pouvoir, en ce qu'ils ont ajouté à leur texte une formalité qui n'était prescrite par aucune loi ;

Par ces considérations, le Tribunal, faisant droit à la demande en cassation formée par les demandeurs contre le jugement dudit Tribunal Civil du département de l'Hérault, du 4 germinal an 9, casse et annulle ledit jugement ;

Renvoie, sur le fond, pardevant le Tribunal Civil d'arrondissement le plus voisin, pour être fait droit aux parties ainsi qu'il appartiendra ;

Ordonne la restitution de toutes les sommes payées en exécution dudit jugement, et condamne le défendeur au payement des déboursés, taxés à la somme de 120 francs, et ce non compris les coût, signification et enregistrement du présent jugement, qui sera imprimé, affiché, et transcrit sur les registres dudit Tribunal Civil du département de l'Hérault, conformément à la loi.

14e. *Espèce.* — Dans toutes les affaires dont nous venons de rapporter et les circonstances et les décisions, les premiers juges avaient motivé leurs jugemens sur les dispositions de la loi relative aux douanes.

Dans celle-ci, ils avaient cherché à la justifier par les dispositions de la loi du 22 frimaire an 7.

Les sieurs Coste, Bimard et Glaize avaient encore à se défendre contre la régie de l'enregistrement, à la suite de la saisie d'une lettre de voiture par eux signée sur du papier non timbré.

Le procès-verbal dressé par les préposés n'avait pas été affirmé.

Le Tribunal de Montpellier avait annulé ce procès-verbal et débouté la régie de sa demande, avec dépens.

Il s'était fondé sur le texte de l'art. 70, § 3, no. 12 de la loi du 22 frimaire an 7, ainsi conçu :

> Seront exempts de la formalité de l'enregistrement les actes ci-après :
> Les affirmations des procès-verbaux des employés, gardes et agens salariés par la République, faits dans l'exercice de leurs fonctions.

Le Tribunal avait cru voir dans cet article l'obligation imposée à tous les employés, gardes et agens salariés par le Gouvernement, d'affirmer leurs procès-verbaux sans aucune exception. C'était une erreur que le Tribunal de Cassation a rectifiée par le jugement suivant, en date du 21 germinal an 10 (11 avril 1802) :

> Ouï le rapport du cit. Jean-François Régis-Riolz, nommé Rapporteur le 1er. ventose dernier, et Lecoutour, Substitut du Commissaire du Gouvernement ;
> Considérant que l'article cité par les défendeurs, de la loi du 22 frimaire an 7, suppose seulement qu'il y a des cas où des procès-verbaux d'employés sont sujets à affirmation ; mais que, ni de cet article, ni des lois qui, en certains cas, soumettent les procès-verbaux à l'affirmation, il ne résulte nullement que, dans l'espèce, il y eût lieu à l'affirmation ; qu'au contraire le moyen pris par les demandeurs, de ce que les lois sur le timbre n'exigent pas l'affirmation, tire la plus grande force de celles qui l'exigent dans d'autres cas ; d'où il suit que

le Tribunal Civil du département de l'Hérault a excédé son pouvoir en créant une nullité que la loi ne prononce pas , et qu'il a en même temps violé les dispositions des lois qui soumettent au timbre les lettres de voiture , notamment l'art. 5 de celle du 6 prairial an 7 , portant :

« Les lettres de voiture , connaissemens , chartes-parties et » polices d'assurance , seront inscrits , à l'avenir , sur du pa- » pier du timbre d'un franc. »

En conséquence , le Tribunal casse et annulle le jugement rendu par le Tribunal Civil du département de l'Hérault , le 4 frimaire an 9 ;

Ordonne la restitution des sommes qui pourraient avoir été payées en exécution de ce jugement ;

Renvoie la cause et les parties devant le Tribunal de l'arrondissement de Lodève ;

Condamne les défendeurs aux frais déboursés par la régie , liquidés à la somme de 120 francs , non compris les coût , enregistrement et signification du présent jugement ;

Ordonne qu'à la diligence du Commissaire du Gouvernement , le présent jugement sera imprimé , et transcrit sur les registres du Tribunal Civil du département de l'Hérault.

15e. *Espèce.* — Le sieur HUREAU , commissaire-priseur-vendeur au département de la Seine , avait , dans l'exercice de ses fonctions , rédigé un procés-verbal sur une demi-feuille de papier timbré , sur laquelle un autre acte avait été commencé , mais non achevé.

Le percepteur de la régie , auquel ce procés-verbal fut présenté pour être enregistré , vit , dans la circonstance rapportée , une contravention aux dispositions de l'art. 22 de la loi du 13 brumaire an 7.

Il en dressa procés-verbal , sur les fins duquel Hureau fut assigné , devant le Tribunal de la Seine , en condamnation au payement de l'amende de cent francs , prononcée par l'art. 26 de la même loi.

Le 29 pluviose an 11 , le Tribunal de la Seine avait rendu le jugement suivant :

Attendu qu'il résulte des faits de la cause que Hureau n'est pas formellement contrevenu aux dispositions de la loi du 13 brumaire an 7, relative au timbre;

Déclare qu'il n'y a pas lieu à l'application de l'amende;

Déclare la régié non-recevable en sa demande, et la condamne aux frais.

Le Tribunal de Cassation, saisi du pourvoi de la régie, s'est prononcé contre le jugement de première instance par celui qu'il a rendu le 1ᵉʳ. frimaire an 10 (22 novembre 1801), en ces termes :

Ouï le rapport du cit. Doutrepont, l'un des Juges, et les conclusions du cit. Lefessier, Substitut du Commissaire du Gouvernement,

Le Tribunal donne défaut contre le cit. Hureau ; et pour le profit,

Vu les art. 22 et 26 de la loi du 13 brumaire an 7 sur le timbre, ainsi conçus :

Art. 22. « Le papier timbré qui aura été employé à un acte » quelconque, ne pourra plus servir pour un autre acte, » quand même le premier n'aurait pas été achevé. »

Art. 26. « Il est prononcé, par la présente, une amende, » 1°.....; 5°. de cent francs pour chaque acte public ou ex- » pédition écrit sur papier non timbré, et pour contravention » aux art. 17, 18, 22, 23 et 24 par les officiers et fonction- » naires publics. »

Attendu que, quel que puisse avoir été le résultat des faits de la cause, il n'en est pas moins constant que le cit. Hureau, huissier-priseur, a employé, pour écrire un acte de son ministère, un papier timbré qui avait déjà servi à écrire un autre acte, quoique celui-ci n'eût pas été achevé ;

Que le cit. Hureau était donc précisément dans le cas des art. 22 et 26 de la loi du 13 brumaire ci-dessus cités ; et que la quatrième section du Tribunal de première Instance du département de la Seine, en jugeant le contraire, a formellement violé cette loi :

Par ces motifs, le Tribunal casse et annulle le jugement de la quatrième section du Tribunal de première Instance du département de la Seine, rendu entre les parties le 29 pluviose an 9 ;

Renvoie la cause au Tribunal de première Instance de l'arrondissement de Versailles, département de Seine et Oise;

Condamne le défendeur aux frais et déboursés des demandeurs, liquidés à la somme de 110 francs, non compris les coût et frais d'expédition, enregistrement et signification du présent jugement, qui sera, à la diligence du Commissaire du Gouvernement, imprimé, et transcrit sur les registres du Tribunal de première Instance du département de la Seine en marge du jugement annulé.

16e. *Espèce*. — Laurent jeune, imprimeur à Paris, avait imprimé des affiches pour annoncer la mise en vente d'un ouvrage nouveau.

Une de ces affiches, non timbrée, avait été placardée à la porte d'un libraire à Genève.

Les préposés de la régie dressèrent procès-verbal de cette contravention ; ils envoyèrent ce procès-verbal à la régie, à la requête de laquelle Laurent jeune fut assigné en condamnation au payement de l'amende par lui encourue.

Le 6 thermidor an 9, le Tribunal de la Seine avait déclaré que Laurent n'était pas passible de l'amende, et avait déclaré la régie non-recevable, avec dépens.

La régie se pourvut en cassation, et sur son pourvoi, le Tribunal de Cassation rendit, le 23 ventose an 10 (14 mars 1802), le jugement dont suit la teneur :

Ouï le cit. Doutrepont en son rapport, et le cit. Pons, Substitut du Commissaire du Gouvernement ;

Vu la loi du 9 vendémiaire an 6, qui porte :

Art. 56. « Toutes les affiches autres que celles d'actes éma-
» nés d'autorité publique, quelle que soit leur nature ou leur
» objet, seront assujéties au timbre fixe ou de dimension. »

Art. 60. « Ceux qui auront répandu des journaux ou pa-
» piers-nouvelles et autres objets compris dans l'art. 56 ci-
» dessus, et apposé ou fait apposer des affiches sans avoir fait
» timbrer leur papier, seront condamnés à une amende de
» 100 fr. pour chaque contravention ; les objets soustraits aux
» droits seront lacérés. »

Art. 61. « Les auteurs, afficheurs, distributeurs et impri-
» meurs desdits journaux, seront solidairement tenus de
» l'amende, sauf leur recours les uns contre les autres. »

Attendu qu'il importe peu que le défendeur défaillant ait ou n'ait pas donné l'ordre de placarder à Genève l'affiche dont il s'agit ; qu'il suffit que de fait elle ait été placardée, et que le défendeur défaillant en soit l'imprimeur, pour qu'il soit passible de l'amende mentionnée dans les articles ci-dessus cités de la loi du 9 vendémiaire an 6, sauf son recours contre qui de droit ;

Qu'ainsi le jugement attaqué, en mettant les parties hors de cause, a violé les dispositions de cette loi ;

Par ces motifs, le Tribunal, après avoir donné défaut contre le cit. Laurent jeune, imprimeur, casse et annulle le jugement de la quatrième section du Tribunal Civil de première Instance du département de la Seine, du 6 thermidor an 9 ;

Remet les parties dans le même état où elles étaient avant le jugement, et les renvoie devant le Tribunal Civil de première Instance de l'arrondissement de Versailles ;

Condamne le défendeur défaillant aux frais et déboursés des demandeurs, liquidés à la somme de 120 fr., non compris les coût et frais de l'expédition, enregistrement et signification du présent jugement, qui, à la diligence du Commissaire du Gouvernement, sera imprimé, et transcrit sur les registres du Tribunal Civil du département de la Seine en marge du jugement annulé.

17ᵉ. *Espèce.* — Les régisseurs de l'octroi de bienfaisance de la ville de Lyon avaient présenté les registres destinés à leurs bureaux pour être timbrés à l'extraordinaire.

La régie de l'enregistrement fit frapper chacune des feuilles de ces registres de deux timbres, dont un sur chaque feuillet.

Depuis, il avait été intercalé dans ces registres des feuilles entières non timbrées, lesquelles avaient, en cet état, été chargées des écritures de la recette.

La régie de l'enregistrement a constaté cette contravention, et assigné les régisseurs de l'octroi devant le Tribunal de Lyon, pour les faire condamner

au payement de l'amende prononcée contre les contraventions de cette nature.

Les premiers juges, considérant qu'en frappant
chaque feuille de deux timbres, et les faisant payer
lorsqu'il n'en était dû qu'un, la régie de l'enregistrement avait perçu plus que les régisseurs de l'octroi n'avaient dû payer;

Que le nombre de feuilles par eux intercalées
était moindre que le nombre de feuilles indûment
timbrées;

Que, par ce moyen, la régie de l'enregistrement, loin d'avoir été frustrée d'une portion de
ses droits, se trouvait encore avoir trop reçu;

Ont rejeté la demande de la régie de l'enregistrement, et l'ont condamnée aux frais.

Sur son pourvoi, le Tribunal de Cassation a
rendu, le 11 prairial an 10 (31 mai 1802), le
jugement suivant :

Ouï le rapport du cit. Basire, l'un des Juges, et les conclusions du cit. Arnaud, Substitut du Commissaire du Gouvernement;

Vu les art. 12 et 16 de la loi du 13 brumaire an 7, ainsi
conçus :

« Sont assujétis au droit de timbre, établi en raison de la
» dimension, tous les papiers à employer pour les actes et
» écritures, soit publics, soit privés, savoir : les registres
» des administrations centrales et municipales, tenus pour
» objets qui leur sont particuliers, et n'ayant point de rapport
» à l'administration générale. Il est prononcé, par la pré-
» sente, une amende de trente francs par chaque acte ou
» écrit sous signature privée, fait sur papier non timbré. »

Considérant que les registres dont il s'agit sont dans la
classe de ceux énoncés par l'art. 12 ci-dessus, ainsi que le
reconnaît le jugement attaqué;

Considérant qu'il est aussi reconnu, par le même jugement,
que depuis le timbre originairement apposé sur ces registres,
il y a été intercalé des feuilles entières non timbrées;

Considérant que par cette intercalation, on ne peut excuser
l'allégation bien ou mal fondée de l'opposition et du payement

d'un double timbre sur chacune des feuilles originaires ; que contravention à l'art. 12 a été commise, et l'amende prononcée par l'art. 26 encourue ;

Considérant qu'en ne prononçant pas ladite amende dans l'espèce , le jugement attaqué est contrevenu aux lois précitées.

Par ce motif , le Tribunal donne défaut contre les régisseurs de l'octroi de Lyon ; et , pour le profit , casse le jugement rendu le 29 germinal an 9, par le Tribunal de première Instance séant à Lyon ;

Remet les parties au même état qu'avant le jugement, et les renvoie devant le Tribunal d'arrondissement séant à Villefranche ;

Condamne les défaillans aux frais et déboursés , liquidés à 130 francs , ensemble aux coût, expédition et signification du présent jugement, qui , à la diligence du Commissaire du Gouvernement, sera imprimé et transcrit sur les registres du Tribunal d'arrondissement, qui a rendu le jugement annulé.

18ᵉ. *Espèce.* — Il s'était élevé quelques doutes sur la question de savoir si les actes passés par des marguilliers dans l'intérêt des fabriques , étaient ou n'étaient pas sujets au droit de timbre.

Contre l'affirmative, on disait : « Les marguilliers sont des fonctionnaires dont les actes relatifs aux droits , revenus et intérêts des fabriques sont purement administratifs. »

Le Ministre des Finances , auquel plusieurs préfets avaient soumis cette difficulté , l'a décidée , le 9 fructidor an 13, par la lettre suivante :

« Je vous observe que , pour prévenir les dilapidations des biens des communes , le Gouvernement a voulu que leur administration fût sous la surveillance de l'autorité administrative ; c'est par ce motif , que les actes faits pour la régie de ces biens ne peuvent recevoir d'exécution qu'après l'approbation du préfet ; mais il ne s'ensuit pas que ces actes deviennent, par ce seul fait, actes administratifs , et cette approbation ne peut les affranchir du droit dont ils sont passibles. Il a été décidé , relativement aux baux des biens de communes qui sont sujets à l'enregistrement , que cette formalité n'était de rigueur que dans les vingt jours de la date de leur approbation, parce que, jusque-là, ils ne pouvaient recevoir d'exécution. Il n'existe, non plus, aucune loi qui affranchisse des droits de timbre les actes passés dans l'intérêt des communes. Ils sont, sous le rapport des droits, assimilés aux actes des particuliers ; il en est de même, à plus forte raison, de ceux passés par les marguilliers, dans l'intérêt des fabriques.

Ces administrateurs ne sont point des fonctionnaires publics, et ils peuvent d'autant moins se dispenser de rédiger sur papier timbré les pétitions qu'ils présentent aux préfets, que l'art. 1er. du décret impérial du 4 messidor dernier (Bulletin des Lois, n°. 49), ordonne aux dépositaires des registres et minutes d'actes concernant l'administration des biens des hospices, fabriques, des églises, chapitres, etc., etc., de communiquer sans déplacer, à toute réquisition, aux préposés de l'enregistrement, leurs registres et minutes d'actes, à l'effet, par lesdits préposés, de s'assurer de l'exécution des lois sur le timbre et l'enregistrement.

XXVIIIᵉ. ARTICLE.

DE L'ÉPOQUE A LAQUELLE LES LOIS ET LES DÉCRETS IMPÉRIAUX DEVIENNENT OBLIGATOIRES.

Nous donnons, dans chaque livraison de nos *Conférences*, le Bulletin des Lois.

Ce Bulletin contient tous ceux des décrets impériaux qui, par leur nature, doivent y être imprimés.

L'art. 1er. du Code Napoléon a déterminé l'époque à laquelle les lois sont obligatoires et doivent être exécutées. Il est ainsi conçu :

ART. 1er. Les lois sont exécutoires dans tout le territoire français, en vertu de la promulgation qui en est faite par le Premier Consul.

Elles seront exécutées dans chaque partie de la République, du moment où la promulgation en pourra être connue.

La promulgation faite par le Premier Consul sera réputée connue dans le département où siégera le Gouvernement, un jour après celui de la promulgation ; et dans chacun des autres départemens , après l'expiration du même délai augmenté d'autant de jours qu'il y aura de fois dix myriamètres (environ vingt lieues) entre la ville où la promulgation en aura été faite , et le chef-lieu de chaque département.

Il restait à fixer l'époque à laquelle les décrets impériaux seraient également exécutoires. Il y a été pourvu par le décret impérial dont suit la teneur :

Extrait des Minutes de la Secrétairerie d'Etat.

A Montirone , le 25 prairial an 13.

Avis du Conseil d'Etat , sur le jour à compter duquel les Décrets impériaux sont obligatoires. (Séance du 12 prairial an 13.)

Le Conseil d'Etat , qui, d'après le renvoi fait par S. M. I. , a entendu le rapport de la section de législation sur celui du Grand-Juge Ministre de la Justice , tendant à faire décider de quel jour les décrets impériaux sont obligatoires ;

Considérant que la proposition et la discussion publiques des lois ont permis de déterminer, dans l'article 1er. du Code Civil , un délai après lequel leur promulgation étant présumée connue dans chaque département, elles y deviennent successivement obligatoires ;

Que les décrets impériaux étant préparés et rendus avec moins de publicité, ils ne peuvent pas être frappés de la même présomption de connaissance , et qu'en effet ils n'ont pas été compris dans la composition de l'art 1er. du Code ;

Qu'il faut donc, pour qu'ils deviennent obligatoires , une connaissance réelle qui résulte de leur publication ou de tout autre acte ayant le même effet ;

Est d'avis que les décrets impériaux insérés au Bulletin des Lois sont obligatoires , dans chaque département , du jour auquel le Bulletin a été distribué au chef-lieu , conformément à l'article 12 de la loi du 12 vendémiaire an 4 (1) ;

Et que quant à ceux qui ne sont point insérés au Bulletin ,

(1) Néanmoins les lois et actes du Corps Législatif obligeront dans l'étendue de chaque département , du jour auquel le Bulletin officiel où ils seront contenus sera distribué au chef-lieu du département.

Ce jour sera constaté par un registre où les administrateurs de chaque département certifieront l'arrivée de chaque numéro. (*Art.* 12 *de la loi du* 12 *vendémiaire an* 4.)

ou qui n'y sont indiqués que par leur titre, ils sont obligatoires du jour qu'il en est donné connaissance aux personnes
qu'ils concernent, par publication, affiche, notification ou
signification, ou envois faits ou ordonnés par les fonctionnaires publics chargés de l'exécution.

Pour extrait conforme, le Secrétaire-Général du Conseil
d'Etat, *signé* J. G. LOCRÉ.

Approuvé à Montirone, le 25 prairial an 13.

Signé NAPOLÉON.

Par l'Empereur, le Secrétaire d'Etat, *signé* H. B. MARET.

En exécution de l'art. 1er. du Code Napoléon,
le tableau suivant a été rédigé.

*Tableau des Distances de Paris à tous les Chefs-lieux
des Départemens, évaluées en kilomètres et myriamètres.*

NOMS		DISTANCES	
DES DÉPARTEMENS.	DES CHEFS-LIEUX.	EN KIL.	EN MYR.
Ain................	Bourg.............	452	43 2
Aisne.............	Laon..............	127	12 7
Allier............	Moulins...........	280	28 0
Alpes (Basses)....	Digne.............	755	75 5
Alpes (Hautes)....	Gap...............	665	66 5
Alpes-Maritimes....	Nice..............	960	96 0
Ardèche...........	Privas............	606	60 6
Ardennes..........	Mézières..........	234	23 4
Arriège...........	Foix..............	752	75 2
Aube..............	Troyes............	159	15 9
Aude.............	Carcassonne.......	765	76 5
Aveyron...........	Rhodès............	692	69 2
Bouches-du-Rhône..	Marseille..........	813	81 3
Calvados..........	Caen..............	263	26 3
Cantal............	Aurillac...........	539	53 9
Charente..........	Angoulême.........	454	45 4
Cher..............	Bourges...........	233	23 3
Corrèze...........	Tulle.............	461	46 1
Côte-d'Or.........	Dijon.............	305	30 5
Côtes-du-Nord.....	Saint-Brieux.......	446	44 6
Creuze............	Guéret............	428	42 8

NOMS		DISTANCES	
DES DÉPARTEMENS.	DES CHEFS-LIEUX.	EN KIL.	EN MYR.
Doire (la)	Ivrée.	821	82 1
Dordogne.	Périgueux.	472	47 2
Doubs.	Besançon.	396	39 6
Drôme.	Valence.	560	56 0
Dyle.	Bruxelles.	305	30 5
Escaut.	Gand.	333	33 3
Eure.	Evreux.	104	10 4
Eure et Loire.	Chartres.	92	9 2
Finistère.	Quimper.	623	62 3
Forêts.	Luxembourg.	367	36 7
Gard.	Nîmes.	702	70 2
Garonne (Haute).	Toulouse.	669	66 9
Gers.	Auch.	743	74 3
Gironde.	Bordeaux.	573	57 3
Golo.	Bastia.	873	87 3
Hérault.	Montpellier.	752	75 2
Ille et Vilaine.	Rennes.	346	34 6
Indre.	Châteauroux.	259	25 9
Indre et Loire.	Tours.	242	24 2
Isère.	Grenoble.	568	56 8
Jemmapes.	Mons.	244	24 4
Jura.	Lons-le-Saulnier.	411	41 1
Landes.	Mont-de-Marsan.	702	70 2
Léman.	Genève.	514	51 4
Liamone.	Ajaccio.	873	87 3
Loir et Cher.	Blois.	181	18 1
Loire.	Montbrison.	443	44 3
Loire (Haute).	Le Puy.	505	50 5
Loire-Inférieure.	Nantes.	389	38 9
Loiret.	Orléans.	123	12 3
Lot.	Cahors.	558	55 8
Lot et Garonne.	Agen.	714	71 4
Lozère.	Mende.	566	56 6
Lys.	Bruges.	383	38 3
Maine et Loire.	Angers.	300	30 0
Manche.	Saint-Lô.	326	32 6
Marengo.	Alexandrie.	852	85 2
Marne.	Châlons.	164	16 4
Marne (Haute).	Chaumont.	247	24 7
Mayenne.	Laval.	281	28 1
Meurthe.	Nanci.	334	33 4
Meuse.	Bar-sur-Ornain.	251	25 1
Meuse-Inférieure.	Maëstricht.	448	44 8

NOMS		DISTANCES	
DES DÉPARTEMENS.	DES CHEFS—LIEUX.	EN KIL.	EN MYR.
Mont-Blanc........	Chambéry.........	565	56 5
Mont-Tonnerre. ...	Mayence.	548	54 8
Morbihan.	Vannes.	5oo	5o o
Moselle...........	Metz.............	3o8	3o 8
Nèthes (Deux)....	Anvers...........	355	35 5
Nièvre............	Nevers...........	236	23 6
Nord.............	Lille.............	236	23 6
Oise.............	Beauvais.	88	8 8
Orne.............	Alençon..........	191	19 1
Ourthe.	Liége............	411	41 1
Pas-de-Calais.	Arras.	193	19 3
Pô...............	Turin............	763	76 3
Puy-de-Dôme......	Clermont.	384	38 4
Pyrénées (Basses)..	Pau..............	781	78 1
Pyrénées (Hautes).	Tarbes.	815	81 5
Pyrénées-Orientales.	Perpignan.	888	88 8
Rhin (Bas).......	Strasbourg.........	464	46 4
Rhin (Haut)......	Colmar.	481	48 1
Rhin et Moselle.....	Coblentz.	597	59 7
Rhône.	Lyon.	466	46 6
Roër.............	Aix-la-Chapelle. ...	457	45 7
Sambre et Meuse...	Namur.	345	34 5
Saône (Haute)....	Vesoul.	354	35 4
Saône et Loire.	Mâcon...........	599	59 9
Sarre.............	Trèves.	410	41 o
Sarthe.	Le Mans..........	211	21 1
Seine.............	Paris.	...	...
Seine-Inférieure....	Rouen.	137	13 7
Seine et Marne.....	Melun...........	46	4 6
Seine et Oise.......	Versailles.........	21	2 1
Sèvres (Deux).....	Niort.	416	41 6
Sesia.............	Verceil.	856	85 6
Somme.	Amiens.	128	12 8
Stura.	Coni.............	843	84 3
Tanaro...........	Asti.............	816	81 6
Tarn.............	Albi.	657	65 7
Var.	Draguignan........	890	89 o
Vaucluse.	Avignon..........	7o7	7o 7
Vendée...........	Fontenay.	447	44 7
Vienne.	Poitiers.	343	34 3
Vienne (Haute)...	Limoges..........	58o	58 o
Vosges.	Epinal.	381	38 1
Yonne.	Auxerre.	168	16 8

(59)

Il résulte de ce qui est rapporté dans cette *Conférence*,

1°. Que les lois sont obligatoires dans chaque département, le jour indiqué d'après le tableau des distances, soit que le Bulletin qui les contient soit ou ne soit pas arrivé au chef-lieu du département ;

2°. Qu'à l'égard des décrets impériaux, ils ne deviennent obligatoires que le lendemain du jour auquel le Bulletin qui les contient est arrivé au chef-lieu du département ;

3°. Que les préfets, qui remplacent aujourd'hui les administrations départementales, doivent tenir un registre sur lequel ils constatent l'arrivée des Bulletins des Lois le jour même de leur réception ;

4°. Que s'il s'élevait quelque contestation sur l'époque à laquelle un décret impérial serait devenu obligatoire dans un département, il faudrait, pour vider le litige, recourir au registre d'enregistrement à la préfecture.

XXIXe. ARTICLE.

VOITURES PUBLIQUES.

Avant la révolution, il n'y avait de voitures publiques affectées au transport des personnes, que les Messageries nationales.

Ce privilége fut détruit par le torrent qui entraîna tous les priviléges, et sous l'empire de la liberté illimitée, tous ceux qui voulurent entreprendre le transport des personnes et des marchandises, tant par terre que par eau, en eurent la faculté. C'est

ce qui résulte des articles suivans de la loi du
29 août 1790.

Extrait de la Loi du 29 août 1790.

Messageries.

ART. 1er. Le droit connu sous le nom *de droit de permis*
et celui du transport exclusif des voyageurs, matières ou
espèces d'or et d'argent, de balles ou ballots, marchandises,
paquets de quelque poids qu'ils soient, sont abolis; ensemble
les procès et actions qui auraient été intentés pour contravention auxdits droits, lesquels ne pourront être jugés que pour
les frais des procédures faites antérieurement à la publication
du présent décret.

2. A compter de la même époque, tout particulier pourra
voyager ou faire conduire librement les voyageurs, ballots,
paquets, marchandises, ainsi et de la manière dont les voyageurs, expéditionnaires et voituriers conviendront entr'eux,
à la charge par les voituriers de se conformer à la disposition
contenue en l'article suivant, et sans qu'il soit permis à aucun particulier ou compagnie autre que ceux ci-après exceptés,
d'annoncer des départs à jour et heure fixes, ni d'établir de
relais, non plus que de se charger de reprendre et conduire
des voyageurs qui arriveraient en voitures suspendues, si ce
n'est d'après un intervalle du jour au lendemain, entre l'é-
poque de l'arrivée desdits voyageurs et celle de leur départ.

3. Chaque particulier qui aura l'intention de louer des chevaux ou d'entreprendre le transport des voyageurs ou marchandises, sera tenu, à peine, en cas de contravention,
d'une amende de cinquante livres, applicable aux établissemens de charité; de faire préalablement sa déclaration, dans
les huit premiers jours de chaque année, au greffe de la municipalité du lieu où il sera domicilié, et de la renouveler
dans les huit premiers jours de chaque année, s'il est dans
l'intention de continuer ce commerce.

4. Il sera établi une ferme générale des messageries, coches
et voitures d'eau, aux conditions et charges suivantes :

1°. Les fermiers auront seuls le droit de départ à jour et
heure fixes, et de l'annonce desdits départs, ainsi que celui
de l'établissement des relais à des points fixes et déterminés;

2°. Ils jouiront, comme par le passé, dans les villes où

cet usage avait lieu, de la facilité que leurs voitures et guim-
bardes ne soient visitées qu'aux lieux de leurs bureaux ; mais
ils seront chargés d'acquitter la dépense des établissemens que
cette facilité nécessite ;

3°. Les voitures, chevaux, harnais, etc., servant à l'usage
du service public des messageries, ne pourront être saisis dans
aucun cas et sous quelque prétexte que ce soit ;

4°. Les fermiers seront tenus de remplir exactement les
conditions de leurs départs et relais aux heures et points
fixes et déterminés ; ils seront également tenus de pourvoir à
ce que non-seulement les principales routes du royaume,
mais encore les communications particulières, suivant l'état
qui sera joint au bail, soient exactement desservies ;

5°. D'après les déclarations, évaluations et prix de transport convenus de gré à gré, mais qui, dans aucun cas, ne
pourront excéder les taux fixés ou maintenus par l'arrêt du
conseil et les tarifs y joints, de l'année 1776, les fermiers
demeureront, jusqu'à décharge, responsables de tous les
paquets, balles, ballots, marchandises et espèces qui leur
seront confiés ; mais ni lesdits fermiers, ni tous autres
entrepreneurs de voitures ou transports ne pourront se charger d'aucune lettre ou papiers autres que ceux relatifs à leur
service personnel et particulier, et ceux de procédures en sac.

5. D'après les instructions que le pouvoir exécutif fournira, il sera incessamment procédé à la confection d'un réglement particulier, pour l'exploitation et le service des
messageries, et surtout à la réduction du tarif des coches et
voitures d'eau.

6. Le pouvoir exécutif recevra, aux conditions ci-dessus
énoncées, les offres qui pourraient lui être faites pour l'entreprise et exploitation de la ferme des messageries ; et sur le
compte qui sera rendu à l'assemblée, elle décrétera ce qu'il
appartiendra.

7. Le bail actuel des messageries, passé sous le nom de
Durdan, ainsi que les sous-baux, ensemble le traité des fermiers avec les administrateurs des postes, pour le transport
des malles, ainsi que les sous-traités pour les mêmes services,
demeureront résiliés, à compter du 1er. janvier prochain, et
jusque-là lesdits baux, sous-baux et traités, continueront
d'avoir leur exécution en tout ce à quoi il n'est pas expressément dérogé par le présent décret.

8. Il sera procédé, en la manière accoutumée, à l'examen
et à la vérification des indemnités qui pourraient être dues aux

fermiers ou sous-fermiers actuels des messageries, soit par ses non jouissances forcées par les circonstances, soit pour la résiliation de tout ou partie de leurs baux, et au partage desdites indemnités entre les différentes compagnies ou particuliers qui y prendront droit, pour les décisions qui seront intervenues; et les débats qui pourraient être présentés contre lesdits résultats, être portés au comité de liquidation, qui en rendra compte à l'assemblée; le tout en conformité du décret du 17 juillet, relatif aux créances arriérées et aux fonctions de son comité de liquidation.

Attribution des Vérifications, Contestations et Plaintes sur les Services des Postes aux Lettres, des Postes aux Chevaux et des Messageries.

ART. 1er. Les assemblées et directoires de département et de district, les municipalités ni les Tribunaux ne pourront ordonner aucun changement dans le travail, la marche et l'organisation des services des postes aux lettres, des postes aux chevaux et des messageries. Les demandes et les plaintes relatives à ce service seront adressées au pouvoir exécutif.

2. Les vérifications renvoyées par les réglemens des postes et des messageries aux ci-devant intendans des provinces, seront faites à la réquisition des chefs d'administration des postes, par les soins des directoires de département.

3. Les contestations dont les jugemens sont aussi renvoyés par les réglemens des postes et des messageries aux ci-devant intendans des provinces et lieutenans de police de Paris, ainsi que celles qui s'élèveront à l'occasion de l'exécution des décrets, des tarifs de perception et des recouvremens desdites parties, seront portées devant les juges ordinaires des lieux.

Le Roi a sanctionné et sanctionne lesdits décrets pour être exécutés selon leur forme et teneur.

Le trésor public avait souffert par l'abolition de ce privilége ; les messageries nationales faisaient partie du revenu de l'Etat, et lorsqu'un Gouvernement plus calme s'est occupé des moyens d'alimenter le trésor public, le législateur a dû porter son attention sur les voitures publiques et messageries.

Ce fut l'objet du titre 7 de la loi du 9 vendémiaire an 6, lequel est ainsi conçu :

Extrait de la Loi relative aux Dépenses de l'an 6, du 9 vendémiaire an 6.

TITRE VII. — *Messageries.*

Art. 65. Au 1er. nivose prochain, la régie des messageries nationales cessera toutes fonctions.

Art. 66. Dans le délai de deux mois, à dater de la publication de la présente, il sera procédé, par enchère et par affiches faites un mois d'avance, à la vente et adjudication de tous les effets mobiliers dépendant des messageries nationnales, et à la location des maisons et bureaux servant à leur exploitation.

Art. 67. Si, par la suppression de l'entreprise nationale des messageries, une ou plusieurs communications dans la République étaient menacées d'interruption, le Directoire Exécutif y pourvoira par les mesures provisoires qui lui paraîtront les plus convenables, à charge d'en informer le Corps Législatif.

Il est, à cet effet, autorisé à distraire de la vente des objets et mobiliers dépendant des messageries nationales, ceux qu'il jugera nécessaires de conserver.

Art. 68. A compter du 1er. brumaire prochain, il sera perçu, au profit du trésor public, un dixième du prix des places dans les voitures exploitées par des entrepreneurs particuliers. Il ne sera rien perçu sur les effets et marchandises portées par lesdites voitures, ni sur les places établies sur l'impériale.

Art. 69. Tout citoyen qui entreprendra des voitures publiques, de terre ou d'eau, partant à jour et heure fixes pour des lieux déterminés, sera tenu de fournir aux préposés de la régie de l'enregistrement, sa déclaration contenant :

1°. L'énonciation de la route ou des routes que sa voiture ou ses voitures doivent parcourir ;

2°. L'espèce, le nombre des voitures qu'il emploiera, et la quantité des places qu'elles contiennent dans l'intérieur de la voiture et du cabriolet qui y tiendrait ;

3°. Le prix de chaque place : par suite de laquelle déclaration lesdites voitures seront vérifiées, inventoriées et estampées ;

Art. 70. Tout entrepreneur de voitures suspendues, partant d'occasion ou à volonté, sera tenu de fournir la déclaration de sa voiture ou de ses voitures, et de payer chaque année, pour tenir lieu du dixième imposé sur les autres voitures publiques, ainsi qu'il suit :

A deux roues et à deux places. . . . . 20 fr.
A deux roues et à quatre places. 35
A deux roues et à six places. 45
A deux roues et à huit places. 60
A deux roues et à neuf places, et au-dessus. . . 70
A quatre roues et à quatre places. 40
A quatre roues et à six places. 50
A quatre roues et à huit places. 65
A quatre roues et à neuf places et au-dessus. . . 75

ART. 71. Le calcul du produit de chaque voiture sera fait dans la supposition que toutes les places seraient occupées ; l'entrepreneur sera tenu de verser, chaque décade, au receveur du droit d'enregistrement le dixième de ce produit, sous la déduction abonnée par la présente loi, d'un quart, pour tenir lieu d'indemnités pour les places vides que pourraient éprouver lesdites voitures.

ART. 72. Tout entrepreneur convaincu d'avoir omis de faire sa déclaration, ou d'en avoir fait une fausse, sera condamné à la confiscation des voitures, harnais, et à une amende qui ne pourra être moins de cent francs, et plus forte de mille francs.

ART. 73. Quant aux voitures d'eau, la régie de l'enregistrement est autorisée à régler leur abonnement, d'après le nombre moyen des voyageurs qu'elles transportent annuellement, et dans le cas de contestation ou de difficulté sur la quotité de cet abonnement, le Ministre des Finances prononcera.

Cette *Conférence* est destinée seulement à l'examen des obligations que les entrepreneurs et conducteurs de voitures publiques sont obligés de remplir envers le trésor public.

Une autre *Conférence* traitera de leurs obligations envers les chargeurs et voyageurs.

Les entrepreneurs et conducteurs de voitures publiques peuvent contrevenir de deux manières à leurs obligations envers le trésor public.

1°. En ne faisant pas la déclaration de leur

entreprise, du nombre et de l'espèce de voitures qu'ils entendent y employer;

2°. En se chargeant d'effets dont le transport leur est défendu.

Nous allons traiter séparément ces deux sortes de contraventions.

§ Ier. — *Des Contraventions qui consistent dans l'omission de déclaration, ou fausses décla-rasists.*

L'art. 2, au titre des Messageries, de la loi du 29 août 1790, permet à tout particulier de conduire ou faire conduire librement les voyageurs, ballots, paquets, marchandises, ainsi et de la manière dont les voyageurs, expéditionnaires et voituriers conviendront entre eux, à la charge par les voituriers de se conformer aux dispositions de l'article suivant.

Par cet article suivant, tout particulier qui aura l'intention de louer des chevaux ou d'entreprendre le transport des voyageurs ou marchandises, est tenu de faire sa déclaration dans les huit premiers jours de chaque année, au greffe de la municipalité du lieu de son domicile, et de la renouveler dans les huit premiers jours de chaque année, s'il est dans l'intention de continuer ce commerce.

La peine contre chaque contrevenant et contre chaque contravention fut fixée, par ce même article, à 5o fr., applicables aux établissemens de charité.

L'objet de la loi n'était pas alors d'accroître le revenu public; aussi les entrepreneurs n'étaient tenus que de faire, au greffe de leurs municipalités respectives, la déclaration qu'ils voulaient, pendant l'année lors courante, conduire les voyageurs, leurs effets et les marchandises, soit avec des chevaux, soit avec des voitures.

5

Il n'était pas nécessaire que la déclaration énonçât le nombre ni l'espèce des voitures que l'entrepreneur voulait employer.

Il n'en est plus de même depuis la publication de la loi du 9 vendémiaire an 6.

On voit en effet que cette loi impose aux entrepreneurs de voitures l'obligation de verser au trésor public une cotisation annuelle, proportionnée à l'espèce des voitures et au nombre de voyageurs qu'elles peuvent contenir, d'après le tarif ci-dessus, page 64.

Ainsi les entrepreneurs contreviendraient aux dispositions de la loi, soit en ne déclarant pas toutes les voitures qu'ils font voyager, ce qui est une omission de déclaration ; soit en dissimulant le nombre de roues ou le nombre de places de chacune d'elles, ce qui serait une fausse déclaration.

Ainsi, l'entrepreneur qui ferait voyager une ou plusieurs voitures, sans les déclarer, ou qui en faisant voyager trois, par exemple, n'en déclarerait qu'une ou deux, commettrait le délit d'omission de déclaration.

L'entrepreneur qui, ayant une voiture à quatre roues et à six places, par exemple, ne la déclarerait qu'à deux roues et à quatre places, ou à quatre roues et à quatre places, commettrait le délit de fausse déclaration.

L'article 72 de la même loi assimile ces deux délits, quant aux peines qu'elle leur applique.

Ces peines sont la confiscation des voitures et harnais, et une amende qui ne peut être moindre de 100 fr., ni excéder 1,000 fr.

La répression de ces deux délits est du ressort des Tribunaux Correctionnels, conformément aux

dispositions des art. 168 et 601 du Code des Délits
et des Peines, qui portent :

Art. 13. A l'égard des délits de toute autre nature, les
étrangers qui sont prévenus de les avoir commis hors du territoire de la République, ne peuvent être jugés ni punis en
France.

Mais sur la preuve des poursuites faites contre eux dans les
pays où ils les ont commis, si ces délits sont du nombre de
ceux qui attentent ou aux personnes, ou aux propriétés, et
qui, d'après les lois françaises, emportent peine afflictive ou
infamante, ils sont condamnés par les Tribunaux correctionnels à sortir du territoire français, avec défense d'y rentrer,
jusqu'à ce qu'ils se soient justifiés devant les Tribunaux compétens.

Art. 168. Les Tribunaux correctionnels, outre l'attribution
contenue dans l'art. 13, connaissent de tous les délits dont la
peine n'est ni infamante ni afflictive, et néanmoins excède la
valeur de trois journées de travail ou trois jours d'emprisonnement.

Art. 601. Les peines correctionnelles sont celles qui consistent ou dans une amende au-dessus de la valeur de trois
journées de travail, ou dans un emprisonnement de plus de
trois jours.

Elles se prononcent par les Tribunaux Correctionnels.

La loi du 5 ventose an 12 contient des dispositions additionnelles à celles de la loi du 9 vendémiaire an 6; elle est ainsi conçue :

*Extrait de la Loi concernant les Finances, du 5 ven-
tose an 12.*

Chap. III. — *Du Droit sur les Voitures publiques.*

Art. 74. Les droits sur les voitures publiques de terre et
d'eau continueront d'être perçus sur le pied fixé par la loi du
9 vendémiaire an 6, et celles ultérieures.

Art. 75. Il sera en outre perçu un dixième du prix payé
aux entrepreneurs de voitures publiques de terre, pour les
transports de marchandises qu'elles feront.

Cette perception se fera sur le vu des registres tenus dans
leurs bureaux, et des feuilles remises à leurs conducteurs,

postillons, cochers ou voituriers, lesquelles feuilles les employés auront droit de se faire représenter, de compulser et vérifier.

D'après cette loi, les entrepreneurs de voitures publiques doivent tenir dans leurs bureaux des registres sur lesquels il doivent inscrire les voyageurs et les effets ou marchandises dont ils entreprennent le transport.

Ils doivent faire des extraits fidèles de ces registres sur des feuilles dont ils chargent les conducteurs, et que ceux-ci sont obligés d'exhiber aux commis des régies, des douanes, ou des droits réunis, ou des octrois municipaux, toutes les fois qu'ils en sont requis.

Ces registres, ainsi que les feuilles dont les conducteurs doivent être porteurs, doivent être timbrés. Déjà nous l'avons prouvé dans notre premier volume, aux *Conférences* sur la Jurisprudence relative au droit de timbre ; car les lettres de voiture que nous avons prouvé devoir être timbrées, ne sont que des extraits des registres dont la teneur est ordonnée par la loi que nous venons de rapporter.

· Nous nous bornerons dans cet article à citer une décision récente de la Cour de Cassation, sur le délit d'omission de déclaration.

1re. *Espèce.* — Le 20 février 1808, les employés de la régie des droits réunis, à Orléans, virent arriver et s'arrêter devant l'une des maisons de la ville, une voiture à deux roués qui n'était point estampillée.

Ils trouvèrent dans cette voiture un conducteur, nommé Lefèvre, qui déclara que cette voiture appartenait au sieur Durand, sellier, à Orléans, et avoua que depuis huit jours il avait fait différens voyages avec cette voiture, qui était d'occasion et à volonté.

Ces réponses furent consignées dans le procès-verbal que les employés dressèrent.

Lefèvre, conducteur de cette voiture, n'en avait point fait la déclaration prescrite par l'article 70 de la loi du 9 vendémiaire an 6.

Le sieur Lefèvre fut traduit devant le Tribunal de première Instance de l'arrondissement communal d'Orléans; il s'y défendit, en soutenant qu'il n'était point le propriétaire de la voiture; qu'il était bien dans cette voiture lorsqu'elle fut saisie, mais qu'alors elle était stationnée et ne contenait aucun voyageur; d'où il concluait qu'il n'était point en contravention, et qu'à tort le procès - verbal avait constaté une contravention.

Le 23 mars 1808, les premiers juges rendirent jugement par lequel,

Considérant que le procès-verbal des employés, du 20 février dernier, ne constate pas, d'une manière évidente, la fraude y énoncée, et que Lefèvre soit auteur ou complice de cette fraude, en ce que les commis n'ont nulle part constaté que ledit Lefèvre conduisait la voiture dont est question, et que le contraire est prouvé, puisque la voiture était arrêtée, et Lefèvre dans la voiture non roulante;

Considérant que la demande est dirigée contre Lefèvre comme conducteur de ladite voiture, et que, d'après le procès-verbal, il n'était pas le conducteur, et ne conduisait pas ladite voiture au moment où la contravention a été constatée et la saisie faite;

Le Tribunal donne congé de la demande dirigée à la requête de la régie contre ledit Lefèvre, et condamne la régie aux dépens.

La régie interjeta appel de ce jugement, mais la Cour de Justice Criminelle du département du Loiret, par son arrêt du 14 juillet 1808, rejeta la requête d'appel, en adoptant les motifs des premiers juges, et en y ajoutant que les procès-verbaux des employés de la régie ne font foi que quand ils constatent les aveux et déclarations des prévenus.

La régie s'est pourvue en cassation, et le 12 août 1808, la Cour de Cassation a rendu l'arrêt suivant:

Vu l'art. 26 du décret impérial du 1er. germinal an 13, qui est ainsi conçu......;

Vu l'art. 72 de la loi du 9 vendémiaire an 6 , portant.....;

Considérant que Lefèvre a reconnu lui-même, le 20 février 1808, lors du procès-verbal de saisie , qu'il était conducteur de la voiture suspendue dans l'intérieur de laquelle il était placé;

Qu'il a reconnu, en outre, qu'il faisait à cette époque le service avec cette voiture dans la ville d'Orléans, et qu'il avait conduit plusieurs personnes avec cette voiture, qui était d'occasion et à volonté;

Considérant qu'il est établi que ledit Lefèvre n'avait pas fait, à raison de cette voiture, la déclaration prescrite par ladite loi du 9 vendémiaire an 6 ;

Considérant que , par le fait de cette omission, ladite voiture n'a pas été estampillée ;

Que néanmoins la Cour dont l'arrêt est attaqué, a renvoyé Lefèvre de la poursuite , sous prétexte que les procès-verbaux des préposés ne faisaient foi que lorsqu'ils constataient les déclarations des prévenus ;

Considérant que les déclarations faites par ledit Lefèvre lors dudit procès-verbal , rapprochées des faits matériels constatés par ce procès-verbal , établissaient irrévocablement la contravention d'une manière positive, puisqu'il était constant que ladite voiture n'avait été ni déclarée, ni , par conséquent, estampillée, quoiqu'elle fût d'occasion et à volonté;

Que ladite Cour , en renvoyant , dans ces circonstances , ledit Lefèvre de la poursuite , sur le fondement des déclarations par lui faites postérieurement, a violé l'art. 26 du décret impérial du 11 germinal an 13, et par suite les dispositions de la loi du 9 vendémiaire an 6.

La Cour casse et annulle , etc.

VERGÈS, rapporteur. — PONS.

Nous terminons cette Conférence par une réflexion. Les autorités constituées d'Orléans avaient

délivré au sieur Lefèvre un certificat portant que.
l'arrêté pris à Paris, pour faire estampiller les voitures, n'avait point été adopté à Orléans.

C'est une erreur dans laquelle ces fonctionnaires
sont tombés ; l'estampillage des voitures publiques
n'est pas une mesure de police prise à Paris, pour
Paris seulement. C'est dans la loi du 9 vendé-
miaire·an 6, article 69, n°. 3, que cette mesure
est ordonnée, et doit par conséquent être exécutée
dans tout l'Empire.

XXX°. ARTICLE.

BULLETIN DES LOIS.

Le Bulletin n°. 236 contient :

(N°. 4386.) *Décret impérial qui annulle l'autorisation
donnée par un Conseil de Préfecture à un Maire pour
recevoir un Legs fait aux habitans de sa commune,
et ordonne que ce Legs sera accepté par le bureau de
bienfaisance.*

Au quartier-général impérial d'Ens, le 4 mai 1809.

NAPOLÉON, Empereur des Français, Roi d'Italie, et Pro-
tecteur de la Confédération du Rhin,
Sur le rapport de notre Ministre de l'Intérieur ;
Notre Conseil d'Etat entendu,
Nous avons décrété et décrétons ce qui suit :

ART. 1er. La décision du conseil de préfecture du département du Gers, en date du 24 brumaire an 9, par laquelle
le maire de la commune de Mongardin a été autorisé a recevoir, au nom des habitans de cette commune, et à placer
à leur profit sur des particuliers le montant du legs qui leur a
été fait par le sieur *Bernard-Louis Abadie-de-Saint-
Germier*, est déclarée nulle et non avenue pour cause d'incompétence.

2. En conséquence, le legs fait par le sieur *Bernard-
Louis Abadie-de-Saint-Germier*, suivant son testament

du 4 novembre 1785, de deux sommes, l'une de huit mille et l'autre de deux mille livres, pour les intérêts du tout servir au payement des impositions des habitans pauvres de Mongardin, département du Gers, sera accepté par le bureau de bienfaisance de Mongardin, à charge d'en faire la répartition entre les légataires, sur le vu du rôle des contributions de la commune.

Dans le cas où il n'y aurait pas de bureau de bienfaisance dans cette commune, il y en sera établi un sans délai.

3. Le maire de Mongardin rendra compte au préfet de la gestion des dix mille livres léguées, à partir de l'époque à laquelle ils les a reçues et placées : cette reddition de compte sera soumise à notre Ministre de l'Intérieur.

4. A fur et mesure de la rentrée des placemens qui ont été faits de cette somme sur des particuliers, le montant en sera versé, par le receveur du bureau de bienfaisance, à la caisse d'amortissement, et, par le directeur-général de cette caisse, employé en acquisition de rentes sur l'État, au profit exclusif des légataires.

5. Notre Ministre de l'Intérieur est chargé de l'exécution du présent décret, qui sera inséré au Bulletin des Lois.

Signé NAPOLÉON.

Par l'Empereur, le Ministre Secrét. d'Etat, *signé* H. B. Maret.

(N°. 4389.) *Extrait des Minutes de la Secrétairerie d'Etat.*

Au camp impérial de Schonbrunn, le 17 mai 1809.

Avis du Conseil d'Etat relatif aux Payemens par anticipation faits par les Acquéreurs de Biens nationaux. (Séance du 25 avril 1809.)

Le Conseil d'Etat, qui, en exécution du renvoi ordonné par Sa Majesté, a entendu le rapport de la section des finances sur celui du Ministre de ce département, tendant à faire statuer,

1°. Sur la validité des payemens faits par anticipation, par quelques acquéreurs de biens nationaux, dans les caisses des receveurs des domaines de Bruxelles et de Paris, qui ont disparu laissant un déficit dans leurs caisses;

2°. Sur les mesures à prendre pour l'avenir, afin que les articles 7 et 8 de la décision du Ministre des Finances, du 8 novembre 1806, portant que les payemens au-dessus de

10,000 fr., et les payemens faits par anticipation, doivent être versés par les acquéreurs de domaines nationaux dans les caisses des receveurs des contributions;

Vu la susdite décision, ensemble les procès-verbaux d'adjudication passés dans les départemens de la Dyle et de la Seine;

Considérant que la condition de verser les payemens dont il s'agit dans la caisse du receveur des contributions, n'a pas été insérée au cahier des charges dans les ventes qui ont eu lieu dans ces deux départemens;

Considérant que la disposition contenue dans la décision du Ministre susénoncée a pu être ignorée par les acquéreurs, et que les versemens par eux faits dans la bonne foi doivent, dans cette supposition, être regardés comme valables;

Que néanmoins il importe de prévenir par la suite ces irrégularités, et d'assurer l'exécution de la décision du Ministre;

Est d'avis, 1°. que le payement de 34,109 francs anticipé par des acquéreurs de domaines dans le département de la Dyle, et pour lequel le receveur des domaines fut constitué en débet lors de sa disparition, et le payement de 18,235 fr. fait, pour la même cause, entre les mains du receveur des domaines de Paris, et pour lequel ce receveur fut également constitué en débet, doivent être regardés comme bons et valables, si toutefois il n'existe aucune preuve de fraude et de collusion;

2°. Qu'à dater de la publication du présent avis, les payemens faits par anticipation, et à valoir sur le prix des ventes de domaines nationaux, ne pourront être faits que conformément à l'article 8 de la décision du Ministre, du 8 novembre 1806, quoique cette condition n'ait point été expressément insérée au cahier des charges; et que tout payement anticipé, fait en opposition à cette disposition, ne pourra libérer l'acquéreur de sa garantie envers le trésor,

3°. Qu'à l'avenir la disposition contenue en l'art. 8 de la décision du Ministre, devra constamment être insérée au cahier des charges dans les ventes de domaines nationaux;

4°. Que le présent avis doit être inséré au Bulletin des Lois.

Pour extrait conforme, le Secrétaire-Général du Conseil d'Etat, *signé* J. G. LOCRÉ.

Approuvé, en notre camp impérial de Schonbrunn, le 17 mai 1809.

Signé NAPOLÉON.

Par l'Empereur, le Ministre Secrét. d'État, *signé* H. B. MARET.

(N°. 4390.) *Extrait des Minutes de la Secrétairerie d'Etat.*

Au camp impérial de Schonbrunn, le 17 mai 1809.

Avis du Conseil d'Etat en interprétation des art. 27 et 28 du Code de Commerce, relatifs aux Associés commenditaires. (Séance du 29 avril 1809.)

Le Conseil d'Etat, qui, en exécution du renvoi ordonné par Sa Majesté, a entendu le rapport de la section de l'intérieur sur celui du Ministre de ce département, tendant à faire décider si la défense portée aux art. 27 et 28 du Code de Commerce, aux associés commanditaires, de faire aucun acte de gestion des affaires de la société en commandite, sous peine d'être obligés solidairement, s'applique aux transactions commerciales réciproques, étrangères à la gestion de la maison commanditée;

Est d'avis que les art. 27 et 28 du Code de Commerce ne sont applicables qu'aux actes que les associés commanditaires feraient en représentant comme gérens la maison commanditée, même par procuration, et qu'ils ne s'appliquent pas aux transactions commerciales que la maison commanditée peut faire pour son compte avec le commanditaire, et réciproquement le commanditaire avec la maison commanditée comme avec toute autre maison de commerce;

Et que le présent avis soit inséré au Bulletin des Lois.

Pour extrait conforme, le Secrétaire-Général du Conseil d'Etat, *signé* J. G. Locré.

. Approuvé, en notre camp impérial de Schonbrunn, le 17 mai 1809.

Signé NAPOLÉON.

Par l'Empereur, le Ministre Secrét. d'Etat, *signé* H. B. Maret.

(N°. 4391.) *Extrait des Minutes de la Secrétairerie d'Etat.*

Au camp impérial de Schonbrunn, le 17 mai 1809.

Avis du Conseil d'Etat portant que la connaissance des Ventes des Navires saisis appartient aux Tribunaux ordinaires. (Séance du 29 avril 1809.)

Le Conseil d'Etat, qui, d'après le renvoi ordonné par Sa Majesté, a entendu le rapport de la section de législation sur celui du Grand-Juge Ministre de la Justice, tendant à faire décider à qui des Tribunaux ordinaires ou des Tribunaux de Commerce il appartient de connaître des ventes des navires saisis;

Considérant qu'aux termes de l'art. 442 du Code de Procédure civile, les Tribunaux de Commerce ne peuvent connaître de l'exécution de leurs jugemens;

Que la vente des navires saisis ne peut être faite sans le ministère d'avoués, puisque l'art. 204 du Code de Commerce porte expressément que le nom de l'avoué du poursuivant doit être désigné dans les criées, publications et affiches;

Que le ministère des avoués est interdit dans les Tribunaux de Commerce par l'art. 414 du Code de Procédure et par l'art. 627 du Code de Commerce;

Que de ces diverses dispositions il résulte que la vente des navires saisis ne peut avoir lieu devant les Tribunaux de Commerce;

Qu'enfin il ne peut être établi aucune assimilation entre les Tribunaux de Commerce actuels et les Amirautés; qu'il existait auprès des Amirautés un officier du ministère public; que le ministère des procureurs, loin d'y être interdit, y était nécessaire, et qu'elles connaissaient de l'exécution de leurs jugemens; que si, dans cet état, les Amirautés ont dû connaître des ventes des navires saisis, la raison contraire en exclut les Tribunaux de Commerce;

Est d'avis que la connaissance des ventes des navires saisis appartient aux Tribunaux ordinaires, et que le présent avis soit inséré au Bulletin des Lois.

Pour extrait conforme, le Secrétaire-Général du Conseil d'Etat, *signé* J. G. Locré.

Approuvé, en notre camp impérial de Schonbrunn, le 17 mai 1809.

Signé NAPOLÉON.

Par l'Empereur, le Ministre Secrét. d'Etat, *signé* H. B. Maret.

(N°. 4392.) *Extrait des Minutes de la Secrétairerie d'Etat.*

Au camp impérial de Schonbrunn, le 17 mai 1809.

Avis du Conseil d'Etat relatif aux moyens de réprimer l'exercice illicite des fonctions d'Agens de change et de Courtiers sur les places de commerce , par des individus non commissionnes. (Séance du 2 mai 1809.)

Le Conseil d'Etat , qui , d'après le renvoi ordonné par Sa Majesté , a entendu le rapport de la section de l'intérieur sur celui du Ministre de ce département, relatif aux moyens de réprimer l'exercice illicite des fonctions d'agens de change et de courtiers sur les places de commerce , par des individus non commissionnés à cet effet, et en contravention aux dispositions de la loi du 28 ventose an 9 , qui a réorganisé les bourses de commerce ;

Considérant qu'il importe , sans doute, de garantir aux agens de change et aux courtiers de commerce patentés et institués légalement, l'exercice des fonctions qui leur sont attribuées par la loi, exclusivement à tous autres; mais que la mesure proposée de faire prononcer administrativement sur les délits qui sont de la compétence des Tribunaux, n'atteindrait pas même le but qu'on desire, puisque les maires et les conseils de préfecture ne seraient pas investis, pour constater les contraventions et appliquer les peines de la loi , de moyens plus puissans que les Tribunaux de première Instance jugeant correctionnellement , à qui cette compétence appartient ;

Est d'avis que le projet de décret présenté par le Ministre, tendant à donner à l'autorité administrative locale l'attribution de la police de l'agence de change et du courtage, ne peut être adopté ;

Qu'il convient d'appliquer à toutes les bourses de commerce les dispositions des art. 2 et 3 du décret impérial du 10 septembre 1808, rendu pour l'établissement de la bourse d'Amiens, portant, art. 2, « que le Grand-Juge Ministre » de la Justice donnera aux procureurs-généraux et impé- » riaux l'ordre de poursuivre, selon la rigueur des lois, tous » agens de change , courtiers et négocians contrevenant aux » lois sur les bourses de commerce , et au Code de Com- » merce , même par information et sans procès-verbaux

» préalables, ni dénonciation des syndics et adjoints des
» courtiers et agens de change. »

Que le Ministre de la Police générale donnera des ordres
particuliers aux commissaires de police, pour veiller à l'exécution des lois sur cette matière, et informera les Cours et
Tribunaux des faits parvenus à sa connaissance;

Et que le présent avis soit inséré au Bulletin des Lois.

Pour extrait conforme, le Secrétaire-Général du Conseil
d'Etat, *signé* J. G. Locré.

Approuvé, en notre camp impérial de Schonbrunn, le
17 mai 1809.

Signé NAPOLÉON.

Par l'Empereur, le Ministre Secrét. d'Etat, *signé* H. B. Maret.

(N°. 4393.) *Décret impérial relatif aux Biens qui
peuvent être constitués en Majorat.*

Au camp impérial de Schonbrunn, le 17 mai 1809.

Napoléon, Empereur des Français, Roi d'Italie, et Protecteur de la Confédération du Rhin,

Sur le rapport de notre Ministre des Finances;

Notre Conseil d'Etat entendu,

Nous avons décrété et décrétons ce qui suit :

Art. 1er. La femme mariée peut constituer en majorat,
en faveur de son mari et de leurs descendans communs, les
biens à elle propres, sans qu'il soit besoin d'autre autorisation que celle requise par l'art. 217 du Code Napoléon.

2. Les biens grevés d'inscriptions hypothécaires ayant pour
cause des rentes non exigibles, ou des créances non actuellement remboursables, pourront entrer dans la formation d'un
majorat, nonobstant la disposition de l'art. 1er. de notre
deuxième statut du 1er. mars 1808, auquel il est dérogé à
cet égard, pourvu que le requérant puisse fournir, sur ses
autres biens, une sûreté suffisante pour garantir le majorat
de l'effet desdites inscriptions.

3. Si l'inscription a pour cause un droit non ouvert, ou
une rente non exigible qui n'excède pas le cinquantième du
revenu exigé pour le titre attaché au majorat, la garantie sera
jugée suffisante, lorsque la somme des biens proposés présentera un surplus de valeur égal au capital de la rente, calculé
sur le pied du denier trente.

4. Dans tous les autres cas, notre Conseil du sceau des

titres indiquera les conditions et les formalités qui , selon les circonstances où se trouvera le requérant , paraîtront les plus propres à assurer la garantie mentionnée en l'art. 1er. du présent décret ; et il ne délivrera l'avis prescrit par les art. 13 et 14 de notre deuxième statut , qu'après qu'il lui aura été certifié par le procureur-général que les conditions et les formalités ont été remplies.

5. Nos Ministres sont chargés , chacun en ce qui le concerne , de l'exécution de notre présent décret.

Signé NAPOLÉON.

Par l'Empereur , le Ministre Secrét. d'Etat , *signé* H. B. MARET.

Ce même Bulletin contient encore :

1°. Sous le n°. 4385 , un décret impérial rendu au quartier-général impérial d'Ens , le 4 mai 1809, qui substitue la maison de répression de Rennes au château de Mont-Bareil , pour servir à la détention des condamnés des départemens de la Manche , d'Ille et Vilaine , des Côtes-du-Nord , du Morbihan et du Finistére ;

2°. Sous le n°. 4387 , autre décret impérial du même jour , qui divise en deux arrondissemens les départemens désignés pour former la conscription des maisons de détention de Gand et de Vilvorde ;

3°. Sous le n°. 4388 , un décret impérial rendu au camp impérial de Schonbrunn , le 17 mai 1809, qui autorise l'acceptation d'une donation faite par M. le général SAVARY , duc de Rovigo , à l'hospice de SÉDAN ;

4°. Et sous le n°. 4394 , les lettres de création du dépôt de mendicité du département de la Nièvre , données au camp impérial d'Ebersdorf , le 28 mai 1809.

Nota. Nous avons donné tout au long le décret impérial du 4 mai 1809, n°. 4386, quoiqu'il n'ait pour objet qu'un legs particulier fait à une commune.

Nous nous y sommes déterminé , parce que l'annulation prononcée par ce décret devient une règle générale que tous nos lecteurs ont par conséquent intérêt de connaître.

XXXIe. ARTICLE.

Légion d'Honneur.

Dans tous les gouvernemens , chez toutes les nations policées , on avait reconnu que les vertus civiques, les talens transcendans, les services rendus à la patrie , méritaient des récompenses publiques et nationales.

Telle est la faiblesse attachée à la nature humaine, que l'émulation du plus grand nombre des hommes a besoin d'être excitée , par l'espoir d'obtenir , soit des récompenses pécuniaires , soit des récompenses honorifiques.

Et ceux-là qui ne suivirent dans leur carrière que l'impulsion de leurs vertus , que leur application au travail , que leur dévouement à leur patrie, leur attachement à leur souverain , la fidélité à tous leurs devoirs, n'en reçoivent pas moins , avec la plus vive satisfaction, les récompenses nationales , parce qu'elles garantissent à ceux qui en sont honorés , la considération , le respect , et la vénération universels.

Ces témoignages de la satisfaction du souverain et de la reconnaissance de la patrie deviennent , pour les enfans de ceux qui les ont mérités , le patrimoine le plus précieux et le plus utile ; ils rappellent continuellement à leur souvenir que , dans une société bien organisée , sous un souverain dont l'équité dirige les décisions, le vrai mérite est aperçu, les services et la valeur honorés.

Sous l'empire de l'ancienne monarchie française, il existait des récompenses destinées de même à la bravoure et au talent.

L'ordre de Saint-Louis était purement et exclusivement militaire : combien sa décoration a fait de héros ! ! !

L'ordre de Saint-Michel était exclusivement destiné à honorer les talens ; il était exclusivement civil.

Ces ordres furent abolis, ainsi que d'autres ordres plus élevés, et la noblesse elle-même, par suite des principes d'égalité absolue que la révolution avait adoptés et proclamés comme base essentielle du pacte social des Français.

Mais lorsque les vrais principes de toute organisation sociale eurent repris leur empire, une constitution fut donnée à la nation française, et le héros que l'éternelle Providence appelait au trône de France, voulut que cette constitution offrît l'espoir des récompenses nationales à ceux qui marcheraient à grands pas dans la carrière militaire, comme à ceux que leurs vertus, leurs talens, les services rendus dans l'exercice des fonctions publiques, en rendraient dignes.

Ce fut l'objet de l'art. 87 de l'acte constitutionnel du 22 frimaire an 8, ainsi conçu :

« Il sera décerné des récompenses militaires aux guerriers qui auront rendu des services éclatans en combattant pour la République.

La prudence qui accompagne tous les actes d'administration de Napoléon-le-Grand , l'esprit de sagesse qui dirige son conseil , se manifestèrent surtout dans la discussion du projet de loi sur les récompenses nationales.

La question de savoir s'il y aurait, comme autrefois, des récompenses de différentes espèces, fut examinée et résolue négativement.

Le Gouvernement était encore républicain ; cette forme de Gouvernement a peut-être moins besoin que le monarchique, de degrés d'élévation intermédiaires entre le souverain et la nation. Il parut convenable à l'état politique et constitutionnel d'alors, de confondre tous les genres de services, de les honorer tous de la même manière, et de leur associer les talens et le mérite personnel.

La Légion d'Honneur fut proposée par le Conseil d'Etat, et par l'organe de M. Rœderer, à la séance du Corps Législatif, le 25 floréal an 10, en ces termes :

Discours de M. Rœderer.

« La Légion d'Honneur qui vous est proposée doit être une institution auxiliaire de toutes nos lois républicaines, et servir à l'affermissement de la révolution.

» Elle paye aux services militaires, comme aux services civils, le prix du courage qu'ils ont tous mérité. Elle les confond dans la même gloire, comme la nation les confond dans sa reconnaissance.

» Elle unit, par une distinction commune, des hommes déjà unis par d'honorables souvenirs ; elle convie à de douces affections des hommes qu'une estime réciproque disposait à s'aimer.

» Elle met sous l'abri de leur considération et de leur serment, nos lois conservatrices de l'égalité, de la liberté, de la propriété.

» Elle efface les distinctions nobiliaires qui plaçaient la gloire héritée avant la gloire acquise, et les descendans des grands hommes avant les grands hommes.

» C'est une institution morale qui ajoute de la

force et de l'activité à ce ressort de l'honneur qui meut si puissamment la nation française.

» C'est une institution politique qui place dans la société des intermédiaires par lesquels les actes du pouvoir sont traduits à l'opinion avec fidélité et bienveillance, et par lesquels l'opinion peut remonter jusqu'au pouvoir.

» C'est une institution militaire qui attirera dans nos armées cette portion de la jeunesse française qu'il faudrait peut-être disputer, sans elle, à la mollesse, compagne de la grande aisance.

» Enfin, c'est la création d'une nouvelle monnaie d'une bien autre valeur que celle qui sort du trésor public; d'une monnaie dont le titre est inaltérable, et dont la mine ne peut être épuisée, puisqu'elle réside dans l'honneur français; d'une monnaie enfin qui peut seule être la récompense des actions regardées comme supérieures à toutes les récompenses. »

Le Tribunat ayant pris à sa séance du 28 floréal la résolution d'adopter le projet de loi, le tribun Lucien Bonaparte en fit, à la séance du Corps Legislatif du 29, le rapport en ces termes :

Discours de Lucien Bonaparte.

« Législateurs, le Tribunat a adopté le projet de loi portant création d'une Légion d'Honneur, et nous a confié le soin de développer dans votre sein les motifs de son adoption.

» Nous examinerons ce projet de loi sous le double rapport des récompenses militaires et des récompenses civiles.

» Nous jouissons des douceurs de la paix; le moment est donc arrivé d'organiser le mode de récompense nationale que la Constitution promet aux guerriers qui se sont distingués en combattant pour la République.

» Déjà le Gouvernement a commencé l'exécution de cette volonté constitutionnelle, et beaucoup d'armes d'honneur ont été distribuées dans les armées.

» Aujourd'hui ces mesures partielles sont devenues insuffisantes : ceux qui en sont l'objet ont reçu une distinction honorable, mais cette distinction n'est pas assez éclatante ; ils jouissent des pensions proportionnées à leurs grades ; mais ces pensions, prélevées sur le trésor public, ne sont pas assez indépendantes des circonstances. En un mot, les brevets d'honneur ne sont pas assez fortement constitués : depuis la paix, les brevets sont devenus des marques trop faibles de la reconnaissance nationale.

» La paix a tellement relevé, tellement consolidé le bienfait, qu'il est juste de relever et consolider la récompense.

» Pour remplir ce devoir, pour acquitter la promesse du peuple, comme le veulent sa grandeur et sa justice, le Gouvernement propose la formation d'une Légion d'Honneur.

» Le Tribunat a vu dans ce mode de récompenses militaires, deux grands avantages :

» 1°. Sans blesser les principes de la Constitution, le projet de loi rend aussi éclatante que possible la distinction déjà établie par les brevets d'honneur ;

» 2°. Il fixe les pensions attachées à ces brevets d'honneur d'une manière indépendante du trésor public et conforme à l'intérêt national.

» Aujourd'hui, citoyens Législateurs, les brevetés jouissent peu de cette récompense qu'aucune autre ne peut racheter : isolés, inconnus, ils sont, pour ainsi dire, périssables sur le vaste champ de leur gloire. Le cœur ému des Français les demande en vain , en vain l'œil curieux de l'étranger les cherche dans la foule , rien ne les désigne à la reconnaissance du Français , à l'admiration de l'étranger ; et lorsque le service se voit partout , la récompense ne se voit nulle part.

» Cet état s'améliore par le projet de loi. Désormais les brevetés auront pour chef le chef du Gouvernement. Formés en légion , ils se prêteront réciproquement l'éclat de leurs grandes actions , et cette masse commune de gloire les embrassera tous de sa vaste auréole.

» Ils sont divisés en quinze cohortes, dont chacune aura son chef-lieu. Ainsi quinze chefs-lieux leur serviront de points centraux sur le sol de la République ; ainsi ces rivages et ces monts accoutumés, depuis dix ans, au bruit de leurs victoires, retentiront des accens plus doux de leurs triomphes.

» Nommés à vie et n'étant pas amovibles, chacun de leurs jours sera, jusqu'à la fin de leur existence, marqué du caractère sacré de la gloire.

» Enfin, quels que soient leur uniforme ou leurs décorations, les légionnaires seront reconnus au milieu de leurs concitoyens, et ce n'est qu'alors qu'ils seront dignement récompensés.

» Ils le seront dignement, ils ne peuvent pas l'être davantage : la République ne peut pas mieux s'acquitter envers ses défenseurs ; et certes il n'est point de vœux si ambitieux qui ne doivent être satisfaits par une distinction qui suit l'homme jusqu'au tombeau ; le législateur ne peut rien voir au-delà : car il faudrait oublier totalement le siècle où nous vivons, pour supposer desirables parmi nous des distinctions héréditaires. Les châtimens sont personnels comme les délits; les récompenses doivent être personnelles comme les services, et

il n'y a pas plus de véritable gloire dans des récompenses héréditaires, qu'il n'y aurait de honte
dans des punitions héréditaires. Cette vérité, démontrée à tous les bons esprits, est, de plus, chère
à tous les cœurs généreux. La vanité peut présenter à l'homme indolent, dégénéré, l'image des
vertus de ses aïeux comme une vertu qui lui est
propre ; mais la gloire remplit les cœurs qu'elle
embrase de l'émulation individuelle.

» La gloire dit à l'homme dont le père ne fut
point illustré dans la société : « Homme nouveau,
» le monde s'ouvre devant toi ; élance-toi dans la
» carrière, sois intrépide au champ de bataille,
» intrépide au milieu des factions, étends le cercle
» des sciences humaines, perfectionne les arts
» utiles, cultive les beaux-arts, jouissances pri-
» vilégiées des nations policées, défends, illustre
» la patrie, et tu deviendras grand parmi les tiens,
» et tu ne mourras pas tout entier. »

» Cette gloire passe-t-elle au descendant d'un
héros ?..... « Descendant des héros, lui dit-elle,
» imite tes ancêtres, si tu veux comme eux ob-
» tenir mes faveurs ; ils ont vaincu pour la France
» sur les Pyrénées, sur les Alpes ; suis leurs traces,
» suis-moi sur les Alpes, sur les Pyrénées. Tes
» ancêtres, honneur de la magistrature, ont dé-
» fendu l'opprimé contre l'oppresseur ; suis leurs
» traces, suis-moi dans les sentiers pénibles de la
» magistrature ; sois aussi grand que tes pères, ou
» du moins deviens assez illustre pour ne pas être
» accablé du poids de leur nom. Le nom n'est
» pas une vertu pour toi, c'est un devoir de plus
» d'en acquérir. » Ainsi parla toujours cette gloire
immortelle ; sa voix sépara irrévocablement le pré-
jugé des distinctions héréditaires, du sentiment
sublime des distinctions personnelles ; et quoique

le systême des distinctions héréditaires ait été suivi, même dans plus d'une République, il n'en est pas moins contraire à la dignité humaine ; il n'en est pas moins condamnable devant l'honneur, la raison et la philosophie.

» Mais quelque soin que le Gouvernement ait pris, 'en fixant les récompenses militaires, de s'arrêter aux bases posées par la Constitution, il est des esprits tellement susceptibles d'une défiance honorable, qu'ils trouvent dans une distinction personnelle, un ordre privilégié, et même le germe d'une noblesse héréditaire ; c'est ici que se présente naturellement leurs objections :

» 1°. La Légion d'Honneur, disent-ils, est un corps privilégié ; elle est alarmante pour la liberté publique, et contraire à l'égalité ;

» 2°. En soumettant ses membres à un serment particulier et les dotant en biens territoriaux, elle contient le germe d'une noblesse héréditaire ;

» Nous ne combattrons ces objections que par leur analyse.

» Pour qu'un corps soit privilégié, il faut que ses membres aient des droits ou des pouvoirs exclusifs que n'ont pas les autres membres de la société. Or, les légionnaires n'ont pas un seul droit, pas une seule parcelle de pouvoirs ; ils n'ont pas de privilége, mais seulement une distinction honorable qui suffit pour récompense, parce qu'elle émeut puissamment l'imagination et la satisfait, sans produire néanmoins aucun résultat dans l'ordre politique.

» Cette distinction n'a point de résultat dans l'ordre politique, car les légionnaires n'ont ni droits ni pouvoirs militaires, ni droits ni pouvoirs civils, ni droits ni pouvoirs judiciaires.

» 1°. Ils n'ont pas de droits militaires, car pour

arriver à tous les grades de l'armée, il n'est pas besoin de faire partie de la Légion ; la Légion ne donne donc aucun droit. Mais elle offre, dit-on, un pouvoir militaire inquiétant. Qu'est-ce qu'un pouvoir militaire inquiétant ? La réflexion et l'histoire nous disent que c'est un pouvoir qui peut devenir assez fort, pour s'élever contre le Gouvernement et dominer l'Etat. Or, la Légion ne peut point exciter cette inquiétude, puisqu'elle est toute dans le Gouvernement ; rien sans lui, rien hors de lui. Mais, bien plus, la Légion, formée des braves qui sont déjà brevetés dans les divers corps, et de ceux qui le seront à l'avenir, ne forme pas même un corps militaire : car les brevetés sont en activité de service sur les divers points de la République ; ainsi la Légion forme un corps pour l'éclat de la récompense, et n'en forme pas un pour la force : elle n'offre donc pas un pouvoir militaire inquiétant ; l'établissement de ses quinze chefs-lieux n'a pour but que l'administration des biens nationaux qui lui sont concédés ;

» 2°. La Légion ne confère aucun droit, aucun pouvoir civil ; elle est absolument étrangère à la représentation et à tous les degrés de l'administration publique ; ses membres n'ont aucun caractère, aucun droit, aucune prééminence devant aucune des autorités constituées, et il faudrait avoir la fureur des comparaisons, pour en établir entre la Légion et un ordre intermédiaire. La Légion en elle ne peut être intermédiaire qu'entre les services rendus au peuple français, et les récompenses décernées en son nom ;

» 3°. Enfin la Légion n'a ni droits, ni pouvoirs judiciaires ; car elle n'a point de tribunaux spéciaux, point de juridiction particulière ; ses membres ne sortent en rien de la classe des citoyens ; et si la reconnaissance nationale les distingue , la justice impassible les voit d'un œil indifférent.

» Nous avons prouvé, citoyens Législateurs, que le projet de loi n'attribue aux légionnaires aucun droit, aucune prérogative militaire , civile ni judiciaire ; qu'il consacre solennellement une distinction personnelle qui n'a aucun résultat dans l'ordre politique : il n'offre donc rien de contraire à l'égalité des droits établis par la constitution ; qu'il n'établit pas un pouvoir inquiétant, puisque la Légion, sous le point de vue de force agissante , ne forme pas même un corps militaire : le projet de loi n'offre donc rien d'alarmant pour la liberté.

» La grande objection qui représentait la Légion comme un corps privilégié et dangereux est donc dénuée de toute espèce de fondement; elle est donc réduite à une déclamation vaine, sans aucun sens déterminé ; et c'est sous ce point de vue que le Tribunal l'a envisagée en votant l'adoption du projet de loi.

» Les adversaires du projet, après avoir essayé de démontrer qu'il créait un ordre privilégié, se sont attachés à prouver qu'il renfermait le germe d'une noblesse héréditaire. Voyons si les craintes qu'ils ont voulu faire pressentir pour l'avenir , sont mieux fondées que celles qu'ils ont témoignées pour le présent.

» 1º. Leurs craintes pour l'avenir se fondent d'abord sur le serment des légionnaires. Pourquoi, disent-ils, la loi leur imposerait-elle un serment qu'elle n'impose pas aux autres citoyens ? Pourquoi..... parce que, recevant de la société une distinction particulière , il convient à la société qu'ils lui dévouent plus particuliérement leur existence; parce que, dans un Etat bien constitué , une distinction pour des services rendus doit être un gage et un garant que l'on en rendra de nouveaux ;

et si ce serment particulier a un but utile pour la société, il ne peut que paraître juste et convenable à ceux qui reçoivent d'elle la plus grande marque de reconnaissance que puisse donner une République.

» De quel principe peut donc provenir l'effroi que ce serment a paru inspirer à quelques hommes ? Ont-ils une inquiétude louable pour la prospérité de la République ?... Mais les légionnaires jurent de se dévouer au service de la République et à la conservation de son territoire dans son intégrité. — Appréhendent-ils que ce serment ne soit contraire au Gouvernement que le peuple français honore et chérit ?... Mais les légionnaires jurent de se dévouer à la défense du Gouvernement et des lois. — Craignent-ils que ce serment ne consacre une association d'individus privilégiés, injurieuse à l'égalité ?... Mais les légionnaires jurent de combattre toute entreprise tendante à rétablir le régime féodal, à reproduire les titres qui en étaient l'attribut. — Sont-ils animés d'un saint enthousiasme pour les défenseurs de la patrie ?... Mais ce serment est dans le cœur de tous les défenseurs de la patrie. — Enfin, trembleraient-ils pour les acquéreurs de biens nationaux ?... Mais les légionnaires jurent de les défendre... D'où provient donc l'effroi de certains hommes ?

» 2°. Sans doute, citoyens Législateurs, la simple lecture du serment aura fixé votre opinion : si la faiblesse des objections auxquelles il a donné lieu vous paraît évidente, il nous reste à démontrer combien sont dépourvus de fondement les argumens opposés à la dotation des légionnaires en biens territoriaux.

» La noblesse héréditaire, dit-on, a commencé par la concession des propriétés territoriales, faites par les Barbares aux chefs qui les avaient conduits à la victoire : le projet de loi , consacrant une immense concession de biens territoriaux , renferme donc le germe d'une noblesse héréditaire.

» Pour croire ce rapprochement juste, il faudrait être étranger à l'histoire, ou l'avoir lue avec peu de fruit.

» En effet, citoyens Législateurs, personne de vous n'ignore que, dans les siècles passés, lorsque des nations entières de barbares, poussées par la soif des conquêtes, se précipitaient sur quelques régions délaissées par la Providence, les vainqueurs se partageaient les terres des vaincus ; vous savez que les provinces, les villes, les héritages étaient assignés en propriétés personnelles à chaque chef de Barbares ; que leurs enfans héritaient de ces propriétés personnelles, et que cette hérédité territoriale a produit les titres nobiliaires et les fiefs. Mais où les adversaires du projet trouvent-ils une assignation personnelle et héréditaire de propriété ? Il n'en existe point dans le projet de loi ; les biens qui forment la dotation de la Légion appartiennent à la Légion en masse ; la Légion les administre, et pour cela, sont établis, sur le territoire de la République, quinze chefs-lieux d'administration : les revenus de ces biens servent à acquitter les pensions des légionnaires ; mais aucun d'eux n'a, ni par le droit, ni par le fait, aucune espèce de parité entre ces revenus et les propriétés qui fondèrent, dans les siècles de barbarie, les premiers titres de noblesse héréditaire. Il n'y a donc qu'un esprit superficiel qui puisse avoir été frappé d'un rapprochement aussi insensé ; car non-seulement il n'y a point entr'eux de parité, mais il existe entr'eux une opposition absolue de principes, et par conséquent de résultats nécessaires... C'est la même distance qui existe entre ces peuplades qui cherchaient un sol meilleur, parce qu'elles n'avaient point de patrie, et les peuples policés de l'Europe, qui ne reconnaissent de sol desirable que celui de leur patrie : encore ces guerriers fameux par leur force corporelle et leur courage féroce, qui ne savaient user de la force que pour *vaincre* et *dépouiller*, et ces soldats français, qui n'employent la valeur qu'à vaincre pour défendre la liberté de leur patrie et les propriétés de leurs concitoyens ; c'est la même distance qui existe entre les gouvernemens de ces temps misérables et le gouvernement de la République ; en un mot, c'est l'immense intervalle qui sépare les siècles de ténébres et le 19e. siècle.

» Les alarmes pressenties pour l'avenir sont donc aussi peu fondées que celles qu'on a témoignées pour le présent.

» Il n'y a donc, dans le serment imposé aux légionnaires, ni dans leur dotation en biens territoriaux, aucun germe de noblesse héréditaire ; bien loin de là, tous les germes de philosophie et de bonne politique, développés sous le Gouvernement actuel, reposent dans ce serment et dans cette dotation. Germes conservateurs de tout ce qui existe pour le bonheur de la patrie, ils ne sont un poison que pour ses ennemis, et ils ne peuvent paraître tels qu'à l'esprit trop ombrageux d'un bon citoyen qui s'égare, ou à cette lâche envie que les succès du Gouvernement font frémir, et qui est assez malheureuse pour souffrir de la félicité publique.

» Le projet de loi affecte à chacune des quinze cohortes des biens nationaux portant 200,000 fr. de rente, et les pensions seront acquittées sur cette somme ; elles deviennent, par ce moyen, indépendantes des circonstances ; et comme les légionnaires sont nommés à vie, ce n'est plus une pension que la loi leur assigne annuellement ; mais un traitement certain pour le reste de leurs jours.

» La dotation de la Légion en biens nationaux a l'avantage, en outre, de ménager les ressources du trésor public.

» Si nous la considérons ensuite sous l'aspect d'un intérêt national plus relevé, nous verrons dans cette dotation un nouvel appui pour les acquéreurs de biens nationaux. Non, rien ne peut plus alarmer ces légitimes possesseurs ; qu'ils reposent en paix ; la justice et les lois de la nation assuraient leurs droits, la victoire les a confirmés ; la religion les a naguère consacrés, et aujourd'hui enfin la Légion d'Honneur achève de les établir d'une manière inébranlable.

» Nous croyons inutile, citoyens Législateurs, de développer cette seconde vue qui a motivé notre adoption, et qui nous a paru éminemment sage.

» Le projet de loi sur la Légion d'Honneur exécute donc, d'une manière digne du peuple français, l'art. 87 de la Constitution, qui a voulu que des récompenses nationales fussent décernées aux défenseurs de la patrie ; et elle porte ces récompenses aussi loin qu'il convient de les porter parmi nous ; ses principes sont conformes à ceux de la Constitution et de la philosophie, et par l'ingénieuse dotation des légionnaires en biens nationaux, l'intérêt public se trouve associé à ce grand acte de reconnaissance.

» L'ame délivrée des pressentimens sinistres qui nous environnaient, passons maintenant, citoyens Législateurs, à l'examen de la seconde partie ; examinons la question des récompenses que la Constitution n'assigne pas, et que le projet de loi assigne à ceux qui ont rendu de grands services civils.

» Nous considérerons aussi cette question sous deux points de vue :

» 1°. Malgré le silence de la Constitution, la loi doit récompenser les services civils ;

» 2°. Elle ne peut point les récompenser plus convenablement, qu'en admettant les fonctionnaires publics dans la Légion d'Honneur.

» Les services militaires, sans doute, ne peuvent être trop récompensés. Quelques époques de notre révolution ajoutent à la valeur ordinaire de ces services, une valeur inappréciable; si on se rappelle que les armées, pendant long-temps, ont soutenu seules la gloire de la France, tandis qu'au dedans la discorde insatiable dévorait jusqu'aux familles des défenseurs de la patrie : en ces temps, où un esprit ennemi régnait dans le sein de la cité, on eût dit que l'esprit national avait reflué tout entier sur nos frontières.

» Toutefois les armées auraient vaincu inutilement, si l'affreuse discorde avait continué de dominer parmi nous : si le courage civil n'avait point animé ceux qui mirent un terme aux fureurs politiques (on ne peut se le dissimuler), nos armées auraient en vain couvert l'Allemagne et l'Italie de leurs trophées; depuis long-temps elles marchaient de conquête en conquête ; leurs exploits gigantesques frappaient l'univers d'étonnement et rendaient à la patrie l'espérance et la joie. Cependant la paix s'éloignait devant leurs victoires; elle s'éloignait, parce que nos désordres civils n'offraient aucune garantie à nos voisins; parce que les peuples craignaient pour eux-mêmes la contagion révolutionnaire qui nous dévorait : toute communication rouverte avec nous leur paraissait fatale; pour atteindre la paix, l'ordre intérieur était une victoire nécessaire à laquelle toutes les autres conquêtes ne pouvaient point suppléer ; et devant cette grande considération, les services civils prennent un caractère si auguste, que leur récompense devient aussi un devoir national et sacré.

» Mais pourquoi les diverses constitutions qui ont promis des récompenses militaires, n'en promirent-elles point de civiles ?

» Ces promesses ayant été faites par des législateurs au nom du peuple qu'ils représentaient, il est facile de sentir pourquoi les services civils ne furent point inscrits dans la loi des récompenses. Certes, lorsque vous proclamâtes la reconnaissance nationale, vous voulûtes oublier qu'en révolution la carrière politique est une lice où l'on se livre un combat perpétuel ; vous voulûtes l'oublier ? Cependant, chaque jour entourés de clameurs séditieuses, enveloppés de piéges perfides, ne combattiez-vous pas chaque jour pour la République ? Que de nuits même, que de nuits passées, en présence d'ennemis furieux, sur ces bancs où les factions ont choisi tant de victimes ! Comme le champ de bataille, cette enceinte n'était pas couverte de poussière, baignée de sang ; mais à cette porte s'aiguisaient les poignards..... là se dressaient les échafauds.

» La mort que l'on trouve dans les champs est au moins honorable : le fer, il est vrai, est quelquefois plus terrible que la mort ; des blessures profondes laissent d'affreuses cicatrices : celui qui partit dans tout l'éclat de sa jeunesse, revient sous le toit paternel, abattu, se traînant avec peine. Que de larmes répandues sous le toit paternel ! que de regrets ! mais à ces regrets succède une noble fierté. Les égards respectueux de tout ce qui l'environne adoucissent les maux du guerrier, et le sang qu'il a versé sur le champ de bataille produit du moins une gloire assurée.

» Le sort des hommes publics est quelquefois plus terrible. Si nous opposons à ce tableau d'un guerrier mutilé le tableau d'une victime politique ; si nous interrogeons la liste sanglante, si nous invoquons l'ombre d'un magistrat ou d'un législateur victime de la multitude, ou de la tyrannie, quelle scène affreuse s'ouvre devant nous !.... Ici l'intrépide magistrat s'agite au milieu d'une foule égarée ; il s'efforce de faire entendre sa voix ; il montre à tous les signes augustes de sa puissance ; mais ces forcenés, poussés par les furies, veulent du sang, le sang peut seul les satisfaire ! Le magistrat s'oppose vainement à leur rage ; assailli de tous côtés, il brave les injures ; il brave les menaces ; au péril de ses jours, il veut appaiser la révolte ; il veut, au péril de ses jours, sauver la victime qu'on poursuit ; il la couvre de son manteau, la presse contre son sein, et percé de mille coups, il tombe avec elle expirant.... *Le magistrat périt !....* Aura-t-il du moins un tombeau ? Non, citoyens, pour lui point de tombeau ; point de tombeau, point d'honneurs, point de pompe funèbre pour lui !... Ses membres déchirés, exécrables trophées d'une foule en délire, sont portés en triomphe jusque sur le seuil de sa demeure. Ses amis osent à peine, et en silence, plaindre son sort ; ils fuient devant ses restes.... *Il a trahi le peuple !* s'écrie-t-on de tous côtés ; *il a trahi le peuple !* et sa mémoire flétrie n'est pour sa famille que le présage sinistre d'une ruine prochaine.

» Plus loin, voyez cette multitude qui couvre la place publique ; un empressement joyeux semble à peine l'agiter : tranquille, elle paraît célébrer une fête ; elle se presse autour d'un char qui roule

lentement au milieu d'elle.... C'est un char funèbre ! il porte à l'échafaud ce législateur dont les
tyrans redoutaient le courage. Le législateur, victime, au front calme, contemple cette foule qui,
peut-être, lui prodigua jadis tant d'acclamations
bruyantes ; il cherche quelques consolations dans
les regards de ses concitoyens ; il espère y lire au
moins une indignation cachée contre les tyrans :
vain espoir ; *il a trahi le peuple !* s'écrie-t-on de
tous côtés ; *il a trahi le peuple !* et tous les yeux
se détournent de lui avec horreur ; il ne voit point
l'instrument de son supplice déjà levé sur sa tête :
son ame toute entière souffre de l'ingratitude publique, et le terme fatal arrive sans consolation
pour lui, sans espoir pour les enfans qu'il a laissés
privés d'appui, privés d'honneur, à la merci des
tyrans.

» N'arrêtons pas davantage nos regards sur ces
tristes tableaux, qui retracent à chacun de nous
tant de noms honorables et tant de souvenirs dou-
loureux. Cette esquisse rapide suffit sans doute
pour rappeler à tous que, dans les temps de révolutions, la carrière politique est une lice où se
livre un combat perpétuel.

» Dans l'intervalle des révolutions, ce combat
cesse, il est vrai, mais alors la carrière publique
est remplie de ces longs travaux qui maintiennent
les sociétés, les instruisent, les honorent, et conservent au milieu d'elles le bienfait des lumières
et des lois ; de même qu'après la guerre, l'armée
se borne à des services moins brillans, moins pé-
rilleux, mais non moins utiles.

» Il fallait donc suppléer au silence de la Constitution et récompenser les services civils ; c'est ce
que le projet propose ; il déclare que les fonctionnaires publics pourront être admis dans la Légion

d'Honneur, pourvu qu'ils ayent fait partie de la garde nationale.

» Il ne s'offrait pas, citoyens législateurs, de parti plus convenable ; en écartant ce mode, il eût fallu créer des écharpes d'honneur, ou toute autre distinction civile ; mais, outre l'inconvénient de multiplier de pareilles institutions, la sagesse du projet de loi nous paraît démontrée par l'observation suivante :

» La Légion établit un centre d'unité entre les citoyens qui remplissent les emplois civils et militaires ; elle atteindra, par ce moyen, un but très-utile. En effet, chacun des divers états de la société prétend avoir des droits de prééminence à la reconnaissance publique. Ces prétentions rivales nourrissent des jalousies secrètes , forment un esprit de corps souvent funeste. La Légion d'Honneur tend à détruire cet esprit de corps et ces prétentions rivales ; elle réunit les militaires, les magistrats , les administrateurs , les artistes , les savans les plus distingués. Revêtus de la même distinction, on verra s'établir entr'eux une sorte d'égalité fraternelle ; et cet heureux système d'union établi entre les légionnaires se propagera sans doute dans la société.

» Telles sont les vues principales qui ont mérité les suffrages du Tribunat au projet de loi qui nous occupe. Les récompenses militaires et civiles nous paraissent organisées dans la Légion d'Honneur d'une manière digne de la grandeur de la nation , proportionnée aux services rendus , et conformes aux lois fondamentales de la République.

» Nous avons approuvé les détails d'exécution comme les bases du projet. Nous avons reconnu, dans la composition du grand conseil d'administration, cette marche sage et modérée, toujours guidée par l'esprit constitutionnel, et qui consacre à chaque pas le système représentatif et les grands principes d'ordre civil et politique. Nous avons vu , et vous verrez sans doute avec un intérêt d'homme et un orgueil de citoyen , ces quinze asiles hospitaliers ouverts dans les chefs-lieux de cohortes, qui nous promettent quinze établissemens , si non aussi somptueux , du moins aussi utiles que la plus belle des institutions du siècle de Louis XIV.

» . . . . Voilà les présages que le présent offre naturellement à l'avenir , et que justifient deux années de prodiges. Livrez-vous, citoyens législateurs , à ces heureux présages ; organisez les récompenses militaires et civiles. Unis d'intention et d'esprit avec un Gouvernement réparateur, continuez jusqu'à la dernière heure de votre session , jusque dans le sein de la nuit , à consolider cette République immortelle qui , depuis six semaines , a vu consacrer dans cette auguste enceinte des lois favorables au crédit, à l'instruction publique ; des traités de paix dignes de la grande nation que vous représentez , et des institutions religieuses aussi chères aux besoins des peuples qu'à la tolérance et à la philosophie. Au-dessus des alarmes vaines, terminez , comme vous l'avez commencée , la cession la plus courte , mais la plus glorieuse , la plus chère à la France ; et , de retour dans vos foyers , entourés des bénédictions universelles , vous direz à vos concitoyens: Nous avons semé des récompenses pour cueillir des vertus.

» J'émets , au nom du Tribunat, son vœu d'adoption sur le projet de loi qui crée une Légion d'Honneur. »

Les discours suivans furent prononcés à la même séance.

Discours de M. Rœderer.

« Législateurs , un représentant de la nation

disait, il y a quelques années, ces paroles remar-
quables :

« L'art de gouverner les hommes n'est que l'art
» de s'emparer de leurs passions et de les diriger
» vers un but proposé. Une femme ordinaire en sait
» plus là-dessus que ceux qui se mêlent de donner
» des lois aux nations.

» Nos assemblées nationales ont manqué le but ;
» elles ont bien excité les passions, mais elles ne
» s'en sont pas emparées, *c'est qu'elles ont fait*
» *des décrets, ce qui est facile ; mais elles n'ont*
» *pas fait d'institutions.* Faute de savoir diriger les
» passions, les corps législatifs furent entraînés par
» elles.

» . . . . L'avantage de la guerre la plus extraor-
» dinaire qu'il y ait eu, sera de former 500,000
» hommes au courage, à la patience ; à l'abstinence,
» à la sobriété, à la générosité, à la franchise : les
» vertus guerrières sont républicaines ; *alors il pa-*
» *raîtra un législateur digne d'elles.* »

» Ces paroles écrites dans le temps de la Convention par une illustre victime de la liberté, mon col-
lègue à l'Assemblée Constituante, par Rabaut
Saint-Etienne, frère du citoyen qui préside cette
séance, sont la prédiction et la théorie du projet de
loi que le Gouvernement a présenté au Corps Législatif.

» En effet, citoyens législateurs, quel est le pouvoir des lois civiles et politiques, sans le secours des
institutions morales ?

» La nature des lois est de contenir par l'intérêt ;
celle des institutions est de conduire, par les lumières, les passions, les habitudes ; les institutions
morales sont les liens qui lient les hommes aux
choses, qui font qu'ils aident au mouvement de
la machine sociale ; elles mettent en harmonie toutes

les passions, toutes les opinions, toutes les habitudes
avec tous les intérêts, et entretiennent entr'eux et
elles une heureuse intelligence. L'autorité commande et se fait obéir : les institutions font que l'autorité est souvent prévenue, et que l'obéissance est
toujours facile.

» Le Gouvernement a embrassé cette année un systême suivi d'institutions ; et celle qui vous est proposée est la troisième de celles qu'il avait à soumettre à votre sagesse.

» L'instruction publique va se trouver rétablie de
la manière la plus favorable à la propagation des lumières : voilà la part de l'esprit et de la raison. Le
culte a regagné pour l'enseignément et l'insinuation
des devoirs, l'accès des consciences. Il restait à
atteindre et à satisfaire, dans le cœur des citoyens,
cette passion nationale de l'honneur, autre conscience du Français, qui impose bien au-delà du devoir, et détermine ce que la conscience se contente
quelquefois de conseiller : c'est l'objet et le but de
la Légion d'Honneur.

» *L'honneur* a toujours été une partie distinctive
du caractère français ; mais quand il n'y avait point
de nation, quand la féodalité couvrait la France,
quand *les honneurs*, aliment de l'honneur, étaient
le privilége de quelques privilégiés, au lieu de l'honneur national, il y avait l'honneur de cour, l'honneur de caste, l'honneur de corps, enfin l'honneur
de plébéien, que l'orgueil avait réduit à n'être que
la crainte du déshonneur : dans tout cela, sans doute,
se mêlait *l'honneur français* ; mais avec quelles
nuances, quel alliage !

» La révolution a fait disparaître ces nuances, ces
variétés, en opposant l'honneur de tous à l'honneur
de quelques-uns, en intéressant l'honneur de tous
au bien général, au lieu de ne l'attacher qu'à des

intérêts isolés. En retrempant toutes les ames, en les relevant, elle a préparé l'accomplissement de ce vœu ou de cette prédiction que je rappelais tout-à-l'heure. Nous avons maintenant un honneur national qui, après s'être signalé, demande aliment et récompense : il veut être reconnu, proclamé, étroitement engagé à l'intérêt public ; il demande de nobles liens à la patrie, et le législateur l'a entendu.

» Quelle circonstance, citoyens législateurs, pour la concession qui vous est proposée, que celle de la paix générale, qui est comme la clôture de la révolution ! Vous allez en même temps acquitter la dette de la reconnaissance et sceller la promesse de nouveaux services.

» Quatre mille braves ont été déjà décorés d'armes d'honneur. Mais plusieurs encore ont des titres à faire valoir ; mais tous desirent voir consacrer par l'aveu national la distinction qu'ils ont obtenue ; mais les militaires n'ont pas eu seuls la gloire du courage, et la gloire du courage n'est pas la seule qui ait brillé dans cette révolution dont nous voyons le terme : les services civils attendent aussi leur récompense et leur encouragement. La Légion d'Honneur satisfait à tous ces droits, à tous ces intérêts ; elle paye la dette nationale.

» Et comment payer autrement qu'en cette monnaie de l'honneur des actes de dévouement qui sont au-dessus de toutes les récompenses ? L'or ne paye ni les hautes vertus, ni les hautes actions. Les trésors de l'honneur seuls sont assez opulens, seuls ils sont solvables pour toutes celles qu'à produites la guerre de la liberté. L'or, législateurs, vous n'en donneriez jamais assez aux citoyens illustres pour que leur honorable opulence attestât la munificence publique, au milieu de ce faste ruineux qui écrase aujourd'hui toutes les fortunes. Donnez-leur une autre distinction que celle de l'or , et qu'un titre honorable leur épargne l'humiliation d'acheter par leur dépense l'attention et les égards.

» Citoyens législateurs, en récompensant ainsi, vous encouragerez encore plus que vous ne récompenserez.

» Il n'est point échappé, sans doute, à votre attention , qu'autant cette jeunesse opulente qui fait le mouvement et l'éclat de nos cités, mettait de zèle au service militaire lorsque c'était un privilège d'entrer au service militaire au rang d'officier , autant il est à craindre qu'elle n'y mette de l'indifférence aujourd'hui que les drapeaux sont consacrés à l'égalité; l'attrait que le privilége donnait autrefois, il est nécessaire qu'une institution en offre l'équivalent aujourd'hui ; il faut que l'orgueil soit assez excité par l'appât d'une récompense d'honneur , par l'aspect de la considération assurée à ceux qui l'ont obtenue, pour qu'il ne laisse pas hésiter dans le dévouement au service de l'Etat, au moins lorsqu'un intérêt pressant le demandera.

» Dans le jeu de la machine politique , l'institution de la Légion produira un aussi bon effet , sans doute , que dans le système militaire ; elle en adoucira l'action , elle la rendra plus facile, plus régulière. Quel lien unit aujourd'hui l'autorité centrale avec les autorités extrêmes, les premiers magistrats de la République avec la magistrature judiciaire, administrative, départementale, communale, municipale, avec la masse des citoyens ? Une correspondance officielle d'ordres et d'obéissance. Quelle sécheresse, quelle dureté dans de tels rapports ! Par où croit-on que circule l'esprit public qui s'en va éclaircissant de proche en proche tous les doutes, déterminant toutes les hésitations ? C'est par les insinuations amicales, les correspondances , les conversations particulières des citoyens accrédités dans l'opinion, avec les citoyens obscurs. La lettre d'un correspondant de Paris, arrivée dans une petite ville en même temps qu'une loi qui inquiète et agite les conversations dont cette lettre est le texte, suffit souvent pour tout calmer, tout éclaircir. C'est par ces rapports, souvent peu suivis, souvent fortuits de quelques hommes sages, animés d'un même esprit, que s'entretient et se fortifie l'union des citoyens avec le Gouvernement. Eh bien ! en établissant par la Légion une sorte de fraternité entre tous les amis des mêmes principes, on prépare de ces relations de confiance qui mettent de l'unité dans les opinions ; on place dans les relations de société, dans les divers corps militaires ou civils dont les légionnaires feront partie, autant d'hommes accrédités qui seront écoutés et serviront de ralliement à l'opinion des citoyens bien intentionnés. C'est ainsi qu'autrefois le vieux militaire décoré était consulté sur l'honneur du corps, sur celui des particuliers, sur la discipline. Il était le dépositaire des plaintes secrètes, et le conseiller des devoirs. Voilà ce que j'ai appelé *des intermédiaires* utiles à la politique, et je n'ai pas été peu surpris qu'au Tribunat on ait argumenté contre cette théorie toute morale, comme contre le système des corps intermédiaires des monarchies, quoiqu'il fût d'ailleurs bien entendu que la Légion n'était point un corps, n'avait point de fonctions, que ce n'était qu'une association d'hommes répandus dans tous les corps, et livrés à tous les genres de services publics, sans cohésion, et même sans communications habituelles.

» Ce que je viens de dire, législateurs, et surtout ce qui a été dit avant moi, suffit pour vous montrer l'intention et le but du projet de loi : mais j'ai à répondre à plusieurs objections ; elles se réduisent à trois.

» La première , c'est que le projet de loi appelle un sénateur dans le grand conseil d'administration , et que l'art. 18 de la Constitution défend aux sénateurs l'exercice de toutes fonctions publiques ;

» La deuxième , c'est que l'institution forme autorité dans autorité , *imperium in imperio ;*

» La troisième , c'est qu'elle blesse l'égalité.

» De ces trois objections, il n'en est qu'une de sérieuse ; c'est la dernière. Peu de mots suffiront pour les deux autres.

» L'institution ne forme point autorité dans autorité ; 1°. elle n'est point une corporation ; 2°. elle ne peut avoir d'autorité que sur les biens affectés à chaque cohorte, et encore cette autorité sera déléguée à une partie de la cohorte ; 3°. elle a pour chef le chef de l'Etat.

» Si l'institution n'est point une corporation , si elle n'a aucune fonction publique , l'art. 18 de la Constitution, qui interdit toute fonction aux sénateurs, n'y est point applicable. Ici il faut observer que la loi n'affecte pas même au grand conseil , comme aux cohortes , une portion quelconque de domaines nationaux ; de sorte qu'il n'a pas même entre les mains l'administration de biens qui est confiée aux cohortes, et qui au reste n'est pas plus une fonction publique que ne le serait la gestion des domaines nationaux affectés au Sénat, s'il la gérait lui-même.

» Je passe donc à la grande objection , celle qui accuse l'institution proposée de blesser l'égalité.

» Elle n'est qu'une distinction accordée au mérite personnel, ou plutôt ce n'est que la distinction du mérite même qui est reconnue et consacrée.

» Si elle blesse l'égalité, c'est que sans doute le mérite éminent la blesse aussi.

» Et, en effet, il offense l'égalité absolue, mais non pas l'égalité de droits, puisque tout le monde pouvant prétendre au mérite, ayant le droit d'être vertueux, généreux, courageux, a le droit d'acquérir la distinction du courage, de la générosité, de la vertu. Or, l'égalité de droits est la seule que le bon sens, les lois des pays libres ayent jamais voulu consacrer. Avant la révolution, le fils d'un plébéien ne pouvait être officier : c'était là un état de choses offensant pour l'égalité, parce que les moyens de montrer son courage, son dévouement à la patrie, étaient le privilége des patriciens. Mais qu'a de commun la Légion d'Honneur avec ce privilége ? accorde-t-elle aux membres qui la composent le privilége des périls, des sacrifices et du dévouement ? choisit-elle ses membres dans une classe privilégiée ? Non : en quoi donc blesse-t-elle l'égalité ?

» On répond : elle la blesse de quatre manières ; d'abord, en ce qu'elle assure cinq sixièmes des places aux services militaires ; 2°. en ce qu'elle fait entrer les citoyens honorables par les services civils, par un grade inférieur à celui qui peut être donné au service militaire ; 3°. en ce qu'elle fait passer sous une dénomination et sous un pouvoir militaire, le fonctionnaire civil, et militarise les récompenses au lieu de les civiliser ; 4°. en ce qu'elle tend à ramener des distinctions héréditaires et des priviléges.

» Je répondrai à ces quatre propositions.

» Et d'abord je demande sur quoi l'on se fonde pour avancer qu'il n'y a que le sixième des places de réservé au civil ? La proportion n'est déterminée nulle part. A la vérité, la Légion ne doit guère excéder 6,000 personnes, et 4,000 militaires ayant reçu des armes d'honneur, en sont membres de plein droit ; mais, 1°. il reste un tiers des places à donner : pourquoi préjuger qu'il n'y aura que moitié de ce tiers décerné aux services civils ? 2°. le grand nombre des militaires appelés à composer en ce moment la Légion, est un effet de la guerre. Après quinze ou vingt ans de paix, les citoyens engagés dans les services civils, doués des qualités civiles, auront, sur les militaires oisifs, le même avantage qu'après une si terrible guerre ceux-ci ont dû avoir sur les premiers. 3°. Enfin, pour être en droit de préjuger que le nombre des hommes civils ne sera pas proportionné avec celui des militaires, et que les uns seront plus favorisés que les autres, il faudrait que le corps électoral de la Légion fût militaire : or, je vois que le mode établi pour la composition tend à le rendre plutôt civil que militaire, puisqu'il est formé des trois Consuls et des délégués de quatre corporations civiles.

» Je passe à la seconde objection. On a dit : « Le projet porte qu'après la première formation, » il faudra passer par le plus simple grade pour » parvenir aux grades supérieurs : or, cette con- » dition n'est imposée que pour les services *civils*, » *et une action d'éclat* à la guerre suffit pour » autoriser une nomination à tous les grades. Ainsi » (a-t-on ajouté) un militaire entrera dans la Lé- » gion comme grand officier, tandis que Montes- » quieu, tenant à la main l'Esprit des Lois, n'en- » trera que par le grade de légionnaire. »

» Je réponds d'abord que la loi laisse à l'arbitrage du grand conseil l'admission des membres de la Légion ; que ce grand conseil est essentiellement civil ; qu'ainsi, quand il aura à balancer entre un magistrat tel que Montesquieu et un militaire, il n'élèvera celui-ci au-dessus du premier que pour un de ces actes de dévouement tels que le prix de l'honneur lui soit dû de préférence au plus beau livre ; et ici, j'ose ajouter que Montesquieu serait le premier à mettre en principe que l'utilité d'un livre et celle d'une action périlleuse étant égales, le grade d'honneur est dû à l'action que l'honneur seul peut inspirer : or, la composition du meilleur livre n'est pas une des actions qui n'ont leur source que dans l'honneur, et il serait révoltant qu'un guerrier qui aurait sauvé la patrie fût réduit à passer par le dernier grade ; au lieu que jamais l'opinion ne s'offensera de ne pas voir arriver d'emblée au premier rang un officier civil.

» Vient enfin cette question : Pourquoi le projet de loi a-t-il *militarisé* l'institution au lieu de la *civiliser ?*

» Il n'y a de militaire dans l'institution que son titre de Légion et les dénominations des grades.

» Au fond, la Légion est une institution morale, politique, civile et militaire. De tous les reproches auxquels le Gouvernement pouvait s'attendre, le dernier était, sans contredit, celui d'avoir formé une corporation militaire. Quatre mille sabres d'honneur ont été distribués dans l'armée française, et aucune distinction civile n'a encore été accordée. En cela se rencontrait une grande inégalité entre le civil et le militaire. Cependant personne ne songeait à réclamer contre elle, lorsque le Gouvernement a eu recours au moyen de la faire cesser, et a proposé la Légion ; et c'est lorsqu'il y appelle les hommes distingués par les services civils, qu'on l'accuse de les méconnaître ! Quoi de plus injuste ! *Tout était si bien !* a dit hier un honorable membre du Tribunat ; *il ne s'agissait que de régulariser la distribution des sabres d'honneur;* et il jetait cette exclamation, après beaucoup de plaintes, sur l'espèce de répudiation à laquelle il trouvait condamnés les fonctionnaires civils! Cette manière de critiquer n'est pas dangereuse.

» Si l'on demande maintenant pourquoi la nomenclature des grades est plutôt militaire que civile, je réponds : parce que toute la nation est militaire, au besoin, et que jamais il n'est nécessaire qu'elle soit toute fonctionnaire civile ; parce que, toute entière, elle a pris les armes dans la guerre de la liberté ; parce qu'il n'est pas un Français qui ne puisse porter, sans ridicule, un titre militaire, et qu'il est peu de titres de fonctions civiles qui puissent être appliqués à tout militaire digne d'entrer dans la Légion.

» Je passe donc à la grande difficulté.

» On objecte que l'institution ne tardera pas à devenir héréditaire!... « C'est, dit-on, le sort de
» toutes les distinctions de ce genre ; les enfans
» héritent de la considération de leur père et ac-
» quièrent des priviléges. L'histoire nous montre
» que toutes les distinctions ont d'abord été ac-
» cordées à vie, et qu'elles ont fini par être trans-
» mises des pères aux enfans, et par leur donner
» dans la société des avantages exclusifs. »

» J'observe d'abord que cette objection attaque non-seulement la Légion d'Honneur, mais même les armes d'honneur qui ont été décernées depuis la guerre. Toutes ces distinctions passent aux enfans après la mort des pères ; ce sont des reliques de famille qui se transmettent de génération en génération. Pourquoi les amis de l'égalité n'exigent-ils pas qu'à la mort d'un militaire décoré, son sabre, son brevet d'honneur soient enterrés avec lui ? Pourquoi ne réclame-t-on pas contre les concessions même de ces armes, contre le brevet qui les donne, contre les gazettes qui les publient ? Ne sont-ce pas là des titres de famille ? n'est-ce pas là l'origine d'un patriciat redoutable.

» Ne pourrait-on pas appliquer aux habits distinctifs des fonctions publiques ce qu'on dit des décorations du mérite ? L'habit du général en chef, celui du législateur, ne sont-ils pas des monumens de leur haute existence ? Si l'on garde cet habit dans la famille, s'il est peint avec le portrait de celui qui le portait, l'habit, le tableau ne sont-ils pas des monumens de famille qui serviront au petit-fils du législateur ou du général, pour prouver aux descendans d'un simple soldat ou d'un simple artisan, qu'il a dans son origine quelque chose de plus distingué qu'eux.

» Eh ! quelles étranges inquiétudes travaillent les amans jaloux de l'égalité absolue ! L'histoire, disent-ils, les avertit et les effraye. L'histoire ! eh ! mais où sont donc les familles patriciennes qui nous sont venues, en France, de ces épées croisées, dans l'ancien régime, sur la poitrine cicatrisée de nos vétérans ? Quelles familles patriciennes nous sont donc venues de cet ordre de Saint-Louis, qui était conféré aux services militaires, quelle que fût l'origine de celui qui les avait rendus? Quelle noblesse est venue aux enfans des portraits de famille qui représentaient leurs pères sous des habits de fonctions ou de services publics éminens ?

» Gardons-nous de confondre avec des priviléges politiques, le faible avantage d'opinion qui peut être attaché au nom qu'on porte et au souvenir d'un père ou d'un aïeul. Outre que cette transmission d'honneur est la récompense des pères, le lien de respect qui leur attache les enfans, et le motif qui porte à imiter les bons exemples de famille, il faut avouer que toute gêne qu'on voudrait y apporter serait inutile.

» Dans les siècles éclairés, et dans les pays où l'on a l'imprimerie, des gazettes, des histoires, des greffes, des notaires, on ne peut empêcher les grandes actions d'être recueillies, et les noms historiques d'être célèbres. Défendra-t-on aux enfans de porter le nom de leurs pères, dans la crainte qu'ils ne conservent quelque rayon de gloire ?

» Dans les pays dès long-temps civilisés, il y a la distinction des riches. On ne peut l'empêcher sans donner atteinte à la propriété ou à l'industrie. Voudrait-on que cette distinction inévitable fût la seule, et laissera-t-on l'or seul en droit de fixer les regards et d'attirer le respect ?

» Non, sans doute. Eh bien ! qu'on souscrive donc à cette transmission inévitable de la considération des pères aux enfans, et qu'on cesse de la confondre avec les priviléges politiques.

» On cite l'exemple des seigneurs féodaux, qui ont transmis leurs droits avec leurs noms et leurs titres ! Mais comment confondre les concessions féodales avec une simple distinction ? Certes, il fallait bien que les distinctions féodales fussent héréditaires, puisqu'elles étaient, tout ensemble, réelles et personnelles ; puisqu'elles rendaient celui qui en était revêtu propriétaire de terres, propriétaire d'hommes sous le nom de *vassaux*, et que son titre, sa terre, ses hommes, tout suivait la loi de la propriété, se transmettait comme elle du père aux enfans. En faisant un fief, on faisait une seigneurie, un seigneur ; le seigneur mort, le fief, la seigneurie en réclamaient un autre, et cet autre était l'héritier du sang.

» Mais, dites-vous, la Légion est dotée de trois millions. Comment comparer la fondation des fiefs à la dotation de la Légion ? Les fiefs étaient des propriétés données à perpétuité à des individus. Ici on ne dote que la Légion, et les individus n'ont droit qu'à une part déterminée dans les fruits.

» Législateurs, une loi, qui est votre ouvrage, assure 60 millions de biens nationaux aux invalides ; d'après l'objection, vous auriez donc voté là une institution féodale ! Le Sénat est doté en domaines nationaux ; ce serait donc aussi une institution féodale qu'aurait voté le peuple français en votant la Constitution !

» On a opposé à l'institution de la Légion d'Honneur, l'exemple des Etats-Unis d'Amérique, où l'ordre de Cincinnatus fut aboli peu après sa formation ; mais une connaissance plus approfondie de cette institution aurait empêché de la confondre avec la Légion.

» L'ordre de Cincinnatus s'était formé spontanément, et la Légion est formée par la loi.

» L'ordre de Cincinnatus s'était organisé indépendant, et la Légion a pour chef le Premier Consul.

» L'ordre de Cincinnatus avait son congrès, lequel avait, dans chaque Etat, des affiliés qui, par ce moyen, se trouvaient liés à une sorte d'autorité étrangère à chacun d'eux : la Légion est toute sous la dépendance d'une même autorité.

» L'ordre de Cincinnatus était héréditaire ; le titre de légionnaire est personnel et à vie.

» Enfin, l'ordre de Cincinnatus, purement militaire, n'admettait les fonctionnaires civils qu'en très-petit nombre et ne leur communiquait pas l'hérédité qui était réservée aux militaires ; la Légion admet pour tous les genres de service, dans des proportions indéterminées, et elle admet à un rang égal, à un titre égal.

» Enfin , en Amérique , le pouvoir a besoin de peu d'énergie, parce qu'il commande à peu d'hommes dispersés sur un vaste territoire ; et en France le Gouvernement républicain a besoin d'appui.

» Je reviens donc à la question.

» Non-seulement la Légion d'Honneur ne blesse point l'égalité, non-seulement elle ne présente aucune raison qui puisse faire craindre qu'elle ne la blesse à la suite, et que la distinction qu'elle confère ne devienne héréditaire et privilégiée, mais je vais bien plus loin, et je dis qu'elle est un obstacle éternel à toute distinction de ce genre.

» D'abord on ne conteste pas qu'elle n'efface les anciennes distinctions nobiliaires dont il subsiste encore des souvenirs en France ; c'est un mérite que la critique n'a pas daigné lui reconnaître, mais qu'elle oserait encore moins nier.

» La Légion d'Honneur recule loin de la pensée les souvenirs du patriciat, voilà le point qu'il faut considérer ; elle lui ferme, pour ainsi dire, le passage qui conduit du passé dans l'avenir ; ainsi, d'abord elle débarrasse les générations qui vont suivre d'un danger qui, sans elle, aurait pu se reproduire. L'institution est donc un obstacle pour l'ancien patriciat.

» Mais elle est aussi un obstacle à l'institution d'une noblesse nouvelle ; elle l'est par les circonstances de sa création , elle l'est par le serment qu'elle impose. Fondée sur les victoires remportées par les armées de l'égalité, son origine, son existence seront une protestation toujours subsistante et toujours fortes contre les inégalités héréditaires. Consacrée par un serment à l'égalité, elle ne pourra admettre d'inégalités héréditaires qu'en rendant parjures tous ses membres. Ah ! s'il pouvait arriver

que des descendans de quelques héros de la guerre
de la liberté, osassent opposer les services de leurs
pères aux citoyens qui voudraient en rendre à la
suite, qu'ils voulussent marcher les égaux de ceux
qui en auraient rendus de signalés, partager avec
eux, par droit d'héritage, des honneurs dignes prix
de la vaillance; s'il pouvait arriver que les descendans des guerriers de la liberté osassent dire à la
suite, comme l'ont fait les nobles de l'ancien régime, nous seuls nous pouvons posséder les places
éminentes, nous seuls nous pouvons entrer au service militaire par le grade d'officier, le reste est fait
pour obéir.... Si jamais pouvaient renaître de telles
prétentions, le titre de la Légion d'Honneur, le
serment de ses membres seraient là pour les accuser
et les proscrire. Votre loi, législateurs! votre loi,
dépositaire du vœu des fondateurs et des premiers
légionnaires, étincellerait à l'instant de leur colère,
et de l'arche où elle serait déposée, sortiraient ces
mots :

« Enfans rebelles, lorsque nous avons opposé
» nos actions à ceux qui n'avaient pour eux que les
» actions de leurs pères, était-ce pour que votre
» orgueilleuse inutilité opposât nos services aux
» dignes citoyens qui auraient la noble émulation
» de nous égaler ? Quand nous avons renversé les
» priviléges, était-ce pour donner des priviléges ?
» Notre gloire, au lieu d'autoriser vos prétentions,
» avertit tous ceux qui seront dignes de nous imi-
» ter de frapper vos têtes coupables; le prix que
» nous avons de nos services attend ceux qui au-
» ront fait justice de votre insolence. »

» Voilà, si je ne me trompe, législateurs, ce
que votre loi, et le serment qu'elle consacrera,
répéteront éternellement et fortement à ceux qui
voudraient s'écarter de nos principes; voilà ce que

prononcera la bouche de chaque citoyen qui, en entrant dans la Légion, prêtera le serment de *s'opposer à toute entreprise tendante au réta-blissement du régime féodal, et de concourir, de tout son pouvoir, au maintien de l'égalité et de la liberté.* Est-il possible d'opposer une plus forte barrière au retour des priviléges héréditaires ? Eh ! quelle institution peut être plus conservatrice de l'égalité que celle qui appelle chaque année cent, deux cents des plus honorables citoyens, à jurer solennellement, sur leur honneur, le maintien de l'égalité, en entrant dans une Légion née des victoires de l'égalité sur les priviléges ? Quelle institution plus conservatrice de l'égalité que celle qui appelle les hommes éminens par des services personnels à se liguer contre l'orgueil des origines ?

» Législateurs, vous le savez, l'égalité a ses héros comme elle a ses victimes. Sans doute elle tient d'une main le niveau auquel elle soumet les droits de tous ; mais qui l'empêche d'offrir de l'autre le dédommagement ou la récompense due à quelques-uns ? Elle veut tout tenir à la même hauteur devant la loi, mais elle ne dédaigne pas d'attacher ceux à qui cet assujétissement peut paraître pénible ; elle comprime l'orgueil, mais elle se plaît à satisfaire l'honneur. L'honneur, cette passion des Français, est le sentiment auquel l'égalité elle-même vous presse, citoyens législateurs, d'attacher le lien qui doit unir les citoyens à la patrie, et entretenir ensemble dans leur ame cette émulation vive qui mène aux grandes choses, et cette fraternité qui préserve de l'orgueil dans les succés, ou de l'envie dans les défaites. »

Discours de M. Marmont.

« Citoyens législateurs, lorsqu'un incendie a fini ses ravages, lorsque, dans son mouvement dévastateur, le feu a consumé d'utiles monumens, il est du devoir de reconstruire et de réédifier ; de même, lorsqu'une longue révolution a détruit toutes les institutions, le premier soin d'un législateur sage est d'en établir de nouvelles, et d'abord celles dont l'influence est la plus utile à la prospérité du peuple.

» C'est dans cette vue que le Gouvernement a cru devoir vous proposer la création d'une Légion d'Honneur. Cette institution est grande et majestueuse ; elle doit agir puissamment sur les destinées de la République ; elle est nécessaire à notre situation politique ; elle est dans le vœu et dans le caractère de la nation.

» La Légion d'Honneur crée des distinctions plus flatteuses mille fois que celle du pouvoir de l'autorité et des richesses ; elle ne blesse pas l'égalité et n'établit aucun privilége, puisque les récompenses qu'elle consacre sont personnelles, et que chaque Français a le droit d'y prétendre en rendant des services à son pays.

» Les distinctions résultantes de la Légion d'Honneur sont aux actions ce que la parole est à la pensée ; elles en sont l'expression. Quoi de plus beau, de plus flatteur au monde, pour celui qui a bien mérité de son pays, que d'en présenter sans cesse aux yeux de ses concitoyens les honorables marques ! Quel est l'homme juste qui pourra être choqué de leur vue lorsqu'on lui répondra : *Cette décoration d'honneur, cette marque flatteuse de mes services, est le prix de mon sang versé*

pour la patrie, des veilles que je lui ai con-
sacrées.... Que celui qui l'envie l'achète au
même prix, et il l'obtiendra !

» Quelle belle institution que celle qui donne au Gouvernement le moyen de récompenser, d'une manière inappréciable, le guerrier qui s'est dévoué pour son pays, le magistrat qui l'a servi avec zèle et intégrité toute sa vie, le sage et le savant qui l'honore par ses vertus et ses travaux ! Quelle belle institution, dis-je, que celle qui, en donnant au Gouvernement la facilité de récompenser les plus grands services, lui ôte les moyens d'en abuser ! car le jour où il en ferait un usage indigne de lui et de la nation, la valeur de ces distinctions disparaîtrait, et elles perdraient tout leur prix.

» La Légion d'Honneur ne pouvait être créée à une époque plus convenable et sous de plus heureux auspices. Elle ne pouvait être créée à une époque plus convenable, car c'est une institution toute républicaine opposée à d'anciennes institutions que le temps n'a pu encore effacer de nos souvenirs ; l'honneur de la révolution et des armées françaises, opposé aux préjugés dont les traces et les vestiges existent encore. Elle ne pouvait pas être créée sous de plus heureux auspices, car jamais la nation n'a possédé un aussi grand nombre d'hommes faits pour l'honorer, et jamais les fastes de notre histoire n'ont été illustrés par d'aussi grands et d'aussi mémorables événemens.

» La Légion d'Honneur, enfin, créée au moment d'une paix glorieuse, consacre d'une manière solennelle la reconnaissance nationale envers l'armée qui a honoré et défendu la République, et mille fois bien mérité de la patrie. »

Discours de M. Girardin.

« Législateurs, l'importance du projet de loi soumis aujourd'hui à votre approbation est telle, que vous devez desirer de voir cette discussion se prolonger, afin d'être à portée d'envisager ce projet sous tous ses rapports. Cette grande considération m'a déterminé à demander la parole après les orateurs que vous venez d'entendre.

» La proposition de créer une Légion d'Honneur peut, j'en conviens, alarmer au premier aspect les amis de la liberté. Tout ce qui rappelle d'anciens souvenirs réveille la défiance ; la leur est simple, légitime, excusable ; elle a été énoncée par des hommes connus par leur attachement à nos lois, à nos principes, à notre Gouvernement, dont les intentions sont droites et pures ; ce sont les citoyens, estimables comme eux, qu'il faut chercher à convaincre : nous y parviendrons, je l'espère, si nous parvenons à leur prouver que leurs craintes sont exagérées et chimériques ; que rien dans le projet relatif à la création d'une Légion d'Honneur, ne peut les justifier, ni même faire soupçonner qu'elles puissent être fondées.

» Nous examinerons d'abord si l'institution proposée peut se concilier avec les principes sacrés de l'égalité, la sœur et l'auxiliaire inséparable de la liberté. La Constitution, dont le but a été de fonder et de défendre l'une et l'autre, permet-elle de créer une Légion d'Honneur? L'on a dit *non*. Mais à l'appui de cette assertion, a-t-on cité un article précis?... *Non*. Aucune de ces dispositions ne s'y oppose, et cette institution n'est pas contraire à son esprit, puisqu'elle n'offense aucun des principes qui l'ont dictée.

» Un de ces articles paraît non-seulement l'autoriser, mais il semble même l'ordonner impérieusement.

» Comment pourrait-on, en effet, récompenser autrement les services éclatans rendus en combattant pour la République?

» C'était avoir étrangement méconnu le mobile qui faisait agir nos braves soldats, que d'avoir cru qu'il fût nécessaire, pour les engager à vaincre, de leur offrir l'espoir de partager un jour un milliard de biens nationaux.

» Les généraux qui ont été admis à l'honneur de commander à des Français, ont reconnu qu'ils ont toujours été animés par des sentimens plus généreux, plus nobles, plus élevés. On n'a point oublié qu'au siége de *Mahon* l'on mit à l'ordre de l'armée que celui qui aurait bu de l'eau-de-vie, ne monterait point à l'assaut; ce jour-là il n'en fut point bu. Nos soldats, dans tous les temps, ont toujours combattu pour l'honneur du nom français, pour la gloire nationale, pour la patrie.

» Le compagnon de leurs travaux a connu le secret de leur dévouement, la cause de leurs brillans faits d'armes.... Chargé d'exécuter l'art. 87 de la Constitution, il ne pouvait se tromper sur son véritable sens.

» Ceux des orateurs du Tribunat dont l'opinion n'a point été favorable au projet de loi, conviennent néanmoins que la Constitution imposait au Gouvernement l'impérieuse obligation de décerner des récompenses à nos guerriers.

» Mais qu'entendent-ils donc par des récompenses? Ils ne pensent pas sans doute qu'on puisse acquitter avec de l'argent la dette de la patrie envers nos guerriers; je ne leur fais pas l'injure de le croire.

» Récompenser un service rendu à la patrie, c'est accorder un témoignage individuel de la gratitude nationale.

» Les récompenses sont honorables ou lucratives ; mais comme l'honneur et l'intérêt s'allient difficilement, plus les récompenses sont lucratives, moins l'opinion y attache d'honneur.

» Dans les Monarchies, les honneurs sont moins grands que dans les Républiques, parce que les récompenses y sont plus utiles qu'honorables. Le monarque n'aime point à communiquer l'honneur, qu'il regarde comme son apanage particulier.

» Dans les Gouvernemens tyranniques, l'on ne connaît point les récompenses ; la sûreté du tyran lui commande l'avilissement du peuple.

» Les récompenses honorables ont toujours été multipliées dans les Gouvernemens populaires ; elles y ont toujours enfanté des miracles. Voilà pourquoi les Républiques fournissent à l'histoire plus de faits héroïques que les Monarchies.

» Un soldat républicain refusa de l'or offert par son général, en lui disant : *Je n'ai point cherché la récompense d'un avare, mais celle d'un homme de cœur.*

» Les récompenses pécuniaires accordées à la valeur sont déplacées ; elles perdraient l'honneur, et feraient prendre à un sentiment vil la place d'un sentiment élevé.

» Lorsque les Romains distribuaient de l'argent aux soldats, tous y avaient une part égale : ce n'était que le salaire de la fatigue ; mais l'héroïsme seul avait des droits aux récompenses ; elles ont été, chez les Spartiates, chez les Athéniens et chez les Romains, la cause de leurs victoires les plus signalées, et celle des belles actions de leurs citoyens. Chez eux, les honneurs accordés au mérite n'étaient point passagers; il était permis à tous ceux qui les avaient reçus, de porter, dans les fêtes publiques, un vêtement distingué : par là, le peuple était averti qu'au milieu de lui siégeait un de ses libérateurs.

» Le bon Montaigne, qu'il faut toujours citer, parce qu'il a tout dit, observe « que c'est une » belle invention établie dans tous les Etats po- » licés, de donner certaines marques vaines et sans » prix pour en honorer et récompenser la vertu. » Par des richesses, dit-il, on paye la flatterie et » la trahison; mais la valeur veut une sorte de » monnaie qui lui soit propre, toute noble et gé- » néreuse. »

» Nos guerriers ont combattu pour l'honneur; il fallait donc les récompenser par des honneurs.

» Le Gouvernement, qui veut les instituer, est cependant accusé de vouloir introduire dans le corps social des institutions contraires à l'esprit républicain, de chercher à caresser par là des inclinations monarchiques.

» Je crois avoir répondu à ces reproches par la meilleure des réponses, par des faits.

» Je crois avoir prouvé que des distinctions du genre de celles qu'on veut établir, avaient toujours existé dans toutes les Républiques anciennes; qu'elles y excitèrent l'émulation, y nourrirent l'amour de la vertu, y entretinrent cet esprit républicain qui seul peut enfanter des prodiges, expliqués par ceux que la République française a chargé l'histoire de confier à la postérité.

» L'institution proposée aujourd'hui est déjà établie par le fait. Que vous propose-t-on?... sinon de régulariser la distribution des brevets d'honneur. Lorsque ces brevets furent accordés pour la première fois, quelle voix s'est élevée contre ce

mode de récompense? A-t-on dit qu'il était contraire à l'égalité, à l'esprit républicain? Ce qu'on
n'a point dit alors, pourquoi donc le dire aujour-
d'hui? Change-t-on la nature de la récompense,
parce qu'on vous propose de la consacrer par une
loi?

» Les armes d'honneur accordées pendant la
guerre pour des actions héroïques, étaient alors
de suffisantes distinctions; dans les camps, sous
la tente, sur les champs de bataille, ceux de nos
guerriers qui avaient mérité ces armes, en étaient
toujours revêtus. Leurs exploits étaient présens à
l'esprit de ceux qui en avaient été les témoins. La
vue de ces armes suffisait pour exciter le desir d'en
acquérir de semblables, et pour commander le
respect.

» Ces hommes distingués parmi d'aussi grands
guerriers, décorés dans leurs rangs, sous la tente,
au milieu des combats, voudriez-vous qu'ils puissent
cesser de l'être à la paix? voudriez-vous les soustraire à notre reconnaissance, à nos bénédictions?.... voudriez-vous nous obliger à les chercher
dans la foule, sans avoir la certitude de les y rencontrer? Non, vous ne le voulez pas.... Vous
penserez, avec le Gouvernement, que ces armes
d'honneur doivent être consacrées à l'époque de la
pacification générale; vous voudrez que les hommes
qui les ont obtenues par leur valeur soient présentés à l'admiration de leurs concitoyens; vous
voudrez qu'ils portent un signe qui puisse les empêcher d'en être à jamais méconnus. Créer une
Légion d'Honneur, c'est acquitter la dette de la
nation envers l'armée.

» Chez les peuples libres, le mérite seul donne
des droits aux emplois publics.... Seul aussi, il en
donnera pour entrer dans la *Légion d'Honneur.*

Une magistrature à vie ne blesse pas l'égalité; comment donc une distinction personnelle, acquise au péril de ses jours, serait-elle contraire aux principes républicains ? Non, elle n'y est point contraire; l'institution de cette Légion est tout à fait dans l'esprit, dans les mœurs et le caractère français.... Elle n'est point éversive de l'égalité, parce qu'il suffit, pour en faire partie, d'avoir bien servi son pays.

» Ceux qui voient ou feignent de voir, dans la création de cette Légion, celle d'une nouvelle noblesse, ou la résurrection de l'ancienne, se méprennent étrangement sur le but de l'institution.

» Sur quel point de comparaison leur assertion est-elle fondée ? J'avoue que je ne puis parvenir à le découvrir.

» Où sont les priviléges, les biens, les titres, l'hérédité, le pouvoir des légionnaires, enfin tout ce qui constitue la noblesse ? Leurs priviléges sont des services rendus; leurs titres, des actions d'éclat; leur propriété est commune; conséquemment elle n'est point transmissible. Le prix du courage ne saurait être héréditaire; car la même distinction qui honorait le père, en rappelant le souvenir d'une belle action, flétrirait le fils qui n'en aurait point fait. Leur pouvoir, je le cherche, et ne le trouve pas.... Leurs obligations, je les trouve partout.

» Ce n'est point un *état* dans l'État.... Ce n'est point non plus une corporation. Les légionnaires sont disséminés dans les corps de l'armée, placés dans les diverses magistratures; ils sont partout, et ne sont réunis nulle part.

» Qu'a donc de commun une distinction accordée au mérite, à la valeur, à la vertu, avec celle qui n'était donnée qu'à la naissance ? Qu'ont de commun la bravoure et la vanité, la sottise et

(123)

les talens? A-t-on jamais dit que les épées en croix qui brillaient sur la poitrine de nos vieux soldats, étaient des distinctions nobiliaires? Accuser une institution presque identique de vouloir créer une nouvelle noblesse, c'est empoisonner les plus pures intentions, c'est égarer l'opinion publique. Cette Légion d'Honneur, loin de fonder une nouvelle noblesse, achèvera d'effacer jusqu'aux moindres traces de l'ancienne : elle couvrira de grandes actions, ensevelies dans la nuit des temps, par des actions plus grandes encore, dont l'Europe et la France ont été les témoins.

» La création de la Légion d'Honneur n'est pas contraire à la Constitution, à l'esprit républicain ; elle ne peut donc l'être à l'égalité. Non-seulement elle n'en blesse pas les principes, mais elle les consacre, elle en atteste l'existence.... Quel plus bel hommage peut-on lui offrir, en effet, que celui de lui présenter dans les mêmes rangs, sous la même bannière, le soldat intrépide et l'honnête magistrat ; le jeune guerrier couvert de la gloire militaire, et le sénateur vénérable, le modeste savant et les chefs de l'Etat environnés de toutes les vertus civiles ! Tous confondus entr'eux, mais distingués de leurs concitoyens, ils seront les modèles animés de tout ce qui est bon, grand et généreux.

» Le rapporteur de la section de l'intérieur du Tribunat a fort équitablement remarqué que si le nom de guerrier était le seul qui fût prononcé dans l'art. 87 de la Constitution, c'est qu'elle fut faite par des hommes dont les regards étaient sans cesse fixés sur nos braves défenseurs, qui comptaient pour rien leurs veilles, en les comparant aux nuits passées sur la terre, exposés à toutes les intempéries de la saison ; qui comptaient pour rien les dangers de quelques journées auprès des dangers de tous les instans : ils crurent surtout qu'on ne pouvait trop récompenser ceux qu'ils ne pouvaient trop admirer. Ils oublièrent leurs services, et ne pensèrent qu'à ceux rendus par nos guerriers.

» Mais ces guerriers s'en ressouvinrent ; ils s'avouèrent que la victoire avait besoin d'être préparée par une sage administration. Appelés dans nos conseils, pouvant influer sur la rédaction de nos lois, ils s'empressèrent de réparer l'oubli de la modestie, et furent les premiers à proposer d'ouvrir les portes de la Légion d'Honneur à la magistrature. Les soldats s'informeront sans doute des droits des magistrats à cette distinction ; ils apprendront les dangers dont sont environnées les fonctions publiques dans certaines circonstances.

» Ils sauront que l'héroïsme n'est pas le patrimoine exclusif des camps ; qu'il se montre quelquefois rayonnant de gloire sur la place publique et dans le sein des assemblées délibérantes, et que le courage qui brave les clameurs séditieuses et les poignards des factieux, marche l'égal de celui qui ne redoute ni le fer ni le feu des ennemis. Nos soldats, de retour dans le sein de leur famille, pour y jouir des douceurs de la paix, rentrés dans la vie civile, apprendront à apprécier le prix des bonnes lois, et sauront qu'elles seules conservent un Etat conquis et préservé par leur valeur.

» Ils verront que l'administrateur éclairé éloigne la misère, multiplie les moyens de richesses, et mérite autant de la patrie que le général qui les a conduits aux combats. Ce lien de fraternité entre les hommes civils et militaires, se fortifiera chaque jour davantage. La Légion d'Honneur lui donnera cette consistance dont la liberté a besoin pour se soutenir.

» Demain, législateurs, des orateurs du Tribunat viendront dans cette auguste enceinte vous présenter le vœu d'adoption du traité d'Amiens. Ce traité vous rappellera l'étendue des obligations de la patrie envers nos guerriers. C'est alors que vous regretteriez de n'avoir point de récompense à leur décerner; hâtez-vous donc, citoyens législateurs, de convertir en loi le projet qui vous donne le seul moyen de leur en offrir, qui soit tout à la fois digne de la nation, de vous et d'eux. »

Discours de M. Dumas.

« Citoyens législateurs, les orateurs qui m'ont précédé ont développé tous les motifs de la loi qui vous est proposée, et déjà sans doute aucune des dispositions qu'il renferme n'a plus besoin d'être justifiée devant vous.

» Vous reconnaissez que la création de cette institution émane de nos lois fondamentales, et que bien loin de n'en être qu'une application forcée, elle en est le complément.

» Vous avez pu vous convaincre que l'organisation et la composition de la Légion d'Honneur, sagement combinées avec le caractère national, avec notre situation politique, ne deviennent point des principes de notre Gouvernement, et atteignent, sans l'outre-passer, le but qu'il s'est proposé.

» Mes collègues n'ont, ce me semble, négligé de mettre sous vos yeux aucun des résultats avantageux que nous devons nous promettre de ce grand établissement.

» L'éloquent orateur du Tribunat rappelant des objections spécieuses, les a réfutées par des argumens victorieux; il a détruit aussi d'avance les erreurs que l'ignorance et l'esprit de parti, tou-jours rebelle à la lumière, et d'autant plus ardent qu'il est plus comprimé, pourraient chercher à reproduire.

» Les vérités énoncées dans cette grande ques-tion d'ordre social ne sauraient être trop répandues; jamais les formes augustes de la discussion de nos lois, source d'instruction, véritable école de mo-rale publique, ne furent plus utilement employées.

» Et si ces vérités, solennellement exprimées, doivent être répétées par autant d'échos fidèles qu'il y a dans la République de cœurs vraiment français, ne vous étonnez pas, citoyens législa-teurs, si, dans une discussion qui nous semble épuisée, et que nous sentons être inépuisable, j'ai voulu glaner encore pour le trésor de l'opinion publique après une si riche moisson.

» Comme, dans une institution nouvelle et que le Gouvernement veut attacher aux racines de notre existence sociale, la dénomination qu'il a choisie, l'idée première et simple qui frappe d'abord tous les esprits, sont d'une grande importance, je crois devoir arrêter encore un instant votre attention sur le titre de *Légion d'Honneur*, consacré par la loi, et je ne crains pas de surabonder sur ce point capital.

» Cette dénomination neuve, heureuse, exacte, renferme toute la pensée de la loi, et, comme toutes les conceptions du génie, elle présente dans une seule expression, qu'aucune autre ne pourrait rem-placer, le germe de toutes les considérations mo-rales et politiques dont le législateur a dû se péné-trer; elle offre la réunion des rapports sous lesquels l'institution doit être considérée.

» Le terme de *Légion*, qui appartient à l'art militaire, et dont l'étymologie (du mot *legere*,

choisir) s'applique si bien ici, a été employé mal
à propos, par les modernes, pour désigner une
seule troupe composée de différentes armes : c'était
une imitation trop imparfaite de la formation et de
l'organisation des légions romaines.

» Les légions françaises sont proprement nos
divisions d'armées, qui ne sont formées par les
généraux en chef qu'au moment d'entrer en campagne, et n'existent pas dans l'état de paix ; cette
organisation est bien supérieure à celle des légions
romaines, en ce que les corps divers dont elles sont
formées ajoutent, par leur émulation, à la vigueur
de l'esprit de corps, et permettant les changemens,
la décomposition, la dissolution d'une division,
écartent les inconvéniens des corps trop nombreux
et multiplient les ressources.

» Voilà nos légions, si l'on veut attacher à cette
dénomination l'idée d'une force active. C'est cette
excellente organisation d'armée qui a si utilement
servi la cause de la liberté, développé tant de talens, et que le conquérant de l'Italie et de l'Egypte
a surtout perfectionnée, en l'appliquant, avec un
égal succès, à tous les genres de guerre, aux manières les plus diverses d'opérer, de marcher et de
combattre contre les peuples de l'Occident et de
l'Orient.

» Rien n'est donc plus ingénieux et plus sage
que d'avoir réservé, pour une institution à la fois
militaire et civile, une dénomination qui rappelle
de grands souvenirs, mais qui, ne pouvant se confondre avec celle d'aucune partie de notre force
publique, écarte toute supposition de corps organisé pour agir, toute autre idée que celle de hautes
récompenses individuelles, de hiérarchie, d'honneur et de distinction, qui sont nécessaires pour les
rendre plus stables et pour en rehausser le prix

et l'éclat. Je ne sais si dans d'autres temps, je ne sais si chez d'autres peuples ce titre n'eût pas été presque chimérique ; mais parmi nous, mais aujourd'hui, l'établissement de la *Légion d'Honneur*, c'est-à-dire l'union la plus intime des élus entre les plus grands citoyens, entre les plus braves, les meilleurs, les plus utiles, est un trait caractéristique de notre Gouvernement.

» Il appartenait à la main qui l'a si profondément tracé, de marquer de ce trait ineffaçable la glorieuse époque à laquelle nos descendans nous diront heureux d'avoir vécu.

« Il semble, a dit Montesquieu, que nous aug-
» mentons notre être lorsque nous pouvons le porter
» dans la mémoire des autres ; c'est une nouvelle
» vie que nous acquérons, et qui nous devient
» aussi précieuse que celle que nous avons reçue
» du ciel. »

» Eh bien ! c'est cette double existence, à laquelle aspirent toutes les ames généreuses, que le Gouvernement vous propose de consacrer plus spécialement à la patrie.

» La vertu seule n'est pas, pour le commun des hommes, une récompense suffisante de la vertu, et l'estime de nous-mêmes produit le sentiment du droit que nous avons à l'estime de nos concitoyens : c'est là le sentiment de l'honneur.

» Plus il y a de regards et plus on en veut attirer ; aussi c'est surtout dans les grands Etats qu'on est conduit par l'honneur, par le desir et l'espérance de l'estime générale.

» Il ne faut point y séparer, par un brillant sophisme, l'honneur, de la vertu publique, qui sont inséparables.

» Ces considérations doivent être, aux yeux de l'homme d'Etat, d'un tout autre poids que les scrupules de ceux dont les vaines théories sont enfin jugées, et dont le génie n'a pu enfanter que le malheur des nations.

» Le législateur doit donc s'emparer de ce ressort puissant, veiller sur ce trésor sacré, et pour l'accroître, pour le rendre inépuisable, il faut que le Gouvernement distribue des honneurs, qu'il puisse illustrer, et par là perpétuer le souvenir des grands exemples de vertu publique.

» Ainsi, cette institution, justifiant le titre que lui donne la loi, contiendra l'honneur national, achèvera de l'épurer en le dégageant de ce mélange de superstitions politiques qui, depuis les temps de la barbarie, avaient altéré le culte de cette divinité des Français.

» Vous le savez, citoyens législateurs, l'honneur fut aussi la divinité chérie des anciens Romains; elle fut représentée sur des médailles, sous la figure d'un homme tenant une pique de la main droite et de l'autre une branche d'olivier : certes, aucun Français ne méconnaîtra cet emblème.

» On n'a que trop souvent, par une aveugle et funeste admiration, consacré parmi nous de grandes erreurs politiques des Romains, et donné en exemple leurs plus grands crimes. Il faudrait ne chercher dans leur histoire si pleine, si féconde, que les plus utiles leçons.

» Je terminerai donc par un de ces rapprochemens applicables à nos mœurs et à la circonstance présente, les observations apologétiques sur le titre et l'esprit de la loi sur l'adoption de laquelle vous allez prononcer.

» Un illustre Romain, *Marcus Claudius Marcellus,* celui qu'on appela *l'épée de Rome,* celui qui, en assiégeant Syracuse, honora les sciences par sa généreuse sollicitude pour la conservation des jours d'Archimède, et qui pleura sa mort; enfin celui dont le vœu du peuple avait, par cinq consulats, prolongé le bienfait public de sa magistrature suprême, voulut élever un temple à l'Honneur et à la Vertu, et il ne pouvait l'être par de plus dignes mains. Les pontifes consultés, ayant répondu qu'un seul temple ne pouvait suffire à ces deux divinités, *Marcellus* fit bâtir deux temples, construits de manière qu'il fallait passer par celui de la Vertu pour arriver au temple de l'Honneur.

» Eh bien! notre *Marcellus*, notre Consul, dont le peuple vote en ce moment la perpétuelle magistrature; celui qui protégea les sciences et les arts au milieu des horreurs de la guerre; qui, sous les ailes de la victoire, les fit revivre en Egypte, dans leur premier berceau, d'où les Grecs et Archimède les avaient reçus; enfin notre *épée de France*, vous propose, pontifes de la loi, d'élever un double temple à l'Honneur et à la Vertu. »

Nota. Nous donnerons la suite de cet article dans un prochain numéro.

XXXIIe. ARTICLE.

Bulletin des Lois.

Le Bulletin n°. 237 contient :

1°. Sous le n°. 4396, un décret impérial, donné au camp impérial de Schonbrunn, le 17 mai 1809, portant création d'une garde municipale à Bordeaux ;

2°. Sous le n°. 4397, un décret impérial, donné au camp impérial d'Ebersdorf, le 28 mai 1809, qui autorise l'acceptation d'un legs fait par M. Perregaux aux pauvres de l'église réformée de Paris ;

3°. Sous le n°. 4398, un décret concernant l'imprimerie nationa'e, du 24 mars 1809;

4°. Sous le n°. 4399, un décret impérial du 24 mars 1809, qui autorise le Ministre de l'Intérieur à accepter l'offre que font diverses personnes qui veulent rester inconnues, de dénoncer certains immeubles dont le domaine national n'a pas de connaissance, à condition que ces immeubles seront accordés aux établissemens que les indicateurs désigneront;

5°. Sous le n°. 4400, un décret impérial, du 27 mars 1809, qui ordonne le payement d'une somme de 750 francs, pour pensions accordées à six veuves de militaires;

6°. Sous le n°. 4401, un décret impérial qui autorise l'acceptation d'un legs de 1500 francs, fait par la demoiselle DOSTREL, à l'hospice de Saint-Pol, département du Pas-de-Calais;

7°. Sous le n°. 4402, un décret impérial qui autorise l'acceptation d'un legs de 400 francs, fait par la demoiselle DE FERET au bureau de bienfaisance de Reims, département de la Marne, et de deux mille livres de pain, fait aux pauvres de sa paroisse;

8°. Sous le n°. 4403, un décret impérial qui ordonne le payement d'une somme de 2011 francs, pour pensions accordées à neuf veuves de militaires;

9°. Sous le n°. 4404, un décret impérial qui autorise la dame MENARD, veuve du sieur Duclaux, à continuer l'exploitation de la verrerie de verre vert établie dans sa propriété au pont dit de Barrière, commune de Saint-Jean-de-Valeriscle, département du Gard;

10°. Sous le n°. 4405, un décret impérial qui autorise l'acceptation d'un capital de 3300 francs, légué par le sieur ESPARRON aux pauvres de la paroisse de la Dalbade de Toulouse, département de la Haute-Garonne ;

11°. Sous le n°. 4406, un décret impérial qui autorise l'acceptation, 1°. d'une maison et d'un jardin produisant ensemble 39 francs de revenu net, offerts en donation par la dame BODEM, veuve du sieur Goris, à l'hospice Sainte-Hélène de Malmedy, département de l'Ourte ; 2°. de trois legs faits par la dame DENIS, veuve du sieur Deblon, le premier, de trois pièces de terre évaluées 50 fr. de revenu, au même hospice Sainte-Hélène ; le deuxième, d'un capital de 960 francs, à l'hospice Saint-Nicolas, et le troisième, de deux marais évalués 70 francs de revenu, au bureau de bienfaisance de la même ville ;

12°. Sous le n°. 4407, un décret impérial qui autorise l'acceptation de deux rentes annuelles et perpétuelles de 200 francs chacune, offertes en donation par le sieur VIVÉ à l'hospice de Dax, département des Landes ;

13°. Sous le n°. 4408, un décret impérial qui autorise l'acceptation d'une rente annuelle et perpétuelle de 197 fr. 53 cent. (200 liv. tournois), offerte en donation par le sieur DUFFAU à l'hospice de Damazan, département de Lot et Garonne ;

14°. Sous le n°. 4409, un décret impérial qui autorise le Ministre de l'Intérieur à accepter l'offre faite par la dame veuve SANS, au nom d'une personne qui veut rester inconnue, de dénoncer, au profit de tel hospice de Paris qu'il plaira au Gouvernement de désigner, divers immeubles, valant ensemble 80,000 francs, qui seront versés dans l'hospice impérial des Quinze-Vingts ;

15°. Sous le n°. 4410, un décret impérial qui

autorise l'acceptation d'un legs de 300 francs, fait par le sieur CHARANSOL à l'hospice de Richerenche, département de Vaucluse;

16°. Sous le n°. 4411, un décret impérial qui autorise l'acceptation d'un legs de 1975 fr. 30 cent. (2000 liv. tournois), fait par le sieur CARBONNEL à l'hospice de Prades, département des Pyrénées-Orientales;

17°. Sous le n°. 4412, un décret impérial qui autorise l'acceptation d'un legs de 14 hectares 67 ares 37 centiares de terres labourables, fait par le sieur WATELLET au bureau de bienfaisance de Gournay, département de l'Oise;

18°. Sous le n°. 4413, un décret impérial qui autorise l'acceptation d'un legs de 1000 francs, fait par le sieur CAVALLI à la fabrique et aux pauvres de Frasinetto, département de Marengo;

19°. Sous le n°. 4414, un décret impérial qui autorise l'acceptation de l'institution faite par le sieur MOLLO en faveur des hospices de Ceva, département de Montenotte;

20°. Sous le n°. 4415, un décret impérial qui autorise l'acceptation d'une donation faite par la dame PELISSIER, veuve du sieur Chastan, d'une somme de 3000 francs à l'hospice des malades de Bollène, département de Vaucluse, et de deux pièces de terre à l'hospice de la Charité de la même ville;

21°. Sous le n°. 4416, un décret impérial qui autorise l'acceptation, 1°. de l'offre faite par le sieur DELVAUX, de découvrir, au profit des pauvres d'Hognoul, département de l'Ourte, une rente de 715 litres 534 millilitres d'épeautre; 2°. de l'offre faite par le sieur RENAERS, de découvrir, au profit des pauvres de Glons, même département, un bien produisant 54 francs de revenu, le tout.celé à la régie du domaine ;

22°. Sous le n°. 4417, un décret impérial qui autorise l'acceptation d'un legs de 1000 francs, fait par le sieur MARAN aux pauvres de la paroisse Saint-Etienne de Toulouse, département de la Haute-Garonne ;

23°. Sous le n°. 4418, un décret impérial qui autorise l'acceptation d'un legs de 2000 livres, fait par le sieur DE GASTON à l'hôpital de Rhodès, département de l'Aveyron;

24°. Sous le n°. 4419, un décret impérial qui autorise l'acceptation de quatre maisons sises à Ensival, offertes en donation par la dame DEBA-TITE, veuve du sieur Nokin, aux hospices de Verviers, département de l'Ourte;

25°. Sous le n°. 4420, un décret impérial qui autorise l'acceptation d'une rente de 90 francs, léguée par le sieur FROISSARD à l'hôpital général de Donai, département du Nord ;

26°. Sous le n°. 4421, un décret impérial qui autorise l'acceptation du legs fait par le sieur GUASCO aux hospices et aux pauvres de Novi, département de Gênes, des deux tiers de ce qui resterait disponible de ses biens après le payement de divers legs particuliers ;

27°. Sous le n°. 4422, un décret impérial qui change le jour de la tenue des foires d'Avrillé et de Moutiers-les-Maufaits, arrondissement des Sables, département de la Vendée ;

28°. Sous le n°. 4423, un décret impérial portant, 1°. que les bâtimens des anciens Dominicains de Savône sont mis à la disposition du département de Montenotte, pour y placer les autorités judiciaires de cette ville, à la charge d'en payer le loyer annuel d'après l'estimation contradictoire qui en sera faite par experts; 2°. que le département de Monte-notte aura la faculté de faire l'acquisition de ces bâtimens, lorsque l'état de ses finances le lui permettra;

29°. Sous le n°. 4424, un décret impérial qui ordonne le payement d'une somme de 500 francs, pour pensions accordées à quatre veuves de militaires;

30°. Sous le n°. 4425, un décret impérial qui ordonne le payement d'une somme de 872 francs, pour pensions accordées à quatre veuves de militaires;

31°. Sous le n°. 4426, un décret impérial qui autorise l'acceptation de l'offre faite par le maire de Foret, département de l'Ourte, de découvrir, au nom de plusieurs personnes qui veulent rester inconnues, et au profit des pauvres de cette commune, deux rentes en argent, s'élevant ensemble à 56 francs 46 centimes, et une autre rente de 75 litres d'avoine, le tout celé à la régie du domaine;

32°. Sous le n°. 4427, un décret impérial qui autorise l'acceptation de l'offre faite par un anonyme, de découvrir, au profit des pauvres de Louvain, département de la Dyle, quatre emphytéoses, du produit annuel de 56 fr. 20 cent., sous la condition de la remise des arrérages échus;

33°. Sous le n°. 4428, un décret impérial qui autorise l'acceptation de l'offre faite par un anonyme, de découvrir, au profit des pauvres d'Albi, département du Tarn, trois rentes celées à la régie du domaine, et produisant ensemble environ deux hectolitres de blé et une géline;

34°. Sous le n°. 4429, un décret impérial qui autorise l'acceptation d'une pièce de pré estimée 450 francs, léguée par la demoiselle PIGOULIER aux pauvres de Saint-Jean-de Vedas, département de l'Hérault ;

3.°. Et enfin, sous le n°. 4395, l'acte du Sénat Conservateur dont la teneur suit :

Acte du Sénat Conservateur, qui nomme les Membres du Corps Législatif pour les départemens formant la troisième série, des 1er. et 2 mai 1809.

Le Sénat Conservateur, réuni au nombre de membres prescrit par l'art. 9 de l'acte des Constitutions du 22 frimaire an 8 ;

Vu les listes de candidats au Corps Législatif, formées sur les procès-verbaux des colléges électoraux de département et d'arrondissement des départemens des Alpes-Maritimes, de l'Ardèche, de l'Arrége, des Bouches-du-Rhone, de la Charente-Inférieure, des Cotes-du-Nord, de la Doire, de l'Isère, de Jemmapes, du Jura, du Loiret, de Lot et Garonne, de la Marne, de la Mayenne, de la Meuse, du Mont-Blanc, des Deux-Nèthes, de la Nievre, de l'Oise, de l'Ourte, du Pas-de-Calais, de la Sesia et de la Vienne (3e. *série*) ; lesdites listes adressées au Sénat par message de Sa Majesté l'Empereur et Roi, du 13 avril dernier ;

Après avoir entendu, sur ces listes, le rapport de sa commission spéciale ;

Procede, en exécution de l'art. 20 de l'acte des Constitutions du 22 frimaire an 8, et conformément à l'art. 73 de celui du 16 thermidor an 10, à la nomination des membres du Corps Législatif à élire parmi les candidats présentés en l'an 1808, pour chacun desdits départemens, d'après les proportions déterminées, savoir, pour les départemens de la Doire et de la Sesia, par le sénatus-consulte organique du 24 fructidor an 10, et pour les autres départemens, par l'arrête du Sénat, du 14 du même mois.

Le résultat successif des scrutins donne la majorité absolue des suffrages, dans l'ordre des élections conforme à celui du tableau de la troisième série, aux candidats ci-après désignés :

Alpes-Maritimes. — Galli (Honoré-Vincent), membre sortant du Corps Législatif.

Ardèche. — Rivard Saint-Martin (François-Jérôme), juge au tribunal de première Instance du département de la Seine ;

Fresenel (Claude-André), avocat au Conseil d'Etat.

Arriége. — Boyer (Saturnin-Marc), juge à la Cour de Justice criminelle de l'Arriége;

Calvet-Madaillan (Joseph-Thibault), membre du conseil général du département;

Bouches-du-Rhône. — Fauris de Saint-Vincent (Alexandre-Jules-Antoine), maire de la ville d'Aix;

Sovaire (Pierre-Dominique-François-Xavier), propriétaire, domicilié à Marseille;

Emeric-David (Toussaint-Bernard), avocat, domicilié à Aix.

Charente-Inférieure. — Demissy (Samuel-Pierre-David-Joseph), membre sortant du Corps Législatif;

Desgraves (Georges), propriétaire, domicilié à Saint-Pierre-d'Oleron;

Admyrauld (Jean-Louis), maire de la commune de la Laigne;

Rattier (Pierre-Léger), membre sortant du Corps Législatif.

Côtes-du-Nord. — Beslay (Charles-Hélène-Bernard), membre sortant du Corps Législatif;

Couppé (Gabriel-Hyacinthe), membre sortant du Corps Législatif;

Vistorte (Antoine-Marie-Noël-Julien), président du Tribunal de première Instance, à Guingamp;

Gourlay (Joseph-Marie), président de la Cour de Justice criminelle du département des Côtes-du-Nord.

Doire. — Botta (Charles-Joseph-Guillaume), membre sortant du Corps Législatif;

Somis (Jean-Baptiste-Alexandre-Marie), juge à la Cour d'Appel de Turin.

Isère. — Villars (Jean-Joseph), président du Tribunal de première Instance, à Vienne;

Pascal (Charles), membre sortant du Corps Législatif;

Fleury (Jean-Baptiste-Madeleine), président du collége électoral de l'arrondissement de Vienne;

Maurel (Jacques-Jean-Raymond), conseiller de préfecture, domicilié à Grenoble.

Jemmapes. — Gendebien (Jean-François), membre sortant du Corps Législatif;

Lahure (Louis-Joseph), membre sortant du Corps Législatif;

Riquet de Caraman (Maurice-Gabriel-Joseph), membre du conseil général du département;

Goblet (François-Magloire-Joseph), membre sortant du Corps Législatif.

Jura. — Janod (Jean-Joseph-Joachim), juge au Tribunal de première Instance du département de la Seine;

Bouvier (Claude-Pierre), maire de la ville de Dôle.

Loiret. — Delahaye (Claude-Augustin), membre sortant du Corps Législatif;

Bouché (Gratien), l'un des inspecteurs-généraux des ponts et chaussées;

Souque (François-Joseph), secrétaire-général de la préfecture.

Lot et Garonne. — Godailh (Jean-Gaspard-Julien), membre sortant du Corps Législatif;

Bourran (Joseph), membre sortant du Corps Législatif;

Dudevant (Jean-François), maire de la commune de Pompiey.

Marne. — Robin de Coulogne (Charles-Jacques-Desiré), propriétaire, domicilié à Moussy;

Tromson-Lecomte (Jacques-Quentin), maire de la ville de Reims;

Barbier (Joseph), adjoint au maire de Vitry.

Mayenne. — Boudet (Etienne), maire de la ville de Laval;

Maupetit, père (Michel-René), secrétaire-général de la préfecture;

Le Motheux Daudier (Laurent-François-Nicolas), magistrat de sûreté, à Château-Gonthier.

Meuse. — Desaux (Joseph), conseiller de préfecture, domicilié à Bar-sur-Ornain;

Paillet (Jean-Joseph), avocat, domicilié à Verdun.

Mont-Blanc. — Chevillard (Joseph-Louis-Victor), colonel pensionné;

Ruphy (François-Louis), maire de la commune d'Annecy;

Durandard (Jean-Marie), président du Tribunal de première Instance, à Montiers.

Deux-Nèthes. — Peppen (Jean-François), membre sortant du Corps Législatif;

Lepaige (Marc-Antoine-Fortuné), juge de paix, à Anvers;

Vancutsem (Guillaume), président de la Cour de Justice criminelle.

Nièvre. — Toulongeon (François-Emmanuel), membre sortant du Corps Législatif;

Adet (Pierre-Auguste), ex-tribun.

(139)

Oise. — La Rochefoucauld (François), maire de la commune de Liancourt ;

Girardin (Alexandre-François-Louis) , membre sortant du Corps Législatif ;

Lemaire-d'Arion (Antoine) , membre sortant du Corps Législatif.

Ourte. — Digneffe (Nicolas) , conseiller de préfecture ;

Bassenge (Jean-Thomas-Lambert) , membre sortant du Corps Législatif ;

Chestret (Jean-Remy) , membre sortant du Corps Législatif.

Pas-de-Calais. — Noizet de Saint-Paul (Jean-François-Gaspard) , colonel au corps impérial du génie ;

Bruneau-de-Beaumez (Albert-Marie-Auguste) , membre sortant du Corps Législatif ;

Francoville (Charles-Bruno) , membre sortant du Corps Législatif ;

Blanquart-Bailleul (Henri-Joseph) , membre sortant du Corps Législatif.

Sesia. — Bavouz (Pierre) , membre sortant du Corps Législatif ;

Degregori (Gaspard-Antoine-Jean-Tiburce) , procureur impérial près le Tribunal de première Instance , à Asti.

Vienne. — Faulcon (Marie-Félix) , ex-constituant ;

De Trion de Montalembert (Louis-François-Joseph-Bonaventure) , propriétaire , domicilié à Brux.

Les candidats élus sont, à mesure des élections, proclamés, par le prince vice-grand-électeur, président, membres du Corps Législatif, pour les départemens de la 3e. série, auxquels ils appartiennent.

Le Sénat arrête qu'il sera fait un message à Sa Majesté l'Empereur et Roi, pour lui donner connaissance de ces nominations, lesquelles seront pareillement notifiées au Corps Législatif lors de sa prochaine session.

Les président et secrétaires, *signé* CHARLES-MAURICE , *président ;* le général BEURNONVILLE , SEMONVILLE , *secrétaires.*

Vu et scellé, le Chancelier du Sénat, *signé* comte LAPLACE.

Certifié conforme ,

Le Ministre Secrétaire d'Etat, *signé* H. B. MARET.

Le Bulletin n°. 238 contient :

1°. Sous le n°. 4437, les lettres de création du dépôt de mendicité du département de Gênes, données au camp impérial d'Ebersdorf, le 4 juin 1809;

2°. Sous le n°. 4438, les lettres de création d'un semblable dépôt pour le département de la Haute-Marne, données au camp impérial de Schonbrunn, le 11 juin 1809;

3°. Sous le n°. 4439, un décret impérial portant que les diocèses des départemens de l'Arno, de la Méditerranée et de l'Ombrone, font partie de l'église gallicane; que le concordat du 26 messidor an 9 y sera publié, et que le décret du 7 mars 1806, concernant le régime des diocèses des métropoles de Turin et de Gênes, sera exécuté dans les diocèses de ces départemens. Donné au camp impérial de Schonbrunn, le 11 juin 1809.

4°. Sous le n°. 4441, un décret impérial, donné au même lieu le 18 juin 1809, qui autorise l'acceptation d'un legs fait à la diaconie réformée de Paris;

5°. Sous le n°. 4443, les lettres de création du dépôt de mendicité du département des Deux-Nèthes. Donné au camp impérial de Schonbrunn, le 18 juin 1809;

6°. Sous les n°s. 4445 et 4446, deux décrets impériaux, donnés à Ens, le 4 mai 1809, relatifs à des legs en faveur des établissemens de bienfaisance;

7°. Sous les n°s. 4431, 4432 et 4444, des décrets impériaux relatifs aux majorats. (Nous les donnerons dans une prochaine *Conférence* sur les majorats.)

Ce même Bulletin contient en outre les articles suivans :

(N°. 4430.) *Extrait des Minutes de la Secrétairerie d'Etat.*

Au camp impérial d'Ebersdorf, le 7 juin 1809.

Avis du Conseil d'Etat sur l'Exemption de l'Impôt du Sel en faveur des Fabriques de Soude. (Séance du 9 mai 1809.)

Le Conseil d'Etat, qui, d'après le renvoi ordonné par Sa Majesté, a entendu le rapport de la section des finances sur celui du Ministre de ce département, tendant à faire statuer sur la question de savoir s'il convient d'affranchir de l'impôt du sel celui employé à la fabrication des produits chimiques, tels que la soude, l'ammoniac, les blanchimens, les verreries et poteries, et les objets concernant le métier d'hongroyeur et de tanneur ;

Vu le rapport fait sur le même objet par le Ministre de l'Intérieur, ensemble les observations et l'avis du directeur général de l'administration des douanes ;

Considérant que la fabrication de la soude en France affranchit l'Empire d'un tribut considérable payé à l'étranger ;

Qu'elle favorise un grand nombre de fabriques d'espèces différentes, et les met à même de lutter, dans les marchés étrangers, contre les produits de nos rivaux ;

Qu'on peut empêcher que la fraude ne soit faite sur les sels employés dans ces fabriques, et que, quand il y aurait quelque risque à cet égard, les avantages immenses qu'on obtiendra ne permettraient pas de les arrêter par cette considération ;

Est d'avis qu'il y a lieu d'exempter les fabriques de soude de l'impôt du sel, à la charge,

1°. Que toutes les fabriques qui voudront jouir de l'exemption, feront leur déclaration de leur établissement et du lieu où il sera ;

2°. Qu'elles fabriqueront une quantité de soude qui sera déclarée par elles et approuvée par le Gouvernement ;

3°. Qu'elles souffriront l'exercice des douanes sur les sels qu'elles emploieront, et qu'elles payeront la dépense que coûtera cet exercice, selon le mode qui sera réglé ;

4°. Que le présent avis doit être inséré au Bulletin des Lois.

Pour extrait conforme, le Secrétaire-Général du Conseil d'État, *signé* J. G. LOCRÉ.

Approuvé, en notre camp impérial d'Ebersdorf, le 4 juin 1809.

Signé NAPOLÉON.

Par l'Empereur, le Ministre Secrét. d'État, *signé* H. B. MARET.

(N°. 4433.) *Décret impérial concernant l'affranchissement des Lettres et Paquets pour le royaume de Hollande.*

Au camp impérial d'Ebersdorf, le 4 juin 1809.

NAPOLÉON, Empereur des Français, Roi d'Italie, et Protecteur de la Confédération du Rhin,

Sur le rapport de notre Ministre des Finances;

Vu les art. 98, 99 et 118 de la loi du 8 juillet 1759; les 16ᵉ. et 20ᵉ. de celle du 22 août 1791; le 2ᵉ. de celle du 4 thermidor an 4; le 9ᵉ. de celle du 27 frimaire an 8; le 4ᵉ. de celle du 14 floréal an 10, et l'art. 20 du tit. 5 de celle du 24 avril 1806;

Vu aussi le traité conclu par l'office général des postes de l'Empire avec l'office général des postes du royaume de Hollande, le 8 octobre 1808;

Nous avons décrété et décrétons ce qui suit :

ART. 1ᵉʳ. Il sera désormais libre au public d'affranchir ou de ne point affranchir, jusqu'à destination, les lettres et paquets, ainsi que les échantillons de marchandises, pour les villes et lieux de tous les départemens du royaume de Hollande.

2. Néanmoins l'affranchissement sera obligatoire jusqu'à destination, pour les lettres et paquets chargés ou recommandés; le port en devra être perçu d'avance au double des prix d'affranchissement des lettres et paquets dont il est question dans l'art. 1ᵉʳ. : mais il n'en sera point reçu avec déclaration de valeurs soit en effets, soit en espèces monnayées, soit en matières d'or ou d'argent, soit en tous autres objets sujets aux droits des douanes des Gouvernemens français et hollandais.

3. L'affranchissement des gazettes et journaux, ainsi que des catalogues et prospectus, sera pareillement obligatoire jusqu'à destination dans le royaume de Hollande.

Il sera de même obligatoire pour tous autres ouvrages de librairie; mais il ne devra être perçu que jusqu'à chaque bureau d'échange de la frontière française, au prix fixé pour les imprimés distribuables dans l'intérieur de l'Empire.

4. L'affranchissement libre des lettres et paquets de tous les départemens de l'Empire français pour tous ceux du royaume de Hollande, sera perçu selon les prix moyens composés des taxes fixées par les lois des 27 frimaire an 8, 14 floréal an 10, et 24 avril 1806, pour chaque lettre d'un poids au-dessous de six grammes, depuis le lieu de départ jusqu'aux quatre points d'échange de la frontière française; et selon les prix moyens formés des taxes déterminées par le tarif des postes du royaume de Hollande, en date du 18 mai 1807, pour chaque lettre simple, depuis les quatre bureaux d'échange de ce royaume jusqu'à destination, conversion faite des *sous courans* de Hollande en décimes : le tout, conformément aux deux tableaux ci-joints de chacune des deux espèces de taxes qui seront réunies en une seule, pour en faciliter la perception ;

Et proportionnellement, pour les lettres et paquets pesant six grammes et au-dessus, à raison de leur poids, selon les progressions établies par les lois des 14 floréal an 10 et 24 avril 1806, pour la perception des deux tarifs réunis.

5. L'affranchissement libre des échantillons de marchandises, pourvu que les paquets soient présentés sous bandes ou d'une manière indicative de leur contenu, ne sera perçu qu'en tiers du prix des taxes moyennes des deux tableaux mentionnés en l'art. 4 du présent décret : cependant le port n'en sera jamais moindre que celui d'une lettre que l'un et l'autre office considèrent comme non pesante, ou comme simple.

6. L'affranchissement obligatoire des gazettes et des journaux, jusqu'à destination dans le royaume de Hollande, sera perçu d'avance à raison de huit centimes ; celui des catalogues ainsi que des prospectus, à raison de dix centimes ; le tout par feuille d'impression, et proportionnellement pour chaque demi-feuille et quart de feuille.

Quant à tous autres ouvrages de librairie, l'affranchissement obligatoire n'en devra être perçu que jusqu'à chacun des quatre bureaux d'échange de la frontière française, à raison de cinq centimes par feuille d'impression, comme pour l'intérieur de l'Empire.

7. Les lettres et paquets, les échantillons de marchandises, les gazettes et journaux, les catalogues et les prospectus, affranchis dans tous les départemens du royaume de Hollande jusqu'à destination dans ceux de l'Empire français;

et timbrés **P. P.** ou *port payé*, seront remis exempts de toute autre taxe.

Mais tous ouvrages de librairie, autres que les gazettes et journaux, les catalogues et les prospectus, qui ne doivent être affranchis dans le royaume de Hollande, pour l'Empire français, que jusqu'à chaque bureau d'échange de la frontière hollandaise, seront taxés comme lettres et paquets provenant de l'un des bureaux d'échange français jusqu'à celui de leur destination, selon les progressions de taxe et de poids réglées par les lois des 27 frimaire an 8, 14 floréal an 10, et 24 avril 1806.

8. Les lettres d'un poids au-dessous de six grammes, venant, non affranchies, du royaume de Hollande pour les bureaux de postes françaises à *Anvers*, *Flessingue*, *Hammont* et *Clèves*, seront taxées, savoir :

Celles timbrées C. H. 1. R. à raison de quatre décimes;

Celles timbrées C. H. 2. R. cinq décimes;

Celles timbrées C. H. 3. R., ainsi que celles venant des colonies et Etats d'outre-mer, l'Angleterre exceptée, à raison de sept décimes.

Les lettres et paquets du poids de six grammes et au-dessus, seront taxés proportionnellement, d'après ces prix, selon les progressions de taxe et de poids réglées par les lois des 27 frimaire an 8, 14 floréal an 10 et 24 avril 1806.

9. Les lettres d'un poids au-dessous de six grammes, venant des villes et lieux de tous les départemens du royaume de Hollande, quel que puisse être celui des trois timbres ci-dessus dont elles seraient frappées, pour Paris et pour tous autres lieux du département de la Seine, seront taxées à raison de douze décimes; et les lettres et paquets du poids de six grammes et au-dessus, à proportion de ces prix, selon les progressions de taxe et de poids réglées par les lois des 27 frimaire an 8, 14 floréal an 10 et 24 avril 1806.

10. Les lettres et paquets réexpédiés des bureaux d'*Anvers*, de *Flessingue*, d'*Hammont* et de *Clèves*, pour toute autre destination que celle de Paris et des villes et lieux du département de la Seine, seront taxés du port fixé par l'article 8, selon le bureau de leur entrée en France; plus, de celui dû depuis ces bureaux jusqu'au lieu de leur destination.

11. Les échantillons de marchandises venant des villes et lieux du royaume de Hollande, pourvu qu'ils soient mis sous bandes ou d'une manière indicative de leur contenu, seront taxés au tiers des prix ci-dessus fixés pour les lettres et paquets :

cependant le port n'en sera jamais inférieur à celui d'une lettre du poids au-dessous de six grammes.

12. Notre Ministre des Finances est chargé de l'exécution du présent décret, qui sera inséré au Bulletin des Lois.

Signé NAPOLÉON.

Par l'Empereur, le Ministre Secrét. d'Etat, *signé* H. B. MARET.

(N°. 4434.) *Décret impérial qui accorde un Délai pour le Payement du Cautionnement des Notaires, Greffiers, Avoués et Huissiers des trois Départemens de la Toscane.*

Au camp impérial d'Ebersdorf, le 4 juin 1809.

NAPOLÉON, Empereur des Français, Roi d'Italie, et Protecteur de la Confédération du Rhin ;

Sur le rapport de notre Ministre des Finances ;

Notre Conseil d'Etat entendu ,

Nous avons décrété et décrétons ce qui suit :

ART. 1er. Il est accordé aux notaires, greffiers, avoués et huissiers des Cours, Tribunaux et Justices de paix des trois départemens de la Toscane, un délai de dix-huit mois pour le payement de leur cautionnement, à compter du 1er. janvier 1809.

2. Tous ces cautionnemens seront payés en numéraire et par quart, savoir : le premier quart, le 30 juin 1809, le deuxième, le 31 décembre suivant ; le troisième, le 31 mars 1810, et le quatrième, le 30 juin de la même année.

3. Le montant de ces cautionnemens sera versé au trésor public, qui en fera la restitution à la caisse d'amortissement, conformément aux lois des 7 et 27 ventose an 8.

4. Les arrêtés de la Junte de Toscane , des 19 décembre 1808 et 23 janvier 1809, relatifs à ces cautionnemens , seront exécutés en tout ce qui n'est pas contraire au présent décret.

5. Notre Grand-Juge Ministre de la Justice, et nos Ministres des Finances et du Trésor public, sont chargés, chacun en ce qui le concerne, de l'exécution du présent décret.

Signé NAPOLÉON.

Par l'Empereur, le Ministre Secrét. d'Etat, *signé* H. B. MARET.

(N°. 4435.) *Décret impérial concernant le Payement des Pensions accordées sur les Revenus des Communes.*

Au camp impérial d'Ebersdorf, le 4 juin 1809.

NAPOLÉON, Empereur des Français, Roi d'Italie, et Protecteur de la Confédération du Rhin;

Sur le rapport de notre Ministre de l'Intérieur;

Notre Conseil d'Etat entendu,

Nous avons décrété et décrétons ce qui suit:

ART. 1er. Aucunes pensions ne seront ordonnancées par les maires, payées par les receveurs municipaux, ni allouées par notre Cour des Comptes ou nos préfets, dans les comptes des communes, si la pension n'a été accordée par un décret rendu en notre Conseil d'Etat, sur l'avis du conseil municipal, la proposition du préfet, et le rapport de notre Ministre de l'Intérieur, et s'il n'en est justifié par les parties prenantes, lors du payement, et par le receveur, lors de la reddition du compte.

2. Notre Grand-Juge Ministre de la Justice et notre Ministre de l'Intérieur, sont chargés de l'exécution du présent décret, qui sera inséré au Bulletin des Lois.

Signé NAPOLÉON.

Par l'Empereur, le Ministre Secrét. d'Etat, *signé* H. B. MARET.

(N°. 4436.) *Extrait des Minutes de la Secrétairerie d'Etat.*

Au camp impérial d'Ebersdorf, le 4 juin 1809.

Avis du Conseil d'Etat sur un Echange proposé pour avoir le droit de faire construire une Tribune particuliere dans le chœur d'une église. (Séance du 16 mai 1809.)

Le Conseil d'Etat, qui, d'après le renvoi ordonné par Sa Majesté, a entendu le rapport de la section de l'intérieur sur celui du Ministre de ce département, tendant à faire autoriser le maire de la Ferriere-sur-Rille, département de l'Eure, à consentir, au profit du sieur *Pierre Agis*, l'aliénation d'une partie du chœur de l'église de ladite commune, où ce particulier se propose d'établir, à ses frais, une tribune et un escalier pour y monter, et à recevoir en échange un

terrain clos pour l'établissement d'un cimetière, et l'engagement, de la part du sieur *Agis*, de concourir annuellement
pour un millier de tuiles, évalué quinze francs, à l'entretien
de la toiture de l'église;

Considérant que les aliénations à perpétuité d'une portion
d'église tendent à démembrer successivement une propriété
dont la destination rend la jouissance en commun nécessaire;

Que le résultat de ces morcellemens serait, à la longue,
de priver une partie des fidèles d'une place dans l'église;

Que, d'ailleurs, le droit exclusif de jouir d'une tribune
dans l'église, se rattache à des idées de prééminence, et que
la loi du 18 germinal an 10, article 47, a accordé aux seuls
fonctionnaires civils ou militaires, le droit d'avoir dans l'église
une place distinguée;

Est d'avis que l'échange proposé ne peut être approuvé, et
que le présent avis soit inséré au Bulletin des Lois.

Pour extrait conforme, le Secrétaire-Général du Conseil
d'Etat, *signé* J. G. LOCRÉ.

Approuvé, en notre camp impérial d'Ebersdorf, le 4 juin
1809.

Signé NAPOLÉON.

Par l'Empereur, le Ministre Secrét. d'Etat, *signé* H. B. MARET.

(N°. 4440.) *Extrait des Minutes de la Secrétairerie
d'Etat.*

Au camp impérial de Schonbrunn, le 18 juin 1809.

*Avis du Conseil d'Etat en interprétation de l'art. 696 du Code
de Procédure. (Séance du 30 mai 1809.)*

Le Conseil d'Etat, qui, d'après le renvoi ordonné par
Sa Majesté, a entendu le rapport de la section de législation
sur celui du Grand–Juge Ministre de la Justice, ayant pour
objet de faire décider si la notification d'une saisie aux créanciers inscrits, notification prescrite par les art. 695 et 696 du
Code de Procédure, doit être nécessairement enregistrée en
marge de la saisie immobilière, ou s'il suffit au contraire que
mention d'un enregistrement de ladite notification sur un registre particulier, soit faite en marge de ladite saisie;

Vu les articles 681, 695 et 696 du Code de Procédure,
ainsi conçus:

ART. 681. « La saisie immobilière, enregistrée comme il
» est dit aux articles 677 et 680, sera dénoncée au saisi, dans

» la quinzaine du jour du dernier enregistrement, outre un
» jour par trois myriamètres de distance entre le domicile du
» saisi et la situation des biens ; elle contiendra la date de la
» première publication. L'original de cette dénonciation sera
» visé, dans les vingt-quatre heures, par le maire du domi-
» cile du saisi, et enregistré dans la huitaine, outre un jour
» pour trois myriamètres, au bureau de la conservation des
» hypothèques de la situation des biens ; et mention en sera
» faite en marge de l'enregistrement de la saisie réelle.

Art. 695. » Un exemplaire du placard imprimé prescrit
» par l'art. 684, sera notifié aux créanciers inscrits, aux do-
» miciles élus par leurs inscriptions, huit jours au moins
» avant la première publication de l'enchère, outre un jour
» pour trois myriamètres de distance entre la commune du
» bureau de la conservation et celle où se fait la vente.

Art. 696. » La notification prescrite par l'article précédent
» sera enregistrée en marge de la saisie, au bureau de la
» conservation : du jour de cet enregistrement, la saisie ne
» pourra plus être rayée que du consentement des créanciers
» ou en vertu de jugemens rendus contre eux. »

Vu les instructions données par la régie de l'enregistrement
aux conservateurs des hypothèques, leur prescrivant de tenir
deux registres séparés, dont l'un est destiné à recevoir l'enregistrement des saisies immobilières, avec mention, en marge,
de l'enregistrement fait sur l'autre registre des notifications
de la saisie aux créanciers inscrits ;

Considérant que, d'après les dispositions des articles précités, les saisies immobilières, les dénonciations de ces saisies
aux personnes sur qui elles sont faites, et les notifications aux
créanciers inscrits doivent être publiques et par conséquent
enregistrées ; qu'il a paru convenable et utile qu'un même
registre offrit la certitude de tous ces enregistremens, mais
qu'il n'était pas nécessaire, pour obtenir cet avantage, de
forcer l'enregistrement de la saisie, des dénonciations et des
notifications, sur un registre unique ; qu'il suffit que mention
soit faite en marge de l'enregistrement de la saisie, des enregistremens qui auront été faits sur d'autres registres, des
dénonciations et des notifications ; que l'art. 681 dit expressément, non pas que les enregistremens des dénonciations à la
partie saisie seront faits sur le même registre que les enregistremens des saisies, mais que mention des enregistremens de
ces dénonciations *sera faite en marge de l'enregistrement
de la saisie réelle ;* qu'il est sensible que l'article suivant,
en parlant de l'enregistrement des notifications aux créanciers,

en marge de la saisie, n'a pas voulu faire une obligation expresse d'enregistrer ces notifications sur le même registre et en marge des saisies réelles, mais qu'il a voulu seulement que mention de l'enregistrement des notifications aux créanciers inscrits fût faite, comme pour les dénonciations à la partie, en marge de l'enregistrement de la saisie; qu'il pourrait même y avoir quelquefois de l'inconvénient à enregistrer les notifications sur le même registre et en marge des saisies, parce que ces notifications pouvant être très-nombreuses, la marge de la saisie pourrait n'être pas toujours suffisante pour recevoir l'enregistrement entier de toutes les notifications; ce qui obligerait à intercaler des feuilles dans le registre, et ce qui pourrait entraîner quelques abus;

Considérant enfin que l'objet et le vœu de la loi sont parfaitement remplis par les mentions faites, en marge de la saisie, de l'enregistrement des dénonciations et notifications, avec indication de la page et du numéro du registre où elles sont enregistrées;

Est d'avis que, pour l'entière exécution de l'art. 696 du Code de Procédure, il suffit qu'en marge de l'enregistrement des saisies, mention soit faite de l'enregistrement qui aura été fait des dénonciations et notifications sur un autre registre, avec indication de la page et du numéro de chaque enregistrement.

Pour extrait conforme, le Secrétaire-Général du Conseil d'Etat, *signé* J. G. Locré.

Approuvé, en notre camp impérial de Schonbrunn, le 18 juin 1809.

Signé NAPOLÉON.

Par l'Empereur, le Ministre Secrét. d'Etat, *signé* H. B. Maret.

(N°. 4442.) *Décret impérial qui assigne une place particulière aux Agens de l'Administration forestière, dans les audiences des Tribunaux correctionnels.*

Au camp impérial de Schonbrunn, le 18 juin 1809.

Napoléon, Empereur des Français, Roi d'Italie, et Protecteur de la Confédération du Rhin,

Sur le rapport de notre Grand-Juge Ministre de la Justice;

Notre Conseil d'Etat entendu,

Nous avons décrété et décrétons ce qui suit:

Art. 1er. Dans les audiences publiques tenues par nos

Tribunaux correctionnels pour le jugement des délits de bois poursu vis à la requête de l'administration des eaux et forêts, les conservateurs, inspecteurs, sous-inspecteurs et les gardes généraux chargés de poursuivre au nom de leur administration, aur .nt une place particulière à la suite du parquet de notre procureur impérial et de ses substituts. Ils se tiendront découverts.

2. Notre Grand-Juge Ministre de la Justice et notre Ministre des Finances, sont chargés, chacun en ce qui le concerne, de l'exécution du présent décret.

Signé NAPOLÉON.

Par l'Empereur, le Ministre Secrét. d'Etat, signé H. B. MARET.

Le Bulletin n°. 239 contient, sous le n°. 4447, un décret impérial, daté du camp impérial de Schonbrunn, le 17 mai 1809, portant réglement relatif aux octrois municipaux et de bienfaisance.

(On le trouvera dans la suite de ce volume, sous le titre : CONFÉRENCE SUR LE DROIT D'OCTROI.)

Le même Bulletin contient, sous le n°. 4447 *bis*, un décret impérial, daté du camp impérial d'Ebersdorf, le 4 juin 1809, relatif aux établissemens militaires de la place et citadelle de Mayence.

Le Bulletin n°. 240 contient :

1°. Sous le n°. 4448, un décret impérial contenant diverses dispositions pour accorder le régime des anciennes écoles avec celui de l'Université, donné à Ebersdorf, le 4 juin 1809.

(Nous le donnerons à l'article UNIVERSITÉ.)

2°. Sous le n°. 4449, un décret impérial du même jour, qui annulle, pour incompétence et fausse application de la loi, un arrêté pris par un conseil de préfecture, en matière de domaines engagés ;

3°. Sous le n°. 4440, un décret impérial, daté du camp impérial de Schonbrunn, le 11 juin

1809, contenant réglement sur les conseils de pru-dhommes.

(Il fera aussi l'objet d'une de nos prochaines *Conférences.*)

4°. Sous le n°. 4451, un décret impérial, daté du camp impérial de Schonbrunn, le 1er. juillet 1809, sur les causes et le mode d'exclusion des élèves des lycées.

(Renvoyé à l'article UNIVERSITÉ.)

5°. Sous les n°s. depuis et compris 4452, jusques y compris 4455, des décrets impériaux, qui auto-risent des acceptations de legs en faveur des hos-pices et autres établissemens de bienfaisance;

6°. Sous le n°. 4456, un décret impérial du 17 mai 1809, qui change le jour de la tenue de la foire du Bec-Hellouin, arrondissement de Bernay, département de l'Eure;

7°. Sous le n°. 4457, un décret impérial du même jour, qui établit une foire à Binas, arron-dissement de Blois, département de Loir et Cher;

8°. Sous les n°s. 4458 et suivans, jusques et y compris le n°. 4474, des décrets impériaux qui autorisent l'acceptation de divers legs faits aux hos-pices et autres établissemens de bienfaisance.

Le Bulletin n°. 241 contient :

1°. Sous les n°s. 4477 et 4478, deux décrets im-périaux du 1er. juillet 1809, qui autorisent l'ac-ceptation de legs faits, le premier, aux hospices et aux pauvres de Bar, département du Var, et le second, pour l'établissement d'une école gratuite de jeunes filles à Dun, département de la Meuse;

2°. Sous le n°. 4479, les lettres de création du dépôt de mendicité du département de Seine et Marne, datées du camp impérial de Schonbrunn, le 1er. juillet 1809;

3°. Sous le n°. 4480, mêmes lettres, de même date, pour le département de l'Hérault;

4°. Sous le n°. 4481, un décret impérial, daté du camp impérial de Wolkersdorff, le 7 juillet 1809, qui ordonne la publication, dans les départemens du Pô, de la Doire, etc., d'un article de loi concernant les ventes d'armes et équipemens pour les soldats;

5°. Sous les n°ˢ. 4483 et 4484, deux décrets impériaux, donnés au camp impérial de Schonbrunn, le 17 mai 1809, qui autorisent l'acceptation de deux legs faits à des hospices et autres établissemens de bienfaisance;

6°. Enfin, il contient les trois actes suivans, sous les n°ˢ. 4471, 4476 et 4487:

Décret impérial concernant la Retenue qui se fait dans le Commerce sous le nom de Passe de Sacs.

Au camp impérial de Schonbrunn, le 1ᵉʳ. juillet 1809.

NAPOLÉON, Empereur des Français, Roi d'Italie, et Protecteur de la Confédération du Rhin,

Sur le rapport de notre Ministre des Finances, relatif à la retenue opérée dans les payemens en espèces, connue dans le commerce sous la dénomination de *passe de sacs*;

Considérant, 1°. que, d'après l'usage généralement adopté dans le commerce et les caisses publiques, le débiteur fournit, dans les payemens en pièces d'argent, les sacs destinés à les contenir, et retient sur la somme la valeur de ces sacs et de la ficelle;

2°. Que le mode de payement de sacs a l'avantage de dispenser le créancier d'envoyer des sacs pour contenir les espèces, et de donner la facilité d'accélérer les payemens; que cette retenue faite sur celui qui reçoit n'est qu'une avance de sa part, puisqu'il la prélève à son tour sur ceux à qui il paye,

3°. Que néanmoins cette retenue, dont l'objet n'était et ne doit être que d'indemniser les débiteurs de la dépense des sacs, a fait naître des abus; qu'elle a dégénéré en spéculation de bénéfice, puisqu'on fait payer les sacs plus qu'ils n'ont coûté, et qu'on se permet même la retenue lorsqu'on ne fournit pas les sacs;

4°. Enfin, que si l'avantage du commerce demande que la *passe de sacs* soit maintenue dans les payemens en pièces d'argent, le bon ordre exige aussi que cet usage ne soit pas étendu aux payemens faits en toutes autres valeurs, et que l'indemnité accordée à celui qui paye, ne puisse excéder la valeur des sacs, ni donner lieu à aucun gain illicite;

Qu'il convient en conséquence d'établir, à ce sujet, des règles fixes et générales;

Notre Conseil d'Etat entendu;

Nous avons décrété et décrétons ce qui suit :

Art. 1er. Le prélèvement qui sera fait par le débiteur, sous le nom de *passe de sacs*, en remboursement de l'avance faite par lui des sacs contenant les espèces qu'il donne en payement, ne pourra avoir lieu, à compter de la publication du présent décret, que dans les cas et aux taux exprimés dans les articles suivans.

2. Dans les payemens en pièces d'argent de sommes de cinq francs et au-dessus, le débiteur est tenu de fournir le sac et la ficelle.

Les sacs seront d'une dimension à contenir au moins mille francs chaque; ils seront en bon état, et faits avec la toile propre à cet usage.

3. La valeur des sacs sera payée par celui qui reçoit, ou la retenue en sera exercée par celui qui paye, sur le pied de quinze centimes par sac.

4. Le mode de payement en sacs et au poids ne prive pas celui qui reçoit de la faculté d'ouvrir les sacs, de vérifier et de compter les espèces en présence du payeur.

5. Nos Ministres des Finances et du Trésor public sont chargés, chacun en ce qui le concerne, de l'ex cution du présent décret, qui sera inséré au Bulletin des Lois.

Signé NAPOLÉON.

Par l'Empereur, le Ministre Secrét. d'Etat, *signé* H. B. Maret.

Décret impérial concernant les Justifications à faire par les Héritiers des Officiers décédés, pour obtenir le payement des sommes acquises à ces Militaires à l'époque de leur décès, à titre de solde d'activité, solde de retraite, traitement de réforme, ou autres attributions d'un service personnel.

Au camp impérial de Schonbrunn, le 1er. juillet 1809.

NAPOLÉON, Empereur des Français, Roi d'Italie, et Protecteur de la Confédération du Rhin ;

Sur le rapport de notre Ministre du Trésor public ;

Notre Conseil d'Etat entendu ;

Nous avons décrété et décrétons ce qui suit :

ART. 1er. A dater de la publication du présent décret, les héritiers des officiers décédés devront, pour obtenir le payement des sommes acquises à ces militaires à l'époque de leur décès, à titre de solde d'activité, solde de retraite, traitement de réforme, ou autres attributions d'un service personnel, faire les justifications prescrites par les articles suivans.

2. Si l'officier décédé n'a point fait de dispositions testamentaires, les héritiers présenteront, avec l'acte de décès du titulaire, un acte de notoriété dressé par le juge de paix du domicile de l'officier décédé, sur l'attestation de deux témoins. Cet acte constatera que ceux qui se présentent sont seuls et uniques héritiers du défunt.

3. Si le défunt n'a pas laissé d'enfans, et qu'il existe un testament pardevant notaire, portant nomination d'un héritier ou d'un légataire universel, l'héritier ou le légataire rapportera un extrait de ce testament, qui lui aura été délivré par le notaire.

4. Si le testament est olographe ou mystique, l'héritier ou le légataire rapportera l'expédition d'envoi en possession qui aura été délivrée par le président du Tribunal de première Instance, conformément à l'art. 1008 du Code Napoléon.

5. Quant aux successions ouvertes à l'étranger, les certificats délivrés par les magistrats autorisés par les lois du pays, seront admis lorsqu'ils seront apportés dûment légalisés par les agens du Gouvernement français.

6. Les formes voulues par les articles ci-dessus seront aussi suivies à l'égard des pensions ou soldes de retraite des sous-officiers et soldats décédés.

7. Toute disposition antérieure contraire au présent décret, est abrogée.

8. Nos Ministres de la Guerre et du Trésor public sont chargés, chacun en ce qui le concerne, de l'exécution du présent décret, qui sera inséré au Bulletin des Lois.

Signé NAPOLÉON.

Par l'Empereur, le Ministre Secrét. d'Etat, *signé* H. B. MARET.

Sénatus-consulte qui nomme les Députés à fournir au Corps Législatif par les départemens de l'Arno, de la Méditerranée et de l'Ombrone, du 5 juillet 1809.

NAPOLÉON, par la grâce de Dieu et les Constitutions, Empereur des Français, Roi d'Italie, et Protecteur de la Confédération du Rhin, à tous présens et à venir, salut.

Le Sénat, après avoir entendu les orateurs du Conseil d'Etat, a décrété et nous ordonnons ce qui suit :

Extrait des Registres du Sénat Conservateur, du mercredi 5 juillet 1809.

Le Sénat Conservateur, réuni au nombre de membres prescrit par l'art. 90 de l'Acte des Constitutions de l'an 8;

Vu, 1°. les art. 4 et 6 de l'Acte des Constitutions de l'Empire, en date du 30 mai 1808;

2°. Le projet de sénatus-consulte rédigé en la forme prescrite par l'art. 57 de l'Acte des Constitutions de l'Empire, en date du 16 thermidor an 10, et portant nomination de députés provisoires, en attendant que les députations au Corps Législatif des départemens de l'Arno, de la Méditerranée et de l'Ombrone, puissent être nommées suivant les formes constitutionnelles;

Après avoir entendu, sur les motifs dudit projet, les orateurs du Conseil d'Etat, et le rapport de sa commission spéciale, nommée dans la séance du 1er. de ce mois;

L'adoption ayant été délibérée au nombre de voix prescrit par l'art. 56 de l'Acte des Constitutions, en date du 16 thermidor an 10;

Décrète ce qui suit :

ART. 1er. Les députés que les départemens de l'Arno, de la Méditerranée et de l'Ombrone, doivent fournir au Corps Législatif, sont nommés ainsi qu'il suit :

Arno. — Le sieur Jean Fabroni, directeur de la monnaie;

Le sieur Degli Alessandri, président de l'Académie des Beaux-Arts;

Le sieur Luc Thomasi, maire de Cortone;

Le sieur Ange Mezzeri, président de la Chambre de Commerce;

Le sieur François Alamanno-Pazzi;

Le sieur Charles Fabroni, de Pistoie.

Méditerranée. — Le sieur Benjamin Sproni;

Le sieur Giera, négociant;

Le sieur Mattei, ancien lieutenant-général.

Ombrone. — Le sieur Joseph Brancadori, maire de Sienne;

Le sieur Archange Venturi, maire de Monte-Pulciano;

Le sieur Orsa-Marie Delci, ancien officier-général.

2. Les députés entreront en fonctions à compter du jour de l'ouverture de la session de 1809; ils y resteront jusqu'à ce qu'il leur ait été donné des successeurs, suivant les formes constitutionnelles.

3. Le présent sénatus-consulte sera transmis, par un message, à Sa Majesté l'Empereur et Roi.

Les président et secrétaires, *signé* CAMBACÉRÈS, Prince, Archi-Chancelier de l'Empire, *président;* HERWYN, SÉMONVILLE, *secrétaires.*

Vu et scellé, le Chancelier du Sénat, *signé* Comte LAPLACE.

Mandons et ordonnons que les présentes, revêtues des sceaux de l'Etat, insérées au Bulletin des Lois, soient adressées aux Cours, aux Tribunaux et aux Autorités Administratives, pour qu'ils les inscrivent dans leurs registres, les observent et les fassent observer; et le Grand-Juge Ministre de la Justice est chargé d'en surveiller la publication.

Donné en notre quartier-général impérial de Schonbrunn, le 15 juillet de l'an 1809.

Signé NAPOLÉON.

Vu par nous Archi-Chancelier de l'Empire, *signé* CAMBACÉRÈS.

Le Grand-Juge Ministre de la Justice, *signé* REGNIER.

Par l'Empereur, le Ministre Secrét. d'Etat, *signé* H. B. MARET.

XXXIIIe. ARTICLE.

Enregistrement.—Signification d'Actes d'Avoué a Avoué.

La loi du 19 décembre 1790 a supprimé le contrôle des actes et exploits, et lui a substitué l'enregistrement.

L'article 2 de cette loi porte :

Les actes des notaires et les exploits des huissiers seront assujétis, dans toute l'étendue du Royaume, à un enregistrement, pour assurer leur existence et constater leur date.

A raison de cette formalité, il sera payé un droit dont les proportions seront déterminées ci-après, suivant la nature des actes et des déclarations.

Le législateur, s'occupant ensuite du tarif des droits à payer pour chaque enregistrement, avait, par le § 3 de la section 1re. de la 3e. classe dudit tarif, fixé à 5 sous le droit à percevoir sur chaque exploit ou signification fait entre les défenseurs des parties.

Le n°. 30 du § 1er. de la loi du 22 frimaire an 7, assujétissait au droit fixe d'un franc généralement, tous les actes extrajudiciaires des huissiers ou de leur ministère qui ne pouvaient donner lieu à un droit proportionnel.

L'art. 15 de la loi du 27 ventose an 9 a rappelé les dispositions de celle du 19 décembre 1790 par son art. 15, ainsi conçu :

Le droit d'enregistrement des significations d'avoué à avoué, dans le cours des instructions des procédures devant les Tribunaux, est fixé à vingt-cinq centimes. Ces actes seront enregistrés dans les quatre jours de leur date, à peine de cinq francs d'amende pour chaque contravention, outre le payement du droit.

De cet état de la législation, est née la question de savoir si toutes les significations faites d'avoué à avoué n'étaient sujettes qu'au droit fixe de 25 centimes, ou si, dans certains cas, ces significations pouvaient donner lieu à un droit plus considérable.

Le Ministre des Finances, consulté sur cette question, l'a résolue par sa circulaire du 4e. jour complémentaire an 10, ainsi conçue :

« Il est constant que les significations d'avoués » à avoués ont toujours été soumises à l'enregis- » trement. L'art. 2 de la loi du 19 décembre 1790 » était positif sur ce point, puisqu'il indiquait les » exploits des huissiers, sans aucune exception, et » que le no. 5 de la 1re. section de la 3e. classe du » tarif annexé à cette loi, réglait à 25 centimes » les significations faites entre les défenseurs des » parties. Le conseil ou comité que le cit. Duport, » Ministre de la Justice en 1791, avait établi pour » faciliter l'exécution des nouvelles lois, consulté » sur ce point, a décidé que, d'après celle du » 19 décembre 1790, la formalité et la perception » devaient avoir lieu même pour les avenirs.

» Aucune loi postérieure n'avait dérogé à ce » principe, et le rétablissement des avoués en- » traînait nécessairement l'obligation de faire en- » registrer les significations faites entr'eux, puisque » ce sont des actes d'huissiers que la loi du 22 fri- » maire an 7 assujétissait expressément à cette for- » malité comme tous les autres exploits. On ne » doit donc pas considérer que cet enregistrement » n'est que le résultat de l'article 15 de la loi du » 27 ventose an 9. Le but de cet article n'a été » que de réduire à 25 centimes le droit qui, sans » cela, aurait été exigible à raison d'un franc, aux » termes du no. 30 du § 1er. de l'art. 68 de la loi

» du 22 frimaire an 7. Mais cette réduction doit
» être strictement bornée aux significations d'a-
» voués qui n'ont pour but que l'instruction de la
» procédure, et non à toutes les significations faites
» entr'eux, lors même qu'elles ne seraient pas de
» simples instructions.

» Si des parties reconnaissent pour valable une
» signification d'appel faite entre leurs avoués, au
» lieu de l'être à personne ou à domicile, nul
» doute que cette signification donnerait lieu au
» droit d'enregistrement de 5 ou de 10 francs sui-
» vant la nature du Tribunal, et il en serait de
» même de toutes les significations qui, n'étant pas
» de simples instructions, exigent le consentement
» des parties, et doivent naturellement se faire à
» personne ou à domicile. La prétention des avoués
» de ne payer que 25 centimes dans ces cas, n'est
» certainement pas fondée.

» Mais ce serait trop étendre la perception que
» de soutenir qu'il doit en être fait une plus forte,
» lorsque les significations traitent le fond de la
» question, et expriment des conclusions, des inter-
» ventions, des demandes incidentes, des preuves,
» des exceptions, acceptations, autorisations, dé-
» clarations, désistemens, offres, notifications,
» oppositions, consentemens, décharges, comman-
» demens, demandes, citations, sommations, assi-
» gnations, protestations et main-levées.

» Si l'on supposait que tous les actes de cette
» nature fussent faits d'avoués à avoués, pour com-
» mencer une procédure, ce qui serait contraire
» à la régle, il n'y aurait nul doute que le droit
» serait dû sur le pied réglé par la loi du 22 fri-
» maire an 7; mais s'il s'agit d'une instance com-
» mencée dans la forme ordinaire par une assigna-
» tion contenant nécessairement des conclusions,

» et sur laquelle les avoués peuvent respectivement
» faire des écrits dans lesquels ils discutent la ques-
» tion, et prennent des conclusions en forme ana-
» logues à la demande, il me semble que les signi-
» fications de ces écrits ne peuvent donner lieu
» qu'au droit de 25 centimes, parce qu'ils tendent
» uniquement à l'instruction du procès, et n'ex-
» cèdent pas les fonctions des avoués à qui la loi
» du 27 ventose an 8 accorde le droit de postuler
» et de prendre des conclusions.

» Les interventions, si elles sont provoquées par
» les parties déjà en instance, me paraissent dans
» le même cas, et il devrait en être de même pour
» les demandes incidentes et les exceptions qui ré-
» sultent de l'instruction.

» Si ces écrits tendent à établir des faits dont on
» offre la preuve, ce n'est encore qu'une affaire
» d'instruction.

» Il est assez difficile de croire qu'on fait des
» dépôts par des significations d'avoués à avoués,
» et si cela était, on devrait ne pas s'arrêter au
» droit de 25 centimes, non plus que dans le cas
» des main-levées, de désistemens, offres, con-
» sentemens, décharges; mais ce serait prêter trop
» à l'arbitraire que d'autoriser une perception au-
» dessus de 25 centimes, lorsque les écrits signi-
» fiés expriment des attestations, autorisations,
» déclarations, notifications, oppositions, com-
» mandemens, demandes, citations, assignations,
» sommations et prestations.

» J'estime que le seul principe qui puisse être
» posé à cet égard consiste à borner la percep-
» tion de 25 centimes aux significations qui sont
» de nature à être faites d'avoués à avoués, et à
» percevoir suivant la loi du 22 frimaire an 7,
» pour toutes celles qui sont faites de cette manière,

» lorsqu'elles auraient dû l'être à personne ou à
» domicile. »

Le Ministre de la Justice, par une lettre du
12 vendémiaire an 11, a approuvé entièrement
l'opinion du Ministre des Finances sur la distinction à faire entre les significations qui sont de nature à être faites d'avoués à avoués, et celles qui
doivent l'être à personne ou à domicile, et de laquelle il résulte que les premières sont seules dans
le cas de la perception du droit de 25 centimes,
tandis que les autres sont sujettes au droit d'un
franc, quoique faites entre avoués.

Une nouvelle question s'est agitée ; c'était celle
de savoir si les significations, qui font l'objet de
cette *Conférence*, donnaient ouverture à plusieurs
droits, quand elles étaient faites à plusieurs avoués.

Cette question a été décidée pour l'affirmative,
d'après les dispositions du n°. 30, § 1er. de l'art. 68
de la loi du 22 frimaire an 7, lequel, après avoir
assujéti au droit fixe d'un franc tous les exploits
et actes des huissiers ou de leur ministère, ajoute :

Il sera dû un droit pour chaque demandeur ou défendeur,
en quelque nombre qu'ils soient, dans le même acte, excepté
les copropriétaires et cohéritiers, les parens réunis, les cointéressés, les débiteurs ou créanciers associés ou solidaires, les
séquestres, les experts et les témoins, qui ne seront comptés
que pour une seule et même personne, soit en demandant,
soit en défendant, dans le même original d'acte, lorsque leurs
qualités y seront exprimées.

Nous ne partageons pas l'avis de l'administration sur ce point.

Puisque le législateur veut que les exploits signifiés aux individus énumérés en l'article ci-dessus ne
supportent qu'un seul droit d'enregistrement, pourquoi les significations faites à leurs avoués seraient-
elles passibles d'autant de droits qu'il y a d'avoués ?

Des débiteurs solidaires, des cohéritiers, ne cessent pas d'être cosolidaires ou cohéritiers, parce qu'ils confient leur défense à divers avoués.

Nous pensons que le droit d'enregistrement des actes d'avoués à avoués, devrait être perçu d'après les règles qui déterminent la perception du droit sur les exploits à parties, et recevoir les mêmes exceptions.

XXXIVe. ARTICLE.

SUITE DE LA JURISPRUDENCE SUR LE TIMBRE. (*Voy. le vol.* 1er. *de ces* Conférences, *pag.* 186 *et suiv., et pag.* 37 *et suiv. du présent vol.*)

19e. *Espèce.* — L'article 27 du titre 4 de la loi du 22 frimaire an 7 sur l'enregistrement, porte que « les héritiers légataires ou donataires rappor-
» teront, à l'appui de leurs déclarations de biens
» meubles, un inventaire ou état estimatif, article
» par article, par eux certifié, s'il n'a pas été fait
» par un officier public ; et que cet inventaire sera
» déposé et annexé à la déclaration, qui sera reçue
» et signée sur le registre du receveur de l'enre-
» gistrement. »

Cet article a fait naître la question de savoir si, lors même que l'inventaire ou état estimatif n'ait point été fait par un officier public, il doit être mis sur papier timbré, avant d'être déposé et annexé à la déclaration reçue par le receveur?

On peut, pour l'affirmative, se fonder sur les dispositions du onzième alinéa, n°. 1er. de l'art. 12 de la loi du 13 brumaire an 7, concernant les actes assujétis au timbre, où l'on trouve ces expressions :
« Et généralement tous actes et écritures, extraits,
» copies et expéditions, soit publics, soit privés,

» devant ou pouvant faire titres, ou être produits
» pour obligation , décharge , justification, de-
» mande ou défense. »

Tous les termes de cet article , et notamment
JUSTIFICATION , pouvant s'appliquer à l'état ou inventaire dont il s'agit, on pourrait en tirer la conséquence qu'il doit nécessairement être rédigé sur
papier timbré.

Pour la négative , on peut dire ,

1°. Que , relativement au mot JUSTIFICATION ,
le législateur n'a entendu parler que des états qui,
pouvant faire titre à quelqu'un , étaient produits
en justice ;

2°. Que des états de meubles ne sont que des
notes contenant le détail de ce qui doit servir de
base à la perception du droit , et que ces mêmes
états ne sont prescrits que pour éviter des délais
souvent trop longs, sur le registre des déclarations,
pour des objets dont il est presque impossible de
suivre la trace ;

3°. Que le droit perçu, tout est à peu près con-
sommé , parce qu'il est rare de voir constater sur
cela des omissions ou des insuffisances d'estimation ;

4°. Et enfin, que les déclarations relatives à la
contribution personnelle, mobilière et somptuaire,
ne sont point assujéties au timbre ; que , par assimilation , celles dont il s'agit doivent jouir de la
même faveur.

Ces derniers raisonnemens nous paraissent plus
spécieux que solides, et nous ne balançons point
à partager la première opinion ; en effet, les états
estimatifs ou inventaires dont il s'agit ne sont point
nominativement compris dans le chapitre des exceptions portées par la loi, ni dans celles prononcées
par le Ministre des Finances. Il n'y a donc aucun
motif de les dispenser de la formalité du timbre,

parce qu'il est de principe que dès qu'il existe des exceptions, tout ce qui n'est point compris sous cet article reste soumis aux dispositions de la loi. Au surplus, l'acte dont il est ici question est implicitement désigné dans les dispositions précitées de l'art. 12 de la loi du 13 brumaire an 7, par ces termes, et généralement tous actes et écritures, extraits, copies et expéditions devant ou pouvant faire titre, ou être produits pour obligation, décharge, justification, demande ou défense; or, bien certainement un inventaire ou état estimatif peut devenir un titre, soit de décharge pour le déclarant, soit de justification pour le receveur qui a reçu la déclaration; et dans l'un comme dans l'autre cas, cet inventaire ou état estimatif peut être produit en justice, ou pour appuyer la demande de l'un, ou pour autoriser la défense de l'autre; par exemple, dans le cas de fausse déclaration ou omission, le receveur est bien fondé sans doute à relever cette contravention, qui, si elle donne lieu à une instance, nécessite dès lors au receveur la justification du titre, en vertu duquel il arguë d'omission ou d'insuffisance la déclaration qu'il prétend frauduleuse. C'est donc cet inventaire ou état estimatif qui, dans ce cas, devient, pour le receveur, un titre justificatif, qui seul pouvant servir de pièce de conviction, doit faire accueillir ou rejeter sa prétention.

Mais on oppose les déclarations relatives à la contribution personnelle, mobilière et somptuaire, qui ne sont point assujéties au timbre, et en leur assimilant les inventaires ou états estimatifs dont il s'agit, on en tire la conséquence naturelle que ces derniers doivent jouir de la même faveur.

Cette conséquence n'est point exacte, puisque la loi a nominativement excepté tout ce qui est relatif aux contributions mobiliéres et fonciéres. Il est inutile de développer ici les motifs qui ont pu porter le législateur à accorder plus de faveur à ce genre de contribution ; il suffit de prouver l'exactitude de l'application des dispositions précitées de l'art. 12 de la loi du 13 brumaire an 7, aux inventaires et états estimatifs exigés dans les déclarations des successions, pour rester convaincu que ces actes doivent nécessairement être soumis à la formalité du timbre.

20e. *Espèce.* — Le sieur Martin, négociant à Bruxelles, avait souscrit un billet de 2,025 livres tournois au profit du sieur Ruxhon.

Ce billet était écrit sur un papier au timbre de 2,000 francs, payant un droit d'un franc.

Faute de payement à l'échéance, ce billet fut présenté à l'enregistrement, et le receveur crut apercevoir une contravention, en ce qu'un effet de 2,025 livres était écrit sur un papier timbré pour 2,000 francs seulement. Il pensait qu'il devait être écrit sur le papier au timbre immédiatement supérieur à celui d'un franc.

Il ne dressa cependant pas de procès-verbal ; il en référa à la régie, qui crut devoir consulter le Ministre des Finances.

Le 18 brumaire an 11, Son Excellence rendit la décision suivante :

« La disposition de l'article 26 de la loi du 13 brumaire an 7, qui prononce l'amende du vingtième de la somme exprimée dans un effet négociable, s'il est écrit sur papier non timbré, ou sur un papier timbré d'un timbre inférieur à celui qui aurait dû être employé, ne peut s'appliquer qu'aux énonciations des monnaies, dont la stipulation est de rigueur dans les actes. Ce fait posé, on ne pourrait voir dans l'espèce qu'une contravention à la loi du 17 floréal an 7, relative au nouveau système de poids et mesures, aux termes de laquelle toutes transactions ou actes entre particuliers ont dû, à compter du 1er. vendémiaire an 8, exprimer les sommes en francs, décimes et centimes, faute de quoi, les sommes seront censées évaluées de cette manière, quand même elles seraient énoncées en livres, sols et deniers.

» La loi du 13 brumaire an 7, sur le timbre, n'a pas pour objet de réprimer les contraventions à celle du 27 floréal suivant. Il est certain que 2,025 livres tournois ne valent que 2,000 francs ; que celui qui reçoit 2,025 livres en écus de 6 livres et de 3 livres, d'un individu qui peut ne pas savoir réduire cette somme en francs, est au moins excusable de se servir de papier du timbre d'un franc pour un effet qui, quoique stipulé à raison de 2,025 livres, ne représente que 2,000 francs. »

21e. *Espèce.* — Le commerce de Paris avait établi une caisse d'escompte où les billets, soit des actionnaires, soit des maisons de commerce bien connues, étaient escomptés à un intérêt moins onéreux que celui de la place.

C'était une imitation de la banque de France, et cette caisse d'escompte avait aussi créé des billets appelés *bulletins de payement.*

Deux questions s'élevèrent dans l'intérêt du fisc:

1°. Celle de savoir si ces bulletins de payement étaient assujétis au timbre ;

2°. Dans le cas de l'affirmative, s'ils étaient passibles du droit proportionnel ou du simple droit fixe de dimension.

Ces deux questions ont été soumises au conseil

d'administration de la régie de l'enregistrement, et le Ministre des Finances a approuvé sa délibération en date du 15 frimaire an 10, laquelle est ainsi conçue :

« La caisse d'escompte du commerce de Paris reçoit les fonds des particuliers et les paye sur des bulletins des propriétaires de ces fonds, ainsi conçus :

Aux Citoyens Directeurs de la Caisse d'Escompte du Commerce.

« Veuillez ordonner à la caisse le payement » de.....

» Cette somme vous sera allouée en crédit en » rapportant la présente sans autre acquit. »

» Tout écrit qui forme un titre et qui est susceptible d'être produit en justice, est assujéti au timbre, et les bulletins dont il s'agit sont des titres pour recevoir et pour payer ; ils sont dans le cas d'être produits en justice : ils sont donc assujétis au timbre.

» L'art. 14 de la loi du 13 brumaire an 7, assujétit au timbre proportionnel les rescriptions, mandats, mandemens et tous effets négociables ou de commerce ; les bulletins dont est question forment des mandats au porteur, qui peuvent être négociés et transmis de main en main, parce que le nom des personnes auxquelles les fonds doivent être remis n'est point indiqué, et que la caisse d'escompte est tenue de les acquitter à présentation sur la seule signature du propriétaire des fonds.

» Ils sont donc sujets au droit proportionnel. »

XXXVᵉ. ARTICLE.

TUTEURS DISPARUS. — REMPLACEMENT PROVISOIRE. — DESTITUTION POUR INCONDUITE NOTOIRE.

Le titre 4 du livre 1ᵉʳ. du Code Napoléon traite de l'absence, des moyens de la constater, et de ses effets.

Le chapitre 4 de ce titre décide spécialement ce qui concerne la surveillance des enfans mineurs du père qui a disparu.

Il est ainsi conçu :

De la Surveillance des Enfans mineurs du Père qui a disparu.

ART. 141. Si le père a disparu laissant des enfans mineurs issus d'un commun mariage, la mère en aura la surveillance, et elle exercera tous les droits du mari quant à leur éducation et à l'administration de leurs biens.

ART. 142. Six mois après la disparition du père, si la mère était décédée lors de cette disparition, ou si elle vient à décéder avant que l'absence du père ait été déclarée, la surveillance des enfans sera déférée, par le conseil de famille, aux ascendans les plus proches, et, à leur défaut, à un tuteur provisoire.

ART. 143. Il en sera de même dans le cas où l'un des époux qui aura disparu, laissera des enfans mineurs issus d'un mariage précédent.

Il résulte des dispositions de ces trois articles du Code, entre autres choses, que six mois après la disparition du père tuteur de ses enfans, leur mère étant morte, le conseil de famille doit déférer la surveillance à exercer sur les enfans, l'administration provisoire de leurs biens, causes et actions, aux ascendans les plus proches, et, à leur défaut, à un tuteur provisoire.

La nomination de l'aïeul doit, dans ce cas comme

dans le cas d'une tutelle ordinaire, être subordonnée aux règles établies par les articles suivans du Code Napoléon :

De la Tutelle des Ascendans.

Art. 402. Lorsqu'il n'a pas été choisi au mineur un tuteur par le dernier mourant de ses père et mère, la tutelle appartient de droit à son aïeul paternel ; à défaut de celui-ci, à son aïeul maternel, et ainsi en remontant, de manière que l'ascendant paternel soit toujours préféré à l'ascendant maternel du même degré.

Art. 403. Si, à défaut de l'aïeul paternel et de l'aïeul maternel du mineur, la concurrence se trouvait établie entre deux ascendans du degré supérieur qui appartinssent tous deux à la ligne paternelle du mineur, la tutelle passera de droit à celui des deux qui se trouvera être l'aïeul paternel du père du mineur.

Art. 404. Si la même concurrence a lieu entre deux bisaïeuls de la ligne maternelle, la nomination sera faite par le conseil de famille, qui ne pourra néanmoins que choisir l'un de ses deux ascendans.

Quant à la nomination d'un tuteur provisoire, elle se fait comme la nomination d'un tuteur ordinaire, et dans la forme prescrite par les articles ci-dessous du Code Napoléon :

De la Tutelle déférée par le Conseil de famille.

Art. 405. Lorsqu'un enfant mineur et non émancipé restera sans père ni mère, ni tuteur élu par ses père ou mère, ni ascendans mâles, comme aussi lorsque le tuteur de l'une des qualités ci-dessus exprimées se trouvera ou dans le cas des exclusions dont il sera parlé ci-après, ou valablement excusé, il sera pourvu, par un conseil de famille, à la nomination d'un tuteur.

Art. 406. Ce conseil sera convoqué soit sur la réquisition et à la diligence des parens du mineur, de ses créanciers ou autres parties intéressées, soit même d'office, et à la poursuite du juge de paix du domicile du mineur. Toute personne pourra dénoncer à ce juge de paix le fait qui donnera lieu à la nomination d'un tuteur.

Art. 407. Le conseil de famille sera composé, non compris le juge de paix, de six parens ou alliés, pris tant dans la commune où la tutelle sera ouverte, que dans la distance de deux myriamètres, moitié du côté paternel, moitié du côté maternel, et en suivant l'ordre de proximité dans chaque ligne.

Le parent sera préféré à l'allié du même degré, le plus âgé à celui qui le sera le moins.

Art. 408. Les frères germains du mineur, et les maris des sœurs germaines, sont seuls exceptés de la limitation de nombre posée en l'article précédent.

S'ils sont six ou au-delà, ils seront tous membres du conseil de famille, qu'ils composeront seuls, avec les veuves d'ascendans et les ascendans valablement excusés, s'il y en a.

S'ils sont en nombre inférieur, les autres parens ne seront appelés que pour compléter le conseil.

Art. 409. Lorsque les parens ou alliés de l'une ou de l'autre ligne se trouveront en nombre suffisant sur les lieux, ou dans la distance désignée par l'art. 407, le juge de paix appellera, soit des parens ou alliés domiciliés à de plus grandes distances, soit dans la commune même, des citoyens connus pour avoir eu des relations habituelles d'amitié avec le père ou la mère du mineur.

Art. 410. Le juge de paix pourra, lors même qu'il y aurait sur les lieux un nombre suffisant de parens ou alliés, permettre de citer, à quelque distance qu'ils soient domiciliés, des parens ou alliés plus proches en degrés, ou de mêmes degrés que les parens ou alliés présens, de manière toutefois que cela s'opère en retranchant quelques-uns de ces derniers, et sans excéder le nombre réglé par les précédens articles.

Art. 411. Le délai pour comparaître sera réglé par le juge de paix à jour fixe, mais de manière qu'il y ait toujours, entre la citation notifiée et le jour indiqué pour la réunion du conseil, un intervalle de trois jours au moins, quand toutes les parties citées résideront dans la commune, ou dans la distance de deux myriamètres.

Toutes les fois que, parmi les parties citées, il s'en trouvera de domiciliées au-delà de cette distance, le délai sera augmenté d'un jour par trois myriamètres.

Art. 412. Les parens, alliés ou amis ainsi convoqués, seront tenus de se rendre en personne, ou de se faire représenter par un mandataire spécial.

Le fondé de pouvoir ne peut représenter plus d'une personne.

Art. 413. Tout parent, allié ou ami convoqué, et qui, sans excuse légitime, ne comparaîtra point, encourra une amende qui ne pourra excéder cinquante francs, et sera prononcée sans appel par le juge de paix.

Art. 414. S'il y a excuse suffisante, et qu'il convienne soit d'attendre le membre absent, soit de le remplacer, en ce cas, comme en tout autre où l'intérêt du mineur semblera l'exiger, le juge de paix pourra ajourner l'assemblée ou la proroger.

Art. 415. Cette assemblée se tiendra de plein droit chez le juge de paix, à moins qu'il ne désigne lui-même un autre local. La présence des trois quarts au moins de ses membres convoqués, sera nécessaire pour qu'elle délibère.

Art. 416. Le conseil de famille sera présidé par l juge de paix, qui y aura voix délibérative, et prépondérante en cas de partage.

Art. 417. Quand le mineur, domicilié en France, possédera des biens dans les colonies, ou réciproquement, l'administration spéciale de ses biens sera donnée à un protecteur.

En ce cas, le tuteur et le protecteur seront indépendans, et non responsables l'un envers l'autre pour leur gestion respective.

Art. 418. Le tuteur agira et administrera, en cette qualité, du jour de sa nomination, si elle a lieu en sa présence, sinon du jour qu'elle lui aura été notifiée.

Art. 419. La tutelle est une charge personnelle qui ne passe point aux héritiers du tuteur. Ceux-ci seront seulement responsables de la gestion de leur auteur ; et s'ils sont majeurs, ils seront tenus de la continuer jusqu'à la nomination d'un nouveau tuteur.

Qui doit provoquer la réunion du conseil de famille, dans les cas prévus par les art. 141, 142 et 143 ci-dessus ?

La réponse ne peut être difficile ; c'est incontestablement à ceux qui ont reçu de la loi le droit de provoquer le conseil de famille pour la nomination d'un tuteur ordinaire.

C'est dans l'art. 406 rapporté ci-dessus que se trouvent énumérés ceux qui ont ce droit.

Ce sont les parens du mineur, ses créanciers ou

d'autres parties intéressées, et d'office, le juge de paix du domicile du mineur.

Le juge de paix peut donc, de son propre mouvement, convoquer le conseil de famille, soit pour pourvoir à la tutelle définitive, soit pour pourvoir à une tutelle provisoire.

Il peut encore être mu par les individus qui, ayant intérêt à ce qu'un mineur soit pourvu d'un tuteur pur et simple ou d'un tuteur provisoire, lui dénoncent les faits qui peuvent nécessiter la nomination de tuteur.

Ainsi, le créancier qui voudrait exercer des poursuites contre le mineur ou l'appeler en justice pour quelque cause civile que ce soit, peut exposer au juge de paix la volonté qu'il a de former son action, et demander qu'il soit donné au mineur un tuteur, s'il ne lui en a pas encore été nommé, ou un tuteur provisoire. Dans le cas des art. 141, 142 et 143, le juge de paix doit alors convoquer le conseil de famille.

Voilà bien les règles de droit sur cette matière, mais l'objet de cette *Conférence* est d'examiner quels sont les faits d'après lesquels on doit décider que le père, tuteur de ses enfans, est dans le cas de disparition qui permet de le déchoir, au moins momentanément, de sa tutelle, et de la conférer provisoirement à un autre.

Un père, obligé de voyager pour son commerce, pour l'étude ou la pratique des sciences, pour des affaires particulières, pour le service public, est-il dans le cas prévu par la loi?

Non, sans doute. Il ne s'agit alors que d'une absence momentanée, notoirement connue, par laquelle le père ne perd point son domicile de droit, qui ne légitime à son égard aucune présomption d'inconduite notoire, ni d'insolvabilité absolue.

Ce serait alors porter une atteinte coupable à la puissance paternelle et à l'autorité que les lois écrites y ont attachée, et dont la tutelle des enfans est une des plus saintes attributions.

Il n'en est pas de même quand le père est parti secrètement, sans faire connaître ni les causes, ni le but, ni le terme de son voyage; quand il est notoire que son départ a pour unique cause ou son inconduite ou le dérangement absolu de ses affaires; quand enfin il est devenu tellement errant qu'on ne trouve plus son domicile, qu'on ignore même jusqu'à sa résidence.

Alors les créanciers du mineur, ou ceux qui ont des intérêts à discuter avec lui, ses parens, son subrogé tuteur, le juge de paix du domicile, peuvent faire convoquer le conseil de famille et procéder comme il a été dit plus haut.

C'est la question de savoir si le père est dans le cas de la disparition, qui fait ordinairement naître des difficultés en cette matière, et, il faut en convenir, les juges ne trouvent pas dans la loi des bases certaines et invariables; c'est à leur prudence qu'est laissé le soin de décider qu'il y a ou qu'il n'y a pas lieu à remplacer provisoirement le père disparu.

Nos lecteurs s'apercevront aisément que nous ne parlons ici que de ceux dont l'absence n'a pas été déclarée dans les formes établies par le Code Napoléon, et qui feront l'objet de quelques-unes de nos *Conférences*.

Nous ne parlons que des pères disparus depuis la mort de leurs épouses, ou dont les épouses sont décédées depuis leur disparition, et dont la disparition remonte à plus de six mois.

Nous devons encore observer que dans l'espèce qui nous occupe, le retour du père dans ses foyers fait cesser l'autorité confiée momentanément soit à l'aïeul, soit au tuteur provisoire, et que le père, reprenant son domicile, reprend aussi la gestion de la tutelle, à moins qu'il n'eût été pourvu à son remplacement provisoire pour cause d'inconduite notoire, circonstance qui peut se rencontrer avec celle de la disparition, l'une étant assez souvent la suite de l'autre. Nous allons rapporter deux arrêts rendus dans l'une et l'autre espèce.

1re. *Espèce.* — Le 21 frimaire an 10, François Quignot et Geneviève Lemoine, son épouse, sous-crivirent, en faveur du sieur Quiche, dit Henry, une obligation de la somme de 3,700 fr., payable au 21 frimaire an 11.

La femme Quignot mourut peu de temps après la signature de cette obligation, laissant une fille mineure sous la tutelle de François Quignot, son père.

Augustin Barresge fut nommé subrogé tuteur; l'obligation ne fut point acquittée à son échéance, et Quiche fit faire un commandement à Quignot, tant en son nom personnel que comme tuteur de Rosalie, sa fille mineure.

Une saisie mobilière suivit de près le commandement; Quignot ne paraissait plus.

Le juge de paix crut devoir apposer les scellés au domicile de Quignot, à cause de sa disparition; le mobilier qu'il avait laissé fut vendu, et la vente ne produisit pas somme suffisante pour payer les frais.

Le 13 pluviose an 13, Quiche, dit Henry, fit au subrogé tuteur de la mineure Rosalie Quignot, sommation de lui déclarer s'il avait fait remplacer provisoirement le sieur Quignot, disparu, dans la tutelle de sa fille, sinon de lui indiquer les noms et demeures des parens qu'il faudrait convoquer, afin de former un conseil de famille pour faire ce remplacement provisoire.

Le 7 floréal suivant, le subrogé tuteur répondit que Quignot était établi de son état de boulanger au camp de Boulogne.

Quiche écrivit à Boulogne, et reçut une première réponse du commissaire-général de police, portant que Quignot n'y était point connu.

Une seconde lettre du même magistrat, rectifiant la première, annonçait que Quignot avait en effet résidé quelque temps à Boulogne ; qu'il y était logé à l'hôtel de la *Corne d'Or ;* qu'il avait travaillé comme boulanger au camp de droite, mais que depuis long-temps il en était parti pour aller demeurer au Havre.

Nouvelle correspondance avec le maire du Havre pour savoir si Quignot y demeurait effectivement. La réponse écrite par le secrétaire de la mairie fut négative.

Le 11 juillet 1807, Quiche fit au subrogé tuteur une seconde sommation qui resta sans réponse.

Le 27 mai 1808, sur la citation donnée à cet effet par Quiche, comparurent devant le juge de paix dans l'arrondissement duquel demeurait la mineure Rosalie, l'aïeule maternelle de cette mineure, son subrogé tuteur, et des voisins en nombre suffisant pour former un conseil de famille.

Quiche y comparut, et demanda qu'attendu la disparition constante de Quignot depuis plus de six ans, il fût procédé, conformément à l'art. 142 du Code Napoléon, à la nomination d'un tuteur provisoire.

Le subrogé tuteur et l'aïeule maternelle déclarèrent qu'ils se refusaient absolument à donner aucun avis, par le motif que Quignot n'était pas sorti du territoire francais, et qu'il avait d'ailleurs laissé, lors de son départ, un mandataire chargé de ses pouvoirs.

Et, en effet, un sieur Coquelin vint se présenter au conseil, exhiba sa procuration, ayant près de six ans de date, et prétendit qu'il avait charge et pouvoir suffisant pour gérer la tutelle comme mandataire du tuteur, et qu'il n'y avait pas lieu à adjuger à Quiche ses conclusions, qui ne tendaient à rien moins qu'à priver un père de la tutelle de sa fille.

Sur ces contestations, le juge de paix, après avoir déclaré que la disparition de Quignot était constante, renvoya les parties à se pourvoir.

Alors Quiche présenta requête au Tribunal de première Instance du département de la Seine, pour être autorisé à assigner à trois jours, 1°. Quignot, au domicile que son fondé de pouvoir avait déclaré élu chez lui ; 2°. le subrogé tuteur ; 3°. l'aïeule maternelle, pour voir ordonner qu'attendu la disparition notoire de Quignot, il serait pourvu à son remplacement provisoire comme tuteur de la mineure Rosalie, sa fille ; à l'effet de quoi il serait convoqué un conseil de famille, soit devant l'un des juges du Tribunal, soit devant le juge de paix. Il obtint une ordonnance conforme aux conclusions de sa requête, et assigna en conséquence.

Le subrogé tuteur et l'aïeule maternelle constituèrent avoué devant le Tribunal de première Instance ; la cause fut distribuée à la troisième chambre.

Après plusieurs remises, et les défendeurs ne se présentant pas pour plaider, il fut rendu jugement par défaut faute de plaider, mais contradictoire, comme rendu sur qualités posées, par lequel le Tribunal, vu les art. 141 et 142 du Code Napoléon, et attendu que le fait de la disparition de Quignot était légalement constaté par l'apposition des scellés à son domicile, et son absence notoire de plus de six ans, ordonna que, conformément aux susdits articles, il serait procédé à la nomination d'un tuteur provisoire, par un conseil de famille qui serait à cet effet convoqué par-devant le juge de paix, et condamna les défendeurs aux dépens.

Ils ont interjeté appel de ce jugement, et, à l'audience du 28 juillet, ils ont soutenu, par l'organe de Me. Louis, leur avocat,

Que Quignot n'était point sorti du territoire français ; que s'il avait fait des voyages, c'était pour ses affaires ; qu'il était parti publiquement, laissant dans son domicile, faubourg Saint-Martin, sa seconde femme, sa fille et son mobilier ;

Que dès lors il était vrai de dire qu'il avait toujours son domicile de droit à Paris, faubourg Saint-Martin ;

Qu'il avait, en outre, laissé au sieur Coquelin des pouvoirs suffisans pour administrer cette tutelle, et qu'il s'était présenté à toute réquisition de justice dans la personne de ce mandataire, fait dont le procès-verbal du juge de paix fournissait lui-même la preuve ;

Que l'intimé n'avait aucun intérêt à provoquer une nouvelle nomination de tuteur, puisqu'il pouvait signifier à l'appelant, à son domicile rue du faubourg Saint-Martin, tous les actes qu'il jugerait à propos de lui adresser.

Il ajoutait que Quignot était si peu absent ou furtivement disparu, qu'il venait encore, depuis très-peu de jours, de donner de nouveaux pouvoirs à son mandataire par une procuration notariée, passée dans le lieu de sa résidence actuelle.

Il invoquait le respect qui est dû à l'autorité paternelle, autorité dont la tutelle des enfans mineurs est une des attributions les plus sacrées.

Il soutenait que, dans tous les cas, un créancier n'était pas recevable à provoquer la destitution d'un tuteur, laquelle ne peut être provoquée, aux termes du Code Napoléon, que par le subrogé tuteur, les parens jusqu'au degré de cousin-germain, ou d'office, par le juge de paix.

Il tirait de tous ces moyens la conséquence que les premiers juges avaient erré; il concluait à l'infirmation de leur jugement.

Les appelans avaient, dans leurs conclusions écrites, présenté un moyen de forme sur lequel ils n'insistèrent pas à l'audience.

J'ai plaidé pour l'intimé :

Qu'il importait peu, dans l'espéce, que Quignot fût sorti du territoire français ou qu'il y fût resté, dès qu'il était notoire et judiciairement constaté qu'il était disparu depuis six ans; que sa disparition avait été furtive, et que depuis on n'avait pu retrouver même sa résidence;

Que les scellés ayant été apposés en son domicile rue du faubourg Saint-Martin, et ses meubles vendus à cause de sa disparition, il avait dès lors cessé d'y avoir son domicile;

Qu'un tuteur ainsi disparu depuis plus de six ans, ne pouvait pas se faire remplacer par un mandataire; que l'art. 142 du Code Napoléon lui en prohibait formellement le droit, puisqu'il ordonne en ce cas de confier la surveillance des enfans à l'ascendant le plus proche ou à un tuteur provisoire;

Que l'intimé, après avoir fait tout ce qui était

possible pour trouver le domicile de Quignot, sans pouvoir y réussir, avait incontestablement eu le droit de provoquer son remplacement provisoire par le conseil de famille, parce qu'il avait intérêt à avoir un contradicteur légitime contre lequel il pût valablement poursuivre le payement de sa créance ;

Que puisqu'il est constant que Quignot n'a plus de domicile à Paris, les significations qui lui auraient été faites rue du faubourg Saint-Martin, auraient été radicalement nulles, ainsi que tout ce qui s'en serait ensuivi ;

Que la procuration dont il avait été fait lecture à l'audience, ne pouvait pas être opposée à l'intimé, puisqu'elle ne lui avait été ni signifiée ni communiquée, et qu'au surplus la procuration contenait seulement l'indication, mais non pas la preuve du domicile du mandant ;

Que le remplacement provisoire d'un tuteur est une chose toute différente de sa destitution, puisque celle-ci est une décision définitive, tandis que l'autre n'est qu'un acte instantané dont le tuteur, ainsi remplacé, anéantit tous les effets en reparaissant et reprenant son domicile ;

Que par conséquent le remplacement autorisé, ordonné même par l'art. 142 du Code Napoléon, n'a pas pour objet d'attenter à l'autorité paternelle, ni d'ôter au père aucun de ses droits, mais bien de l'obliger à en remplir les devoirs, et de pourvoir, en son absence, à la surveillance qu'il a volontairement abandonnée.

De ces principes, je tirais la conséquence que les premiers juges avaient bien jugé, et qu'il fallait confirmer leur décision.

Les appelans s'étaient fait un grief de ce que le jugement de première instance les avait condamnés aux dépens, lorsqu'ils n'avaient réellement point opposé de résistance à la demande en leur nom et dans leur intérêt personnel ; que ce qu'ils avaient fait, ils le devaient et au tuteur et à la mineure, en leur qualité de subrogé tuteur et d'aïeule maternelle ; d'où ils concluaient qu'il n'incombait contre eux aucune condamnation personnelle.

Je répondais qu'en leur qualité de subrogé tuteur et d'aïeule maternelle, les appelans auraient dû s'en rapporter à justice ;

Qu'au lieu d'en agir ainsi, ils avaient déclaré formellement devant le juge de paix, président du conseil de famille, qu'ils ne voulaient émettre aucun avis ;

Qu'assignés devant le Tribunal de première Instance, ils avaient constitué avoué, et posé des qualités tendantes, non pas à ce qu'il leur fût donné acte de ce qu'ils s'en rapportaient à justice, mais, au contraire, à ce que le demandeur fût déclaré non recevable ;

Que, sur leur demande, la cause appelée avant vacations avait été renvoyée en vacations, puis continuée après vacations, et qu'en laissant ensuite donner jugement par défaut faute de plaider, ils n'en avaient pas moins été personnellement défendeurs et résistans à la demande, ce qui les avait rendus passibles de la condamnation aux dépens.

M. le Procureur-Général impérial a pensé que l'action avait pour but une véritable destitution de tuteur qui ne pouvait pas être provoquée par un créancier de la mineure, et qui d'ailleurs n'était pas suffisamment justifiée dans l'espèce.

Mais la Cour, première chambre, M. Seguier, premier président, tenant l'audience, a rendu l'arrêt suivant :

La Cour, adoptant les motifs des premiers juges, a mis

et met l'appellation au néant; ordonne que ce dont est appel
sortira son plein et entier effet; condamne les appelans en
l'amende et aux dépens.

2°. *Espèce.* — Nous venons de donner un
exemple du remplacement provisoire d'un père
dans la tutelle de ses enfans mineurs, attendu sa
DISPARITION.

Nous pensons que dans un cas de cette nature,
il faut faire une grande différence entre l'absence
d'un père voyageant pour l'intérêt de son commerce, pour acquérir des connaissances dans les
sciences, pour le service public, d'avec un père
fuyant clandestinement les recherches de ses créanciers, de la police ou de la justice, et surtout au
domicile duquel les scellés sont mis à cause de sa
disparition notoire.

Au premier cas, la justice se déterminerait difficilement à nommer un tuteur provisoire, à moins
que le père ne l'eût demandé lui-même, prévoyant
la longueur de son absence, et pressé par le desir
de laisser ses enfans sous l'égide protectrice d'un
second lui-même.

Peut-être même suffirait-il alors que le père, en
partant, remît son autorité et ses fonctions de tuteur à un mandataire, en la personne et au domicile duquel il consentirait à recevoir les actes et
significations afférens à sa tutelle.

Mais, au second cas, la justice doit protection
aux mineurs; il faut qu'elle leur donne un protecteur légal, puisque celui que la nature et les
lois avaient chargé du soin de les défendre, a
abandonné des fonctions aussi saintes, des devoirs
aussi sacrés.

Il faut aussi que les tiers qui ont des droits à
exercer contre les mineurs, aient un contradicteur

légitime avec lequel ils puissent introduire, soutenir et vider le litige.

Mais ce remplacement ne peut durer qu'autant que dure la disparition du tuteur, et il rentre bien constamment dans ses droits le jour qu'il rentre dans son domicile.

Il n'en serait pas de même si le conseil de famille avait déclaré que la disparition du père a eu pour cause son inconduite notoire, et si, sous ce dernier rapport, il avait été destitué de la tutelle.

Le seul retour du tuteur ne le réintégrerait pas dans l'exercice de ses droits de tuteur; il faudrait encore qu'il se fît relever de la destitution prononcée contre lui pour cause d'inconduite notoire.

La destitution pour cause d'inconduite notoire est l'objet de cette partie de notre *Conférence*.

C'est dans la section 7, chapitre 2, titre 10, livre 1er. du Code Napoléon, qu'il faut étudier les causes pour lesquelles un tuteur peut être destitué.

Cette section est ainsi conçue :

Art. 442. Ne peuvent être tuteurs ni membres des conseils de famille,

1°. Les mineurs, excepté le père et la mère;

2°. Les interdits;

3°. Les femmes autres que la mère et les ascendantes;

4°. Tous ceux qui ont ou dont les père ou mère ont avec le mineur un procès dans lequel l'état de ce mineur, sa fortune, ou une partie notable de ses biens, sont compromis.

Art. 443. La condamnation à une peine afflictive ou infamante emporte de plein droit l'exclusion de la tutelle. Elle emporte de même la destitution dans le cas où il s'agirait d'une tutelle antérieurement déférée.

Art. 444. Sont aussi exclus de la tutelle, et même destituables, s'ils sont en exercice,

1°. Les gens d'une inconduite notoire;

2°. Ceux dont la gestion attesterait l'incapacité ou l'infidélité.

(183)

Art. 445. Tout individu qui aura été exclu ou destitué d'une tutelle, ne pourra être membre d'un conseil de famille.

Art. 446. Toutes les fois qu'il y aura lieu à une destitution de tuteur, elle sera prononcée par le conseil de famille, convoqué à la diligence du subrogé tuteur, ou d'office, par le juge de paix.

Celui-ci ne pourra se dispenser de faire cette convocation, quand elle sera formellement requise par un ou plusieurs parens ou alliés du mineur, au degré de cousin-germain ou à des degrés plus proches.

Art. 447. Toute délibération du conseil de famille qui prononcera l'exclusion ou la destitution du tuteur, sera motivée, et ne pourra être prise qu'après avoir entendu ou appelé le tuteur.

Art. 448. Si le tuteur adhère à la délibération, il en sera fait mention, et le nouveau tuteur entrera aussitôt en fonctions.

S'il y a réclamation, le subrogé tuteur poursuivra l'homologation de la délibération devant le Tribunal de première Instance, qui prononcera sauf l'appel.

Le tuteur exclu ou destitué peut lui-même, en ce cas, assigner le subrogé tuteur pour le faire déclarer maintenu en la tutelle.

Art. 449. Les parens ou alliés qui auront requis la convocation, pourront intervenir dans la cause, qui sera instruite et jugée comme affaire urgente.

Le sieur Berthet, tuteur de ses enfans mineurs, avait diverti la presque totalité de sa fortune, ce qui l'avait forcé à abandonner son domicile et ses enfans, et à entrer au service.

Ses deux enfans mineurs furent recueillis par des parens, et le sieur Lachiche, frère utérin de Berthet, provoqua la réunion d'un conseil de famille devant le juge de paix du canton d'Andeux, département du Doubs.

Le conseil, ainsi réuni les 20 et 27 germinal an 12, déclara que la disparition du sieur Berthet et l'abandon qu'il avait fait de ses enfans, étaient la suite de son inconduite notoire, pourquoi le conseil décida que Berthet serait et demeurerait destitué de la tutelle de ses enfans, et de suite ils nommèrent pour tuteur Jean-François Lachiche, et pour subrogé tuteur, Jean-Baptiste Jeannin.

Le subrogé tuteur se pourvut devant le Tribunal de première Instance de l'arrondissement communal de Besançon, où la délibération du conseil de famille fut homologée par jugement du 12 floréal an 12, rendu par défaut contre Berthet.

Celui-ci, revenu de l'armée en 1806, a fixé son domicile à Carcoudrai et repris avec lui ses deux enfans mineurs, l'un desquels est mort peu de temps après.

Berthet a fait appel du jugement d'homologation, et soutenu, au fond, que les faits d'inconduite sur lesquels le conseil de famille avait motivé sa décision, n'étaient pas justifiés;

Qu'il avait si peu abandonné ses enfans, que s'il a été obligé au service, c'était pour leur procurer des moyens d'existence, et qu'avant son départ, il en avait placé un chez la veuve Lachiche, sa mère, et l'autre chez Jeannin, son oncle maternel;

Qu'au surplus, il avait convolé depuis à de secondes noces, fixé son domicile dans le lieu où il s'était remarié, et que son premier soin avait été de prendre avec lui les enfans de son premier lit.

Il tirait de ces faits la conséquence que, d'une part, sa destitution avait été mal à propos prononcée, et, d'autre part, que quand les faits d'inconduite auraient été suffisamment établis lors de la décision du conseil de famille, ils étaient aujourd'hui tous effacés, et que rien ne pouvait le priver plus long-temps de l'exercice de ses droits de père et de tuteur.

Berthet avait dirigé son appel tant contre Lachiche, son frère utérin, qui avait provoqué la réunion du conseil de famille, que contre Jeannin, subrogé tuteur.

Lachiche a plaidé que les allégations de Berthet étaient dénuées de vérité, même de vraisemblance;

Que l'inconduite de Berthet avait été notoirement connue, ce qui avait contraint Lachiche à s'occuper de l'intérêt des mineurs abandonnés, ses neveux;

Que par conséquent, en requérant la convocation d'un conseil de famille, il n'avait fait que remplir les devoirs à lui imposés par les lois et la nature;

Qu'au surplus, l'appelant était non recevable à prendre des conclusions contre lui, et à l'intimer sur l'appel d'un jugement d'homologation auquel il n'avait pas été partie, puisque cette homologation avait été demandée et obtenue par le subrogé tuteur, auquel seul la loi confie le droit de faire homologuer les délibérations du conseil de famille.

De son côté, Jeannin a soutenu que l'inconduite de Berthet était si notoire, que le conseil de famille avait dû, dans le temps, décider, comme il l'avait fait, que si Berthet prétendait que l'état des choses était changé assez avantageusement à son égard pour qu'il dût être relevé de sa destitution, il devait se pourvoir devant un conseil de famille, par lequel il ferait statuer sur le fait de sa bonne conduite actuelle; mais que ce n'était un motif valable pour attaquer le jugement dont est appel, non plus que les délibérations qui lui ont servi de base;

Que l'espèce présentait deux choses qu'il ne fallait pas confondre, savoir, la question de savoir si le conseil de famille avait eu motifs suffisans pour prononcer la destitution, et celle de savoir si, dans l'état actuel, il y avait lieu à réintégrer l'appelant dans la gestion de sa tutelle;

Que la première question ne pouvait pas être controversée, et que la seconde devait être portée devant le conseil de famille;

Enfin, il soutenait que n'ayant agi que *tutorio nomine*, il ne pouvait être passible d'aucune condamnation ni de dépens, ni de dommages-intérêts.

Le 18 décembre 1806, la Cour d'Appel de Besançon, contre les conclusions du Procureur-Général impérial, a rendu l'arrêt suivant:

Considérant, 1°. que l'art. 444 du Code Civil exclut de la tutelle et rend destituables, s'ils sont en exercice, les gens d'une inconduite notoire; 2°. qu'il est acquis et justifié au procès, qu'en l'an 2, époque où le conseil de famille a destitué le sieur Berthet de ses fonctions de tuteur de ses enfans, et l'a remplacé par le sieur Lachiche, l'appelant avait donné des preuves d'une fort mauvaise conduite; qu'après avoir dissipé la totalité ou presque la totalité de sa fortune, il n'avait plus de domicile, avait quitté le lieu de son origine, et avait abandonné ses enfans, qui avaient été recueillis et placés, l'un chez la veuve Lachiche, leur aïeule, l'autre chez le sieur Jeannin, oncle maternel; que, dans ces circonstances, il était du devoir du conseil de famille de pourvoir, comme il l'a fait, aux intérêts des pupilles en prononçant la destitution du sieur Berthet, leur père; 3°. que si, comme on le prétend, le sieur Berthet a, depuis le jugement dont est appel, changé de conduite; que marié en secondes noces et ayant un domicile, il soit capable d'exercer les fonctions de la tutelle de sa fille encore existante, alors il s'adressera au conseil de famille, qui décidera s'il doit être réintégré dans lesdites fonctions, mais que pour cela il ne devait pas se rendre appelant de la décision des premiers juges, car on ne peut réformer une pareille décision sur des faits arrivés depuis, et lorsque, comme dans le cas particulier, il est prouvé que ladite décision était nécessitée par les circonstances existantes lorsqu'elle a été rendue; par ces motifs, la Cour prononçant, etc., ordonne que le jugement dont est appel ira avant, etc.

Du 18 décembre 1806.

Des principes énoncés et de la chose jugée en ces deux espèces, il résulte,

1°. Que lorsqu'un père disparaît, abandonnant les enfans mineurs soumis à sa tutelle, il doit être pourvu à son remplacement provisoire ;

2°. Que ce remplacement peut être provoqué, non-seulement par le subrogé tuteur, les parens ou le juge de paix, mais même par un créancier ;

3°. Que le retour du père disparu le réintègre dans tous ses droits ;

4°. Qu'il n'en est pas de même si, au lieu d'un simple remplacement provisoire, le conseil de famille avait prononcé la destitution pour cause d'inconduite notoire ;

5°. Qu'en ce dernier cas, le père, qui prétend se faire réintégrer dans sa tutelle, parce que les causes de sa destitution n'existent plus, doit faire juger la question et prononcer la réintégration par le conseil de famille.

XXXVIe. ARTICLE.

OCTROIS MUNICIPAUX ET DE BIENFAISANCE.

Les communes sont obligées à des dépenses plus ou moins fortes, suivant leur population et leur étendue.

L'entretien des édifices communaux, les travaux commandés par la salubrité, par l'embellissement ; la sûreté des personnes et des propriétés ; l'entretien et nettoiement des rues, l'éclairage, les secours aux malades, aux indigens, aux enfans trouvés, et mille autres dépenses à la charge des communes, ont dû fixer l'attention du Gouvernement.

Avant la révolution, certaines villes avaient de

grands revenus, soit en propriétés immobiliéres, soit en droits féodaux, droits d'aides, d'octrois et autres. Elles ont presque tout perdu.

En réunissant les biens et revenus des communes au trésor public, leurs dépenses avaient été mises à la charge du même trésor.

Mais on leur rendit enfin ceux de leurs revenus qui n'avaient été ni abolis ni supprimés, et dès lors elles durent fournir de nouveau à toutes leurs dépenses.

Il fallut d'abord distinguer celles qui devraient être à la charge du trésor public d'avec celles qui seraient supportées par les départemens et les communes. Ce fut l'objet de la loi du 28 messidor an 4.

Les dépenses publiques devaient être assurées, et les fonds nécessaires à ces dépenses indiqués d'une manière précise. Ce fut l'objet de la loi du 9 germinal an 5.

Les biens rendus aux communes devaient être conservés par elles ; elles ne devaient avoir la faculté de les aliéner que dans des cas d'urgence reconnue ou d'utilité évidente.

Il fallait aussi calmer les inquiétudes que manifestaient quelques-uns de ceux qui avaient acquis du Gouvernement des biens communaux.

Ce double objet fut rempli par la loi sous la date du 2 prairial an 5.

Un nouvel ordre de choses marche toujours avec quelque lenteur. Les contributions de l'an 5 ne rentraient pas assez rapidement pour que leurs centimes additionnels pussent fournir aux besoins des départemens et des communes. Il y fut pourvu par la loi du 17 thermidor an 5.

La loi du 28 messidor an 4 laissait beaucoup à desirer sur la division des diverses dépenses. Il y fut remédié par celle du 15 frimaire an 6.

Le Corps Législatif, persuadé que l'administration des revenus et des charges départementales, municipales et communales était encore imparfaite, prit à cet égard les dispositions contenues dans une loi du 11 frimaire an 7.

Le Corps Législatif fixa les dépenses départementales, communales et municipales de l'an 7, par une autre loi du 11 frimaire an 7.

Les centimes additionnels étaient loin de suffire aux besoins des grandes villes. Celle de Paris, surtout, n'y pouvait fournir qu'au moyen des secours que le trésor public lui fournissait sans cesse.

Mais un tel emploi des fonds publics ne pouvait pas subsister ; il fallut trouver ailleurs des ressources : l'octroi municipal parut le seul moyen praticable ; il fut donc établi pour la ville de Paris par la loi suivante :

Loi qui ordonne la perception d'un Octroi pour l'acquit des Dépenses locales de la Commune de Paris, du 27 vendémiaire an 7.

Le Conseil des Anciens, adoptant les motifs de la déclaration d'urgence qui précède la résolution ci-après, approuve l'acte d'urgence.

(Suit la teneur de la déclaration d'urgence et de la résolution du 24 vendémiaire.)

Le Conseil des Cinq-Cents, considérant que depuis long-temps la commune de Paris ne fournit à ses dépenses locales que par les avances successives que lui fait le trésor national ;

Qu'un tel emploi des fonds publics est un abus qu'il est instant de réprimer ;

Que la loi du 9 germinal an 5, art. 6, ordonne impérieusement qu'en cas d'insuffisance des centimes ou sous additionnels de la contribution personnelle, mobilière et somptuaire, pour les dépenses municipales et communales, il y soit pourvu par l'administration centrale du département, uniquement par des contributions indirectes et locales, dont l'établissement et la perception ne pourront être autorisés que par le Corps Législatif, à peine de concussion ;

Que la détresse des hospices civils de la commune de Paris, l'interruption de la distribution des secours à domicile, n'admettent plus aucun délai;

Déclare qu'il y a urgence.

ART. 1er. Il sera perçu par la commune de Paris un octroi municipal et de bienfaisance, conformément au tarif annexé à la présente loi, spécialement destiné à l'acquit de ses dépenses locales, et de préférence à celles de ses hospices et des secours à domicile.

2. Le Directoire Exécutif est chargé de faire les réglemens généraux et locaux nécessaires pour l'exécution de la perception de l'octroi de bienfaisance établi par l'art. 1er.

3. Dans aucun cas, les citoyens entrant dans la commune de Paris à pied, à cheval ou en voiture de voyage, ne pourront, sous le prétexte de la perception de la taxe municipale, être arrêtés, questionnés ou visités sur leurs personnes, ni à raison des malles et valises qui les accompagnent. Tous actes contraires à la présente disposition seront réputés actes de violence; les délinquans seront poursuivis par la voie de police correctionnelle; ils seront condamnés à cinquante francs d'amende et à six mois de prison.

4. Il sera établi le nombre de bureaux de recette qui seront jugés nécessaires; le Directoire déterminera le nombre des employés, les nommera, réglera leurs traitemens, de manière cependant que les frais de perception n'excèdent pas huit centimes par franc de la recette totale présentée par le tarif.

5. Il sera fourni aux préposés des registres à talon, sur lesquels ils seront tenus de porter, jour par jour, article par article, les recettes qu'ils feront.

6. Tous les employés à la perception de l'octroi recevront une commission du Directoire Exécutif, en seront toujours porteurs, ainsi que du tarif et du réglement fait pour assurer son exécution; la présente loi et le tarif qui y est annexé, seront affichés en placard à la porte de chaque bureau et dans son intérieur.

7. L'administration centrale du département pourra destituer provisoirement les receveurs, si le cas l'exige, les dénoncer aux Tribunaux, et les y poursuivre à la requête des commissaires du Pouvoir Exécutif.

8. L'administration de l'octroi de bienfaisance fait partie des attributions des administrations municipales de Paris, chacune dans son arrondissement, sous la surveillance de l'administration centrale du département.

9. Les contestations qui pourraient s'élever sur l'application du tarif et sur la quotité du droit exigé par le receveur, seront portées devant le Tribunal de Police, et par lui jugées sommairement et sans frais.

10. Tout porteur ou conducteur d'objets de consommation compris dans le tarif annexé à la présente loi, sera tenu d'en faire la déclaration au bureau de la recette, et d'en acquitter le droit avant de pouvoir les faire entrer dans la commune de Paris : toute contravention à cet égard sera punie d'une amende du double droit.

11. Les amendes prononcées en exécution de l'art. 10 seront acquittées sur-le-champ entre les mains du receveur du bureau où la contravention aura été commise : moitié appartiendra aux employés dudit bureau, et moitié sera versée par ledit receveur dans la caisse du comité de bienfaisance de la municipalité.

12. Toute personne qui s'opposera à l'exercice des préposés à la perception de l'octroi, sera condamnée à une amende de cinquante francs. Dans le cas où il y aurait voies de fait, il en sera dressé procès-verbal, qui sera envoyé au directeur du jury d'accusation pour en poursuivre les auteurs et leur infliger les peines portées par le Code Pénal contre ceux qui s'opposent avec violence à l'exercice des fonctions publiques.

13. Si les préposés à la perception de l'octroi reçoivent directement ou indirectement quelque gratification ou présent, ils seront condamnés aux peines portées dans le Code Pénal contre les fonctionnaires publics prévaricateurs.

14. Les administrations municipales vérifieront et arrêteront, au moins une fois par mois, les registres de recette des receveurs de leur arrondissement; elles dresseront procès-verbal de cette vérification, et l'adresseront, avec leurs observations, à l'administration centrale.

15. Les receveurs verseront, au moins une fois par décade, le montant de leurs recettes à la caisse du receveur-général du département.

16. Il est alloué au receveur-général du département, pour toute indemnité et frais de bureau, un dixième de centime par franc de recette brute, conformément à la loi du 17 fructidor an 6.

17. Le receveur-général du département remettra chaque mois à l'administration centrale du département, et enverra au Ministre de l'Intérieur le bordereau des versemens qui lui auront été faits, sans préjudice du bordereau général de ses recettes, qu'il est tenu de fournir à la trésorerie nationale.

18. Chaque administration municipale du canton de Paris dressera et enverra à l'administration centrale du département,

1°. L'état des dépenses administratives;

2°. L'état des dépenses communales particulières à son arrondissement, telles que les frais de la justice de paix, de l'état civil, des cimetières, des écoles primaires, des commissaires de police.

19. Le bureau central adressera également à l'administration centrale, l'état,

1°. De ses dépenses administratives;

2°. De celles des hospices civils et secours à domicile;

3°. Des dépenses communales qui intéressent tous les citoyens du canton de Paris.

20. Tous ces états seront examinés par l'administration départementale, discutés, réduits aux dépenses d'absolue nécessité, arrêtés et renvoyés aux autorités ci-dessus désignées, chacune en ce qui la concerne.

21. Lesdites autorités expédieront, mois par mois, les mandats nécessaires pour l'acquit de leurs dépenses telles qu'elles auront été réglées par l'administration centrale du département : ces mandats, après avoir été visés par l'administration centrale, seront acquittés par le receveur-général, tant sur le produit de l'octroi et autres revenus communaux, que sur les centimes additionnels destinés par la loi au payement des dépenses communales, en observant de donner toujours la priorité aux dépenses relatives aux hospices.

22. L'administration centrale du département de la Seine fera imprimer et rendra public, dans le mois de vendémiaire de chaque année, le compte des recettes et dépenses tant départementales que municipales et communales.

23. La présente résolution sera imprimée.

L'exécution de cette loi fut réglée par un arrêté du Directoire Exécutif, du 29 vendémiaire an 9.

La perception du droit d'octroi municipal, pour la ville de Paris, fut attribuée à une régie par l'acte du Gouvernement du 3 brumaire an 7.

La régie établie par le décret ci-dessus fut définitivement organisée par l'acte du Gouvernement du 29 frimaire an 7.

Il a depuis été établi des perceptions de même

nature sur les mêmes principes, dans le même objet et sous les mêmes dispositions pénales, savoir :

A Bordeaux, par une loi du 23 floréal an 7 ;

A Nantes, par une loi du 9 prairial an 7 ;

A Rouen, par une loi du 22 du même mois ;

A Poitiers, par une loi du 28 du même mois ;

A Versailles, par une loi du 14 messidor an 7 ;

A Châlons-sur-Marne, par une loi du 21 du même mois ;

A Sédan, par une loi du 13 thermidor an 7 ;

A Troyes, par une loi du 12 fructidor an 7 ;

A Lorient, par une loi du 13 du même mois ;

A Dijon, par une loi du 16 du même mois ;

A Bayonne, par une loi du même jour ;

A Dieppe, par une loi du même jour ;

A Dunkerque, par une loi du 17 du même mois ;

A Nanci, par une loi du même jour ;

A Auray, par une loi du 19 du même mois ;

A Bourg (Ain), par une loi du 24 du même mois ;

A Charleville, par une loi du 26 du même mois ;

A Orléans, par une loi du même jour ;

Au Havre, par une loi du 6ᵉ. jour complémentaire an 7 ;

A Toulouse, par une loi du 2 vendémiaire an 8 ;

A Morlaix, par une loi du même jour ;

A Rennes, par une loi du 13 du même mois ;

A Grenoble, par une loi du 17 du même mois ;

A Genève, par une loi du même jour :

A Rochefort, par une loi du même jour ;

A Saintes, par une loi du même jour ;

A Tours, par une loi du 24 du même mois ;

A Brest, par une loi du même jour ;

A la Rochelle, par une loi du 9 brumaire an 8 ;

A Beauvais, par une loi du 14 du même mois ;

A Langres, par une loi du 17 brumaire an 8 ;

A Pontivy, par une loi du 19 du même mois ;

A Courtrai, Reims, Metz, Lille, Calais, Fontenay-le-Peuple, Limoges et Epinal, par une loi du 27 frimaire an 8.

Le Gouvernement Consulaire représenta au Corps Législatif que les besoins des communes pouvaient exiger des secours tellement urgens, qu'il serait impossible de les différer jusqu'à ce que le Corps Législatif pût s'occuper de la question de savoir s'il serait, ou non, avantageux d'y établir des octrois municipaux ?

Le Corps Législatif reconnut que le Gouvernement, en sa qualité d'Administrateur suprême, devait avoir en main tous les moyens de donner aux différentes communes les revenus nécessaires pour couvrir leurs dépenses locales, subvenir aux besoins de leurs hospices, etc.

C'est sur ces motifs que fut rendue la loi suivante :

Loi relative à l'établissement d'Octrois Municipaux, du 5 ventose an 8 de la République.

Au nom du peuple français, BONAPARTE, Premier Consul, proclame loi de la République le décret suivant, rendu par le Corps Législatif le 5 ventose an 8, conformément à la proposition faite par le Gouvernement le 23 pluviose de la même année, communiquée au Tribunat, décrète :

ART. 1er. Il sera établi des octrois municipaux et de bienfaisance sur les objets de consommation locale, dans les villes dont les hospices civils n'ont pas de revenus suffisans pour leurs besoins.

2. Le conseil municipal de chacune de ces villes sera tenu de présenter, dans deux mois, les projets de tarifs et de réglemens convenables aux localités ; ils seront soumis à l'approbation du Gouvernement, et par lui, s'il y a lieu, définitivement arrêtés.

3. La perception et l'emploi se feront conformément aux dispositions générales des lois des 19 et 27 frimaire dernier.

L'exécution de cette loi fut réglée par l'acte du Gouvernement dont la teneur suit :

Arrêté relatif au Mode d'Approbation des Tarifs et Réglemens pour la Perception des Octrois Municipaux, du 13 thermidor an 8.

Les Consuls de la République, sur le rapport du Ministre de l'Intérieur ;

Vu la loi du 11 frimaire an 7, celles des 19 et 27 frimaire et 5 ventose an 8, relatives à l'établissement des octrois municipaux et de bienfaisance ;

Vu l'art. 2 de la même loi du 5 ventose, portant que « le conseil municipal de chacune des villes où les octrois doivent être établis, sera tenu de présenter, dans deux mois, les projets de tarifs et de réglemens convenables aux localités ; qu'ils seront soumis à l'approbation du Gouvernement, et par lui définitivement arrêtés, s'il y a lieu.

Considérant que l'examen et l'approbation des tarifs et réglemens de perception, s'ils étaient successivement et isolément soumis aux Consuls, entraîneraient des lenteurs incompatibles avec les besoins auxquels il est urgent de pourvoir, arrêtent ce qui suit :

Art. 1er. Le Ministre de l'Intérieur approuvera les tarifs et les réglemens présentés par les conseils municipaux, avec les modifications qu'il jugera convenables, conformément aux principes déterminés par les susdites lois.

2. Tous les mois, le Ministre présentera aux Consuls, qui prononceront définitivement, les tarifs et réglemens qu'il aura approuvés.

3. En attendant, et provisoirement, l'autorisation du Ministre sera considérée comme décision du Gouvernement, en tout ce qui concerne tant les octrois précédemment établis que ceux qui le seront par la suite.

4. Le présent arrêté sera inséré au Bulletin des Lois.

Depuis cette époque, les actes du Gouvernement qui ont établi des octrois municipaux n'ont plus été rendus publics.

L'art. 9 de la loi du 27 vendémiaire an 7 était ainsi conçu :

Les contestations qui pourraient s'élever sur l'application

du tarif et sur la quotité du droit exigé par le receveur, seront portées devant le Tribunal de Police, et par lui jugées sommairement et sans frais.

Les lois qui avaient établi des octrois municipaux dans les villes dénommées ci-dessus (pag. 193 et 194), contenaient la même disposition.

Mais cette attribution a été changée par la loi du 2 vendémiaire an 8, dont suit la teneur :

Loi sur la manière de juger les Contestations relatives au Payement d'Octrois Municipaux, du 2 vendémiaire an 8 de la République.

Le Conseil des Anciens, considérant qu'il est instant de rectifier les erreurs et les contradictions qui ont pu se glisser dans la rédaction des lois sur les contestations et contraventions relatives au payement des droits d'octrois municipaux et de bienfaisance, et d'établir dans toute la République l'uniformité dans la manière de juger les affaires de ce genre, approuve l'acte d'urgence.

(Suit la teneur de la déclaration d'urgence et de la résolution du 27 frimaire an 7.)

Le Conseil des Cinq-Cents, considérant qu'il est instant d'établir dans toute la République l'uniformité dans la manière de juger les contestations relatives au payement des droits d'octrois municipaux et de bienfaisance ;

Déclare qu'il y a urgence.

Le Conseil, après avoir déclaré l'urgence, prend la résolution suivante :

A\u0280т. 1ᵉʳ. Les contestations civiles qui pourront s'élever sur l'application du tarif ou sur la quotité des droits exigés par les receveurs des octrois municipaux et de bienfaisance créés par les lois existantes, ou qui pourront être créés dans les diverses communes de la République, pour l'acquit de leurs dépenses locales ; celles des hospices civils et secours à domicile seront portées devant le juge de paix de l'arrondissement, à quelque somme que le droit contesté puisse s'élever, pour être par lui jugées sommairement et sans frais, soit en dernier ressort, soit à la chargé de l'appel, suivant la quotité de la somme.

2. Les amendes encourues en vertu desdites lois, seront

prononcées par les Tribunaux de simple Police ou de Police correctionnelle , suivant la quotité de la somme.

3. Lorsqu'il y aura lieu à contestation sur l'application du tarif ou sur la quotité du droit exigé par le receveur , tout porteur ou conducteur d'objets compris dans le tarif sera tenu de consigner entre les mains du receveur le droit exigé ; il ne pourra être entendu qu'en l'apportant au juge qui devra connaître la quittance de ladite consignation.

4. Toute disposition de lois antérieures contraires à la présente est rapportée.

5. La présente résolution sera imprimée.

La loi du 19 frimaire an 8 contient des dispositions qu'il est nécessaire de faire connaître.

Loi portant extension et augmentation des Droits d'Octrois établis dans la Commune de Paris , du 19 frimaire an 8.

La Commission du Conseil des Anciens , créée par la loi du 19 brumaire , adoptant les motifs de la déclaration d'urgence qui précède la résolution ci-après , approuve l'acte d'urgence.

(Suit la teneur de la déclaration d'urgence et de la résolution du 17 frimaire.)

La Commission du Conseil des Cinq-Cents , créée par la loi du 19 brumaire , délibérant sur le message des Consuls de la République , en date du 8 du courant , par lequel ils font la proposition formelle d'une extension et augmentation des droits d'octrois établis dans la commune de Paris , principalement pour l'entretien des hospices civils et le soulagement de la classe indigente ;

Considérant qu'il est instant de statuer sur tout ce qui intéresse le bien de l'humanité ;

Déclare qu'il y a urgence , et prend la résolution suivante :

Art. 1er. Il est établi un droit d'octroi d'un franc par hectolitre de bière , de trois francs par hectolitre de poiré , et de cinquante centimes par hectolitre d'orge , entrant dans la commune de Paris.

2. Il sera ajouté deux décimes par franc aux droits d'octroi établis pour l'entretien des hospices de la commune de Paris.

3. Tous les objets soumis au droit d'octroi à leur entrée dans la commune de Paris , et qui ne seront pas déclarés avant leur introduction , seront saisis et mis en dépôt.

4. Les objets saisis et déposés en exécution de l'article précédent, ne seront rendus aux propriétaires ou conducteurs qu'après qu'ils auront payé, par forme d'indemnité envers les pauvres, une somme égale à la valeur des objets saisis.

5. En cas de non payement de l'indemnité dont il est fait mention dans l'article précédent, et après l'expiration d'une décade pour tout délai, les régisseurs de l'octroi feront vendre à l'enchère les objets saisis ; le prix provenant de cette vente, déduction faite des frais, sera partagé entre les hospices et les employés de l'octroi.

6. La présente résolution sera imprimée.

- La dernière des lois rendues pour établir des octrois municipaux, contient de nouvelles règles pour la perception de ce droit. Elle est du 27 frimaire an 8, et est ainsi conçue :

Loi qui établit des Octrois Municipaux dans les Communes de Courtrai, Reims, Metz, Lille, Calais, Fontenay-le-Peuple, Limoges et Epinal, du 27 frimaire an 8.

ART. 1er. Il sera perçu dans les communes de Courtrai, département de la Lys ; de Reims, département de la Marne ; de Metz, département de la Moselle ; de Lille, département du Nord ; de Calais, département du Pas-de-Calais ; de Fontenay-le-Peuple, département de la Vendée ; de Limoges, département de la Haute-Vienne ; et d'Epinal, département des Vosges, des octrois municipaux, conformément aux tarifs annexés à la présente loi, et dont le produit servira à l'acquittement de leurs dépenses locales.

Les frais annuels de perception et de premier établissement ne pourront excéder, pour l'octroi de Courtrai, la somme de 5,000 francs ;

Pour celui de Reims, la somme de 18,000 francs ;

Pour celui de Metz, la somme de 7,600 francs ;

Pour celui de Lille, la somme de 27,000 francs ;

Pour celui de Calais, la somme de 5,050 francs ;

Pour celui de Fontenay-le-Peuple, la somme de 10,000 fr. ;

Pour celui de Limoges, la somme de 9,202 francs ;

Et pour celui d'Epinal, le dixième du produit brut.

2. Ces octrois, ainsi que ceux qui seront établis à l'avenir, seront organisés conformément aux dispositions suivantes.

3. Le Gouvernement est chargé définitivement, et les administrations centrales de département par provision, de faire les réglemens généraux et locaux pour la perception desdits octrois, de déterminer le nombre nécessaire de bureaux de recette, ou de régler tout autre mode de surveillance et de perception, suivant les localités, et de fixer le nombre des employés, ainsi que le mode et le taux de leur traitement.

4. Dans les communes où il sera nécessaire d'établir un directeur ou préposé en chef à la direction de l'octroi, sa nomination sera faite par le Gouvernement.

Les autres employés seront nommés par l'administration de département, sur une liste triple pour chaque employé, qui lui sera présentée par l'administration municipale.

5. Il sera fourni aux préposés des recettes, des registres à souches, sur lesquels ils seront tenus de porter leurs recettes jour par jour, article par article, et de suite, sans y laisser aucun blanc.

6. Les employés à la perception des octrois recevront une commission ; savoir, le préposé en chef, s'il y a lieu, de la part du Gouvernement ; et les autres employés, de la part de l'administration de département.

Les uns et les autres en seront toujours porteurs, ainsi que du tarif et du réglement fait pour en assurer l'exécution.

7. Avant d'entrer en exercice, ils prêteront serment devant le juge de paix dans l'arrondissement duquel siége l'administration municipale, et il en sera fait mention au pied de leur commission ; le tout sans autres frais que les droits d'enregistrement.

8. Leurs procès-verbaux constatant la fraude seront affirmés devant le même juge de paix, dans les vingt-quatre heures de leur date, sous peine de nullité, et ils feront foi en justice jusqu'à l'inscription de faux.

9. La perception de l'octroi fait partie des attributions de l'administration municipale, sous la surveillance de l'administration centrale du département.

10. L'administration centrale de département pourra, si le cas l'exige, destituer les receveurs et autres préposés par elle, les dénoncer aux Tribunaux, et les y faire poursuivre à la requête du Commissaire du Gouvernement.

A l'égard du directeur ou préposé en chef, sa destitution ne sera que provisoire, et devra être confirmée par le Gouvernement.

11. Tout porteur et conducteur d'objets de consommation compris au tarif de l'octroi, sera tenu de faire sa déclaration

au bureau de recette le plus voisin, et d'en acquitter les droits avant de les faire entrer dans la commune, sous peine d'une amende égale à la valeur de l'objet soumis au droit d'octroi.

La même amende sera encourue par les fabricans et autres débiteurs des droits d'octroi perceptibles dans l'intérieur de la commune, faute par eux d'avoir fait leur déclaration dans les délais ou à l'époque déterminés par les réglemens qui auront été faits en exécution de l'art. 2 de la présente.

Ces amendes, après qu'elles auront été prononcées, seront acquittées entre les mains du receveur du bureau, et sur-le-champ, de la part du condamné ; sinon, à l'égard des objets saisis, dans les vingt-quatre heures de leur vente. Une moitié appartiendra aux employés de l'octroi, l'autre sera versée par le receveur à la caisse des recettes municipales et communales.

12. Dans aucun cas, les citoyens entrant dans lesdites communes, à pied, à cheval, ou en voiture de voyage, ne pourront, sous prétexte de la perception de l'octroi, être arrêtés, questionnés ou visités sur leurs personnes, ni à raison des malles qui les accompagnent.

Tous actes contraires à la présente disposition seront réputés actes de violence ; les délinquans, poursuivis par voie de police correctionnelle, et condamnés à cinquante francs d'amende et à six mois de détention.

13. Les contestations qui pourront s'élever sur l'application du tarif, ou sur la quotité des droits exigés par les receveurs d'octroi, seront portés devant le juge de paix dans l'arrondissement duquel siége l'administration municipale, à quelque somme que le droit contesté puisse s'élever, pour être par lui jugées sommairement et sans frais, soit en dernier ressort, soit à la charge de l'appel, suivant la quotité du droit réclamé.

14. En cas de contestation sur l'application du tarif ou sur la quotité du droit, tout porteur ou conducteur d'objets compris au tarif, sera tenu de consigner entre les mains du receveur le droit exigé ; il ne pourra être entendu qu'en rapportant au juge qui devra en connaître, la quittance de ladite consignation.

15. Toute personne qui s'opposera à l'exercice des fonctions desdits préposés, sera condamnée à une amende de cinquante francs. En cas de voies de fait, il en sera dressé procès-verbal, qui sera envoyé au directeur du jury, pour en poursuivre les auteurs, et leur faire infliger les peines portées par le Code Pénal contre ceux qui s'opposent avec violence à l'exercice des fonctions publiques.

16. Tout préposé à l'octroi qui favorisera la fraude, soit en recevant des présens, soit tout autrement, sera condamné aux peines portées par le Code Pénal contre les fonctionnaires prévaricateurs.

17. Les amendes encourues d'après les dispositions de la présente, seront prononcées par les Tribunaux de simple Police ou de Police correctionnelle, suivant la quotité de la somme.

18. Les receveurs particuliers de l'octroi verseront, au moins une fois par décade, le montant de leurs recettes à la caisse du préposé aux recettes municipales et communales.

19. Il est alloué à ce préposé un cinquième de centime par franc de recette brute de l'octroi, outre le traitement qui lui est accordé pour les autres recettes, en exécution de la loi du 11 frimaire an 7.

20. L'administration municipale vérifiera et arrêtera, au moins une fois par mois, les registres des receveurs particuliers de l'octroi, ainsi que l'état des versemens faits par eux à la caisse du préposé spécial aux recettes municipales et communales.

21. Le préposé aux recettes municipales et communales remettra, le 1er. de chaque mois, à l'administration centrale, qui en enverra un double au Ministre de l'Intérieur, le bordereau, vérifié et approuvé par l'administration municipale, des versemens qui lui auront été faits du produit de l'octroi pendant le mois précédent.

22. Ne sont point sujets aux droits d'octroi les objets non destinés à la consommation desdites communes, et qui n'y entrent que par *transit*, ou pour y être entreposés jusqu'à leur sortie ultérieure.

Le Gouvernement est chargé définitivement, et les administrations centrales provisoirement, de régler les formalités et le mode de surveillance auxquels seront assujétis les propriétaires ou conducteurs desdits objets, et ils pourront, suivant les localités, ordonner la consignation du droit d'octroi, pour être restitué à la sortie des objets entreposés.

23. La présente loi et le tarif seront affichés, en placard, à la porte et dans l'intérieur de chaque bureau de l'octroi.

24. La présente résolution sera imprimée.

Le Gouvernement, administrateur suprême, peut donner au produit des octrois municipaux une destination particulière. Il a usé de ce droit pour améliorer le sort des militaires stationnés dans l'intérieur, par un arrêté du 24 frimaire an 11.

Le titre 13, article 75 de la loi relative au budjet de l'Etat pour l'an 14 et 1806, vint ajouter à l'arrêté ci-dessus les dispositions suivantes:

Loi relative au Budjet de l'Etat pour l'an 14 et 1806, du 24 avril 1806.

TITRE VIII. — *Prélèvement sur les Octrois des Villes pour le Pain de Soupe des Troupes.*

Art. 75. La retenue qui se fait sur les octrois des villes pour le pain de soupe des troupes, s'opérera désormais sur les octrois de toutes les villes qui ont plus de vingt mille francs de revenu, ou au moins quatre mille ames de population, et sera portée à dix pour cent du produit net desdits octrois, à compter du 1er. janvier 1806.

Les approvisionnemens nécessaires à la marine de l'Etat durent circuler librement dans tout l'Empire sans y payer aucun droit d'octroi.

Mais en même temps il fallut aviser aux moyens de prévenir les abus qui pourraient se glisser à la faveur de cet acte de justice.

Ce double but fut atteint par un arrêté du 5 germinal an 11.

Un autre arrêté du 10 floréal an 11 assure à l'administration des poudres et salpêtres, pour les matières premières nécessaires à sa fabrication, l'affranchissement du droit d'octroi.

La législation sur les droits d'octrois en avait placé la surveillance dans les attributions du Ministre de l'Intérieur.

Mais, par son arrêté du 5 germinal an 12, le Gouvernement a confié l'administration du droit d'octroi au directeur général des droits réunis, en

rangeant les uns et les autres dans les attributions
du Ministre des Finances. Voici cet arrêté :

*Arrêté concernant l'Organisation de la Régie des Droits
réunis.*

Paris, le 5 germinal an 12.

Le Gouvernement de la République, sur le rapport du
Ministre des Finances ;
Le Conseil d'Etat entendu, arrête :

TITRE Ier.

ART. 1er. L'organisation et la surveillance des octrois municipaux et de bienfaisance, et du droit de passe sur les routes,
et les perceptions provenant des droits réunis, seront dans les
attributions du Ministre des Finances.

2. Le Conseiller d'Etat chargé des ponts et chaussées travaillera, avec le Ministre des Finances, pour l'organisation,
l'instruction et le contentieux relatifs aux droits de passe.

3. En exécution de la loi du 5 ventose dernier, il y aura un
directeur général de la régie des droits réunis et cinq administrateurs.

4. Le directeur général dirigera et surveillera, sous les
ordres du Ministre des Finances, toutes les opérations relatives aux droits réunis.

Il fera faire la recette de la taxe d'entretien des routes, du
droit de navigation intérieure, et des droits et revenus des
bacs, bateaux et canaux.

Il dirigera et surveillera tous les agens et préposés à ces
recettes.

Il sera chargé, d'après les instructions du Ministre des Finances, de l'exécution des lois, réglemens sur les octrois municipaux et de bienfaisance.

5. Le directeur général travaillera seul avec le Ministre.

6. Le Ministre des Finances fera la division du travail
entre les cinq administrateurs ; l'un d'eux sera uniquement
chargé de suivre la comptabilité et le service des caisses.

7. Chaque administrateur travaillera particulièrement avec
le directeur général.

8. Les administrateurs se réuniront en conseil d'administration toutes les fois que le directeur général en indiquera.

Ce conseil sera présidé par le directeur général.

9. Les affaires contentieuses seront rapportées dans ce conseil ; elles seront décidées à la majorité des voix : en cas de
partage d'opinion, le directeur général les départagera ; il
pourra, lorsqu'il le jugera nécessaire, suspendre l'effet d'une
délibération, afin d'en référer au Ministre des Finances.

10. Il sera établi, près du directeur général, un secrétaire
général, quatre bureaux de correspondance et un bureau de
comptabilité. Toute la correspondance sera adressée au directeur général, qui jouira de la franchise et du contre-seing,
conformément à l'arrêté du 27 prairial an 8.

Le secrétariat général sera chargé spécialement des affaires
qui auront été réservées au directeur général.

TIT. II. — *De l'Administration dans les Départemens.*

11. Il sera établi une direction dans chacun des départemens de la République.

12. Il y aura dans chaque direction, sous les ordres et la
surveillance du directeur, des inspecteurs, des contrôleurs,
des commis à cheval, des commis sédentaires, et des préposés
aux déclarations et aux recettes, dont le nombre et la résidence seront désignés ultérieurement.

TIT. III. — *De la Nomination aux Emplois.*

13. Les nominations des administrateurs, des directeurs,
du secrétaire général et du receveur général, seront faites par
le Premier Consul.

Les nominations d'inspecteurs seront faites par le Ministre
des Finances.

Les autres nominations seront faites par le directeur général.

A compter de l'an 14, on ne pourra être nommé directeur
sans avoir été inspecteur.

TIT. IV. — *Des Traitemens et Remises.*

14. Les directeurs, dans les départemens, jouiront d'un
traitement fixe de trois à six mille francs ;

Les inspecteurs, de deux mille à deux mille quatre cents
francs.

Les traitemens fixes des contrôleurs, des commis à cheval
et des commis sédentaires, seront fixés par un arrêté particulier.

15. Les directeurs, inspecteurs, contrôleurs et commis, jouiront en outre d'une remise sur la totalité des produits nets ; la quotité de cette remise sera déterminée chaque année par le Gouvernement.

16. Au moyen du traitement fixe et des remises ci-dessus, il n'y aura lieu à aucune indemnité pour frais de commis, de loyer, de bureau, de tournée ou autres.

17. Les préposés aux recettes jouiront, pour traitement et indemnité de frais de loyer et de bureau, d'une remise sur le montant de leurs recettes, dont la quotité sera réglée ultérieurement.

TIT. V. — *Des principales Fonctions des divers Préposés.*

18. Le directeur correspondra avec le directeur général à Paris ; il transmettra aux inspecteurs et aux divers préposés les ordres et instructions qui lui seront adressés par la régie, et leur donnera d'ailleurs directement les ordres que nécessitera le bien du service.

Il fera la recette générale de tous les produits de son département, et en versera le montant tous les quinze jours au trésor public, par l'intermédiaire d'un receveur général établi près la régie à Paris. Il adressera, au commencement de chaque mois, à la régie, le bordereau général de ses recettes et de ses dépenses pour le mois précédent.

19. Il veillera à ce que la perception soit faite en conformité des lois, et à ce que les différens employés de sa direction s'acquittent avec exactitude de leurs fonctions.

Il décernera des contraintes, et fera toutes poursuites nécessaires contre les préposés en débet.

Il instruira et défendra sur les instances qui seront portées devant les Tribunaux.

Il formera, dans le second mois qui suivra chaque trimestre expiré, le compte général de ses recettes et de ses dépenses, et l'adressera à la régie avec les pièces justificatives à l'appui.

20. Les inspecteurs, dans chaque département, correspondront avec le directeur, se conformeront aux ordres et instructions qu'ils recevront de lui. Ils veilleront à ce que les instructions soient pareillement observées par les divers préposés.

Ils feront, au commencement de chaque trimestre, une tournée générale dans tous les bureaux de leur arrondissement.

Ils vérifieront et arrêteront les registres des préposés aux déclarations et aux recettes, formeront des comptereaux triples des recettes et des dépenses, dont l'un restera au préposé, un autre sera adressé directement, par l'inspecteur, au directeur général, et il remettra le troisième au directeur avec les pièces de dépense.

21. Les préposés aux déclarations et aux recettes recevront les déclarations prescrites par la loi du 5 ventose an 12, et feront la perception des différens droits confiés à la régie, conformément aux dispositions des lois.

TIT. VI. — *Des Amendes et Confiscations.*

22. L'administration centrale ne pourra avoir aucune part dans les produits des amendes et confiscations ; ils seront répartis entre le trésor public, les directeurs, inspecteurs, contrôleurs et employés, comme il suit :

Un sixième au trésor public, deux sixièmes au directeur et à l'inspecteur de l'arrondissement, à raison de deux tiers pour le directeur et d'un tiers pour l'inspecteur ; trois sixièmes aux employés qui auront concouru à la saisie de la contravention, avec deux parts à chaque contrôleur qui aura coopéré à la saisie.

23. Les transactions sur procès seront définitives :

1°. Avec l'approbation du directeur de département, lorsque, sur les procès-verbaux de contravention et saisie, les condamnations de confiscations et amendes à obtenir ne s'élèveront pas à plus de cinq cents francs ;

2°. Avec l'approbation du directeur général, lorsque lesdites condamnations s'élèveront de cinq cents francs à trois mille francs ;

3°. Avec l'approbation du Ministre des Finances dans les autres cas.

TIT. VII. — *Des Cautionnemens.*

24. Le cautionnement du receveur général est fixé provisoirement à cent mille francs en numéraire.

Les directeurs, employés et préposés aux recettes fourniront des cautionnemens en numéraire du douzième du montant des recettes qu'ils auront faites en l'an 13 : ces cautionnemens seront versés à la caisse d'amortissement.

25. Le Ministre des Finances est chargé de l'exécution du présent arrêté.

Dés l'an 10, il s'éţait élevé diverses questions sur les condamnations à prononcer en matiére d'octrois. Le Ministre de la Justice chercha à lever ces difficultés, en adressant aux Tribunaux, le 14 germinal an 10, la circulaire suivante :

« Il s'est introduit dans la jurisprudence des Tribunaux, en matiére d'octrois, quelques erreurs qu'il importe essentiellement de réformer, autant pour établir l'uniformité si desirable dans les décisions de la justice, que pour assurer la perception d'un genre de contribution dont le produit est consacré au soulagement des malheureux.

» Les législateurs, en établissant des octrois municipaux de bienfaisance, avaient d'abord pensé qu'une amende du double droit serait un frein suffisant contre la fraude : mais l'expérience fit bientôt connaître, par la multiplicité des contraventions qui se commirent, qu'il fallait une peine plus forte pour empêcher les tentatives et arrêter les efforts de la cupidité. En conséquence, et par la loi du 27 frimaire an 8, qui crée de nouveaux octrois, il fut dit que l'amende serait égale à la valeur de l'objet soumis au droit d'octroi. — Cette augmentation dans la quotité de l'amende n'est pas, comme l'ont pensé quelques Tribunaux, exclusivement applicable aux octrois créés par la loi du 27 frimaire an 8. — Cette loi elle-même la rend commune à tous les octrois qui ont été établis depuis et qui pourront l'être à l'avenir, puisqu'elle porte, art. 2, que les octrois qui seront établis à l'avenir seront organisés conformément à ses dispositions. — Et la loi du 5 ventose an 8, en autorisant, d'une part, les conseils municipaux à faire des projets de tarifs et de réglemens pour les octrois municipaux, et en statuant, d'une autre part, que la perception et l'emploi se feront conformément aux dispositions générales des lois des 19 et 27 frimaire précédent, a nécessairement autorisé ces conseils municipaux à convertir, dans leur réglement, l'amende du double droit précédemment établie en une amende égale à la valeur de l'objet soumis au droit d'octroi. — Ainsi, les Tribunaux ne doivent aujourd'hui prononcer que l'amende égale à la valeur de l'objet saisi, en se fixant, à l'égard des octrois établis par la loi du 27 frimaire an 8, ou postérieurement à cette loi, sur les art. 2 et 11 de cette même loi, et par rapport aux octrois établis antérieurement, sur les réglemens de l'autorité administrative, auxquels les lois des 27 frimaire et 5 ventose an 8 donnent force de loi. — Ils ont cependant, dans ce dernier cas, à vérifier si ces réglemens sont revêtus, soit de l'approbation définitive du Gouvernement, ainsi que l'exige l'article 2 de la loi du 5 ventose an 8, soit de l'autorisation du Ministre de l'Intérieur, qui, aux termes de l'arrêté des Consuls du 13 thermidor suivant, doit être provisoirement considérée comme décision du Gouvernement : car, jusqu'à ce que ces sortes de réglemens aient reçu cette fonction du Gouvernement, ils ne sont susceptibles d'aucune exécution, même provisoire; mais, lorsqu'ils l'ont reçue, les Tribunaux doivent les considérer comme lois et les prendre pour base de leurs décisions. — Le Tribunal de Cassation l'a ainsi jugé le 8 nivose dernier, en cassant un jugement du Tribunal Criminel du département de la Marne, du 29 fructidor an 9, qui, au lieu de prononcer l'amende égale à la valeur de l'objet saisi, portée dans un réglement administratif revêtu de l'approbation du Gouvernement, avait appliqué l'amende du triple droit établie par la loi particulière qui crée l'octroi de Châlons.

» Mais un abus plus grave encore, et qui tend à rendre absolument nulle la perception des octrois, c'est la facilité avec laquelle les Tribunaux acquittent, sous divers prétextes, les fraudeurs qui leur sont dénoncés. — Les uns exigent que les procès-verbaux soient rédigés et signés par plusieurs préposés, d'autres les soumettent à la preuve testimoniale ; ceux-ci les astreignent aux formalités prescrites par l'ordonnance de 1687 ; ceux-là exigent l'observation des formalités établies par les lois sur les douanes ; et presque tous paraissent s'être formé l'opinion que la moindre nullité qui vicie un procès-verbal, anéantit toute action contre le contrevenant. — Tous ces différens points de jurisprudence adoptés par quelques Tribunaux sont autant d'erreurs qu'il importe de réformer :

» 1°. Aucune des lois concernant les octrois n'exigeant, pour la validité des procès-verbaux, le concours de plusieurs préposés, un procès-verbal, rédigé et signé par un seul, est aussi valable, aussi authentique que s'il eût été rédigé et signé par plusieurs ;

» 2°. La loi du 27 frimaire an 8, statuant, article 8, que les procès-verbaux des préposés à la perception des octrois, feront foi en justice jusqu'à inscription de faux, les Tribunaux ne peuvent, sans contrevenir formellement à cette loi, admettre la preuve testimoniale contre ces procès-verbaux. Tant qu'il n'y a pas d'inscription de faux, les juges ne doivent avoir aucun égard aux allégations, aux déclarations des prévenus, ni aux différens genres de preuves contraires qu'ils peuvent offrir ; ils ne doivent voir que le procès-verbal, qui seul fait preuve suffisante ; et dans le cas d'inscription de faux, ils ne peuvent que surseoir, conformément aux art. 8 et 536 du Code des Délits et des Peines, à faire droit sur la contravention, jusqu'après le jugement de l'accusation en faux;

» 3°. Les règles établies par l'ordonnance de 1687, pour la validité des procès-verbaux, ne sont aujourd'hui applicables qu'à l'égard des procès-verbaux dont la forme n'est pas déterminée par les lois nouvelles. Or, l'octroi municipal étant un établissement nouveau, les procès-verbaux qui le concernent ne sont soumis qu'aux formalités établies par les lois qui y sont relatives;

» 4°. Les lois concernant les douanes ne sont obligatoires que pour les préposés des douanes; de même que celles qui concernent les octrois ne le sont que pour les préposés à la perception de ces octrois; et comme on ne peut raisonner par analogie pour appliquer à un cas une loi qui a été faite pour un autre cas, les préposés à la perception des octrois ne sont pas, pour la rédaction de leurs procès-verbaux, assujétis aux formalités prescrites par les lois sur les douanes. Si les lois concernant les octrois n'ont pas soumis les procès-verbaux des préposés à la perception des octrois, à autant de formalités que les procès-verbaux des préposés des douanes, c'est qu'elles ont voulu les en dispenser : si elles n'ont fait mention, à l'égard de ceux-là, que de la formalité de l'affirmation, c'est que les législateurs ont pensé qu'en cette matière, cette affirmation suffisait pour assurer l'authenticité et garantir la fidélité des procès-verbaux. Ajouter aux dispositions de ces lois, en exigeant, pour la validité des procès-verbaux des préposés aux octrois, d'autres formalités que celles de l'affirmation, c'est, de la part des Tribunaux, commettre un excès de pouvoir très-répréhensible. Il est d'ailleurs un principe duquel les juges ne doivent jamais s'écarter : c'est que les nullités sont de droit écrit, et ne peuvent se suppléer. Aucune nullité ne peut être légitimement prononcée, si elle n'est formellement établie par une loi expresse. Les Tribunaux violent ouvertement ce principe toutes les fois qu'à l'égard d'un procès-verbal des préposés à la perception d'un octroi, ils admettent des nullités qui ne sont établies par aucune des lois concernant les octrois.

» 5°. Enfin, c'est une très-grande erreur que de croire que la nullité d'un procès-verbal entraîne nécessairement et toujours l'absolution du prévenu. Une contravention, une fraude n'en existe pas moins, quoique le procès-verbal qui la constate soit nul. Tout ce que l'on peut conclure de la nullité du procès-verbal, c'est que la preuve qui devait résulter de ce procès-verbal n'existe pas. Un procès-verbal ne sert qu'à constater la contravention, qu'à en établir la preuve. S'il est nul, la contravention n'en est point constatée, la preuve n'en est pas faite par un procès-verbal ; mais elle peut être établie et prouvée, soit par l'existence même des objets saisis, soit par des témoins, soit par l'aveu des prévenus, soit de toute autre manière. Si, par exemple, le fait de l'introduction actuelle des marchandises sujettes au droit d'octroi est certain et reconnu, et si l'on ne représente ni la quittance du droit, ni l'acte contenant la déclaration préalable à laquelle tout conducteur d'objets soumis au droit d'octroi est assujéti, la contravention est évidente ; son impunité serait scandaleuse. Dans ce cas, comme dans tout autre où la contravention est établie sur des preuves indépendantes du procès-verbal, le Tribunal peut et doit même, en déclarant le procès-verbal nul, prononcer, néanmoins, sur le fondement de ces autres preuves, la peine qui est établie par la loi.

» Je ne saurais trop vous recommander de veiller à ce que les principes que je viens de vous rappeler soient à l'avenir constamment suivis par les Tribunaux. De leur exacte observation, dépend absolument le succès de l'établissement des octrois. L'expérience a démontré qu'on ne peut espérer de maintenir ce genre de perception qu'en déployant contre ceux qui veulent s'y soustraire, une juste sévérité..... »

L'autorité municipale s'était permis, dans certaines communes, d'apporter des modifications aux tarifs arrêtés par le Gouvernement.

Cet abus fut dénoncé au Conseil d'Etat, qui, le 14 avril 1807, le proscrivit par l'avis suivant :

Avis du Conseil d'Etat sur les Tarifs d'Octroi.
(Séance du 14 avril 1807.)

Le Conseil d'Etat, sur le renvoi qui lui a été fait par Sa Majesté d'un rapport du Ministre des Finances ;

Considérant que les tarifs ne peuvent être mis à exécution que lorsqu'ils ont été approuvés par l'autorité supérieure, et que conséquemment ils ne peuvent recevoir aucune modification qu'en vertu des arrêtés de la même autorité ; que néanmoins quelques maires ont fait exécuter des modifications apportées aux tarifs, et qui étaient uniquement fondées sur le vote des conseils municipaux ; qu'un pareil abus peut entraîner les plus graves inconvéniens ;

Est d'avis que les Ministres des Finances et de l'Intérieur doivent être chargés de rappeler spécialement les maires à l'exécution des lois et réglemens sur cette matière, et de faire connaître à l'avenir à Sa Majesté toutes les contraventions qui pourraient avoir lieu.

Le présent avis sera inséré au Bulletin des Lois.

Le Gouvernement vient enfin de mettre la dernière main à l'organisation des octrois, par le décret impérial daté du camp de Schonbrunn, le 17 mai 1809, et dont la teneur suit :

Napoléon, Empereur des Français, Roi d'Italie, et Protecteur de la Confédération du Rhin,

Sur le rapport de notre Ministre des Finances;

Notre Conseil d'Etat entendu,

Nous avons décrété et décrétons ce qui suit :

TIT. Ier. — *Etablissement des Octrois.*

Art. 1er. Les octrois sont établis pour subvenir aux dépenses qui sont à la charge des communes.

2. Ils continueront d'être délibérés par les conseils municipaux.

3. La surveillance immédiate de la perception des octrois appartient aux maires, sous l'autorité de l'administration supérieure.

4. Les préfets qui, à l'examen du budjet d'une commune, reconnaîtront l'insuffisance de ses revenus ordinaires, pourront provoquer le conseil municipal à délibérer l'établissement d'un octroi, après avoir reçu l'autorisation du Ministre de l'Intérieur, pour les communes dont les revenus sont au-dessus de 20,000 francs.

5. En procédant à la rédaction des projets de réglemens et tarifs des octrois, les conseils municipaux appliqueront les dispositions du présent décret, et choisiront celui des modes de perception ci-après indiqués qui paraîtra le mieux convenir à la population, au commerce, à l'industrie, à l'agriculture, aux arrivages par terre ou par eau, à la nature des lieux, et à l'espèce, quantité et qualité des objets qui s'y consomment.

6. Les préfets, après avoir pris les avis des sous-préfets, adresseront à nos Ministres des Finances et de l'Intérieur les projets de réglemens et de tarifs délibérés par les conseils municipaux, et y joindront leurs observations et les modifications qu'ils jugeront convenables.

7. Si les conseils municipaux refusent ou négligent de délibérer, s'ils votent négativement, les préfets en feront également leur rapport à nos Ministres de l'Intérieur et des Finances : ce dernier, après avoir pris l'avis de notre Ministre de l'Intérieur, nous fera, dans le plus court délai, son rapport, pour nous être soumis en Conseil d'Etat.

8. Dans tous les cas, les préfets appuieront leurs propositions du tableau comparatif des recettes et dépenses, de l'état des dettes arriérées et des besoins indispensables de la commune, de la déclaration des maires et de l'avis des sous-préfets.

9. Les banlieues et dépendances des villes, bourgs et villages, et, s'il y a lieu, les portions de banlieue appartenant à un autre territoire, pourront être assujéties à la perception des droits d'octroi, avec les modifications que les circonstances ou les localités pourraient exiger dans l'exécution.

10. Lorsqu'une ville ou commune se trouvera dans le cas de l'article précédent, les préfets provoqueront les conseils municipaux desdites communes à délibérer sur la réunion, ou autre moyen de garantir la perception des droits d'octroi établis ou à établir.

11. Les préfets soumettront à nos Ministres des Finances et de l'Intérieur, avec leurs observations et avis et ceux des sous-préfets et des maires, les délibérations des conseils municipaux, pour être par nous définitivement statué.

12. Les maires, et même les conseils municipaux, ne pourront faire ou permettre aucun changement aux tarifs et réglemens d'octroi qui auront été approuvés, qu'ils n'aient été délibérés et approuvés de la manière prescrite par les articles précédens.

13. Le produit des amendes et confiscations prononcées pour cause de contraventions aux réglemens de l'octroi, soit par jugement, soit par suite de transaction, déduction des frais et prélèvemens autorisés, sera partagé ainsi qu'il suit : une moitié appartiendra aux préposés de l'octroi, conformément au mode de partage qui sera déterminé ; et l'autre moitié sera versée dans la caisse municipale, pour être appliquée soit aux préposés, soit aux pauvres recevant des secours à domicile.

14. L'administration de l'octroi sera tenue d'avoir une comptabilité particulière pour le produit des amendes, et pour justifier de l'emploi de la recette.

15. Il sera également tenu, par l'administration de l'octroi, une comptabilité particulière pour le timbre, les plombs et autres fournitures.

TIT. II. — *Des Tarifs.*

16. Aucun tarif ne pourra porter que sur les objets compris dans les cinq divisions suivantes, savoir :

1°. Boissons et liquides ; — 2°. Comestibles ; — 3°. Combustibles ; — 4°. Fourrages ; — 5°. Matériaux.

1re. Division. — *Des Boissons et Liquides.*

17. Sont compris dans la première division, les vins,

cidres, poirés, bières, hydromels, eaux-de-vie, esprits, liqueurs et eaux spiritueuses.

18. Lorsque les vins, cidres et poirés seront imposés, les fruits servant à la confection de ces boissons seront taxés dans la proportion de ces liquides. Cette proportion sera la même que celle fixée pour les droits réunis.

19. Les réglemens détermineront l'espèce de raisins et de fruits susceptible de l'exemption des droits, et la quantité qui pourra jouir de cette exemption.

20. Les eaux-de-vie et esprits de toute espèce pourront être divisés, pour le payement des droits, en deux et même trois classes, suivant les degrés.

Le droit sera fixe pour chaque classe, sans taxe intermédiaire. Les degrés seront constatés d'après l'aréomètre.

21. Les eaux dites de Cologne, de la reine de Hongrie, de mélisse et autres dont la base est l'alcohol, seront considérées comme esprits et payeront les droits comme tels.

22. Dans les pays où la bière est la boisson habituelle et générale, la taxe sur la bière importée, quelle que soit sa qualité, ne pourra être au plus portée qu'au quart en sus du droit sur la bière fabriquée dans l'intérieur.

23. Lorsque les conseils municipaux voudront faire porter les octrois sur les huiles, ils seront tenus de les désigner nominativement, et de fixer la taxe selon leur qualité et leur emploi.

2e Division. — *Des Comestibles.*

24. Sont compris dans la deuxième division et passibles des droits, les objets servant habituellement à la nourriture des hommes, à l'exception toutefois des grains et farines, fruits, beurre, lait, légumes et autres menues denrées.

25. Les exceptions portées à l'article précédent ne sont point applicables aux fruits secs et confits, aux pâtes, aux oranges, limons et citrons, lorsque ces objets seront introduits dans les villes, en caisses, tonneaux, barils, paniers et sacs, ni aux beurres et fromages venant de l'étranger.

26. Les bêtes vivantes seront taxées par tête. A l'égard des viandes dépecées fraîches, séchées ou salées, le droit sera payé par kilogramme, conformément à la taxe qui sera déterminée par le tarif.

27. Dans les communes où l'on élève des bestiaux, et dans celles où il s'en fait commerce dans les marchés publics, il sera accordé, par les réglemens, aux propriétaires et aux

marchands, toutes les facilités compatibles avec la sûreté de la perception.

28. Les coquillages, le poisson de mer frais, sec ou salé, de toute espèce, et celui d'eau douce, pourront être assujétis aux droits d'octroi suivant les usages locaux, soit en raison de leur valeur vénale, soit en raison du nombre ou du poids, soit par panier, baril ou tonneau.

3e. Division. — *Des Combustibles.*

29. Sont compris dans la troisième division,

1°. Toute espèce de bois à brûler, les charbons de bois, de terre, la houille, la tourbe, et généralement toutes les matières propres au chauffage ;

2°. Les suifs, cires et huiles à brûler.

30. Si les localités et la nature des combustibles ne permettent pas d'asseoir le droit par stère, hectolitre, cent ou millier, il sera exactement déterminé par bateau, charge ou voiture.

4e. Division. — *Des Fourrages.*

31. Sont compris dans la quatrième division, les pailles, avoines, et tous les fourrages verts et secs, de quelque nature, espèce ou qualité qu'ils soient.

Le droit sur les pailles et fourrages sera réglé par botte et au poids.

Le droit sur l'avoine sera fixé par hectolitre.

Si lesdits droits ne peuvent être perçus ainsi, ils seront réglés par voiture, charge ou bateau.

5e. Division. — *Des Matériaux.*

32. Sont compris dans la cinquième division, les bois, soit en grume, soit écarris, façonnés ou non, propres aux charpentes, constructions, menuiserie, ébénisterie, tour, tonnellerie, vannerie et charronnage.

Y sont également compris les pierres de taille, moellons, pavés, marbres, ardoises, tuiles de toute espèce, briques, craies et plâtres.

33. Les droits seront fixés et perçus par stère, hectolitre, mètre cube ou carré, et d'après les fractions du stère, de l'hectolitre ou du cube, par millier ou par cent.

Ils pourront être également perçus, s'il y a lieu, par voiture, par charge ou par bateau.

Dispositions générales pour les Tarifs.

34. Les mesures décimales seront seules en usage dans la perception des droits d'octroi.

35. Les poids, mesures et jauges employés par les droits réunis, le seront également par l'octroi.

36. Les préfets veilleront à ce que les objets portés au tarif soient, autant que possible, taxés à la même quotité dans les communes d'un même arrondissement.

TIT. III. — *Des Perceptions.*

§ Ier. *Perception à l'Entrée.*

37. Tous objets assujétis aux droits ne pourront être introduits que par les barrières ou bureaux désignés à cet effet, et après payement des droits ou soumissions valables de les acquitter.

38. Tout porteur ou conducteur d'objets assujétis aux droits d'octroi, sera tenu d'en faire la déclaration par écrit au bureau de recette le plus voisin, et d'acquitter les droits avant de les faire entrer, sous les peines énoncées au présent réglement.

S'il ne sait ou ne veut signer, il en sera fait mention au registre.

39. Pour éviter aux redevables toute surprise relativement aux déclarations, les préposés de chaque bureau d'entrée sont tenus de demander aux conducteurs et voituriers, au moment où ils passent et s'arrêtent devant le bureau, s'ils ont quelque chose à déclarer.

40. Après cette demande, les préposés pourront faire toutes les recherches, visites et perquisitions nécessaires pour s'assurer de la sincérité et de l'exactitude des déclarations. Les conducteurs sont tenus de souffrir et même de faciliter toutes les opérations nécessaires auxdites vérifications. En cas de fraude, les préposés sont autorisés à arrêter et saisir tous les objets non déclarés ou faussement déclarés. Dans le même cas, il sera fait mention au procès-verbal de l'interpellation prescrite par l'article précédent.

41. Les individus voyageant à pied, à cheval ou en voiture de voyage, ne pourront être arrêtés, questionnés ou visités sur leurs personnes, ni à raison de leurs malles.

42. Tous actes contraires à la présente disposition seront

réputés actes de violence ; les délinquans seront poursuivis correctionnellement, et condamnés aux peines prononcées par l'art. 12 de la loi du 18 frimaire an 8.

43. Les diligences, fourgons, fiacres, cabriolets et autres voitures de louage, sont soumis aux visites des préposés de l'octroi, ainsi que tout ce qui peut servir à transporter et-conduire des matières soumises à l'octroi.

44. Les individus soupçonnés de faire la fraude à la faveur de l'exemption accordée par l'art. 41, pourront être conduits devant un officier de police, ou devant le maire, pour y être interrogés, et la visite de leurs effets autorisée, s'il y a lieu,

45. Les courriers ne pourront être arrêtés à leur passage sous prétexte de.la perception, mais ils seront obligés d'acquitter les droits des objets qui y sont sujets, dont le transport leur aura été confié.

46. Des employés pourront assister à l'arrivée des courriers et à la remise des paquets, pour s'assurer qu'ils n'introduisent rien en fraude.

47. Tous courriers et employés des postes et des administrations publiques convaincus d'avoir fait ou favorisé la fraude, seront poursuivis comme fraudeurs, et leur destitution sera prononcée par l'autorité compétente,

§ II. Des Perceptions dans l'intérieur des Communes.

48. Dans les communes où la perception à l'entrée ne peut avoir lieu sans de trop grands frais, il sera établi un bureau, autant que possible, au centre de la commune ; et en cas d'insuffisance, il en sera établi plusieurs. Les objets venant du dehors devront, avant d'être transportés à domicile, être conduits directement à ce bureau, pour y être déclarés et les droits y être acquittés, si la déclaration n'a été faite et les droits acquittés préalablement. Les réglemens fixeront en outre le nombre nécessaire des préposés ambulans pour la surveillance et la conservation des droits, et faciliter la perception dans les pays vignobles au temps des vendanges.

49. Devront également être déclarés et seront passibles des droits, les objets compris au tarif qui seraient fabriqués, préparés ou récoltés dans l'intérieur de leur commune, ainsi que les bestiaux qui n'auraient pas acquitté le droit et que l'on abattrait pour la consommation.

§ III. *Dispositions communes.*

50. Il sera placé au-dessus de la porte extérieure de chaque bureau, un tableau portant ces mots : *Bureau de l'Octroi.*

51. Toute introduction d'objets soumis à l'octroi par d'autres points que ceux désignés dans le réglement local, sera considérée comme frauduleuse et punie comme telle.

52. Les tarifs et réglemens seront affichés dans l'intérieur et à l'extérieur de chaque bureau.

53. Les limites du territoire sujet à l'octroi seront indiquées par des poteaux sur lesquels seront écrits ces mots : *Octroi de.* . . .

54. Il est défendu aux employés, sous peine de destitution et de tous dommages et intérêts, de faire usage de la sonde dans la visite des malles, caisses et ballots annoncés contenir des étoffes, linges et objets susceptibles d'être endommagés.

55. Dans ce cas, comme dans tous ceux où le contenu des caissons et ballots serait inconnu, et pourrait être vérifié immédiatement, la vérification en sera faite soit à domicile, soit dans les emplacemens à ce destinés.

56. Tous conducteurs ou porteurs d'objets assujétis aux droits, seront tenus, outre les déclarations prescrites, d'exhiber, aux préposés de l'octroi, les lettres de voiture, connaissemens, chartes-parties, acquits à caution, congés, passavans, et toutes autres expéditions délivrées par les administrations des droits réunis, des douanes et tous autres.

57. Les expéditeurs qui voudront être exempts des visites des préposés d'octroi établis dans tous les lieux de passage, et qu'à leur arrivée au lieu de la destination, la visite des caisses, malles et ballots ne se fasse qu'en présence du consignataire ou de son représentant, pourront demander que lesdites caisses, malles et ballots soient plombés et marqués par les préposés du lieu du départ ou du lieu le plus voisin.

Lesdites caisses, malles, ballots et paniers seront déclarés à leur arrivée, soit au bureau de l'octroi, soit à celui des droits réunis, pour être vérifiés en présence des propriétaires ou de leurs représentans, et les droits acquittés, s'il y a lieu.

Les frais de marque ou de plomb seront à la charge des expéditeurs, ainsi que les cordes qui pourront être employées.

Ces frais seront déterminés par un réglement particulier.

58. La faculté accordée par l'article précédent ne pourra exempter les expéditeurs de satisfaire à la demande de congés, de passe-debouts, de passavans, et autres expéditions qui

peuvent être exigées par l'administration des droits réunis ou par celle des douanes, et des autres formalités prescrites par l'une ou par l'autre administration.

59. Les objets arrivant par eau ne pourront être déchargés avant la déclaration préalable, qui contiendra la désignation du lieu du déchargement, lequel ne pourra s'effectuer avant le payement de droits, ou soumission valable de les acquitter.

TIT. IV. — *Du Passe-debout.*

60. Le passe-debout est le passage non interrompu par une commune en exemption de droits.

Pour jouir de cette exemption, les propriétaires, conducteurs ou porteurs seront tenus de faire, au premier bureau, une déclaration par écrit, indicative du lieu de départ, du nom de l'expéditeur, de sa qualité ou profession, de sa demeure et des quantités, qualité, nature ou espèce des objets à passer debout, du lieu de leur destination, des noms, professions et domicile des destinataires ; il leur sera remis une ampliation de leur déclaration, qu'ils seront tenus de présenter et faire viser au bureau de sortie dans le délai qui aura été fixé.

61. Les préposés de l'octroi pourront vérifier la sincérité de la déclaration. Ils pourront faire accompagner par l'un d'eux les objets introduits en passe-debout.

62. On pourra, au bureau de sortie, faire une nouvelle vérification.

63. Dans les communes où la perception se fait dans l'intérieur, les réglemens détermineront les mesures propres à prévenir les abus qui pourraient résulter de la faculté des passe-debouts.

64. Si, par résultat des vérifications, la déclaration est trouvée fausse dans la quantité, l'excédant non déclaré sera saisi. Toute fausse déclaration dans l'espèce, et même dans la quantité lorsque l'excédant non déclaré dépasse du tiers cette quantité, sera punie de la saisie totale.

65. Toute soustraction ou décharge frauduleuse pendant la durée du passe-debout, fera encourir la saisie des objets déchargés ou la confiscation de la valeur des objets soustraits.

66. Ne sont pas considérés comme contrevenans les individus qui justifieront, par une déclaration faite devant les autorités locales, avoir été retenus au-delà du délai fixé par accident ou par force majeure.

Dans ce dernier cas, les objets en passe-debout seront mis

sous la surveillance des préposés de l'octroi jusqu'à leur sortie.
Les frais de loyer ou de garde, s'il y en a, seront à la charge
des déclarans.

TIT. V. — *Du Transit.*

67. Le transit est la faculté de passer dans une commune,
et d'y séjourner suivant les besoins et les circonstances, mais
seulement pendant un délai qui ne peut excéder trois jours,
sauf les cas de prolongation dont l'administration de l'octroi
sera juge.

68. Les déclarations prescrites pour les objets en passe-
debout auront également lieu pour le transit.

69. Les objets admis en transit resteront sous la surveillance des préposés jusqu'au moment de leur départ; ils ne
pourront être déchargés, ni changés de place, sans déclaration préalable.

70. Les marchandises revêtues des plombs des douanes ou
des droits réunis, et accompagnées d'acquits à caution, passavans ou autres expéditions, jouiront de la faculté de transit
sur le seul visa des expéditions en règle, sans autre vérification que celle des plombs ou marques, et sans qu'il y ait lieu
à consignation ou à cautionnement des droits.

TIT. VI. — *De l'Entrepôt.*

71. L'entrepôt est la faculté de faire entrer et séjourner en
franchise, dans l'intérieur d'une commune, des marchandises sujettes, par leur nature, à l'octroi, et auxquelles le
propriétaire veut se réserver de donner une destination ultérieure.

§ I⁰ᵉ. *De l'Entrepôt réel.*

72. L'entrepôt réel se fait dans un magasin public.

73. L'administration des octrois sera tenue, à peine d'en
répondre, de représenter les objets déposés à l'entrepôt réel.

74. La durée de l'entrepôt réel ne sera pas au-dessus de
trois ans. L'administration de l'octroi autorisera, s'il y a lieu,
des prolongations d'entrepôt.

75. Les personnes qui voudront entreposer réellement, re-
présenteront les lettres de voiture, connaissemens, chartes-
parties et autres expéditions d'usage (pour ce qui arrivera du
dehors) aux préposés de l'octroi. Elles feront en outre une
déclaration détaillée des objets contenus dans les pièces,

ballots et paquets, et de leur valeur. Les préposés feront la vérification avant l'entrée à l'entrepôt.

A l'égard des objets dont il est parlé aux articles. . . . ., ils pourront être admis à l'entrepôt sans vérification préalable, si les marques et plombs sont trouvés sains et entiers ; mais, dans ce cas, l'administration de l'octroi ne sera tenue de représenter lesdits objets que dans l'état où ils auront été remis.

76. Après la vérification faite des objets entreposés, les pièces seront marquées et rouannées, et les ballots et paquets empreints de marques particulières à l'octroi. Les entrepreneurs pourront prendre des échantillons desdits objets : ces échantillons seront cachetés ou marqués par les préposés de l'entrepôt.

77. Les objets reçus en entrepôt réel seront, aussitôt la vérification et leur réception, inscrits sur un registre à souche. Une expédition détachée de la souche sera remise à l'entreposeur, dont elle énoncera les nom, prénoms, qualité, profession et demeure, ainsi que la qualité, la quantité, la valeur des objets entreposés, et toutes les autres circonstances propres à les faire reconnaître.

78. La souche du registre sera signée par l'entreposeur ; s'il ne sait ou ne veut écrire, il en sera fait mention.

79. Les objets entreposés réellement ne pourront être retirés qu'en représentant l'expédition d'admission à l'entrepôt, et après une déclaration préalable, indicative de la destination desdits objets : dans le cas où cette expédition serait adirée, l'entreposeur se pourvoira à l'administration de l'octroi, qui statuera ce qu'il appartiendra.

80. Ceux de ces objets déclarés sortir de la commune seront accompagnés d'une expédition particulière ; ceux livrés pour l'intérieur acquitteront les droits avant de sortir de l'entrepôt.

81. Les acheteurs ou cessionnaires d'objets entreposés seront admis à faire reconnaître leurs droits de propriété, et ladite reconnaissance sera constatée en marge de l'enregistrement prescrit par l'article. . . .

82. Il sera établi, pour la sortie des objets entreposés, un registre à souche, qui indiquera l'époque des sorties et la destination des objets sortis.

La souche du registre sera signée par l'entreposeur ou son représentant : sa signature opérera la décharge du conservateur de l'entrepôt.

83. Les propriétaires ou leurs fondés de pouvoirs pourront, en tout temps, demander l'entrée des entrepôts publics de l'octroi, tant pour y soigner les objets qu'ils y auront déposés,

que pour y conduire des acheteurs, de la conduite desquels ils répondront.

84. A défaut, par les propriétaires ou leurs fondés de pouvoirs, de veiller à la conservation des objets entreposés, les régisseurs de l'octroi se feront autoriser par le maire à y pourvoir.

Les dépenses d'entretien et de conservation seront remboursées aux régisseurs, par lesdits propriétaires, sur les mémoires et états que ces premiers présenteront réglés par le maire.

85. L'administration de l'octroi sera responsable des altérations ou avaries qui seront prouvées provenir de la faute de ses préposés.

86. Les rouliers et conducteurs qui entreposeront réellement, faute d'acceptation de la part des destinataires ou de vente, pourront obtenir de l'administration de l'octroi le payement de ce qui leur serait dû pour voiture et déboursés, dont ils justifieront.

87. Les marchandises entreposées pour les causes ci-dessus ne seront rendues aux propriétaires qu'après acquittement des avances, des frais de magasinage, et, s'il y a lieu, d'entretien.

88. Il sera fait un réglement des frais de magasinage, qui sera basé sur la dépense de location et d'entretien du magasin général. Ce réglement sera fait sur les avis et observations des Chambres de Commerce, et ne deviendra exécutoire que par l'approbation de notre Ministre des Finances.

89. Si, dans les trois mois après le délai fixé pour l'entrepôt, lesdites marchandises n'ont été réclamées et retirées, elles seront vendues publiquement et par ministère d'huissier. Le prix en provenant servira à payer les avances et frais faits par l'administration de l'octroi, les indemnités qui pourront être dues, et enfin cinq pour cent d'intérêts des sommes avancées.

Cette dernière recette fera partie des produits de l'octroi.

Le surplus du prix de la vente sera déposé dans la caisse municipale, pour être remis aux propriétaires ou à leurs fondés de pouvoirs lorsqu'ils se présenteront.

§ II. *De l'Entrepôt fictif.*

90. L'entrepôt fictif est l'admission en franchise des marchandises dans des magasins, caves et domiciles particuliers, à défaut du magasin public pour l'entrepôt réel.

91. Les propriétaires domiciliés, les négocians, marchands, facteurs et commissionnaires, aussi domiciliés et ayant patentes, pourront seuls être admis à recevoir chez eux et dans leurs magasins, à titre d'entrepôt et sans acquittement préalable des droits, les marchandises soumises à l'octroi.

92. Les réglemens locaux détermineront les objets qui pourront être admis à la faveur de l'entrepôt à domicile. Ils détermineront les quantités qui devront être allouées pour houillage et coulage.

93. Les conditions pour l'entrepôt fictif ou à domicile sont : de faire une déclaration par écrit, au bureau de l'octroi, avant l'entrée des objets à entreposer ; de permettre les visites, vérifications et exercices des préposés ; de leur ouvrir, en tout temps et à toute réquisition, les caves, magasins et autres lieux de dépôt ; de faire, de la manière et dans les formes voulues par les réglemens locaux, les déclarations d'expédition pour le dehors ou pour l'intérieur ; de remplir les autres conditions imposées par lesdits réglemens ; de ne faire aucune altération des objets en entrepôt ; de les vendre et faire sortir tels qu'ils auront été constatés à l'arrivée ; enfin, de payer exactement les droits acquits à l'octroi.

94. Les comptes de charge et décharge des objets entreposés à domicile, seront réglés et arrêtés au moins une fois par trimestre.

95. Toute déclaration reconnue infidèle, soit à l'entrée, soit à la sortie, soit lors des vérifications, visites et récolemens que feront les préposés, soit dans l'apurement des comptes, privera l'entreposeur du bénéfice de l'entrepôt. Le droit sur les quantités restant en magasin sera de suite exigible, sans préjudice de l'amende pour celles soustraites, introduites en fraude, ou trouvées en contravention de toute autre manière.

96. Tout refus de souffrir les visites et vérifications des préposés de l'octroi, de les recevoir lorsqu'ils se présentent pour leurs exercices, entraînera, indépendamment des peines prononcées par la loi, la déchéance de la faculté d'entrepôt, et rendra exigibles les droits sur tous les objets existant en magasin, comme sur ceux qui y seront introduits ultérieurement.

97. La durée de l'entrepôt à domicile sera fixée, selon les circonstances, par les réglemens locaux.

TIT. VII. — *Dispositions générales sur les Passe-debout, Transit et Entrepôt.*

98. Il sera établi des registres à souche pour recevoir les déclarations de passe-debout et de transit.

99. Les marchandises sur bâtimens, navires, bateaux, coches, barques, trains, diligences et autres servant à la navigation, seront assujéties aux mêmes formalités que celles arrivant par roulage.

Néanmoins, dans les villes où il y a des bureaux d'octroi auprès des lieux d'arrivées, elles pourront être conduites à ces bureaux, qui seront considérés, dans ce seul cas, comme point de départ.

100. Les voitures et transports militaires chargés d'objets assujétis aux droits, sont soumis aux conditions ci-dessus prescrites pour le transit et le passe-debout.

TIT. VIII. — *Crédits et Restitutions.*

101. Il pourra être accordé aux marchands, négocians et autres faisant le commerce en gros et ayant la patente, s'ils fournissent bonne et valable caution, un crédit plus ou moins long, suivant la nature et l'importance de leur commerce.

Les réglemens locaux détermineront les conditions d'après lesquelles le crédit pourra être obtenu et conservé.

TIT. IX. — *De l'Administration des Octrois.*

§ Ier. *De la Régie simple.*

102. La régie simple est la perception de l'octroi, sous l'administration immédiate des maires.

103. Les frais d'exploitation et de premier établissement seront réglés par les autorités locales, et communiqués à l'administration des droits réunis, pour être soumis à l'approbation de notre Ministre des Finances, qui ne la donnera qu'après avoir pris l'avis de notre Ministre de l'Intérieur.

§ II. *Des Régies intéressées.*

104. La régie intéressée consiste à traiter avec un régisseur, à la condition d'un prix fixe et d'une portion déterminée dans les produits excédant le prix principal et la somme abonnée pour les frais.

105. L'abonnement pour les frais ne pourra excéder, autant que faire se pourra, douze pour cent du prix fixe du bail.

106. Le partage des bénéfices sera fait à la fin de chaque
année ; il ne sera que provisoire : à l'expiration du bail, il
sera fait le compte de la totalité des bénéfices, pour établir
une année commune, d'après laquelle la répartition sera définitivement arrêtée conformément aux proportions déterminées par le cahier des charges.

107. Dans le premier mois de la deuxième année de sa
jouissance, l'adjudicataire présentera son compte à la vérification, et à l'arrêté duquel il sera procédé le plus prompte-
ment possible, et, au plus tard, dans le deuxième mois de
cette année, en présence du directeur des droits réunis, ou
d'un préposé de cette administration par lui désigné à cet
effet, de manière que ledit compte soit apuré avant la fin du
deuxième mois.

Il en sera de même chaque année pour l'année précédente.

§ III. *De la Ferme.*

108. La ferme est l'adjudication pure et simple des produits
d'un octroi, moyennant un prix convenu, sans partage de
bénéfice et sans allocation de frais.

109. L'adjudicataire ne pourra transférer son droit au bail,
en tout ou en partie, sans le consentement exprès de l'autorité locale, approuvé par notre Ministre des Finances. Il ne
pourra, en aucun cas, faire aux contribuables les remises des
droits, ni consentir aucun abonnement avec eux.

Dispositions communes aux Régies intéressées et aux
Fermes.

110. Les adjudications des octrois des villes ayant une population de cinq mille ames et au-dessus, seront faites par
le maire, sur les lieux mêmes, à l'hôtel de la mairie : dans
celles d'une population moindre, elles le seront à la sous-
préfecture, par le sous-préfet, en présence du maire.

111. Aucune adjudication ne peut être faite qu'en présence
du directeur des droits réunis, ou d'un préposé délégué par
ce dernier, lesquels signeront le procès-verbal.

112. Aucune adjudication ne pourra excéder trois ans, sauf
les cas où l'on aura à y comprendre ce qui resterait à courir
de l'année commencée ; et, dans tous les cas, elle devra toujours avoir pour terme le 31 décembre.

113. Les adjudications seront toujours précédées au moins de deux affiches, de quinzaine en quinzaine, lesquelles seront insérées dans les journaux du département; elles seront faites aux enchères publiques, à l'extinction des bougies, au plus offrant et dernier enchérisseur.

114. Ne seront admises aux enchères que les personnes d'une moralité, d'une solvabilité et d'une capacité reconnues par le maire, sauf le recours au préfet.

115. A cet effet, trois mois au moins avant le renouvellement du bail, il en sera donné avis dans les journaux, avec invitation à tous ceux qui voudraient concourir, de se présenter au secrétariat de la municipalité pour satisfaire aux dispositions précédentes.

116. Les adjudicataires feront par écrit, au moment de l'adjudication, avant de la signer, la déclaration indicative des noms, prénoms, professions et demeures de leurs associés, s'il y a lieu : ils joindront au procès-verbal l'acte de société, s'il en existe, sinon les associés présens signeront, avec les adjudicataires, le procès-verbal.

117. Après l'adjudication, aucune enchère ne sera reçue si elle n'est faite dans les vingt-quatre heures, et signifiée, par le ministère d'un huissier, à l'autorité qui aura procédé à cette adjudication, et s'il n'est offert un douzième en sus du prix auquel cette adjudication aura été portée. Dans ce cas, les enchères seront rouvertes sur la dernière offre.

118. Les adjudicataires se conformeront, pour la perception et pour tout ce qui est relatif à l'octroi, aux tarifs et réglemens approuvés. Ils seront également tenus de se conformer, sous peine de dommages et intérêts, et même de résiliement, aux lois et réglemens concernant les rapports des administrations d'octroi avec la régie des droits réunis.

119. Les adjudicataires auront le libre choix de leurs préposés, et pourront les révoquer à volonté. Néanmoins, les préfets, sur la demande des sous-préfets, des maires ou des directeurs des droits réunis, et après avoir entendu les régisseurs, pourront donner ordre à ces derniers de destituer ceux des préposés qui auraient donné lieu à des plaintes fondées.

120. Tout préposé qui, étant en fonctions depuis un an, ne sera pas conservé par le fermier au moment de sa mise en jouissance, recevra, à titre d'indemnité, aux frais du nouvel adjudicataire, deux mois de son traitement.

121. L'adjudicataire sera tenu, avant d'être mis en possession, de fournir un cautionnement dont la quotité et l'espèce auront été déterminées dans le cahier des charges.

122. L'administration des droits réunis pourra charger, pour chaque octroi, un de ses préposés d'en surveiller la perception.

123. Le prix du bail sera payé de mois en mois et d'avance; en cas de retard de payement du prix stipulé du bail aux époques fixées, l'adjudicataire pourra être poursuivi par toutes voies de droit et même par corps.

124. L'adjudicataire sera tenu de donner connaissance au maire et aux préposés de l'administration des droits réunis, de tous les procès-verbaux de contravention. Il ne pourra transiger avec les contrevenans sans l'autorisation du maire : le préposé des droits réunis, chargé de la surveillance de l'octroi, sera présent à toutes les transactions et donnera son avis.

125. Dans tous les cas où l'adjudicataire aura plaidé sans autorisation, les frais seront à sa charge; autrement, ils seront à la charge de la commune.

126. La moitié des produits nets des amendes, ainsi que ceux des ventes des objets saisis ou confisqués, soit que ces amendes aient été prononcées par jugement, soit qu'il y ait eu transaction, appartiendra à l'adjudicataire.

Il versera l'autre moitié et le décime par franc, aux époques et de la manière prescrites.

127. Aucune personne attachée à l'administration des droits réunis, aux administrations civiles ou aux tribunaux ayant une surveillance ou juridiction quelconque sur l'octroi, ne pourra, sous peine de résiliation du bail sans indemnité et de tous dommages-intérêts, être adjudicataire, ni associé de l'adjudicataire.

128. Le cahier des charges portera la réserve, dans les cas où des changemens ou des modifications seraient jugés nécessaires, de réduire ou augmenter le prix du bail en raison desdits changemens ou modifications. On pourra imposer à l'adjudicataire l'obligation de compter de clerc à maître des augmentations faites aux tarifs.

129. Hors ce cas, l'adjudicataire ne pourra être reçu, sous aucun prétexte que ce soit, à demander à compter de clerc à maître, ni le résiliement ou des indemnités.

Il est même interdit aux conseils municipaux de délibérer sur les demandes qui pourraient en être faites.

130. Le cahier des charges portera aussi la réserve des cas où le Gouvernement ordonnerait le résiliement d'un bail, et fixera l'indemnité qui pourrait être accordée à l'adjudicataire pour le temps de non jouissance.

131. A défaut d'exécution, de la part de l'adjudicataire

des clauses du cahier des charges, la commune pourra, après une sommation ou commandement à lui fait, provoquer une nouvelle adjudication à sa folle enchère.

132. Des copies des baux d'adjudication, des tarifs et réglemens, seront remises aux directeurs des droits réunis.

133. Tous les frais résultant de l'adjudication seront à la charge de l'adjudicataire.

134. Les droits d'octroi sur les marchandises mises en entrepôt appartiendront à l'adjudicataire sortant, si le terme de l'entrepôt est expiré avant le terme de sa jouissance ; autrement, ils appartiendront au nouvel adjudicataire.

135. L'adjudication ne sera définitive et l'adjudicataire mis en possession, qu'après l'approbation de notre Ministre des Finances.

136. Les contestations qui pourront s'élever sur l'administration ou la perception des octrois en régie intéressée entre les communes et les régisseurs de ces établissemens, seront déférées au préfet, qui statuera en conseil de préfecture, après avoir entendu les parties, sauf le recours à notre Conseil d'Etat, dans la forme et le délai prescrits par notre décret du 22 juillet 1806.

Il en sera de même des contestations qui pourraient s'élever entre les communes et les fermiers des octrois, sur le sens des clauses des baux.

Toutes autres contestations qui pourront s'élever entre les communes et les fermiers des octrois, seront portées devant les Tribunaux.

TIT. X. — *Rapport des Octrois avec l'Administration des Droits réunis.*

139. Les fermiers, les régisseurs intéressés, tous autres dirigeant les octrois, seront tenus de permettre le concours des employés des droits réunis dans tous les cas où il doit avoir lieu ; de leur laisser faire toutes les vérifications et opérations relatives à leur service ; de leur présenter et donner communication de tous états, bordereaux et renseignemens dont ils auront besoin.

Ils seront, en outre, tenus de faire concourir au service des droits réunis leurs propres préposés toutes les fois qu'ils en seront requis, sous les peines de droit, sans pourtant pouvoir les déplacer du lieu ordinaire de leur service.

TIT. XI. — *Du Personnel.*

138. Les préposés des octrois seront âgés au moins de vingt ans accomplis ; ils seront tenus de prêter serment devant le Tribunal Civil de la ville dans laquelle ils exercent, et dans les lieux où il n'y a pas de Tribunal, devant le juge de paix : ce serment sera enregistré au greffe, et sans qu'il soit nécessaire d'employer le ministère d'avoués.

Il sera payé seulement un droit fixe d'enregistrement de trois francs.

139. Le cas de changement de résidence ou de grade d'un préposé arrivant, il n'y a pas lieu à une nouvelle prestation de serment : il lui suffira de faire viser sa commission, sans frais, par le juge de paix ou le président du Tribunal du lieu où il devra exercer.

140. Ne pourront être nommés préposés d'octroi les individus qui ne justifieraient pas avoir satisfait à la conscription, ceux qui ne pourraient pas présenter de certificats authentiques de capacité, de bonne vie et mœurs.

141. La nomination des préposés des octrois en régie simple sera faite, par les préfets, sur une liste triple, présentée par les maires pour chaque place. Les commissions leur seront données par les préfets.

Lorsqu'il s'agira de la nomination du directeur ou préposé en chef, la nomination des préfets sera soumise à l'approbation de notre Ministre des Finances.

142. Les préposés des octrois seront toujours porteurs de leurs commissions, et tenus de les représenter lorsqu'ils en seront requis.

143. Tout préposé de l'octroi qui favorisera la fraude, soit en recevant des présens, soit de toute autre manière, sera poursuivi et condamné aux peines portées par le Code Pénal contre les fonctionnaires prévaricateurs.

144. Les préfets pourront autoriser la mise en jugement des simples préposés d'octroi.

145. Il est défendu aux fermiers, régisseurs ou préposés, de faire commerce des objets compris au tarif.

146. Le port d'arme est accordé aux préposés de l'octroi dans l'exercice de leurs fonctions.

147. Il pourra être établi, sur la demande des communes, une caisse de retraite et de secours. Les fonds de cette caisse seront faits par une retenue sur les appointemens fixes et remises, ainsi que sur le produit des amendes.

148. Un réglement particulier déterminera le mode d'administration de cette caisse et de distribution des pensions et secours auxquels elle sera affectée.

149. Les créanciers des préposés des octrois ne pourront saisir que les sommes déterminées par les lois et décrets impériaux sur les appointemens des préposés des droits réunis.

150. Les surnuméraires dans l'administration de l'octroi auront droit aux places vacantes de préférence à tous autres.

151. Tout préposé destitué ou démissionnaire sera tenu, sous peine d'y être contraint par corps, de remettre de suite sa commission, ainsi que les registres et autres effets dont il aura été chargé; et s'il est receveur, de rendre ses comptes.

152. Tous les préposés comptables des octrois seront tenus de fournir un cautionnement, soit en immeubles, soit en numéraire, dont l'espèce et la quotité seront déterminées par l'administration municipale, et qui sera versé à la caisse communale.

153. Les préposés de l'octroi sont placés sous la protection de l'autorité publique : il est défendu de les injurier, maltraiter, et même de les troubler dans l'exercice de leurs fonctions, sous les peines de droit.

154. La force armée sera tenue de prêter secours et assistance aux préposés des octrois dans l'exercice de leurs fonctions, toutes les fois qu'elle en sera requise.

155. Tous les préposés à la perception des octrois, ayant serment en justice, sont autorisés à dresser procès-verbal des fraudes qu'ils découvriront contre les droits réunis ; et de même les préposés de la régie des droits réunis pourront rapporter procès-verbal pour les fraudes qu'ils découvriront contre l'octroi.

156. Les préposés des octrois concourront, lorsqu'ils en seront requis, à la répression et à la découverte des délits de police.

TIT. XII. — *De la Comptabilité.*

§ Ier. *De la Tenue des Registres.*

157. Tous les registres qui servent à la perception de l'octroi devront être à souche, préalablement cotés et paraphés par le maire : tous les actes y seront portés jour par jour, article par article, sans y laisser aucun blanc.

158. L'administration des droits réunis déterminera la forme et le modèle des registres et des expéditions, et prendra les mesures convenables pour s'assurer de leur uniformité.

Il ne pourra être exigé par l'administration de l'octroi, pour toute expédition ou bulletin qu'elle aurait délivré, plus de cinq centimes, outre le remboursement du timbre de la quittance au-dessus de dix francs.

159. Les maires vérifieront et feront vérifier la tenue exacte des registres de perception, et s'assureront du versement des produits à la caisse municipale.

160. Les registres de perception seront arrêtés, par le maire, le dernier jour de chaque année; ils seront renouvelés tous les ans, et les comptes, tant en quantités qu'en sommes, apurés dans les trois mois qui suivront l'expiration de chaque année.

§ II. *Des États de Produits.*

161. Tous états et bordereaux de recettes et de dépenses des octrois seront dressés aux époques déterminées par les instructions, en présence du maire, concurremment avec les préposés principaux des octrois et des droits réunis.

La forme et le modèle des états et bordereaux seront déterminés par l'administration des droits réunis.

Un double des états et bordereaux, signé du maire, sera remis aux préposés des droits réunis pour être transmis au directeur, et par celui-ci, à son administration.

Le versement de la retenue des dix pour cent sur le produit des octrois en régie simple, sera fait à la caisse des droits réunis, par le receveur de la commune, dans les trois premiers jours qui suivront l'expiration de chaque mois.

Pour les octrois en ferme ou régie intéressée, ce versement sera opéré aux époques fixées par les baux pour le payement de chaque douzième du prix de l'adjudication.

Quant au versement de la retenue des dix pour cent sur les portions de bénéfices revenant aux communes, aux termes des traités de régie intéressée, il sera fait par les receveurs de la commune aussitôt après que le montant de ces mêmes portions de bénéfices aura été versé dans la caisse municipale.

162. Le recouvrement de la retenue des dix pour cent se poursuivra par la saisie des deniers de l'octroi, et même par voie de contrainte.

163. Les bordereaux dressés et arrêtés conformément aux dispositions du présent décret, seront la seule base régulière des comptes de recouvrement de la retenue des dix pour cent.

TIT. XIII. — *Du Contentieux.*

164. Il sera procédé pour les octrois conformément aux lois des 2 vendémiaire et 19 frimaire an 8.

Néanmoins, dans le cas où une contestation, soit sur le fond du droit ou l'application du tarif, soit sur des contraventions, aurait à la fois pour objet des droits d'octrois et des droits réunis, il sera procédé sur le tout conformément aux dispositions du chap. 6 de la loi du 5 vendémiaire an 12, concernant les droits réunis.

TIT. XIV. — *Dispositions générales.*

165. La surveillance générale de la perception de tous les octrois de l'Empire est exercée, sous l'autorité de notre Ministre des Finances, par l'administration des droits réunis.

166. Tous les tarifs et réglemens seront successivement régularisés conformément aux dispositions du présent, et soumis, par notre Ministre des Finances, à notre approbation.

167. Il ne pourra être renouvelé aucune adjudication que les tarifs et réglemens n'aient été soumis à notre approbation par notre Ministre des Finances.

168. Dans les trois mois de la publication du présent, les conseils municipaux des communes dont les octrois sont en régie simple seront tenus de proposer la rectification des dispositions de leurs tarifs et réglemens contraires aux dispositions du présent, et, à leur défaut, lesdites rectifications devront être proposées par les préfets.

169. Il sera fait un réglement particulier pour l'octroi de notre bonne ville de Paris, qui sera soumis à notre approbation par notre Ministre des Finances.

170. Notre Grand-Juge Ministre de la Justice, et nos Ministres des Finances et de l'Intérieur, sont chargés, chacun en ce qui le concerne, de l'exécution du présent décret.

Signé NAPOLÉON.

Par l'Empereur, le Ministre Secrét. d'Etat, *signé* H. B. MARET.

La législation sur les octrois municipaux et de bienfaisance a fait naître plusieurs questions sur lesquelles les Tribunaux ont eu à statuer. Nous les donnerons dans nos prochaines *Conférences*, sous le titre : JURISPRUDENCE SUR LE DROIT D'OCTROI.

XXXVIIe. ARTICLE.

CONFÉRENCE SUR L'ARTICLE PREMIER DU NOUVEAU CODE D'INSTRUCTION CRIMILELLE. (*V. t. I, p.*299).

C'est au 1er. janvier prochain que le nouveau Code d'Instruction Criminelle doit être mis en activité.

Il est de notre devoir de faire des dispositions de ce Code l'objet de quelques-unes de nos *Conférences.*

Peut-être serons-nous assez heureux pour aider à vaincre quelques-unes des difficultés que présentera sa mise en activité. Nous recueillerons ensuite avec grand soin les arrêts par lesquels la Cour de Cassation aura dissipé les doutes et fixé la jurisprudence.

L'art. 1er. de ce Code fixe d'abord notre attention. Il est ainsi conçu :

> L'action pour l'application des peines n'appartient qu'aux fonctionnaires auxquels elle a été confiée par la loi.
>
> L'action en réparation du dommage causé par un crime, par un délit ou par une contravention , peut être exercée par tous ceux qui ont souffert de ce dommage.

Tout fait de l'homme qui nuit à autrui , et contre lequel les lois prononcent des peines quelconques, donne ouverture à deux actions différentes , l'action publique et l'action civile.

L'action publique est celle par laquelle l'application des peines est requise contre le prévenu ;

L'action privée est celle par laquelle celui qui a souffert un dommage quelconque en demande la réparation.

La première de ces actions appartient exclusivement aux fonctionnaires auxquels elle est confiée par la loi, et dont la désignation est faite par des articles ultérieurs.

La conséquence de ce premier paragraphe de l'art. 1er. est que, dans aucun cas, les parties qui ont souffert un dommage de nature à être porté devant les Cours Impériales et Spéciales, ou devant les Tribunaux Correctionnels et de simple Police, ne peuvent y conclure à ce que le prévenu soit condamné à une peine quelconque. Ces conclusions ne peuvent jamais être prises que par le magistrat remplissant les fonctions du ministère public. On l'appelle la *partie publique.*

A l'égard de la réparation que la partie souffrante peut exiger, elle a le droit d'y conclure; on l'appelle, à raison de ce droit, *partie civile.* Cette réparation se résout toujours en des dommages-intérêts et des restitutions.

La loi prononce que l'action privée peut être exercée par tous ceux qui ont souffert du dommage.

Le père peut intenter l'action privée pour ses enfans mineurs, le tuteur pour son pupille, le mari pour sa femme.

La femme sous puissance de mari, qui a personnellement souffert, peut intenter l'action de son chef, mais il faut qu'elle y soit autorisée par son mari, et sur le refus ou dans le cas d'absence du mari, par justice.

Cette nécessité résulte de l'article 215 du Code Napoléon, ainsi conçu :

La femme ne peut ester en jugement sans l'autorisation de son mari, quand même elle serait marchande publique, ou non commune ou séparée de biens.

L'autorisation du mari est suffisamment prouvée par sa signature ou son adhésion à la plainte.

Si le mari ne donne pas à sa femme l'autorisation

suffisante, la femme doit procéder diversement, selon que son mari est présent ou absent.

Si le mari est présent, la femme lui fait faire une sommation extrajudiciaire de lui donner, dans un délai de trois jours, l'autorisation nécessaire.

Après l'expiration du délai, la femme présente, au Tribunal de première Instance dans l'arrondissement duquel elle a son domicile, une requête tendante à ce qu'attendu le refus de son mari de l'autoriser à intenter..... telle..... action, il plaise au Tribunal lui accorder les autorisations à ce nécessaires.

La sommation doit être annexée à la requête.

Le Tribunal, après avoir entendu le ministère public, rend une ordonnance portant que la demanderesse est autorisée à ester en jugement dans l'instance en réparation des faits dont elle a porté plainte, ou dont elle entend porter plainte, ordonne en conséquence qu'elle procédera comme autorisée par justice.

L'autorisation, en cas d'absence du mari, doit être demandée de la même manière. Seulement la sommation est inutile si l'absence est active.

L'autorisation dont nous venons de parler suppose ou que la femme sous puissance de mari n'a pas encore porté sa plainte, ou que cette plainte a été portée, mais que l'action n'est pas encore engagée devant les juges qui doivent en connaître.

Si la femme sous puissance de mari avait été plus loin que la plainte; si elle avait saisi le Tribunal compétent, ou si elle demandait à être reçue partie intervenante dans l'action publique sans avoir été autorisée ni par son mari ni par justice, l'exception peut en être proposée contre elle, et les Tribunaux doivent l'admettre.

Mais la femme peut encore demander, soit à son

mari, soit à la justice, l'autorisation qui lui est nécessaire pour poursuivre la réparation du tort qu'elle a souffert.

Devant quel Tribunal doit-elle, en ce cas, demander son autorisation ? La Cour de Cassation vient de résoudre cette question dans l'espèce suivante :

La dame B... a traduit le sieur M... devant le Tribunal de première Instance de l'arrondissement communal de Bordeaux ; elle y concluait à des dommages-intérêts pour réparation d'excès et violences dont elle l'accusait de s'être rendu coupable envers elle.

Le sieur M... conclut à ce qu'attendu que la plaignante ne justifiait pas qu'elle eût été autorisée à ester en jugement ni par son mari, ni par justice, elle fut déclarée purement et simplement non recevable dans son action, et condamnée aux dépens.

Les premiers juges n'accueillirent pas ces conclusions en leur entier ; ils se bornèrent à déclarer la dame B... non recevable quant à présent, dépens réservés.

Le sieur M... interjeta appel de ce jugement devant la Cour de Justice criminelle du département de la Gironde.

La dame B... desirant intervenir au procès, présenta requête au Tribunal de première Instance de l'arrondissement communal de Bordeaux pour en obtenir l'autorisation nécessaire.

Ce Tribunal, considérant que l'autorisation demandée avait pour objet de suivre une action dont la connaissance avait déjà été portée devant les Tribunaux extraordinaires, se déclara incompétent pour prononcer sur cette demande en autorisation.

La dame B... présenta la même requête au Tribunal Correctionnel, mais celui-ci, considérant qu'il était dessaisi par l'appel, déclara de même ne pouvoir statuer sur l'autorisation demandée.

Il fallut bien alors que la dame B... se pourvût devant la Cour de Justice criminelle du département de la Gironde. Elle y demanda, entr'autres choses, l'autorisation nécessaire pour ester en jugement.

L'autorisation fut accordée par un arrêt préparatoire contre lequel le sieur M... s'est pourvu en cassation.

Le vendredi 8 septembre 1809 est intervenu arrêt, par lequel,

La Cour de Cassation, considérant, entr'autres motifs, que la Cour de Justice criminelle du département de la Gironde a été compétente pour, le Procureur-Général entendu, autoriser la dame B... à ester en jugement devant elle, rejette le pourvoi du sieur M...

Cet arrêt décide en principe que les Tribunaux extraordinaires sont compétens pour autoriser les femmes sous puissance de mari à ester en jugement devant eux.

Il ne décide pas que ces Tribunaux sont seuls compétens pour, dans ces cas, prononcer l'autorisation. Nous ne balançons pas à penser que le Tribunal de première Instance de l'arrondissement communal de Bordeaux n'eût pu prononcer en faveur de la dame B... l'autorisation qu'elle lui demandait.

Nous croyons même que c'était la marche la plus régulière qu'elle pût suivre; mais dès que la dame B... avait été éconduite par les juges civils, il fallait bien qu'elle trouvât devant les Tribunaux extraordinaires l'autorisation sans laquelle elle n'aurait pas pu requérir la répression du dommage qu'elle prétendait avoir souffert.

L'art. 1er. qui nous occupe divise en trois classes

les faits de l'homme qui nuisent à autrui, et qui sont réprimés par les lois pénales.

Ces trois classes sont : les crimes, les délits et les contraventions.

On appelle *crime*, le fait que les lois défendent, et contre lequel elles prononcent des peines afflictives ou infamantes.

Ainsi, le meurtre, l'homicide, le viol, la banqueroute frauduleuse, le faux, la fabrication ou exposition de fausse monnaie, le vol avec violence, avec effraction, avec fausses clefs, sont des crimes, puisque les lois pénales prononcent, contre ceux qui en sont convaincus, la peine de mort, de la gêne, de la détention, de la réclusion, de la flétrissure, des fers.

On appelle *délit*, le fait que les lois défendent, et contre lequel elles prononcent des peines correctionnelles.

Ainsi, le vol simple, l'escroquerie, les violences et voies de fait, les entreprises illicites sur les propriétés dans les campagnes, dans les forêts, l'abus de dépôt, l'usage des faux poids et fausses mesures, les loteries clandestines, etc. , sont des délits, puisque les lois pénales prononcent, contre ceux qui en sont convaincus, les peines de l'emprisonnement, de l'amende, des restitutions, des dommages-intérêts, l'impression et l'affiche des jugemens.

La durée de l'emprisonnement et la quotité de l'amende seront l'objet de notre examen, quand nous nous occuperons du liv. II du nouveau Code.

Faire ce que défendent les lois et réglemens de police, ne pas faire ce qu'ils ordonnent, c'est ce que le nouveau Code appelle *une contravention*, parce que les lois prononcent contre ces faits des peines de simple police, c'est-à-dire, des amendes ou des emprisonnemens dont la durée et la quotité sont déterminées au livre II.

XXXVIIIe. ARTICLE.

Appels des Jugemens des Tribunaux de Police sous l'empire du nouveau Code d'Instruction criminelle.

D'après les dispositions du Code des Délits et des Peines, les jugemens de police n'étaient pas attaquables par la voie de l'appel; ils étaient rendus en dernier ressort, et ne pouvaient être attaqués que par le pourvoi en cassation.

Sous l'empire du nouveau Code, il n'en sera pas de même.

Toutes les fois qu'un Tribunal de Police aura prononcé soit la peine de l'emprisonnement, soit une condamnation excédant cinq francs, son jugement sera attaquable par la voie de l'appel, d'après l'art. 172, qui porte :

Les jugemens rendus en matière de police pourront être attaqués par la voie de l'appel, lorsqu'ils prononceront un emprisonnement, ou lorsque les amendes, restitutions et autres réparations civiles excéderont la somme de cinq francs, outre les dépens.

La condamnation au payement d'une somme excédant cinq francs donnera ouverture à la faculté d'appeler, soit qu'elle soit prononcée à titre d'amende ou à titre de restitution, soit qu'elle ait pour objet des dommages-intérêts, des indemnités ou autres réparations civiles.

Les condamnations aux dépens, quel qu'en soit le montant, ne donnent point ouverture à la faculté d'appeler.

Nous ne balançons pas à penser que le Tribunal de Police ne pourra pas priver, soit les parties, soit le ministére public, de la faculté d'appeler en prononçant une condamnation au-dessous de cinq francs, loisque, soit les parties civiles, soit le ministére public, auront conclu devant lui à une condamnation excédant cette somme.

Ainsi, par exemple, un particulier, au préjudice duquel un autre particulier aura commis une contravention aux lois forestiéres, sera tenu de former sa demande devant le Tribunal de Police, aux termes de l'art. 139 du Code, ainsi conçu :

Les juges de paix connaîtront exclusivement,

1°. Des contraventions commises dans l'étendue de la commune chef-lieu du canton ;

2°. Des contraventions dans les autres communes de leur arrondissement, lorsque, hors le cas où les coupables auront été pris en flagrant délit, les contraventions auront été commises par des personnes non domiciliées ou non présentes dans la commune, ou lorsque les témoins qui doivent déposer n'y sont pas résidens ou présens ;

3°. Des contraventions à raison desquelles la partie qui réclame conclut, pour ses dommages-intérêts, à une somme indéterminée, ou à une somme excédant quinze francs ;

4°. DES CONTRAVENTIONS FORESTIÈRES POURSUIVIES A LA REQUÊTE DES PARTICULIERS ;

5°. Des injures verbales ;

6°. Des affiches, annonces, ventes, distributions ou débits d'ouvrages, écrits ou gravures contraires aux mœurs ;

7°. De l'action contre les gens qui font le métier de deviner ou pronostiquer, ou d'expliquer les songes.

Si le plaignant conclut à ce que le prévenu soit condamné à une restitution ou à une indemnité au-dessus de cinq francs, le jugement qui interviendra sera susceptible d'appel, lors même que le Tribunal n'aurait condamné le contrevenant qu'à une somme de cinq francs ou au-dessous.

L'art. 159 du Code est ainsi conçu :

Si le fait ne présente ni délit ni contravention de police, le Tribunal annullera la citation et tout ce qui aura suivi, et statuera, par le même jugement, sur les demandes en dommages-intérêts.

D'après ces dispositions, le prévenu qui l'aura été mal à propos, ou contre lequel il ne s'élèvera pas de preuves suffisantes, aura le droit de demander des dommages-intérêts.

S'il conclut à ce qu'il lui soit adjugé à ce titre une somme excédant cinq francs, le jugement à intervenir sera sujet à appel, lors même que le Tribunal de Police n'aurait rien adjugé, ou qu'il aurait adjugé seulement une somme de cinq francs ou au-dessous.

Il en serait de même quand le plaignant aurait fixé sa demande originaire à une somme de cinq francs ou au-dessous.

Quant à l'emprisonnement, il y a toujours lieu à appel, quelle que soit la durée de celui qui est prononcé.

D'après ce que nous venons de dire relativement aux condamnations pécuniaires, nous sommes également d'avis que lorsque le ministère public aura conclu à ce que le prévenu soit condamné à un emprisonnement, il pourra appeler du jugement qui aurait refusé cette condamnation.

De même, si le ministère public a conclu à ce que le prévenu soit condamné à une amende au-dessus de cinq francs, il aura le droit d'appeler du jugement qui ne prononcerait aucune amende, ou qui en prononcerait une de cinq francs seulement ou au-dessous.

Enfin, nous croyons que le jugement sera susceptible d'appel, lorsque les conclusions du ministère public pour l'amende, et de la partie civile pour

les restitutions et autres réparations civiles, s'élèveront ensemble à une somme excédant cinq francs.

Il ne nous serait pas possible de rapporter à
l'appui de notre opinion, des exemples pris dans
la jurisprudence en matière criminelle, correctionnelle ou de simple police, puisque, jusqu'à présent, les jugemens de simple police ne sont jamais
attaquables par la voie de l'appel, et que ceux de
police correctionnelle le sont tous, et dans tous les
cas, sans exception.

Il faut donc rechercher le motif de notre avis
dans les principes et la jurisprudence qui régissent
les matières civiles.

Nous allons les puiser dans divers arrêts de la
Cour de Cassation.

1re. *Espèce.* — Un sieur Arpin, officier de santé,
avait porté plainte contre les sieurs Hyvert, Faure,
Dubois et expert. Il prétendait que ces individus
l'avaient arrêté dans un chemin public, et lui
avaient enlevé son fusil et de l'argent.

Sur cette plainte, et d'après l'information qui
en fut la suite, il fut décerné des mandats d'arrêt
contre les prévenus ; ils furent traduits ensuite devant un jury, qui déclara qu'il n'y avait pas lieu
à accusation.

Les sieurs Dubois, Hyvert, Faure et expert
assignèrent le sieur Arpin devant le Tribunal Civil
du département de la Gironde, pour y voir dire
que sa plainte avait été calomnieuse ; en conséquence, se voir condamner à remettre au greffe
un acte en réparation des imputations menson-
gères qu'il leur avait faites ; à les reconnaître pour
gens de bien et d'honneur, et en trois mille francs
de dommages-intérêts, applicables, de leur con-
sement, aux hospices de Libourne et de Bordeaux.

Ils demandèrent en outre que le jjugement à intervenir fût imprimé, publié et affiché au nombre de mille exemplaires.

Le 12 floréal an 6, le Tribunal Civil du département de la Gironde rendit le jugement suivant :

Attendu qu'il est constant que la plainte portée par le citoyen Arpin n'a été dictée que par une malignité réfléchie ;

Attendu que par ce fait le citoyen Arpin a causé un dommage réel aux demandeurs ;

Attendu que celui-là qui, volontairement, porte préjudice à autrui est tenu de le réparer ;

Jugeant en dernier ressort ;

Condamne Arpin en deux cents livres de dommages-intérêts, applicables, du consentement des demandeurs, moitié à l'hospice de Bordeaux, moitié à celui de Libourne ;

Ordonne que le présent jugement sera imprimé et affiché au nombre de cinquante exemplaires, qui seront passés en taxe ;

Moyennant ce, déclare n'y avoir lieu à prononcer sur les plus amples conclusions de la demande ; condamne le défendeur aux dépens.

Arpin se pourvut en cassation de ce jugement. Chargé de sa défense, je proposai deux moyens de cassation.

Je soutenais, 1°. que le Tribunal avait commis un excès de pouvoir en statuant en dernier ressort ;

2°. Qu'il n'aurait pu condamner le réclamant en des dommages-intérêts qu'autant qu'il l'aurait déclaré convaincu d'avoir calomnieusement porté sa plainte.

La requête en cassation fut admise le 5 germinal an 7.

Dans le mémoire que je produisis devant la section de cassation, j'insistai peu sur le second moyen, qui présentait plutôt un mal jugé que la violation d'une loi précise.

Je m'attachai plus sérieusement à démontrer

l'excès de pouvoir, consistant à avoir jugé en dernier ressort, lorsqu'il ne pouvait être statué sur les demandes qu'à la charge d'appel.

Je présentais cet excès de pouvoir sous deux points de vue, et je disais :

1°. Le jugement attaqué ordonne l'impression et l'affiche.

C'est une véritable peine que le Tribunal n'avait pas le droit d'infliger.

Ne fût-ce même pas une peine, cette disposition de jugement n'a pas une valeur fixe et déterminée, et les Tribunaux Civils ne peuvent prononcer en dernier ressort, aux termes de la loi du 24 août 1790, que sur des objets dont la valeur exprimée, soit dans les conclusions des parties, soit dans le jugement lui-même, n'excède pas mille francs.

Dans le jugement attaqué, l'impression et l'affiche n'ont été évaluées ni par les parties, ni par le jugement lui-même.

Il y a donc eu, sous ce premier rapport, excès de pouvoir.

Le second point de vue sous lequel je soutenais qu'il y avait excès de pouvoir, était les dommages-intérêts, que le jugement avait, à la vérité, fixés à deux cents francs, mais que, dans leurs conclusions, les sieurs Dubois, Hyvert et autres avaient élevés à trois mille francs.

Je soutenais que la compétence des Tribunaux est déterminée par les demandes et conclusions des parties, et non par la volonté du juge ; qu'il importait peu que le jugement n'eût prononcé que deux cents francs ; que la demande portée à trois mille francs lui avait imposé l'obligation de n'en connaître qu'à charge d'appel.

Sur ce moyen de cassation ainsi présenté,

M. Merlin, alors Commissaire du Gouvernement près le Tribunal de Cassation, s'exprima en ces termes :

« Indépendamment de cette disposition relative à l'impression et à l'affiche, l'excès de pouvoir se manifeste encore, avec la plus grande évidence, dans celle qui condamne le citoyen Arpin à deux cents francs de dommages-intérêts.

» Qu'importe que cette somme n'excède pas mille francs ? — Ce n'est pas à la condamnation, c'est à la demande qu'il faut s'attacher pour déterminer si un jugement a pu être rendu en dernier ressort par un Tribunal de première Instance ; comme c'est à la demande et non pas à la condamnation que l'on s'attache pour déterminer si un juge, dont la juridiction est limitée, même en première instance, aux affaires qui n'excèdent pas une certaine somme, peut ou ne peut pas connaître de telle contestation portée devant lui.

» Ainsi, un juge de paix ne pouvant, à quelques exceptions près, connaître, même à la charge de l'appel, d'aucune affaire dont l'objet excède cent francs, ce serait en vain que, pour pouvoir prononcer sur une demande de cent francs, il déclarerait par son jugement qu'il n'est dû que cent francs par le défendeur. — Son jugement n'en serait pas moins nul, et c'est ce qui résulte du principe établi par la loi 19, § 1er., ff. *de jurisdictione*, au Digeste : *Quoties de quantitate ad jurisdictionem pertinente quæritur, semper quantùm petatur quærendum est, non quantùm debeatur ;* principe que le chancelier d'Aguesseau a rappelé en ces termes dans une lettre du 26 mai 1751, imprimée à la page 101 du tome 10 de ses ouvrages : *C'est par la nature des demandes, et non par le jugement qui intervient*

dant la suite, que l'on doit juger de la com-
pétence des Tribunaux.

» Inutilement objecterait-on ici que si l'on n'eût demandé au cit. Arpin que deux cents francs de dommages-intérêts, le Tribunal de la Gironde eût dû le condamner en dernier ressort ; et que la condition du cit. Arpin ne doit pas être meilleure à cet égard, parce que ses adversaires ont été déboutés du surplus de leurs conclusions.

» Cette objection disparaît devant cette règle consignée dans la loi 41, *de regulis juris,* au Digeste, que rien de ce qui est permis au demandeur ne doit être interdit au défendeur : *Non debet actori licere quod reo non permittitur.* — Or, dans notre espèce, les demandeurs auraient certainement dû avoir la faculté d'appeler d'un jugement qui les déboutait de conclusions dont l'objet, sous un rapport, était inappréciable, et, sous un autre, excédait de beaucoup la valeur de mille francs. — Il faut donc bien que le cit. Arpin ait aussi cette faculté.

» Et par ces considérations, nous estimons qu'il y a lieu de casser et annuler le jugement dont il s'agit ; renvoyer les parties devant le Tribunal de première Instance le plus voisin ; ordonner que l'amende consignée par le demandeur lui sera restituée, etc. »

Sur ces conclusions, et d'après le rapport de M. Lombard, le Tribunal de Cassation rendit, le 21 fructidor an 9, le jugement suivant :

Attendu que la demande des sieurs Dubois, Hyvert, Faure et expert avait été portée en première instance au ci-devant Tribunal Civil du département de la Gironde, et que ce Tribunal, en y statuant en premier et en dernier ressort, a excédé la compétence attribuée aux Tribunaux de district dans les affaires personnelles et mobilières, jusqu'à la valeur de mille livres de principal ; a contrevenu à l'article 5 du titre 4 de la loi du 24 août 1790, et, par conséquent, commis un excès de pouvoir.

2e. *Espèce*. — La veuve Gasteau prétendait que le sieur Garbeau lui avait souscrit, à la fin de 1785, un billet de la somme de 2,000 livres tournois pour autant qu'elle lui avait prêté, et que ne pouvant s'acquitter de cette somme, Garbeau lui avait consenti une délégation de la somme de 600 livres, qui devait être acquittée par la dame Garbeau, marchande publique.

Elle prétendait en outre qu'un sieur Mercier avait été chargé, par elle, de recouvrer et la somme déléguée et le surplus de celle énoncée au billet, à l'effet de quoi elle lui avait confié ces deux titres.

Elle ajoutait que Mercier avait reçu le montant de la délégation, mais que depuis il ne lui avait, malgré ses fréquentes réclamations, remis ni la somme par lui touchée, ni le billet de 2,000 liv.

En conséquence de ces prétentions, elle cita Mercier au bureau de paix, afin de se concilier sur la demande qu'elle entendait former contre lui, pour avoir remise et du billet et des 600 liv. dont il était rétentionnaire.

Mercier comparut au bureau de paix, et allégua, pour sa justification,

Qu'il avait en effet reçu de la veuve Gasteau le billet de 2,000 liv. souscrit, en sa faveur, par le sieur Garbeau ;

Que ces deux parties s'étant rapprochées depuis, avaient été, par lui Mercier, amenées à conciliation ;

Que la veuve Gasteau avait bien voulu restreindre sa créance à 1,200 livres seulement, que Garbeau lui avait donné à prendre sur son épouse, par deux délégations de 600 liv. chacune;

Que lui Mercier avait touché le montant de l'une de ces délégations, mais qu'il n'avait pu recouvrer que 144 liv. sur la seconde;

Qu'il avait invité plusieurs fois la veuve Gasteau à recevoir cette somme de 144 livres, mais qu'elle l'avait prié de la garder jusqu'à ce qu'il pût la lui placer avantageusement;

Qu'il lui avait bientôt après proposé de faire ce placement entre les mains d'un sieur Guerchy, négociant;

Qu'elle avait trouvé ce placement si convenable, qu'elle avait ajouté de son argent une somme de 132 liv., ce qui avait porté le placement à 876 liv.;

Que le sieur Guerchy ayant remboursé cette somme en assignats, il en avait rendu compte à la dame Gasteau en lui offrant les assignats provenus du remboursement, mais qu'elle l'avait prié d'en rester encore dépositaire, à quoi il avait bien voulu consentir. Il offrit de rendre ces mêmes assignats, qu'il disait avoir toujours gardés, à la disposition de celle qui en était la véritable propriétaire.

Les parties ne purent se concilier, et le 22 thermidor an 8, la veuve Gasteau fit assigner Mercier devant le Tribunal de première Instance de l'arrondissement communal de Provins, pour se voir condamner à lui rembourser les 600 livres, à lui remettre le billet de 2,000 livres, sinon, se voir condamner à lui payer la somme de 2,000 livres, avec intérêts et dépens.

Le 22 pluviose an 9, le Tribunal de Provins rendit jugement, par lequel, considérant que la veuve Gasteau devait s'en rapporter à la déclaration de Mercier, puisqu'elle avait suivi sa foi;

Considérant que Mercier convenait avoir reçu seulement la somme de 876 liv., tant de la veuve Gasteau elle-même que de son débiteur;

Considérant que cette somme avait été, de l'aveu même de Mercier, reçue en numéraire, et qu'il était juste qu'il la rendît dans les mêmes valeurs;

Sans s'arrêter aux offres de Mercier, de remettre ladite somme de 876 liv. en assignats, attendu leur insuffisance;

Il condamna Mercier à payer à la veuve Gasteau la somme de 876 livres en numéraire métallique, sauf à elle à se pourvoir, comme bon lui semblerait, pour le surplus du montant du billet de Garbeau.

Ce jugement ne portait pas qu'il fut rendu en dernier ressort.

Mercier s'en rendit appelant.

La veuve Gasteau le soutint non recevable dans son appel, parce que le montant des condamnations contre lui prononcées n'excédait pas 1,000 fr.

Mercier repoussa la fin de non recevoir par le motif que l'objet de la demande originaire étant de 2,000 livres, excédait la compétence des Tribunaux de première Instance, qui ne jugent en dernier ressort que quand la demande n'excède pas 1,000 francs.

Au fond, il attaquait le jugement par ses propres dispositions. Les premiers juges, disait-il, ont consacré le principe que l'intimée ayant suivi ma foi, devait s'en rapporter à ma déclaration.

Ma déclaration doit être prise dans tout son ensemble. Elle est indivisible.

Or, en convenant que j'avais reçu pour l'intimée une somme de 876 liv. en numéraire, j'ai ajouté que je l'avais placée, et que le remboursement m'en avait été fait en assignats, circonstance que j'avais eu soin d'annoncer à l'intimée sur la demande expresse de laquelle j'avais constamment tenu cette somme à sa disposition dans les mêmes assignats qui m'avait été comptés pour elle.

Les premiers juges, ajoutait-il, devaient donc me donner acte de mes déclarations et de mes offres ; ils devaient respecter les unes en ordonnant seulement l'exécution des autres : il faut donc infirmer leur jugement.

Ce système prévalut devant les juges d'appel, qui rendirent, le 22 messidor an 9, un jugement en ces termes :

Attendu que l'objet de la demande formée en première instance excédait 1,000 liv., d'où il suit que le jugement était attaquable par la voie d'appel ;

Le Tribunal rejette la fin de non recevoir ;

Et statuant au fond, attendu l'indivisibilité des aveux faits au bureau de paix par l'appelant, dit qu'il a été mal jugé par le Tribunal de Provins, bien appelé ; décharge l'appelant des condamnations contre lui prononcées ; au principal, lui donne acte de ses offres de rendre la somme de 876 livres en assignats, et moyennant ce, déboute la veuve Gasteau de ses plus amples conclusions, et la condamne aux dépens.

La veuve Gasteau s'est pourvue en cassation ; elle dirigeait son pourvoi spécialement contre le chef du jugement attaqué, qui avait repoussé sa fin de non recevoir.

Mais, le 3 germinal an 10, la Cour de Cassation a rendu l'arrêt suivant :

Attendu que l'objet de la demande sur laquelle les premiers juges avaient eu à prononcer, excédait la somme de 1,000 fr., ainsi que le jugement attaqué le décide ;

Qu'alors, en recevant l'appel, ce jugement n'a contrevenu à aucune loi ;

La Cour rejette le pourvoi de la veuve Gasteau.

Il résulte de ces deux espèces et des arrêts qui les ont terminées, que toutes les fois qu'une partie a formé une demande dont l'objet excède 1,000 fr., le jugement qui intervient en première instance

reste soumis à l'appel, malgré que les condamnations prononcées soient au-dessous de 1,000 fr.

Ce point de doctrine n'a jamais éprouvé de variation devant la Cour de Cassation ; elle l'a confirmé par une longue série d'arrêts.

En partant du même principe, il est incontestable que les jugemens rendus par les Tribunaux
de Police sous l'empire du nouveau Code, seront
sujets à l'appel toutes les fois que, soit la partie
civile, soit le ministère public, soit tous les deux
ensemble, auront requis contre le prévenu une
condamnation excédant 5 fr., à titre d'amende,
restitution ou autres réparations civiles, ou un
emprisonnement, lors même que le Tribunal de
Police n'aurait prononcé aucun emprisonnement,
ou qu'il aurait modéré ses condamnations pécuniaires à 5 fr. et au-dessous.

Il en sera de même, à notre avis, quand la
partie plaignante aura conclu à des réparations
dont l'importance sera moindre de 5 francs, si le
prévenu, se croyant mal à propos traduit, conclut
à ce que la partie plaignante soit condamnée envers lui à des dommages-intérêts au-dessous de
5 francs.

La compétence du Tribunal de Police se réglera alors sur le montant des demandes respectives.

C'est au moins ainsi que cela se pratique en
matière civile, et que la Cour de Cassation l'a jugé
par l'arrêt que nous allons rapporter.

3e. *Espèce.* — Dans un procès pendant au Tribunal de première Instance de l'arrondissement de
Guingamp, entre le sieur Loz-Decoat-Courhant
et le sieur Leguillermie, le premier demandait
au second le délaissement d'un domaine dont il

prétendait que Leguillermie n'était détempteur qu'à titre de ferme illimitée, toujours et à jamais résoluble à la volonté du bailleur.

Il offrait de rembourser au défendeur 159 liv. que ses auteurs avaient reçues pour le prix de l'abandonnement de ce domaine.

Leguillermie soutenait, au contraire, que ce domaine lui avait été concédé à titre de convenant ou domaine congéable, et prétendant que, d'après les lois qui régissent les contrats de cette nature, on ne pouvait l'évincer qu'en lui. remboursant la valeur réelle et actuelle des édifices, superficies et réparations qu'il avait faites sur les domaines.

Il acceptait le congé d'éviction, mais à la charge des payemens sus-énoncés dans les termes et les délais voulus par les lois relatives aux domaines congéables.

La contestation s'étant engagée sur ces prétentions respectives, le Tribunal de Guingamp a, par jugement rendu en dernier ressort le 14 pluviose an 10, condamné le sieur Leguillermie à abandonner au sieur Loz-de-Coat-Courhant le domaine dont il s'agit, à la charge par celui-ci de payer 159 liv. pour toute indemnité.

Le sieur Leguillermie s'est pourvu en cassation contre ce jugement ; et le 18 vendémiaire an 12, arrêt au rapport de M. Babille, ainsi conçu :

Vu l'article 5 du titre 4 de la loi du 24 août 1790 ; et attendu que la compétence du premier et dernier ressort ne s'établit pas seulement sur la demande, mais se compose encore de la défense quand elle est accompagnée de conclusions reconventionnelles dérivant tout naturellement de la demande, et qu'il faut par conséquent que la valeur de l'une et de l'autre, ou leur valeur réunie, n'excède pas cette compétence, pour qu'elles puissent être jugées en premier et dernier ressort ; attendu que dans l'espèce, et en s'en tenant uniquement à la demande principale, la contestation pouvait être bien jugée en premier et dernier ressort, puisqu'il s'agissait du délaissement d'un immeuble arrenté seulement 9 fr. , redevance inférieure à celle à laquelle l'article ci-dessus cité attache la compétence du premier et dernier ressort dans les matières réelles ; mais que la défense proposée contre cette demande, et qui en était une conséquence immédiate et toute naturelle, surtout d'après le titre nouvel de 1793 , était accompagnée de conclusions incidentes et reconventionnelles, par lesquelles le défendeur, en consentant à cette demande, réclamait en même temps, aux termes des lois nouvelles sur les domaines congéables, à titre de domaine et comme condition de ce consentement, le remboursement préalable des édifices et superficies existans sur cet immeuble, dont il ne déterminait pas d'ailleurs la valeur . circonstance qui, seule et indépendamment de toute autre raison , s'opposait à la compétence du premier et dernier ressort ; attendu que, sans être arrêté par ces conclusions reconventionnelles dont il a cependant débouté le défendeur, le Tribunal de Guingamp a prononcé, en premier et dernier ressort, sur une matière évidemment hors de cette compétence, puisqu'il a statué notamment sur une demande incidente et reconventionnelle dont la valeur était indéterm.née ; et qu'ainsi ce Tribunal a tout ensemble commis un excès de pouvoir et violé l'art. 5 ci-dessus cité ; par ces motifs, casse et annulle , etc.

En voilà assez pour justifier notre opinion et pour décider que les jugemens des Tribunaux de Police , sous l'empire du nouveau Code, seront attaquables par la voie de l'appel , lorsque les demandes formées par les plaignans , réunies aux dommages-intérêts requis par les prévenus, excéderont la somme de 5 fr.

XXXIXe. ARTICLE.

MESSAGERIES. — VOITURES SUSPENDUES. (*Voyez notre première Conférence sur cette matière , pag. 59 et suiv. de ce vol.*)

Voici une espèce qu'il nous a paru important de faire connaître.

Le cit. Boscar , propriétaire d'un fiacre roulant

dans la commune de Nantes, a fait, à la municipalité de cette ville, dans le courant de vendémiaire an 9, la déclaration prescrite par la loi du 9 vendémiaire an 6, mais il n'a pas acquitté le droit auquel les voitures sont assujéties.

Il a été rapporté contre lui, le 29 messidor de la même année, un procès-verbal; la contestation a été portée devant le Tribunal de première Instance séant à Nantes; plusieurs propriétaires de voitures de la même espèce sont intervenus dans l'instance, et ils ont demandé la restitution des droits par eux payés.

Par un jugement du 26 fructidor an 9, le Tribunal a rejeté cette demande comme prescrite, mais il a déchargé le cit. Boscar de celle formée contre lui par suite du procès-verbal.

Le Tribunal s'est fondé, 1°. sur ce que l'art. 70 de la loi du 9 vendémiaire ne concerne que les messageries qui ont été abandonnées à l'industrie des citoyens;

2°. Que si le législateur eût voulu comprendre dans cette classe les fiacres et les carrosses de remise, il en aurait fait une mention expresse;

3°. Que les voitures de poste et messageries ont toujours été distinguées des autres; qu'elles ont une législation particulière, et ne sont pas assujéties au même droit de patente.

L'administration a cru devoir attaquer ce jugement par la voie du pourvoi en cassation.

Mais elle avait laissé écouler le délai pendant la durée duquel seulement son pourvoi était recevable.

Dès lors, la cassation ne pouvait plus être requise que dans l'intérêt de la loi et par le Commissaire du Gouvernement. Celui-ci demanda en effet la cassation du jugement sus-énoncé.

Voilà le précis des moyens qu'il fit valoir.

« Il est évident que ce jugement renferme une violation formelle de l'art. 70 de la loi du 9 vendémiaire. Cet article assujétit au droit toutes les voitures suspendues partant d'occasion ou à volonté : les voitures connues sous la dénomination de *fiacres* sont suspendues ; elles partent d'occasion et à volonté ; elles sont donc sujettes au droit.

» Le législateur n'a dû désigner ces sortes de voitures que par leurs construction et l'espèce de leur service : qui ne voit que si on les eût désignées par la dénomination qu'elles avaient alors, cette dénomination pouvait être changée d'un instant à l'autre et la loi rendue inutile ?

» D'ailleurs, le fait vient à l'appui du raisonnement ; la commission des contributions publiques de Paris, qui avait eu quelques doutes sur cette question, consulta le Ministre des Finances, qui lui répondit, le 5 nivose an 6 :

« Tous ceux qui ont des carrosses de remise, des fiacres et des cabriolets de louage qui circulent dans Paris, *ainsi que dans les autres communes,* sont des entrepreneurs de voitures suspendues partant d'occasion ou à volonté, et sont conséquemment dans les termes de la loi ; ils ne peuvent donc être affranchis des dispositions qu'elle impose, que par une disposition qui n'existe pas. »

La loi s'exécutant dans Paris et dans toutes les autres communes, il n'y avait aucune raison de faire exception en faveur de la ville de Nantes.

Il y a donc nécessité de casser, dans l'intérêt de la loi seulement, les jugemens rendus par le Tribunal de Nantes, les 5 ventose an 7 et 16 fructidor an 9.

Le 18 prairial an 10, arrêt par lequel,

La Cour, considérant que les fiacres sont des voitures

suspendues de la nature de celles énoncées en l'art. 70 de la loi du 9 vendémiaire an 6;

Qu'en dispensant de l'amende encourue, faute d'avoir fait les déclarations prescrites par ledit article, le Tribunal de Nantes en a évidemment violé les dispositions;

Casse et annulle, dans l'intérêt de la loi seulement, etc.

XLe. ARTICLE.

SUITE DE LA JURISPRUDENCE SUR LE DROIT DE TIMBRE.

Les registres du Mont-de-Piété de Paris et les extraits qui en sont délivrés, appelés engagemens *et* dégagemens, *sont-ils sujets au timbre ?*

Le Tribunal de Cassation a jugé par l'affirmative, le 14 vendémiaire an 10, sur le pourvoi de la régie contre un jugement du Tribunal Civil de la Seine, qui avait déclaré la régie non recevable.

Les motifs de ce jugement étaient que les lettres-patentes du 9 décembre 1777, portant établissement du Mont-de-Piété, ou bureau général d'emprunt sur nantissement, avaient affranchi du timbre et du contrôle ses registres et les billets d'engagement et dégagement délivrés par son administration; et que ces lettres-patentes n'ayant été abrogées par aucune loi postérieure, il s'en suivait qu'elles avaient toujours force de loi, et qu'elles devaient être observées.

Outre ces motifs, l'administration du Mont-de-Piété s'étayait encore d'un arrêté du Directoire Exécutif, du 3 prairial an 5, qui porte que cet établissement est maintenu, en, par lui, observant les anciens réglemens. D'où l'administration conclut que les lettres-patentes de 1777 étaient implicitement rappelées par cet arrêté, qui, en

17.

cela, n'avait fait que déclarer un principe de droit commun.

Elle soutenait, au surplus, que cet établissement est quasi national, puisqu'il est sous la surveillance du Gouvernement, puisque le Gouvernement y nomme un commissaire préposé à surveiller toutes les opérations.

De son côté, la régie de l'enregistrement se faisait un premier moyen de la contravention à l'art. 65 de la loi du 22 frimaire an 7, qui porte que « l'instruction se fera par simples mémoires respectivement signifiés. » Or, disait la régie, l'administration du Mont-de-Piété a bien produit un mémoire en défense, qu'elle a déposé entre les mains du Commissaire du Gouvernement près le Tribunal Civil, mais elle ne l'a pas signifié, comme l'art. 65 précité lui prescrivait : il s'en suit que la République a été mal défendue, et, par conséquent, il y a eu lieu de casser. (Voyez l'art. 2 du décret additionnel à celui sur l'ordre judiciaire civil, des 6 et 7 septembre 1790, et l'art. 25 de la loi des 5 et 19 décembre 1790 sur le droit d'enregistrement.

Le Tribunal ne s'est point arrêté à ce moyen. Pour second moyen, la régie soutenait que le jugement attaqué contenait une contravention directe à l'art. 3 de la loi sur le timbre, du 7 février 1791, qui soumet au timbre « les registres des universités, facultés, colléges, hôpitaux, fabriques ; ceux des administrateurs, syndics, marguilliers, fabricans, receveurs des droits et des revenus des villes et hôpitaux ; ceux des agens d'affaires, directeurs, régisseurs et syndics de colléges, de créanciers, et tous registres qui peuvent être produits en justice. »

Pareille contravention à l'art. 1er. de la loi sur le

timbre, du 13 brumaire an 7, qui établit la contribution du timbre sur tous les papiers civils et
judiciaires, et sur les écritures qui peuvent être
produites en justice et y faire foi. Le législateur
ajoute « qu'il n'y a d'exception que celles nommément exprimées par la présente. »

Or, dit la régie, les registres du Mont-de-Piété
ne se trouvent point au rang des actes et registres
exceptés de la formalité du timbre, dont l'énu-
mération est faite dans l'art. 16 de ladite loi du
13 brumaire.

Donc, et sous aucun rapport, l'administration
du Mont-de-Piété ne peut se placer dans l'exception, ni par conséquent soutenir plus long-temps
ses prétentions à une exception qu'aucune loi n'a
prononcée.

Le cit. Lefessier, Commissaire-Substitut, qui a
porté la parole, a relevé les autres moyens de la
régie et répondu à toutes les difficultés élevées par
l'administration du Mont-de-Piété.

Il a observé d'abord que cette affaire lui sem-
blait avoir été, dans son principe, du ressort administratif, et que c'était devant le Ministre des
Finances que l'administration aurait dû se pourvoir, comme elle l'avait fait, il y avait deux ans,
relativement aux ventes mobilières qu'elle fait jour-
nellement.

Mais que l'administration ayant comparu en
première instance, et s'y étant défendue comme
un simple particulier, il ne pouvait plus être question de savoir si elle avait pu ou non déférer à
l'autorité administrative.

Le Tribunal Civil de la Seine, disait le cit. Lefessier, a posé une fausse question, celle de savoir
s'il y avait une loi qui eût soumis les registres du
Mont-de-Piété à la formalité du timbre, tandis

qu'il devait poser celle de savoir s'il y avait une loi qui les en eût exceptés.

De droit commun, tous les actes et registres qui peuvent être produits en justice et y faire foi sont soumis à cette formalité ; or, les registres du Mont-de-Piété et les billets d'engagemens et dégagemens peuvent être produits en justice et y faire foi : la conséquence nécessaire est bien qu'ils doivent être soumis au timbre, surtout aucune loi ne les ayant nommément exceptés.

Il est vrai que la loi du 7 février 1791 semble se rapporter aux lettres-patentes de 1777, et en faire revivre les dispositions ; mais ce qui répond à cette question, c'est qu'en matière d'impôts, c'est toujours la loi qui les établit : qu'on regarde la première, les exceptions ne viennent qu'après ; et pour asseoir les exceptions, il faut une disposition particulière qui déroge aux dispositions générales. Or, ici l'impôt est établi, et il s'applique à tous les registres qui peuvent être produits en justice et y faire foi ; il s'applique donc aux registres du Mont-de-Piété : d'où il faut conclure que puisqu'il n'existe aucune loi expresse qui les affranchisse de cette formalité, ils y sont soumis par la disposition générale de la loi.

Au reste, c'est d'après les lois actuelles que la contestation doit être décidée et non d'après les lois anciennes.

Le cit. Lefessier a conclu à la cassation ;

Et ledit jour 14 vendémiaire an 10, sous la présidence du cit. Liborel, et au rapport du cit. Doutrepont, jugement par lequel,

· Le Tribunal, vu l'art. 1er. de la loi du 13 brumaire an 7, et attendu que les billets d'engagement et de dégagement du Mont-de-Piété peuvent être produits en justice et y faire foi ;

″ Attendu que l'administration du Mont-de-Piété ne se trouve dans aucune des exceptions portées par ladite loi du 13 brumaire an 7, casse le jugement attaqué.

Cet article est extrait en entier des *Instructions décadaires de la Régie.*

Nous y avons encore puisé diverses décisions et instructions qui ne peuvent qu'être utiles à nos lecteurs. Nous allons en rapporter quelques-unes.

Instruction du 15 brumaire an 11, n°. 96.

Il y a contravention à la loi sur le timbre, soit pour défaut de registres à souche pour la recette des octrois, soit pour tenue de ces registres en papier non timbré. A l'avenir, les directeurs de l'administration feront poursuivre, avec activité, les contrevenans dans l'un ou l'autre cas, sans qu'il soit besoin d'en référer à l'administration, à moins que des difficultés imprévues ne rendent ce préalable nécessaire.

Actes de Conciliation et de Tutelle passés devant les Juges de paix.

Ces juges sont-ils fondés à demander que l'administration leur rembourse le montant des droits d'enregistrement et de timbre des actes de conciliation et de tutelle d'individus qui se trouvent dans l'extrême misère ?

On a peine à croire que des fonctionnaires publics et officiers ministériels soient tenus d'acquitter personnellement les droits des actes qu'ils sont obligés de faire sans aucun espoir de les recouvrer, attendu l'indigence et l'insolvabilité des parties.

Cependant il est certain qu'il ne peut y avoir lieu au timbre et à l'enregistrement gratuits des actes requis par des particuliers, même dans le cas d'indigence notoire ; que les appositions de scellés et les levées d'iceux, les tutelles et curatelles, doivent être enregistrés sur la minute dans les vingt jours de sa date ; et que de la nécessité de cet enregistrement résulte l'obligation de rédiger les minutes de ces actes sur du papier timbré. Il n'est pas possible de s'écarter de ces principes, sous quelque prétexte que ce soit ; et les greffiers ont un moyen bien simple de ne pas s'exposer à des avances dont le remboursement leur paraîtrait incertain, c'est d'obliger les parties requérantes à déposer le montant des droits avant la possession des actes.

Il arrive souvent que les juges de paix agissent d'office dans les cas de cette nature : alors, ni les juges, ni les greffiers ne sont tenus d'avancer les droits, mais ils doivent faire viser, pour timbre en debet, les papiers destinés à ces opérations d'office, et faire enregistrer aussi en debet les actes par eux passés dans les vingt jours, sans quoi ils s'exposeraient aux peines prononcées pour le défaut de ces formalités en temps utile.

(Décision du Ministre des Finances, du 20 fructidor an 10.)

Actes judiciaires.

Les procès-verbaux de conciliation et de non conciliation peuvent ils être portés à la suite l'un de l'autre sur des registres en papier timbré ?

L'art. 23 de la loi du 13 brumaire an 7, portant qu'il ne pourra être fait ni expédié deux actes à la suite l'un de l'autre sur une même feuille de papier timbré, nonobstant tout usage ou réglement contraire, il en résulte nécessairement que les procès-verbaux de conciliation et de non conciliation ne peuvent être portés sur des registres à la suite l'un de l'autre, à peine de 100 fr. d'amende pour chaque contravention.

(Délibération du conseil d'administration, du 15 germinal an 10.)

Les quittances et actes relatifs au payement des salaires des huissiers en matière criminelle, sont-ils sujets à la formalité du timbre ?

Les frais de justice criminelle sont rangés parmi les dépenses générales de la République. Le trésor public en fait l'avance, mais il a recours pour le remboursement, 1°. contre les parties civiles, lorsqu'il en intervient dans les procédures criminelles; 2°. contre les condamnés. L'art. 16 de la loi du 13 brumaire an 7 exempte du timbre les actes de police générale et de vindicte publique. Sous le rapport de la vindicte publique, les mandats, ou plutôt les exécutoires du Tribunal Criminel, en vertu desquels les salaires des huissiers sont acquittés, doivent être exempts de la formalité du timbre ; mais il n'en est pas de même des quittances données par les huissiers. Ils ne sont ni fonctionnaires, ni salariés par la République ; les sommes qui leur sont payées ne sont que des attributions d'office, à raison desquelles ils doivent supporter le droit de timbre comme simples particuliers, et non employés habituels de la République. Si la quittance était donnée au pied du mandat ou de l'exécutoire, le mandat serait alors susceptible d'être délivré sur papier timbré, dont la partie prenante devrait incontestablement le remboursement.

(Délibération du conseil d'administration, du 12 germinal an 10.)

XLIe. ARTICLE.

DROIT DE GRACE.

Le droit de faire grace à un coupable condamné est le plus beau des attributs de la souveraineté.

C'est un pouvoir extraordinaire, mais qui ne place cependant pas le souverain au-dessus des lois.

Un crime est commis, la société veut que l'auteur en soit recherché ; la justice développe l'appareil formidable de sa puissance. Un examen impartial et solennel conduit à la conviction du coupable : la voix inflexible de la loi se fait entendre ; l'arrêt est prononcé.

Jusque-là, nulle puissance n'a eu le droit de s'immiscer dans les détails du combat judiciaire. Nos lois ne connaissent pas de pouvoir qui puisse arrêter l'action de la vindicte publique.

Mais elles ont voulu que le souverain pût faire remise au condamné de tout ou de partie des peines prononcées contre lui. Elles l'ont investi du pouvoir d'accorder un pardon entier, absolu, indéfini, ou de commuer la peine en une peine moins grave ou d'une moindre durée.

Ce droit avait été, dans notre antique monarchie, exercé par les grands officiers de la couronne, qui prétendaient en avoir la concurrence avec le souverain. Mais nos rois crurent devoir se ressaisir de cette noble prérogative. Charles V, par l'ordonnance de 1559, et Louis XII, par une autre ordonnance de 1440, firent défenses, à tous leurs sujets sans distinction, d'accorder aucunes lettres de grace, et aux Cours et Tribunaux, d'y avoir aucun égard.

Depuis Louis XII, les rois exercèrent le droit de

grace, et délivraient à cet effet des lettres que les impétrans étaient obligés de faire entériner devant les Cours Souveraines.

Mais ce droit fut aboli par l'art. 13, tit. 7 de la première partie du Code Pénal, ainsi conçu :

L'usage de tous actes tendant à empêcher ou suspendre l'exercice de la justice criminelle ; l'usage des lettres de grace, de rémission, d'abolition, de pardon et de commutation de peines, sont abolis pour tout crime poursuivi par voie de jurés.

Ce droit a été rendu au chef de l'Etat par l'article 86 du sénatus-consulte du 16 thermidor an 10, qui porte :

Le Premier Consul a droit de faire grace. Il l'exerce après avoir entendu, dans un conseil privé, le Grand-Juge, deux Ministres, deux Sénateurs, deux Conseillers d'Etat, et deux Juges de la Cour de Cassation.

Au mois de brumaire an 11, l'Empereur a décidé que les magistrats du parquet de la Cour de Cassation, c'est-à-dire, le Procureur-Général impérial et ses Substituts, sont compris dans cet article sous la dénomination de *juges*.

Les condamnés qui veulent recourir à la clémence du souverain expriment leur demande et ses motifs dans une requête adressée à Son Excellence le Grand-Juge Ministre de la Justice. Ils y annexent l'acte d'accusation et le jugement qui les condamne.

Le Grand-Juge Ministre de la Justice accorde, s'il y a lieu, un sursis à l'exécution.

La demande est ensuite examinée dans un conseil privé, présidé par l'Empereur, et composé conformément à l'article ci-dessus. La demande est accordée ou rejetée.

Si elle est accordée, les lettres de grace ou de

(266)

commutation de peine sont adressées, par le Grand-Juge Ministre de la Justice, au Procureur-Général impérial près la Cour de Justice criminelle, dans les prisons ou le ressort de laquelle le condamné est détenu.

Le ministère public en requiert la lecture, publication, transcription et exécution à une audience solennelle, à laquelle le condamné est amené.

Les Cours n'ont pas le droit d'arrêter, ni de retarder l'exécution des lettres de grace.

Elles peuvent bien recommander certains condamnés à la clémence du souverain, mais cette recommandation doit être faite par tout autre acte que l'arrêt de condamnation. C'est ce qui a été jugé par la Cour de Cassation dans l'espèce suivante.

La Cour de Justice criminelle et Spéciale du département de la Haute-Garonne avait eu à juger une bande de brigands, contre neuf desquels elle prononça la peine de mort par arrêt du 30 fructidor an 12.

Cet arrêt contenait la disposition suivante :

La Cour, considérant, à l'égard de Jean Rouqueton fils et Guillaume Martinet (c'était deux des neuf condamnés), qu'elle a reçu d'eux les plus grands éclaircissemens par leurs aveux extrajudiciaires, qui ont fait découvrir la plus grande partie des brigands qui composaient les bandes dévastatrices, et fait cesser les pillages ; par ceux faits hors des interrogatoires, confrontations et débats qui ont servi à la conviction de la majorité des accusés ;

Par ces motifs, la Cour les recommande l'un et l'autre à la clémence du souverain ;

Ordonne en conséquence qu'il sera sursis à l'exécution de son présent arrêt, en ce qui touche Jean Rouqueton fils et Guillaume Martinet, pour la condamnation à la peine capitale, jusqu'à ce que, par Sa Majesté Impériale, il ait été autrement statué.

Le 18 nivose an 13, le conseil privé de Sa Majesté,

procédant à l'examen de la demande en grace, émit l'opinion que la Cour Criminelle de la Haute-Garonne avait commis un excès de pouvoir en se permettant de suspendre, en ce qui concerne Rouquelon et Martinet, l'exécution de son arrêt, et que cela constituait de sa part une usurpation sur la prérogative la plus noble de l'autorité impériale.

L'Empereur adopta cet avis, et, par décret impérial du même jour, chargea le Grand-Juge Ministre de la Justice de dénoncer à la Cour de Cassation la disposition dudit arrêt portant surséance.

L'arrêt fut en effet dénoncé, et le 16 pluviose an 13, sur les conclusions de M. le Procureur-Général impérial, la Cour de Cassation rendit l'arrêt suivant :

Ouï le rapport de M. Sieyes, Juge...; vu l'article 80 de la loi du 27 ventose an 8; l'article 86 du sénatus-consulte du 16 thermidor an 10, et le § 6 de l'article 456 du Code des Délits et des Peines, ainsi conçu : « Le Tribunal de Cassation ne peut annuler les jugemens des Tribunaux Criminels que dans les cas suivans... 6°. Lorsqu'il y a eu contravention aux règles de compétence établies par la loi, pour la connaissance du délit, ou pour l'exercice des différentes fonctions relatives à la procédure criminelle, ou qu'il y a eu, de quelque manière que ce soit, usurpation de pouvoir.... » — Considérant que le droit de faire grace réside tout entier et exclusivement dans la personne du chef de l'Empire; qu'il n'appartient à aucune autorité de prendre à cet égard une initiative publique et officielle sur la détermination de l'Empereur; — Considérant que le droit de surseoir à l'exécution d'un jugement de condamnation en dernier ressort, fait essentiellement partie du droit de faire grace; qu'ainsi l'un ne peut pas plus que l'autre être exercé par les Tribunaux; — Considérant que, dans le cas où les Tribunaux estiment, d'après de grandes et importantes considérations, qu'il peut y avoir lieu, en faveur d'un condamné, à l'exercice du droit de faire grace, ils ont, pour faire parvenir jusqu'au trône, d'autres voies que celle d'un jugement; — Par ces motifs, la Cour, faisant droit sur le réquisitoire de M. le Procureur-Général impérial, casse et annulle, dans l'intérêt de la loi et pour excès de pouvoir, la disposition de l'arrêt de la Cour de Justice criminelle et Spéciale du département de la Haute-Garonne, du 30 fructidor an 12, qui, en recommandant Jean Rouqueton et Guillaume Martinet à la clémence de l'Empereur, ordonne qu'il sera sursis à l'exécution jusqu'à la décision définitive de Sa Majesté; — Ordonne qu'à la diligence de M. le Procureur-Général impérial, le présent jugement sera imprimé et transcrit sur le registre de la Cour Criminelle et Spéciale de la Haute-Garonne.

Il est des condamnations à peines afflictives et infamantes et d'autres qui prononcent des amendes.

La question s'est agitée de savoir si les lettres de grace emportaient de plein droit la remise de l'amende en faveur du condamné qui les a obtenues.

Elle a été décidée par le décret impérial du 25 janvier 1807, dont suit la teneur :

Avis du Conseil d'Etat sur la remise de l'amende en faveur des Déserteurs condamnés, et qui ont obtenu leur grace avant de l'avoir acquittée. (Séance du 3 janvier 1807.)

Le Conseil d'Etat, qui, d'après le renvoi ordonné par Sa Majesté, a entendu le rapport de la section de législation sur celui du Grand-Juge Ministre de la Justice, duquel il résulte que Sa Majesté, en exécution de l'art. 53 du décret du 19 vendémiaire an 12, ayant accordé, le 16 frimaire an 14, au camp d'Austerlitz, grace à trois cent quatre-vingt-six condamnés aux travaux publics, et ordonné leur incorporation dans divers régimens, la question se présente, si ceux qui ont payé l'amende de quinze cents francs, doivent la recouvrer, et si ceux qui en sont encore débiteurs doivent en être déchargés ;

Est d'avis, sur la première partie de la question, que la grace ne saurait emporter un effet rétroactif; elle fait cesser la peine, mais elle prend le condamné dans l'état où il est; elle ne lui rend point ce qu'il a perdu ou payé : elle ne doit point être onéreuse au trésor public en le soumettant à des restitutions.

Quant à la seconde partie de la question, il est à considérer que si la grace n'a pas d'effet rétroactif, elle doit avoir un effet présent, qui fasse cesser toute peine et toute poursuite de la part de la partie publique.

Que si la grace ne remet pas les amendes acquises à des parties civiles, ou à des tiers auxquels elle tient lieu d'indemnité, il n'en est point ainsi à l'égard du prince, dont les graces, à moins qu'il ne les restreigne, sont, de plein droit, entières et absolues ;

Que l'amende de quinze cents francs étant destinée, par l'art. 12 de la loi du 17 ventose an 8, à remplacer, par des enrôlemens volontaires, les déserteurs condamnés, les déserteurs qui ont obtenu leur grace et qui sont incorporés pour huit ans dans la ligne, acquittent de leur personne cette destination ;

Que le non recouvrement de l'amende pendant leur détention prouve qu'elle est d'une exécution difficile, et peut-être impossible ; en sorte qu'en donnant à la grace toute l'étendue dont elle est susceptible, on fera cesser, d'une part, des poursuites vraisemblablement frustratoires, et, d'autre part, on ne distraira pas de leur devoir, par des inquiétudes sur leurs biens ou sur ceux de leurs parens, des soldats que Sa Majesté a jugés dignes, d'après leur meilleure conduite, de rentrer au service : comme on les rappelle à l'inviolable fidélité qu'ils doivent à leurs drapeaux, il paraît convenable qu'ils y trouvent un entier oubli de leur faute ;

Par ces motifs, le Conseil d'Etat est d'avis que la grace accordée, en exécution de l'art. 53 du décret du 19 vendémiaire an 12, aux déserteurs condamnés, leur remet l'amende de quinze cents francs, si elle n'a pas été acquittée.

Pour extrait conforme, le Secrétaire-Général du Conseil d'Etat ; *signé* J. G. Locré.

Approuvé, au camp impérial de Varsovie, le 25 janvier 1807.

Signé NAPOLÉON.

Par l'Empereur, le Secrétaire d'Etat, *signé* H. B. Maret.

Nous croyons que nos lecteurs verront avec plaisir se terminer cette *Conférence* par un réquisitoire prononcé, le 10 juillet 1809, par M. le Procureur-Général impérial près la Cour de Justice criminelle du département de la Seine-Inférieure. Ce sera toujours pour nous une nouvelle jouissance que de transmettre à nos lecteurs des actes constatant à la fois le zèle, le talent et le civisme des magistrats.

Discours prononcé par M. Chapais-de-Mari-vaux, Procureur-Général impérial près la Cour de Justice criminelle du département de la Seine-Inférieure, dans la séance du 10 juillet 1809, pour l'enregistrement des Lettres de Grace accordées par Sa Majesté l'Empereur et Roi, à vingt-trois Déserteurs condamnés aux travaux publics.

« Messieurs, j'ai l'honneur de présenter à la Cour un nouveau monument des innombrables bienfaits dont Sa Majesté l'Empereur et Roi comble ses peuples.

» La Justice laisse aujourd'hui désarmer sa rigueur ; et ce spectacle, si digne d'un intérêt universel, appartient tout entier à la clémence.

» L'aspect de ces guerriers, leur introduction dans cette enceinte, la place qu'ils y occupent, l'habit militaire dont ils sont revêtus, leur contenance respectueuse et ferme suffiraient pour faire connaître leurs desirs et leurs espérances.

» Ils viennent redemander à la loi l'honneur de se rallier sous les drapeaux de la victoire. Ils viennent sous un auspice auguste solliciter la faveur d'être comptés de nouveau parmi les soldats du grand Napoléon.

» Que leur supplique est touchante ! Combien l'ame est émue aux cris de la valeur qui réclame des enseignes et des armes !

» Quand ma voix répète avec attendrissement ce noble vœu, mon intention n'est pas de couvrir les erreurs ni de voiler les fautes ; le repentir les publierait à défaut de mes paroles.

» Ces guerriers furent coupables. Ils avaient méconnu le devoir, enfreint les lois, oublié !eurs sermens.

» Je touche avec regret à des plaies que la miséricorde souveraine est prête à cicatriser, mais je dois montrer l'abîme que creuse, sous les pas du soldat, le crime de la désertion.

» S'il ne peut être incertain que la nature a gravé dans le cœur de tous, à côté du besoin, le desir de la défense; si, dans le développement de la civilisation, chaque membre de la grande famille devient comptable envers elle de l'emploi de ses forces; si cette garantie mutuelle forme le lien réciproque, la loi n'a donc fait que consulter le bien-être individuel et régulariser cet intérêt spécial, quand elle a proclamé un égal appel à toutes les classes d'une florissante et vigoureuse jeunesse.

» Le service militaire, sous ce point de vue social, serait encore le plus saint et le premier des devoirs quand il ne serait pas, comme il l'est, le sommet de la gloire où peut aspirer l'héroïsme. Et combien le but que la loi se propose est-il en harmonie avec l'élan sublime qui distingue le Français!

» Élevée, par sa nature autant que par la reconnaissance universelle et la sanction de tous les peuples, au rang le plus haut qu'embrasse la conception humaine, la profession des armes commande, au nom de l'honneur, tous les genres de dévouement.

» L'orgueil des autres conditions se réduit à emprunter de l'état militaire des sujets d'émulation sans se flatter d'atteindre à la grandeur du modèle.

» Qu'y a-t-il, en effet, qui puisse soutenir le

parallèle avec les travaux de la guerre et les efforts
du soldat?

» Tout grand, tout immense que soit le sacri-
fice de l'existence, il n'est qu'un simple trait dans
l'ensemble des épreuves dont s'honore la vertu
guerrière.

» Subir avec joie le joug de l'austère discipline ;
oublier sa propre volonté pour s'abandonner sans
réserve à l'absolu commandement ; fouler aux pieds
les jouissances vulgaires pour s'endurcir à toutes
les fatigues ; tout tenter et tout souffrir, avec patience, pour mériter d'être initié de bonne heure
au grand art de se mesurer dans les combats ; tout
oser, tout accomplir dans un jour de bataille, et
ne se féliciter d'une action d'éclat que pour aspirer à entreprendre davantage : voilà, si mon
pinceau est fidèle à ce que nos yeux voient dans
tant d'exemples, voilà quelques-uns des élémens
qui composent l'holocauste que consacre sur les
autels de la patrie la générosité du soldat français.

» C'est par ces degrés franchis avec la rapidité
de l'éclair, que nos intrépides conscrits rivalisent
avec les plus anciens appuis de la valeur française ; c'est par ce concours et cette constante hérédité de principes magnanimes, que nos invincibles
armées forment tout à la fois l'admiration du monde
et l'orgueil de la patrie.

» Quelles palmes, quels succès immortels sont
destinés à couronner cet enchaînement de mémorables services !

» La fidélité sous les drapeaux peut seule consolider ce noble dévouement. Par elle, l'ardeur qui
s'électrise de grade en grade, se transmet d'âge en
âge ; par elle, la discipline et la vaillance se fixent
dans nos camps pour garantir à la postérité le perpétuel héritage de la gloire nationale.

» Cette jouissance du présent, ces espérances de l'avenir n'ont point à craindre d'être altérées ; elles reposent sur une base immuable, le génie de l'Empereur. Il a imprimé à l'organisation de ses armées le sceau de sa grande ame, et ce chef-d'œuvre des conceptions militaires devient impérissable, puisqu'il est son ouvrage.

» L'esprit public, qui fait jaillir à la voix du monarque l'intarissable source des forces nationales, est placé, par la main du héros, ainsi que les autres merveilles de son règne, au-dessus de tous les écueils. Mais au sein de l'ardeur générale, qui porte le Français aux travaux et aux exploits guerriers, combien contraste avec horreur, quoiqu'avec impuissance, la méprisable trace de l'infidélité qui cherche à se soustraire à la dette du service militaire !

» La désertion, en quelque sens qu'on l'envisage, dans quelques limites qu'elle se concentre, n'est-elle pas un attentat à l'ordre établi ? N'offre-t-elle pas l'incohérence avec l'égalité des devoirs ? Ne tend-elle pas à dessécher l'émulation, à refroidir cet enthousiasme militaire qui s'enflamme du sentiment d'une vocation unanime ?

» La désertion n'est-elle pas comme la rouille qui corrode la substance la plus dure ? et semblable à ces maladies qui menacent de leurs atteintes, quoiqu'éloignées, le tempérament le plus sain, cette contagion du corps politique pourra-t-elle manifester ses symptômes, même les plus rares, sans inspirer l'inquiétude et sans commander les précautions salutaires contre ses ravages ?

» Il est doux de le proclamer, parce qu'il est juste de le penser, l'honneur servira de barrière.

» Mais le crime individuel de la désertion en est-il moins odieux ?

18

» Le déserteur méritera-t-il moins la sévérité des lois ?

» Quelle honte qu'un sujet appelé ou reçu sous les drapeaux, cherche à s'affranchir de la règle commune !

» Quel opprobre qu'un Français néglige ou déserte le poste ; qu'il jette lâchement le bouclier et les armes quand l'univers tout entier est armé ! Quelle infamie qu'il abandonne la cause de son pays, lorsque la nature, la loi, l'honneur lui imposent l'obligation de le servir!

» Disons-le sans craindre d'être contredits : celui qui refuse de prendre part à la défense générale, ou qui se lasse de ce joug honorable, se montre indigne d'appartenir à la société dont il est un des membres ; il compromet, autant qu'il est en lui, la fortune et le sort de tous ; il se rend étranger aux contrées qui l'ont vu naître : il cesse d'être l'ami et le frère de ses compatriotes ; en surchargeant leur fardeau, il devient leur ennemi ; son isolement le constitue en guerre, et son indifférence équivaut à un acte d'hostilité.

» Voyez aussi quelle sera sa destinée.

» Comme il méconnaît la patrie, celle-ci le rejette.

» Il a brisé tous les liens publics.

» Tous les nœuds des liaisons privées se rompent à son égard.

» Partout le déserteur poursuivi par la loi, noté par le blâme, désigné par ses terreurs, promène la trace et l'empreinte de son crime.

» La chaîne de sa complicité se traîne, pour ainsi dire, sur ses pas ; sa présence devient un objet d'alarmes.

» Le toit paternel cesse pour lui d'être hospitalier ; ce toit ne peut le recevoir sans crime, et lè père, lors même qu'il repousse de son sein le fils ingrat à la patrie, demeure encore responsable du malheur de l'avoir fait naître.

» Quelle amante pourra favoriser du nom d'époux l'amant qu'elle sait infidèle à son pays ? Comment obtiendrait-il le titre et les droits de père celui qui s'est montré sans courage pour soutenir le caractère et exercer les devoirs de citoyen ?

» Il restera sans proches, sans parens, sans amis, sans épouse, sans espoir de postérité, l'individu flétri qui, dégradant son être, isolant sa personne, paralysant ses bras, s'est séparé des rangs et du cortége des vrais enfans de la patrie.

» Où fuira-t-il ? L'Empire immense n'est plus pour lui qu'une vaste solitude. La loi le frappe : la surveillance l'atteint.

» Je ne parle point des travaux serviles dont il faudra qu'il devienne la victime.

» Il est perdu pour ses concitoyens qu'il trahit; il est perdu pour sa famille qu'il compromet; il l'est plus encore pour lui-même.

» S'il reste insensible à l'honneur, il est indigne de la dernière consolation qui puisse être réclamée; celle de la pitié.

» Mais si l'honneur se réveille dans cette ame qui fut assoupie, quelle source nouvelle d'incalculables calamités !

» Lorsque l'éclat des succès guerriers viendra retentir à ses oreilles au séjour du châtiment; lorsque le bruit des canons de la victoire, pénétrant dans cet asile du deuil, lui révélera la nouvelle des triomphes multipliés dont il eût pu partager la gloire, quel désespoir, quels remords agiteront péniblement ses chaînes, et comme alors il ressentira avec amertume le fardeau de sa honte à la vue de ces moissons de prospérités et de gloire!

» Dites-le-moi, vous qui l'éprouvâtes, ce mélange de maux ne fut-il pas le plus cruel de vos tourmens? Et par combien de regrets ne voulûtes-vous pas racheter la perte de l'inappréciable félicité dont la victoire récompense ses fidèles et constans favoris?

» Hâtons-nous de le professer à l'honneur du caractère national.

» La crainte du péril, les viles terreurs de la mort n'ont point de prise sur le cœur du Français: il est inouï, dans nos camps, qu'un soldat déserte aux approches du combat.

» L'aigle déployée n'y voit point de parjures, et le danger ne rencontre que des héros.

» Cherchons hors de la lice les écarts de l'infidélité, et si ce monstre doit affliger le regard, qu'il nous rende compte de ses motifs, et nous explique son origine.

» L'amour mal entendu du sol natal, l'égarement de l'ivresse, la séduction d'un conseil perfide, l'erreur du moment, c'est là, sans doute, bien plus que dans le défaut de courage ou dans l'inconcevable lâcheté, qu'il convient de saisir et de signaler le fatal principe de la désertion.

» Je sonde la cause du mal; je ne l'excuse pas. Les effets sont les mêmes; mais le germe, moins gangrené et moins hideux, laissera l'espérance que les torts pourront se réparer.

» Il est réservé, Messieurs, à la prérogative souveraine de relever les ames abattues, de ramener du fond de l'abime le déserteur qui s'y est précipité, et de rallier aux succès des armées françaises le sujet qui s'écarta de ces nobles routes qu'il était fait pour parcourir.

» Comme l'Empereur est l'arbitre et le dieu des batailles, il est le juge suprême du sentiment intime

qui meut et qui distingue l'égarement d'un soldat ;
il sait, comme la Providence dont il est l'image,
le terme où le pardon peut susciter la vertu.

» Connaissons toute l'étendue de la grace que
Sa Majesté daigne accorder.

» Sa clémence rend à leurs foyers, à leurs familles, comme à l'honneur et à la patrie, deux
d'entre ces hommes, que leurs infirmités placent
hors de la carrière des armes.

» Leur sort est heureux. Ils recouvrent les avantages sociaux qu'ils redoutaient d'avoir perdus sans
retour.

» Vos destinées sont plus dignes encore d'envie,
vous que, du sein de vos misères profondes, notre
auguste monarque rappelle au rang dont vous étiez
déchus.

» Cette faveur, dont vous désespérâtes peut-être,
doit combler votre félicité.

» Soldats du grand Napoléon ! vous soutiendrez
la gloire d'un si beau titre. Vous brûlez de disputer
à vos compagnons d'armes la préférence dans les
combats. Vous êtes impatiens de verser comme eux
votre sang qui bouillonne du regret des momens
que vous avez perdus, et de l'espoir des occasions
qu'il vous tarde de recouvrer.

» De l'extrémité du Nord à celle du Midi, du
Tage au Danube, la carrière est ouverte. Volez à
l'ordre de vos chefs : vous trouverez partout vos
enseignes et la victoire.

» Soldats ! vous jurez par cette clémence qui
vous sauve, vous jurez par le bienfait, de sceller
au champ d'honneur les titres de la reconnaissance.

» Nous, témoins de vos promesses, interprétes
de l'ardeur qui vous anime, nous vous félicitons
par avance des lauriers qui vous attendent. Les

récompenses n'ont point de bornes sous un monarque qui les mesure à sa munificence.

» Ainsi, puisse cette grace signalée servir à éterniser, par des hauts faits, votre bravoure et votre fidélité ! »

XLII.ᵉ ARTICLE.

LÉGION D'HONNEUR. — Suite. — (*Voy. page* 79 *et suiv. de ce volume.*)

Voici le texte même de la loi qui crée la Légion d'Honneur :

Loi portant création d'une Légion d'Honneur, du 29 floréal an 10.

Au nom du peuple français, BONAPARTE, Premier Consul, proclame loi de la République le décret suivant, rendu par le Corps Législatif le 29 floréal an 10, conformément à la proposition faite par le Gouvernement le 25 dudit mois, communiquée au Tribunat le 27 suivant.

DÉCRET.

TIT. Iᵉʳ. — *Création et Organisation de la Légion d'Honneur.*

ART. 1ᵉʳ. En exécution de l'art. 87 de la Constitution, concernant les récompenses militaires, et pour récompenser aussi les services et les vertus civils, il sera formé une Légion d'Honneur.

2. Cette Légion sera composée d'un grand conseil d'administration et de seize cohortes, dont chacune aura son chef-lieu particulier.

3. Il sera affecté à chaque cohorte, des biens nationaux portant deux cent mille francs de rente.

4. Le grand conseil d'administration sera composé de sept grands officiers; savoir, des trois Consuls, et de quatre autres membres, dont un sera nommé entre les sénateurs, par le Sénat; un autre entre les membres du Corps Législatif, par le Corps Législatif; un autre entre les membres du Tribunat, par le Tribunat; et un enfin entre les conseillers d'État, par

le Conseil d'Etat. Les membres du grand conseil d'administration conserveront, pendant leur vie, le titre de grand officier, lors même qu'ils seraient remplacés par l'effet de nouvelles élections.

5. Le Premier Consul est, de droit, chef de la Légion, et président du grand conseil d'administration.

6. Chaque cohorte sera composée

De sept grands officiers,

De vingt commandans,

De trente officiers,

Et de trois cent cinquante légionnaires.

Les membres de la Légion sont à vie.

7. Il sera affecté à chaque grand officier cinq mille francs;

A chaque commandant, deux mille francs;

A chaque officier, mille francs;

Et à chaque légionnaire, deux cent cinquante francs.

Ces traitemens seront pris sur les biens affectés à chaque cohorte.

8. Chaque individu admis dans la Légion, jurera, sur son honneur, de se dévouer au service de la République, à la conservation de son territoire dans son intégrité, à la défense de son Gouvernement, de ses lois, et des propriétés qu'elles ont consacrées; de combattre, par tous les moyens que la justice, la raison et les lois autorisent, toute entreprise tendant à rétablir le régime féodal, à reproduire les titres et qualités qui en étaient l'attribut; enfin, de concourir de tout son pouvoir au maintien de la liberté et de l'égalité.

9. Il sera établi dans chaque chef-lieu de cohorte, un hospice, et des logemens pour recueillir soit les membres de la Légion que leur vieillesse, leurs infirmités ou leurs blessures auraient mis dans l'impossibilité de servir l'Etat, soit les militaires qui, après avoir été blessés dans la guerre de la liberté, se trouveraient dans le besoin.

TIT. II. — *Composition.*

Art. 1er. Sont membres de la Légion d'Honneur, tous les militaires qui ont reçu des armes d'honneur.

Pourront y être nommés les militaires qui ont rendu des services majeurs à l'Etat dans la guerre de la liberté;

Les citoyens qui, par leur savoir, leurs talens, leurs vertus, ont contribué à établir ou à défendre les principes de la République, ou fait aimer et respecter la justice ou l'administration publique.

2. Le grand conseil d'administration nommera les membres de la Légion.

3. Durant les dix années de paix qui pourront suivre la première formation, les places qui viendront à vaquer demeureront vacantes jusqu'à concurrence du dixième de la Légion, et, par la suite, jusqu'à concurrence du cinquième. Ces places ne seront remplies qu'à la fin de la première campagne.

4. En temps de guerre, il ne sera nommé aux places vacantes qu'à la fin de chaque campagne.

5. En temps de guerre, les actions d'éclat feront titre pour tous les grades.

6. En temps de paix, il faudra avoir vingt-cinq années de service militaire pour pouvoir être nommé membre de la Légion; les années de service, en temps de guerre, compteront double, et chaque campagne de la guerre dernière comptera pour quatre années.

7. Les grands services rendus à l'Etat dans les fonctions législatives, la diplomatie, l'administration, la justice ou les sciences, seront aussi des titres d'admission, pourvu que la personne qui les aura rendus ait fait partie de la garde nationale du lieu de son domicile.

8. La première organisation faite, nul ne sera admis dans la Légion qu'il n'ait exercé, pendant vingt-cinq ans, ses fonctions avec la distinction requise.

9. La première organisation faite, nul ne pourra parvenir à un grade supérieur qu'après avoir passé par le plus simple grade.

10. Les détails de l'organisation seront déterminés par des réglemens d'administration publique; elle devra être faite au 1er. vendémiaire an 12, et passé ce temps, il ne pourra y être rien changé que par des lois.

L'art. 10 de cette loi ayant disposé que les détails de l'organisation de la Légion d'Honneur seraient déterminés par des réglemens d'administration publique, il y fut pourvu par l'arrêté suivant :

Arrêté relatif à l'Organisation de la Légion d'Honneur, du 13 messidor an 10 de la République.

Les Consuls de la République, le Conseil d'Etat entendu, arrêtent :

TIT. Ier. — *De la Division du territoire de la République, relativement à l'Etablissement des Cohortes de la Légion d'Honneur.*

ART. 1er. La division du territoire de la République pour la circonscription des seize cohortes, en y comprenant la 27e. division militaire, qui formera la 16e. cohorte, est fixée conformément au tableau annexé au présent arrêté.

2. Les chefs-lieux des seize cohortes seront établis dans des palais ou autres édifices nationaux.

3. La résidence du grand officier chef de la cohorte, le lieu des séances du conseil d'administration et l'hospice seront dans le même établissement, dans le même édifice ou la même enceinte.

TIT. II. — *Du grand Conseil d'Administration.*

4. Le grand conseil s'assemblera une fois par mois.

5. Une séance extraordinaire, dans le semestre d'été, sera destinée à proclamer les nouvelles promotions, et recevoir solennellement le serment des nouveaux légionnaires. Cette séance se tiendra au chef-lieu de la première cohorte, et autant qu'il sera possible, alternativement dans chaque chef-lieu.

6. Dans cette séance extraordinaire, l'un des membres du conseil prononcera l'éloge, en forme de notice historique, des membres de la légion qui seront morts dans le courant de l'année.

7. Le grand conseil nommera un grand chancelier de la Légion d'Honneur, et un trésorier général, qui seront grands officiers.

8. Le grand chancelier aura séance au grand conseil.

Il sera dépositaire du sceau.

9. Le grand chancelier veillera à ce que les noms des individus formant la cohorte soient inscrits sur des tables de marbre placées dans le chef-lieu de chaque cohorte, et que les noms de tous les individus composant la Légion soient inscrits sur des tables de marbre placées dans le dôme des Invalides.

10. Le grand chancelier sera chargé de la tenue du registre des délibérations du grand conseil, de la rédaction des procès-verbaux et de l'expédition de la correspondance.

11. Le grand conseil dirige et surveille l'administration des biens nationaux affectés à la Légion.

Il en réglera et proportionnera la répartition d'après celle du territoire, et d'après la nature et la valeur des biens qui se trouveront dans l'arrondissement de la cohorte ; il confiera aux conseils d'administration telle ou telle portion du revenu à percevoir, ordonnera les versemens d'un arrondissement de cohorte sur un autre, approuvera les divers modes de gestion qui lui seront proposés, recevra, vérifiera et arrêtera la comptabilité des cohortes.

12. A chaque séance de trimestre, le grand chancelier remettra au grand conseil un état de situation des seize cohortes au 1er. du mois commençant ledit trimestre, et un résumé des comptes rendus et arrêtés par les conseils d'administration des cohortes, dont il sera parlé ci-après, pour le trimestre précédent, de manière qu'à la séance de nivose, toute la comptabilité de l'année précédente puisse être apurée.

13. Les quatre grands officiers, membres du grand conseil d'administration, nommés par les grandes autorités, n'auront d'autre rang que celui que leur donnera, parmi les grands officiers autres que les chefs de cohorte, la date de leur promotion.

TIT. III. — *Des Conseils d'Administration des Cohortes.*

14. Il sera établi, dans chacun des chefs-lieux de cohorte désigné dans le titre 1er., un conseil particulier d'administration, qui sera chargé de la gestion des biens affectés à la cohorte, ainsi que de la direction de l'hospice qui y sera établi, conformément à l'article 9 du titre 1er. de la loi du 29 floréal.

15. Ce conseil sera composé de neuf membres désignés, par le chef de la Légion, parmi les membres de la Légion ;

SAVOIR :

Un grand officier, chef de la cohorte, président ;
Deux commandans ;
Trois officiers, y compris un chancelier de la cohorte et un trésorier : ces deux derniers n'auront pas voix délibérative ;
Trois légionnaires.

16. Les conseils d'administration de cohorte s'assembleront deux fois par mois, le 1er. et le 15, au chef-lieu de la cohorte.

Le procès-verbal de chaque séance sera immédiatement adressé au conseil général de la Légion.

17. Outre ces séances, il en sera tenu, chaque année, une extraordinaire, au jour indiqué par le chef de la Légion,

(283)

pour distribuer les diplômes envoyés par le grand conseil, et recevoir le serment des nouveaux légionnaires : cette séance se tiendra au chef-lieu de la cohorte.

18. Dans cette séance extraordinaire, on prononcera l'éloge, en forme de notice historique, des membres de la cohorte décédés pendant le courant de l'année.

19. Le chancelier de la cohorte veillera à ce que les noms des individus formant la cohorte soient inscrits sur des tables de marbre placées dans le chef-lieu de la cohorte.

20. Les chanceliers des cohortes rempliront les fonctions de secrétaires des conseils d'administration. Ils seront chargés de la tenue du registre des délibérations, de la rédaction des procès-verbaux, et de l'expédition de la correspondance avec le grand conseil.

21. Le trésorier de la cohorte est chargé de recevoir les revenus et de payer les traitemens des officiers de tout rang et des légionnaires, conformément aux états qui en auront été arrêtés par le grand conseil de la Légion. Il établira, d'après les dispositions ci-après, la comptabilité de l'hospice.

22. Les trésoriers remettront, le 1er. de chaque mois, aux conseils d'administration des cohortes, un état de situation de la cohorte, et un état des recettes et dépenses faites pendant le mois précédent.

23. A chaque première séance de trimestre, le trésorier soumettra au conseil de la cohorte tout ce qui aura rapport à la comptabilité du trimestre précédent : chaque partie de cette comptabilité ayant été successivement examinée et arrêtée par le conseil dans les séances précédentes ; elle sera entièrement consommée et close dans celle-ci, et le résultat devra être immédiatement transmis au grand conseil dans les trois premiers jours du mois. Enfin, les comptes du trésorier seront vérifiés et arrêtés tous les ans par le conseil de la cohorte et présentés au grand conseil.

TIT. IV. — *De l'Etablissement et de l'Administration des Hospices.*

24. La destination des édifices et propriétés nationales qui seront jugés convenables pour l'établissement des hospices et de la résidence des chefs-lieux des cohortes, sera déterminée par des arrêtés particuliers.

25. Ces hospices seront formés à l'instar des succursales de l'hôtel national des Invalides : leur organisation sera la même,

avec cette seule différence que les hospice de la Légion d'Honneur seront régis et administrés par les conseils d'administration des cohortes.

26. Aucun militaire autre que les légionnaires ne sera admis
dans les hospices des légions que sur l'autorisation du grand
conseil.

27. Les militaires reçus à l'hospice de la cohorte en vertu
de l'autorisation du grand conseil, y seront logés, nourris et
habillés aux frais de l'hospice, au moyen du payement qui
sera fait à la caisse de la cohorte, du montant des pensions
auxquelles ces militaires qui y seront reçus auraient eu droit,
s'ils n'avaient pas préféré l'hôtel des Invalides.

28. Les légionnaires et les autres militaires admis dans les
hospices des cohortes, auront la liberté d'en sortir quand ils
le jugeront convenable. Ils jouiront alors des pensions qui leur
auront été précédemment accordées : mais pendant leur séjour
à l'hospice, ils ne toucheront que le traitement qui a été affecté à chaque grade par le réglement concernant l'hôtel national des Invalides.

29. Les détails de l'administration de chaque hospice seront
confiés à un économe, qui sera nommé par le grand conseil
de la Légion, sur la présentation du conseil d'administration
de la cohorte.

30. L'économe rendra compte de sa gestion, tous les mois,
au conseil d'administration de la cohorte, qui fera surveiller
le service par un de ses membres.

31. La fourniture des lits, ustensiles, linge, effets, alimens, boissons, bois et lumière pourra être donnée au rabais
par le conseil d'administration, à la charge de l'approbation
du grand conseil de l'administration.

32. Les conseils d'administration des cohortes ne pourront
faire aucun marché, ni approuver aucune espèce de dépense
sans l'autorisation spéciale du grand conseil de la Légion.

33. Le trésorier arrêtera, tous les mois, en présence de
l'officier chargé de la surveillance de l'hospice, le compte de
l'économe.

A la fin de chaque trimestre, la comptabilité du trimestre
sera arrêtée par le conseil d'administration, conformément à
ce qui a été prescrit ci-dessus à l'article 20 du titre 3.

34. Le compte général de la dépense de l'hospice sera arrêté, tous les ans, par le conseil d'administration de la cohorte. Ce compte, expédié en double, servira de pièce justi-
ficative à celui des recettes et dépenses du trésorier, et entrera

dans le résultat de la comptabilité annuelle de chaque cohorte, qui, aux termes de l'article 12, titre 2 ci-dessus, doit être présenté au grand conseil.

Division des Arrondissemens des seize Cohortes de la Legion d'Honneur.

NOMS DES DÉPARTEMENS.	LEUR POPULATION.	TOTAL DE LA POPULATION PAR COHORTE.
1re. COHORTE.		
Aube.	233,455	
Marne.	304,651	
Oise...................	300,854	
Seine.	631,585	2,241,240
Seine et Oise.	421,535	
Seine et Marne.	299,160	
2e. COHORTE.		
Aisne.................	425,981	
Ardennes.	259.925	
Jemmapes.............	412,760	
Nord.	765,001	2,677,104
Pas-de-Calais..........	354,184	
Somme.	459,253	
3e. COHORTE.		
Lys...................	459,497	
Escaut.	594,619	
Dyle..................	363,681	
Deux-Nèthes.	244,669	2,142,325
Ourthe................	327,121	
Sambre et Meuse........	154,868	
4e. COHORTE.		
Meuse-Inférieure........	232,662	
Forêts.	202,431	
Roër..................		
Sarre.	1,600,000	2,035,093
Rhin et Moselle.........		
Mont-Tonnerre.........		

NOMS DES DÉPARTEMENS.	LEUR POPULATION.	TOTAL DE LA POPULATION PAR COHORTE.
5e. COHORTE.		
Bas-Rhin.	448,483	
Haut-Rhin.	318,940	
Meurthe.	528,115	
Vosges.	508,920	2,248,776
Moselle.	548,141	
Meuse.	269,522	
Haute-Marne.	226,655	
6e. COHORTE.		
Doubs.	216,226	
Jura.	288,151	
Haute-Saône.	234,073	
Nièvre.	232,590	
Côte-d'Or.	330,932	2,306,809
Saône et Loire.	452,673	
Léman.	201,568	
Yonne.	320,596	
7e. COHORTE.		
Rhône.	299,656	
Loire.	290,903	
Haute-Loire.	234,726	
Isère.	435,888	
Mont-Blanc.	275,931	2,582,754
Ain.	297,071	
Puy-de-Dôme.	499,663	
Allier.	248,864	
8e. COHORTE.		
Basses-Alpes.	140,093	
Hautes-Alpes.	118,100	
Bouches-du-Rhône.	285,012	
Var.	271,703	
Drôme.	235,357	1,493,063
Vaucluse.	191,421	
Alpes-Maritimes.	87,481	
Golo.	105,448	
Liamone.	60,448	

NOMS DES DÉPARTEMENS.	LEUR POPULATION.	TOTAL DE LA POPULATION PAR COHORTE.
9e. COHORTE.		
Ardèche.	266,656	
Cantal.	220,304	
Gard.	300,144	
Lozère.	126,503	1,785,767
Hérault.	275,413	
Tarn.	270,408	
Aveyron.	326,539	
10e. COHORTE.		
Aude.	225,228	
Haute-Garonne.	405,574	
Hautes-Pyrénées.	174,751	
Basses-Pyrénées.	355,573	1,738,921
Pyrénées-Orientales.	110,732	
Arriège.	196,454	
Gers.	270,609	
11e. COHORTE.		
Landes.	224,362	
Gironde.	497,329	
Lot et Garonne.	723,940	
Lot.	377,307	2,062,960
Dordogne.	402,465	
Corrèze.	233,557	
12e. COHORTE.		
Deux-Sèvres.	241,916	
Vendée.	243,426	
Vienne.	240,990	
Charente.	312,003	1,806,802
Charente-Inférieure.	399,162	
Loire-Inférieure.	369,305	
13e. COHORTE.		
Morbihan.	401,215	
Finistère.	439,046	
Côtes-du-Nord.	502,727	
Ille et Vilaine.	488,846	2,513,032
Mayenne.	305,654	
Maine et Loire.	375,544	

NOMS DES DÉPARTEMENS.	LEUR POPULATION.	TOTAL DE LA POPULATION PAR COHORTE.
14e. COHORTE.		
Manche..................	530,631	
Calvados...............	450,946	
Orne....................	397,568	
Eure....................	402,776	2,649,458
Seine-Inférieure.	609,743	
Eure et Loire.	257,793	
15e. COHORTE.		
Indre et Loire.	268,934	
Loir et Cher.............	209,957	
Cher....................	217,785	
Indre.	205,628	
Loiret.	286,252	2,039,690
Sarthe.	388,143	
Creuze..................	218,041	
Haute-Vienne............	244,905	
16e. COHORTE.		
Doire..................		
Eridan.		
Marengo.		
Sesia.	....	....
Stura.		
Tanaro.		

Le Premier Consul, *signé* BONAPARTE.

Par le Premier Consul, le Secrét. d'Etat, *signé* H. B. MARET.

La Légion d'Honneur avait reçu des biens nationaux en dotation.

Ces biens étaient destinés à produire les 200,000 fr. de rente déterminés par l'art. 3 de la loi du 29 floréal an 10.

La sagesse du Gouvernement devait se diriger

vers l'administration des biens composans la dotation de la Légion d'Honneur. C'est dans cet objet
que fut rendu l'arrêté suivant :

*Arrêté relatif à l'Administration des Biens affectés
à la Légion d'Honneur, du 23 messidor an 10.*

Les Consuls de la République, sur le rapport du Ministre
de la Guerre, le Conseil d'État entendu, arrêtent :

Art. 1er. Les grands officiers chefs de cohorte de la Légion
d'Honneur, administreront, avec les conseils d'administration
de leur cohorte, la totalité des biens affectés à la Légion
d'Honneur, qui se trouveront situés dans les départemens de
l'arrondissement de la cohorte, de quelque nature que soient
ces biens.

2. Tous les membres de la cohorte seront payés, tous les
trois mois, par le trésorier de la cohorte, sur les extraits de
revue délivrés par les inspecteurs aux revues, et sur des certificats de vie visés par le chancelier de la cohorte.

Les trésoriers des cohortes feront connaître, tous les dix
jours, au trésorier général, l'état de leurs caisses et celui des
besoins de la cohorte, d'après les états de revue.

3. Le trésorier général de la Légion fera connaître, tous
les trois mois, d'après les états de situation, les besoins de
chaque cohorte, proposera les moyens d'y pourvoir, et rendra
compte des mouvemens de fonds occasionnés par l'excédant
ou l'insuffisance des recettes de chaque cohorte.

4. Pour l'exécution des articles ci-dessus, le directeur général de la régie des domaines nationaux fera dresser un état
détaillé de consistance de tous les biens nationaux affectés à
la Légion d'Honneur, par département et par arrondissement
de cohorte. Cet état sera remis au grand conseil de la Légion,
le 1er. vendémiaire an 11.

5. On ne comprendra point la valeur estimative des édifices
destinés aux établissemens des chefs-lieux, dans l'évaluation
des revenus des biens affectés aux cohortes.

6. Tous les biens affectés à la cohorte seront affermés.

7. Les baux actuels seront exécutés jusqu'à leur expiration ;
mais le prix en sera versé à la caisse du trésorier de la cohorte,
à compter du 1er. vendémiaire an 11.

8. Les baux seront renouvelés, dans les campagnes, au
moins un an avant leur expiration ; et dans les villes, six
mois avant cette époque.

9. Les baux seront annoncés, un mois d'avance, par des

affiches, dans les lieux accoutumés : le lieu, le jour et l'heure de l'adjudication y seront indiqués. Il y sera procédé publiquement devant le conseil d'administration de la cohorte et les préposés de la régie des domaines et de l'enregistrement, à la chaleur des enchères, sauf à la remettre à un autre jour, s'il y a lieu.

10. L'acte sera passé par un notaire, dans la forme ordinaire, devant le conseil d'administration ; les frais de double expédition seront supportés par le fermier.

11. Le conseil d'administration imposera aux adjudicataires, autant qu'il sera possible, les conditions qu'il croira les plus avantageuses.

Il exigera une caution solvable.

Il divisera les baux pour le plus grand avantage de sa gestion.

12. Quand les réparations à faire, soit aux bâtimens du chef-lieu et de l'hospice, soit aux divers bâtimens servant à l'exploitation des biens ruraux et autres appartenant à la cohorte, excéderont la valeur de trois cents francs, il en sera dressé un devis estimatif, et il sera procédé à une adjudication au rabais dans la forme ordinaire : ces réparations devront toujours être autorisées par le grand conseil. Le chancelier de la Légion en fera le rapport.

13. Le trésorier qui aura payé le montant des réparations, sera tenu de rapporter, à l'appui de cette dépense, les devis estimatifs et les quittances des ouvriers lorsqu'il s'agira de réparations faites par économie : à l'égard de celles faites sur adjudication, il rapportera, outre la quittance de l'adjudicataire, une expédition du procès-verbal d'adjudication, et une autre du procès-verbal de réception des ouvrages.

14. Le trésorier de la cohorte fera payer exactement, à chaque échéance, le prix des baux.

15. Toutes les poursuites judiciaires devront être autorisées par le grand conseil, et faites au nom du grand officier chef de la cohorte, et suivies par le chancelier de la cohorte.

16. Les préposés de l'administration des domaines remettront au chancelier, pour être déposés dans les archives de l'administration de la cohorte, les baux courans, ainsi que tous les titres qu'ils pourront avoir concernant les biens qui seront affectés à la cohorte : il leur en sera donné une reconnaissance au pied d'un état contenant la date et la nature de ces différens titres.

27. Les Ministres sont chargés de l'exécution du présent arrêté, qui sera inséré au Bulletin des Lois.

Etat des Biens attribués aux seize Cohortes de la Légion d'Honneur, avec indication du chef-lieu de chacune d'elles, et de celui de la résidence.

COHORTES.	CHEFS-LIEUX.	DÉPARTEMENS FORMANT L'ARRONDISSEMENT DES COHORTES.	REVENU BRUT DES BIENS Affectés à la dotation de la Légion par arrondissement de Cohorte.
1re.	Fontainebleau.....	Aube............ Marne............ Oise............. Seine............ Seine et Oise........ Seine et Marne......	300,000 fr.
2e.	L'abbaye de Saint-Waast, à Arras.	Aisne............ Ardennes.......... Jemmapes.......... Nord............ Pas-de-Calais........ Somme............	300,000
3e.	L'abbaye de Saint-Pierre, à Gand.	Lys............. Escaut............ Dyle............ Deux-Nèthes........ Ourthe............ Sambre et Meuse....	300,000
4e.	Le château de Brülh.	Meuse-Inférieure.... Forêts............ Roër............ Sarre............ Rhin et Moselle..... Mont-Tonnerre......	529,851
			1,429,851 fr.

COHORTES.	CHEFS-LIEUX.	DÉPARTEMENS FORMANT L'ARRONDISSEMENT DES COHORTES.	REVENU BRUT DES BIENS Affectés à la dotation de la Légion par arrondissement de Cohorte.
		De l'autre part....	1,429,851 fr.
5e.	Le château de Saverne.	Bas-Rhin.......... Haut-Rhin......... Meurthe........... Vosges............ Moselle........... Meuse............. Haute-Marne.......	263,093
6e.	L'ancien palais des états de Bourgogne, à Dijon.	Doubs............. Jura.............. Haute-Saône....... Nièvre............ Côte-d'Or......... Saône et Loire..... Léman............. Yonne.............	268,322
7e.	L'ancien archevêché de Vienne.	Rhône............. Loire............. Haute-Loire........ Isère .... Mont-Blanc........ Ain............... Puy-de-Dôme....... Allier.............	462,146
8e.	L'ancien archevêché d'Aix.	Basses Alpes....... Hautes-Alpes....... Bouches-du-Rhône.. Var............... Drôme............ Vaucluse.......... Alpes-Maritimes..... Golo.............. Liamone........... Ile d'Elbe.........	632,500
			3,055,912 fr.

COHORTES.	CHEFS-LIEUX.	DÉPARTEMENS FORMANT L'ARRONDISSEMENT DES COHORTES.	REVENU BRUT DES BIENS Affectés à la dotation de la Légion par arrondissement de Cohorte.
		Ci-contre.........	3,055,912 fr.
9°.	Le ci-devant évêché de Béziers.	Ardèche.......... / Cantal............ / Gard............. / Lozère........... / Hérault.......... / Tarn............. / Aveyron..........	177,837
10ᵉ.	L'hôtel de Malte et l'ancien collége de l'Esquille, à Toulouse.	Aude............ / Haute-Garonne...... / Hautes-Pyrénées..... / Basses-Pyrénées..... / Pyrénées-Orientales.. / Arriége.......... / Gers.............	111,133
11ᵉ.	L'ancien évêché et le séminaire, à Agen.	Landes........... / Gironde.......... / Lot et Garonne...... / Lot.............. / Dordogne......... / Corrèze..........	174,749
12ᵉ.	L'abbaye de Saint-Maixent.	Deux-Sèvres....... / Vendée........... / Vienne........... / Charente.......... / Charente-Inférieure.. / Loire-Inférieure.....	414,049
13ᵉ.	Le château de Craon et le couvent des Dominicains.	Morbihan.......... / Finistère......... / Côtes-du-Nord...... / Ille et Vilaine....... / Mayenne.......... / Maine et Loire......	250,000
			4,183,680 fr.

COHORTES.	CHEFS-LIEUX.	DÉPARTEMENS FORMANT L'ARRONDISSEMENT DES COHORTES.	REVENU BRUT DES BIENS Affectés à la dotation de la Légion par arrondissement de Cohorte.
		De l'autre part....	4,183,680 fr.
14e.	L'abbaye du Bec, près Bernay.	Manche............ Calvados........... Orne............... Eure............... Seine-Inférieure..... Eure et Loir........	251,677
15e.	Le château de Chambord.	Indre et Loire....... Loir et Cher........ Cher............... Indre.............. Loiret............. Sarthe............ Creuse............ Haute-Vienne.......	329,900
16e.	Le château de la Véneric.	Doire............. Eridan............ Marengo........... Sesia............. Stura............. Tanaro............	500,000
		TOTAL.......	5,265,257 fr.

Certifié conforme, le Secrétaire d'Etat, *signé* H. B. MARET.

Le Ministre de la Guerre, *signé* ALEX. BERTHIER.

L'art. 1er. du tit. 2 de la loi du 29 floréal an 10
ayant placé dans cette Légion les militaires qui jusqu'alors avaient reçu des armes d'honneur, l'exécution de cette disposition fut réglée par l'arrêté
dont la teneur suit :

Arrêté portant que les Militaires qui ont obtenu des Armes d'honneur seront répartis dans les seize Cohortes de la Légion d'Honneur, du 27 messidor an 10.

Les Consuls de la Republique, le Conseil d'Etat entendu, arrêtent ce qui suit :

ART. 1er. Les militaires de tout grade, appartenant au service de terre et de mer, qui, pour des actions d'éclat faites pendant la dernière guerre, ont obtenu des armes d'honneur, sont repartis dans les seize cohortes de la Légion d'Honneur, conformément aux tableaux annexés au présent arrêté.

2. La première opération du grand conseil d'administration sera la nomination du grand chancelier et du trésorier général.

3. Les militaires désignés dans l'art. 1er., ainsi que les individus que le grand conseil d'administration jugera dignes de faire partie de la Légion d'Honneur, y seront d'abord compris comme simples légionnaires.

4. Ils prêteront le serment prescrit par l'art. 8 du tit. 1er. de la loi du 29 floréal, à l'époque et devant la personne désignée par le grand conseil d'administration.

5. Les procès-verbaux de la prestation du serment des légionnaires seront, sans délai, adressés au grand chancelier. Immédiatement après la réception de ces procès-verbaux, le grand conseil d'administration procédera à la promotion aux divers grades.

L'art. 4 de la loi du 29 floréal an 10 donne à la Légion d'Honneur un grand conseil.

Le sénatus-consulte organique du 28 frimaire an 12 contient, à cet égard, les dispositions suivantes :

Titre VI du Sénatus-consulte organique du 28 frimaire an 12.

ART. 36. Le grand conseil de la Légion d'Honneur ne sera organisé qu'à la paix.

ART. 37. Les membres du grand conseil de la Légion d'Honneur seront nommés par le Premier Consul, sur la présentation de trois candidats choisis par les corps auxquels auront appartenu les membres dont les places se trouveront vacantes, et pris dans leur sein.

L'avénement de Napoléon-le-Grand à la couronne impériale de France, dut apporter des changemens considérables dans toutes les parties de
l'organisation sociale.

Un nouvel état de choses nécessitait de nouvelles
bases constitutionnelles ; elles furent l'objet du sénatus-consulte du 28 floréal an 12 , dont le tit. 5
présente les dispositions qui suivent :

Des grandes Dignités de l'Empire.

Art. 32. Les grandes dignités de l'Empire sont celles
De grand électeur ,
D'archi-chancelier de l'Empire ,
D'archi-chancelier d'Etat ,
D'archi-trésorier ;
De connétable ,
De grand amiral.
Art. 33. Les titulaires des grandes dignités de l'Empire
sont nommés par l'Empereur.
Ils jouissent des mêmes honneurs que les princes français,
et prennent rang immédiatement après eux.
L'époque de leur réception détermine le rang qu'ils occu-
pent respectivement.
Art. 34. Les grandes dignités de l'Empire sont inamovibles.
Art. 35. Les titulaires des grandes dignités de l'Empire sont
sénateurs et conseillers d'Etat.
Art. 36. Ils forment le grand conseil de l'Empereur ;
Ils sont membres du conseil privé ;
Ils composent le grand conseil de la Légion d'Honneur.
Les membres actuels du grand conseil de la Légion d'Hon-
neur conservent, pour la durée de leur vie , leurs titres, fonc-
tions et prérogatives.

Ce même sénatus-consulte a placé les membres
de la Légion d'Honneur au sein des colléges électoraux de département et d'arrondissement, soit qu'ils
ayent ou qu'ils n'ayent pas les conditions exigées
des autres citoyens.

Les dispositions à ce relatives sont ainsi conçues :

Titre XII du Sénatus-consulte du 29 floréal an 12.

Art. 98. Toutes les fois qu'un collége électoral de départe-ment est réuni pour la formation de la liste des candidats au Corps Législatif, les listes des candidats pour le Sénat sont renouvelées.

Chaque renouvellement rend les présentations antérieures de nul effet.

Art. 99. Les grands officiers, les commandans et les offi-ciers de la Légion d'Honneur, sont membres du collége élec-toral du département dans lequel ils ont leur domicile, ou de l'un des départemens de la cohorte à laquelle ils appar-tiennent.

Les légionnaires sont membres du collége électoral de leur arrondissement.

Les membres de la Légion d'Honneur sont admis au collége électoral dont ils doivent faire partie, sur la présentation d'un brevet qui leur est délivré à cet effet par le grand électeur.

Art. 100. Les préfets et les commandans militaires des dé-partemens ne peuvent être élus candidats au Sénat par les col-léges électoraux des départemens dans lesquels ils exercent leurs fonctions.

Divers décrets impériaux ont été rendus pour assurer et garantir de plus en plus les revenus de la Légion d'Honneur, et pour la formation d'un comité de consultation, qui détermine quelles sont les actions qu'il convient ou qu'il ne convient pas à l'honneur et à l'intérêt de la Légion de former ou de soutenir devant les Tribunaux.

Ces réglemens, étant de pure administration in-térieure, ne nous ont pas paru d'un intérêt assez général pour trouver ici leur place. Ils sont des 13 ventose et 27 germinal an 12.

Les étrangers qui sauront se rendre utiles à la nation française, recevront d'elle le signe hono-rable de sa reconnaissance. Leur admission dans la

Légion d'Honneur a été réglée par la décision suivante :

Extrait des procès-verbaux des Séances du grand Conseil de la Légion d'Honneur. (Séance du 3 prairial an 12.)

A mission des Etrangers dans la Légion.

Les étrangers qui seront nommés membres de la Légion d'Honneur seront *admis* et non *reçus*. Ils porteront la décoration, mais ils ne prêteront pas le serment prescrit aux légionnaires : ils ne seront pas compris dans le nombre fixé pour les différens grades de la Légion d'Honneur ; ils ne jouiront pas des droits politiques attribués aux membres de la Légion par le sénatus-consulte organique du 28 floréal an 12.

La décoration que doivent porter les membres de la Légion d'Honneur, a été déterminée par le décret impérial suivant :

Décret impérial concernant les Décorations des Membres de la Légion d'Honneur, du 22 messidor an 12.

Napoléon, Empereur des Français, séant en grand conseil de la Légion d'Honneur, décrète ce qui suit :

Art. 1er. La décoration des membres de la Légion d'Honneur consistera dans une étoile à cinq rayons doubles.

2. Le centre de l'étoile, entouré d'une couronne de chêne et de laurier, présentera, d'un côté, la tête de l'Empereur, avec cette légende : Napoléon, Empereur des Français ; et de l'autre, l'aigle français tenant la foudre, avec cette légende : *Honneur et Patrie.*

3. La décoration sera émaillée de blanc : elle sera en or pour les grands officiers, les commandans et les officiers, et en argent pour les légionnaires.

4. On la portera à une des boutonnières de l'habit, et attachée à un ruban moiré.

5. Le ruban sera rouge, liseré de blanc pour les grands officiers ; bleu, liseré de rouge, pour les commandans ; blanc, liseré de rouge, pour les officiers ; rouge, sans liseré, pour les légionnaires.

6. L'Empereur, les princes, les grands dignitaires de l'Empire, les autres membres du grand conseil de la Légion, le grand chancelier, le grand trésorier, les chefs de cohortes, les grands officiers de la Légion d'Honneur qui seront en même temps maréchaux de l'Empire, inspecteurs généraux, colonels généraux, grands officiers civils de l'Empire, président ou officier du Sénat, ou cardinaux, porteront la décoration en or, attachée au bout d'un grand cordon ou large ruban moiré, blanc, bordé de bleu (la largeur de la bordure étant égale au tiers de la largeur du ruban), et passé en écharpe de droite à gauche, excepté les cardinaux qui le porteront en sautoir. Ils auront d'ailleurs la décoration brodée en or et en argent sur le côté gauche de leur habit et de leur manteau, et porteront à la boutonnière la décoration d'argent, de légionnaire, suspendue à un ruban rouge moiré.

7. Le grand cordon, la décoration brodée en or et en argent, et la décoration d'argent, seront aussi portés par ceux des autres grands officiers auxquels Sa Majesté Impériale en aura accordé la faculté pour les services les plus distingués rendus à l'Etat.

Ils le seront également par ceux des grands officiers de la Légion d'Honneur qui ne seraient pas continués dans leurs fonctions de président ou d'officiers du Sénat.

8. Tous les membres de la Légion d'Honneur porteront toujours leur décoration.

9. On portera les armes aux grands officiers, commandans, officiers et légionnaires; on les présentera à ceux des grands officiers qui auront le grand cordon.

10. Les grands officiers, commandans, officiers et légionnaires recevront leur décoration, en même temps que leur diplôme, dans les séances extraordinaires déterminées par les art. 7 et 17 de l'arrêté du 13 messidor an 10.

Ils la porteront néanmoins sans attendre une de ces séances, lorsque le grand chancelier l'aura adressée pour eux, et d'après un ordre particulier de Sa Majesté Impériale, au chef de la cohorte, ou à un autre grand officier, commandant ou officier délégué à cet effet par ordre de l'Empereur.

11. Toutes les fois que le grand officier, le commandant, l'officier ou le légionnaire pour lequel cette délégation aura lieu, appartiendra à un corps civil ou militaire, la décoration lui sera remise au nom de l'Empereur, en présence du corps assemblé.

Signé NAPOLÉON.

La splendeur de la monarchie consiste principalement dans les vertus du chef de l'Empire ; aussi la
monarchie française s'élève-t-elle aujourd'hui au-
dessus de tout ce que l'histoire des siècles passés et
du présent offrent de plus grand et de plus majes-
tueux.

Mais il convenait à cette splendeur même que
le trône fût entouré de dignitaires et de fonctionnaires, tant dans l'ordre civil que dans l'ordre militaire.

Il fallut dès lors assigner à chacun de ces dignitaires et fonctionnaires., et le rang et les honneurs
qui leur étaient destinés.

Ce fut l'objet du décret impérial du 24 messidor
an 12, dont nous allons rapporter les articles qui
concernent la Légion d'Honneur.

TITRE Ier. — SECTION 1re.

ART. 1er. Ceux qui , d'après les ordres de l'Empereur, doivent assister aux cérémonies publiques, y prendront rang et
séance dans l'ordre qui suit :

Les princes français,
Les grands dignitaires,
Les cardinaux,
Les ministres,
Les grands officiers de l'Empire,
Les sénateurs dans leurs sénatoreries,
Les conseillers d'Etat en mission,
Les grands officiers de la Légion d'Honneur , lorsqu'ils
n'auront point de fonctions publiques qui leur assignent un
rang supérieur, etc.

SECTION 2.

ART. 8. Les princes, les grands dignitaires de l'Empire, et
les autres personnes désignées en l'art. 1er. de la section 1re.
du présent titre, marcheront, dans les cérémonies, suivant
l'ordre des préséances indiqué audit article; de sorte que la
personne à laquelle la préséance sera due ait toujours à sa
droite celle qui doit occuper le second rang; à sa gauche ,
celle qui doit occuper le troisième, et ainsi de suite.

TIT. XI. — *Grands Officiers de la Légion d'Honneur Chefs de Cohorte.*

SECTION 1re. — *Honneurs militaires.*

ART. 1er. Quand les grands officiers de la Légion d'Honneur chefs de cohorte se rendront, pour la première fois, au chef-lieu de leur cohorte, ils seront reçus comme les sénateurs dans leurs sénatoreries; habituellement, ces grands officiers recevront, dans le chef-lieu de leur cohorte, les honneurs déterminés pour les sénateurs par les art. 10, 11 et 12. (*Voyez ces articles ci-après.*)

ART. 2. Les sentinelles présenteront les armes aux grands officiers et commandans de la Légion d'Honneur; elles les porteront pour les officiers et légionnaires.

SECTION 2. — *Honneurs civils.*

ART. 3. Lorsque les grands officiers chefs de cohorte se rendront, pour la première fois, au chef-lieu de leur cohorte, il en sera de même dans le chef-lieu de la cohorte que des sénateurs lors de leur première entrée.

Lorsqu'ils y reviendront ensuite, ils seront reçus comme les sénateurs venant faire leur résidence annuelle.

Articles relatifs aux Sénateurs, rappelés par ceux relatifs aux Membres de la Légion d'Honneur.

TITRE IX. — SECTION 1re. — *Honneurs militaires.*

ART. 1er. Lorsque le Sénat en corps se rendra chez Sa Majesté Impériale, ou à quelque cérémonie, il lui sera fourni une garde de cent hommes à cheval, qui seront divisés en avant, en arrière et sur les flancs du cortége; à défaut de cavalerie, cette garde sera fournie par l'infanterie.

2. Les corps-de-garde, postes ou piquets prendront les armes, ou monteront à cheval à son passage.

3. S'il passe devant une troupe en bataille, les officiers supérieurs salueront.

4. Les sentinelles présenteront les armes, et les tambours rappelleront.

5. Lorsque les sénateurs voudront faire leur entrée d'honneur dans le chef-lieu de leur sénatorerie, ce qu'ils ne

pourront faire qu'une fois seulement, le Ministre de la Guerre donnera ordre de leur rendre les honneurs suivans :

6. Ils entreront dans une place, en voiture, accompagnés de leur suite.

7. Le commandant de la place se trouvera à la barrière pour les recevoir et les accompagner.

8. Les troupes seront en bataille sur leur passage ;

Les officiers supérieurs salueront ;

Les tambours rappelleront ;

On tirera cinq coups de canon, et de même à leur sortie.

9. Il sera envoyé au-devant d'eux, à un quart de lieue, un détachement de vingt hommes de cavalerie, commandé par un officier, avec un trompette, qui les escortera jusqu'à leur logis. Outre ce détachement, il sera envoyé à leur rencontre quatre brigades de gendarmerie commandées par un lieutenant. Le capitaine de la gendarmerie se trouvera à la porte de la ville, et les accompagnera.

10. Il leur sera donné une garde de trente hommes, commandée par un lieutenant ; le tambour rappellera.

Il sera placé deux sentinelles à la porte de leur logis.

11. Les postes ou gardes devant lesquels ils passeront, prendront ou porteront les armes, ou monteront à cheval ; les tambours ou trompettes rappelleront ; les sentinelles présenteront les armes.

12. Il leur sera fait des visites de corps.

13. Les honneurs attribués par les art. 6, 7 et 8 leur seront rendus lors de leur première entrée dans toutes les places de l'arrondissement de leur sénatorerie. Toutes les fois qu'ils viendront dans le chef-lieu après leur première entrée, on leur rendra les honneurs prescrits art. 10, 11 et 12.

14. Les sentinelles feront face et présenteront les armes à tout sénateur qui passera à leur portée, revêtu de son costume.

SECTION 2. — *Honneurs civils.*

15. Les sénateurs allant prendre possession de leur sénatorerie recevront, dans les villes du ressort du Tribunal d'Appel dans l'étendue duquel elle sera placée et où ils s'arrêteront, les honneurs suivans :

Un détachement de la garde nationale sera sous les armes à la porte de la ville ;

Les maires et adjoints se trouveront à leur logis avant leur arrivée ;

Ils seront visités, immédiatement après leur arrivée, par toutes les autorités nommées après eux dans le titre *des préséances.*

Les Cours d'Appel s'y rendront par une députation composée d'un président, du procureur-général et de quatre juges; les autres Cours et Tribunaux, par une députation composée de la moitié de la Cour et du Tribunal.

S'ils séjournent vingt-quatre heures dans la ville, ils rendront, en la personne des chefs des autorités ou corps dénommés dans le titre 1er., les visites qu'ils auront reçues.

Les maires et adjoints iront prendre congé d'eux au moment de leur départ.

16. S'il se trouve, dans la ville où le sénateur s'arrêtera, une personne ou autorité nommée avant lui dans l'ordre *des préséances,* il ira lui faire une visite dès qu'il aura reçu celles qui lui sont dues.

17. Les sénateurs venant dans leur sénatorerie faire leur résidence annuelle, ne recevront d'honneurs civils que dans le chef-lieu de leur sénatorerie. Ils trouveront un détachement de la garde nationale à leur porte, les maires et adjoints dans leur logis. Les personnes ou autorités nommées après eux dans l'ordre *des préséances,* les visiteront dans les vingt-quatre heures; et ils rendront ces visites dans les vingt-quatre heures suivantes.

TITRE XXVI. — *Des Honneurs funèbres.*

SECTION 1re. — *Honneurs funèbres militaires.*

ART. 1er. Il sera rendu des honneurs funèbres par les troupes aux personnes désignées dans les titres 5, 7 et 8 *des Honneurs militaires;* il en sera rendu aux militaires de tous les grades; il en sera rendu aux sénateurs morts dans leur sénatorerie, aux conseillers d'Etat morts dans le cours de leur mission, aux sénateurs et conseillers d'Etat, aux membres du Tribunat et du Corps Législatif morts dans l'exercice de leurs fonctions, et dans la ville où leurs corps respectifs tiendront leurs séances, A TOUS LES MEMBRES DE LA LÉGION D'HONNEUR, et aux préfets dans leur département.

ART. 2. La totalité de la garnison assistera au convoi de toutes les personnes ci-dessus désignées, pour l'entrée d'honneur desquelles elle se fût mise sous les armes.

Pour les autres, il n'assistera que des détachemens dont la force et le nombre seront déterminés ci-après :

Pour un général de division employé, la moitié de la garnison prendra les armes ;

Pour un adjudant-commandant en activité, quatre détachemens de cinquante hommes, commandés chacun par un capitaine et un lieutenant : ces quatre détachemens seront aux ordres d'un chef de bataillon ou d'escadron.

Les colonels seront traités comme les adjudans-commandans.

Nota. Les adjudans-commandans sans activité n'ont que trois détachemens.

Les capitaines en activité, retraite ou réforme, auront un détachement ;

Les lieutenans ou sous-lieutenans, un demi-détachement ;

Les grands officiers de la Légion d'Honneur, comme les généraux de division employés ;

Les commandans, comme les colonels ;

Les officiers, comme les capitaines ;

Les légionnaires, comme les lieutenans.

Art. 4. Les troupes qui marcheront pour rendre des honneurs funèbres, seront commandées, lorsque la garnison entière prendra les armes, par l'officier général ou supérieur du grade le plus élevé, ou le plus ancien dans le grade le plus élevé, employé dans la garnison.

Quand il n'y aura que partie déterminée de la garnison qui marchera, les troupes seront commandées par un officier du même grade que celui à qui on rendra des honneurs funèbres.

Quand il ne marchera que des détachemens, quatre seront commandés par un colonel, trois par un major, deux par un chef de bataillon ou d'escadron, un par un capitaine, un demi par un lieutenant, un quart par un sergent ou maréchal-des-logis, un huitième par un caporal ou brigadier.

Art. 5. L'infanterie fournira, autant que faire se pourra, les détachemens pour les convois funèbres ; à défaut d'infanterie, ils seront fournis par les troupes à cheval.

Art. 6. Chaque corps fournira proportionnellement à sa force, et les individus seront pris proportionnellement dans chaque compagnie.

Art. 7. La cavalerie marchera toujours à pied pour rendre les honneurs funèbres.

Art. 8. Pour les colonels qui mourront sous leurs drapeaux, le régiment entier marchera en corps au convoi ;

Pour les majors, la moitié du corps, avec deux drapeaux ou étendards ;

Pour les chefs de bataillon ou d'escadron, leur bataillon ou escadron, avec son drapeau ou étendard;

Pour un capitaine, sa compagnie;

Pour un lieutenant ou sous-lieutenant, son peloton.

Les dispositions du présent article sont indépendantes de celles prescrites art. 3.

Art. 9. Les troupes qui seront commandées feront trois décharges de leurs armes : la première, au moment où le convoi sortira de l'endroit où le corps était déposé; la seconde, au moment où le corps arrivera au cimetière; la troisième, après l'enterrement, en défilant devant la fosse.

La poudre sera fournie par les magasins de l'Etat.

Art. 10. Les sous-officiers et soldats porteront l'arme, la platine sous le bras gauche.

Art. 11. On tirera, pour les princes et grands dignitaires, un coup de canon de demi-heure en demi-heure, depuis leur mort jusqu'au départ du convoi;

D'heure en heure pour les ministres et grands officiers : pour tous les autres fonctionnaires, on tirera, pendant le temps de leur exposition, autant de coups de canon qu'il leur en est accordé pour leur entrée d'honneur.

Il sera de plus tiré, au moment où le corps sera mis en terre, trois décharges de canon, chacune égale à celle qui leur est attribuée pour les honneurs militaires.

Art. 12. Les coins du poêle seront portés par quatre personnes du rang ou grade égal à celui du mort, ou, à défaut, par quatre personnes du rang ou grade inférieur.

Art. 13. Il sera mis des crêpes aux drapeaux, étendards ou guidons qui marcheront aux convois; les tambours seront couverts de serge noire; il sera mis des sourdines et des crêpes aux trompettes.

Les frais de funérailles seront faits par l'Etat pour tout individu mort sur le champ de bataille, ou dans les trois mois, et des suites des blessures qu'il aura reçues.

SECTION 2. — *Honneurs civils.*

Art. 16. Lorsqu'une des personnes désignées dans l'art. 1er. du titre 1er. mourra, toutes les personnes qui occuperont, dans l'ordre des préséances, un rang inférieur à celui du mort, assisteront à son convoi, et occuperont entre elles l'ordre prescrit par le susdit article.

Si des personnes qui occupent un rang supérieur dans l'ordre des préséances veulent assister au convoi d'un fonctionnaire décédé, et qu'elles soient revêtues de leur costume, elles marcheront dans le rang qui leur est fixé dans ledit article.

Les corps assisteront en totalité au convoi des princes, des grands dignitaires, des ministres, ces grands officiers de l'Empire, ces sénateurs dans leur sénatorerie, et des conseillers d'Etat en mission; pour les autres, ils n'y assisteront que par députation.

La grande décoration de la Légion a été fixée par le décret qui suit :

Décret impérial portant institution de la grande Décoration de la Légion d'Honneur, du 10 pluviose an 13.

Napoléon, Empereur des Français, décrète :

La grande décoration de la Légion d'Honneur consiste en un ruban rouge, passant de l'épaule droite au côté gauche, au bas duquel est attaché l'aigle de la Légion, par un ruban moiré rouge et une plaque brodée en argent, sur le côté gauche des manteaux et habits, composée de dix rayons, au milieu desquels est l'aigle de la Légion, avec ces mots : *Honneur et Patrie.*

Ce cordon n'est conféré par Sa Majesté l'Empereur qu'à de grands officiers de la Légion; le nombre n'en peut excéder soixante.

Les princes de la famille impériale, et les étrangers auxquels Sa Majesté voudrait conférer cette décoration, ne sont pas compris dans ce nombre de soixante. Ils peuvent la recevoir sans être membres de la Légion.

Les grands officiers de la Légion qui obtiendront la grande décoration, continueront de porter à la boutonnière de l'habit la décoration de la Légion d'Honneur, conformément au décret du 22 messidor an 12.

La dotation de la Légion d'Honneur a été définitivement réglée par une loi du 11 pluviose an 13, qui ne présente que des réglemens d'administration intérieure.

Les membres de la Légion d'Honneur restent toujours, s'ils sont valides, attachés à leur service.

Ceux d'entr'eux que le besoin de l'Etat appelle

au service maritime , et qui se trouveraient époux
et pères de famille , ont fixé la sollicitude paternelle de l'Empereur.

Il a voulu que les légionnaires payés sur revues ,
qui s'embarqueraient pour le service de l'Empire ,
fussent libres de déléguer à leurs femmes ou à leurs
enfans tout ou partie de leur traitement comme légionnaires.

Ce fut l'objet du décret impérial suivant :

*Décret impérial qui autorise les Membres de la Légion
d'Honneur payés sur revues , à déléguer leur traitement lorsqu'ils s'embarquent pour le service de l'Empire , du 16 thermidor an 13.*

Napoléon , Empereur des Français , sur le rapport du grand
trésorier de la Légion d'Honneur , décrète ce qui suit :

Art. 1er. Les membres de la Légion d'Honneur payés sur
revues , qui s'embarquent pour le service de l'Empire , sont
autorisés à déléguer à leurs femmes , enfans ou autres , tout
ou partie du traitement qui leur est accordé.

2. Pour assurer ces délégations , il en sera dressé un état
détaillé , soit sur le livret du corps , pour ce qui concerne les
officiers et les soldats qui y sont attachés , soit sur les livrets
individuels des officiers sans troupe et employés militaires.

3. Les inspecteurs aux revues , et , à leur défaut , les commissaires des guerres , seront chargés d'établir sur les livrets
la mention ci—dessus , et de recevoir les declarations duement
signées des délégataires , lesquelles porteront énonciation des
noms , prénoms , armes et grades dans la Légion de ces derniers , du montant de leur traitement , de la portion déléguée ,
de l'époque à dater de laquelle elle devra être payée , des
noms , prénoms et demeures des personnes autorisées à la tou-
cher , et de celles qui devront lui être substituées , en cas de
mort ou de refus des personnes auxquelles ils ont fait la délégation.

4. Ces déclarations seront certifiées par les inspecteurs aux
revues , ou , à leur défaut , par les commissaires des guerres ,
qui énonceront au bas qu'ils ont établi sur les livrets les mentions prescrites , et les feront passer sans délai au grand trésorier de la Légion d'Honneur , qui les fera inscrire sur un

registre particulier, et en fera exécuter les différentes dispositions.

5. Les délégations ne pourront avoir d'effet que pour une
année : néanmoins, dans le cas où l'absence des délégataires
se prolongerait au-delà, la délégation pourra être renouvelée
pour une autre année, au dernier jour de l'année révolue,
dans les formes prescrites ci-dessus; mais alors, à défaut
d'inspecteurs aux revues ou de commissaires des guerres, les
agens de la marine sur les lieux, ou les agens commerciaux
les remplaceront, quant à la réception et au visa des nouvelles déclarations, à leur mention sur les livrets et à l'envoi
qui devra en être fait au grand trésorier de la Légion d'Honneur. Si la déclaration n'est pas renouvelée, il ne sera plus fait
aucun payement après l'année révolue.

6. Les membres de la Légion d'Honneur qui sont actuellement aux colonies, pourront également faire leur déclaration
selon les formes prescrites par les articles précédens.

7. En cas de mort civile ou naturelle, les inspecteurs aux
revues, ou, à leur défaut, les commissaires des guerres, et,
s'il y a lieu, les agens de la marine ou les agens commerciaux, en informeront aussitôt le grand trésorier de la Légion
d'Honneur, qui en conséquence fera cesser sur-le-champ
l'effet de la délégation.

8. Lecture sera faite des diverses dispositions ci-dessus à
tous les membres de la Légion d'Honneur, au moment de
leur embarquement, et le Ministre de la Marine le fera, en
outre, publier dans toutes les colonies françaises.

9. Les Ministres de la Guerre, de la Marine, des Relations
extérieures, et le grand Trésorier de la Légion d'Honneur,
sont chargés, chacun en ce qui le concerne, de l'exécution
du présent décret.

Nous avons vu plus haut que l'Acte des Constitutions de l'Empire, du 28 floréal an 13, a appelé
tous les membres de la Légion d'Honneur dans la
composition des colléges électoraux de département
et d'arrondissement.

Leur distribution dans les colléges a été réglée
par le sénatus-consulte suivant :

Sénatus-consulte relatif aux grands Officiers, Commandans, Officiers et Membres de la Légion d'Honneur qui sont Membres des Colléges électoraux de Département et d'Arrondissement, du 22 février 1806.

Napoléon, par la grâce de Dieu et les Constitutions de la République, Empereur des Français, à tous présens et à venir, salut.

Le Sénat, après avoir entendu les orateurs du Conseil d'Etat, a décrété et nous ordonnons ce qui suit :

Extrait des Registres du Sénat Conservateur, du samedi 22 février 1806.

Le Sénat Conservateur, réuni au nombre de membres prescrit par l'art. 90 de l'Acte des Constitutions de l'an 8;

Vu le projet de sénatus-consulte rédigé en la forme prescrite par l'art. 57 de l'Acte des Constitutions, en date du 16 thermidor an 10;

Après avoir entendu, sur les motifs dudit projet, les orateurs du Conseil d'Etat, et le rapport de sa Commission spéciale nommée dans la séance du jour d'hier;

L'adoption ayant été délibérée au nombre de voix prescrit par l'art. 56 de l'Acte des Constitutions, en date du 16 thermidor an 10;

Décrète ce qui suit :

Art. 1er. Les grands officiers, commandans et officiers de la Légion d'Honneur qui, aux termes de l'art. 99 de l'Acte des Constitutions de l'Empire, du 28 floréal an 12, sont membres des colléges électoraux de département, seront en sus du nombre de membres fixé pour les colléges par l'article 19 de l'Acte des Constitutions du 16 thermidor an 10, sans qu'ils puissent excéder, dans chaque collége, le nombre de vingt-cinq.

2. Les membres de la Légion d'Honneur qui, aux termes du même article, sont membres des colléges électoraux d'arrondissement, seront également en sus du nombre fixé par l'art. 18 de l'Acte des Constitutions du 16 thermidor, sans qu'ils puissent excéder, dans chaque collége, le nombre de trente.

3. La désignation des membres de la Légion qui devront, selon leur grade, être admis aux colléges électoraux de département ou d'arrondissement, sera faite par Sa Majesté.

Impériale et Royale pour chaque collége ; et il sera délivré , à cet effet, aux grands officiers , commandans , officiers ou légionnaires , un brevet de nomination , d'après lequel ils seront portés sur la liste des membres du collége.

4. Le présent sénatus-consulte sera transmis , par un message , à Sa Majesté l'Empereur et Roi.

Les président et secrétaires , *signé* CAMBACÉRÈS , Archi-Chancelier de l'Empire , *président* ; CANCLAUX , DEPÈRE , *secrétaires.*

Vu et scellé , le Chancelier du Sénat , *signé* LAPLACE.

Mandons et ordonnons que les présentes , revêtues des sceaux de l'Etat , insérées au Bulletin des Lois , soient adressées aux Cours , aux Tribunaux et aux Autorités administratives , pour qu'ils les inscrivent dans leurs registres , les observent et les fassent observer ; et le Grand-Juge Ministre de la Justice est chargé d'en surveiller la publication.

Donné en notre palais des Tuileries , le 22 février 1806.

Signé NAPOLÉON.

Vu par nous Archi-Chancelier de l'Empire, *signé* CAMBACÉRÈS.

Le Grand-Juge Ministre de la Justice , *signé* REGNIER.

Par l'Empereur , le Secrétaire d'Etat , *signé* H. B. MARET.

Quelqu'invraisemblable qu'il soit que jamais aucun membre de la Légion d'Honneur puisse s'oublier jusqu'au point d'encourir la perte de sa qualité , ni même d'être suspendu dans l'exercice de ses droits , néanmoins le législateur a dû prévoir que cela n'était pas absolument impossible.

Il a donc été de son devoir de déterminer les cas où , soit la privation totale , soit la suspension , devraient être prononcées ; c'est ce qui a été réglé par le décret impérial suivant :

Arrêté relatif à la perte de la qualité et à la suspension de l'exercice des droits de Membre de la Légion d'Honneur , du 24 ventose an 12.

Le Gouvernement de la République , le Conseil d'Etat entendu , arrête ce qui suit :

ART. 1er. La qualité de membre de la Légion d'Honneur

se perdra par les mêmes causes que celles qui font perdre la qualité de citoyen français, d'après l'art. 4 de la Constitution.

2. L'exercice des droits et des prérogatives de membre de la Légion d'Honneur sera suspendu par les mêmes causes que celles qui suspendent les droits de citoyen français, d'après l'art. 5 de la Constitution.

3. Le Grand-Juge, le Ministre de la Guerre et celui de la Marine, transmettront au grand chancelier des copies de tous les jugemens en matière criminelle, correctionnelle et de police relatifs à des membres de la Légion d'Honneur.

4. Toutes les fois qu'il y aura un recours en cassation contre un jugement rendu en matière criminelle, correctionnelle et de police, et relatif à un légionnaire, le Commissaire du Gouvernement auprès du Tribunal de Cassation en rendra compte, sans délai, au Grand-Juge, qui en donnera avis au grand chancelier de la Légion d'Honneur.

5. Les Commissaires du Gouvernement auprès des Tribunaux Criminels, et les Rapporteurs auprès des Conseils de Guerre, ne pourront faire exécuter aucune peine infamante contre un membre de la Légion que le légionnaire n'ait été dégradé.

6. Pour cette dégradation, le président du Tribunal, sur le réquisitoire du Commissaire du Gouvernement, ou le président du Conseil de Guerre sur le réquisitoire du Rapporteur, prononcera, immédiatement après la lecture du jugement, la formule suivante : *Vous avez manqué à l'honneur; je déclare, au nom de la Légion, que vous avez cessé d'en être membre.*

7. Les chefs militaires de terre et de mer, et les commandans des corps et des bâtimens de l'État, rendront aux Ministres de la Guerre et de la Marine, un compte particulier de toutes les peines de discipline qui auront été infligées à des légionnaires sous leurs ordres : ces Ministres transmettront des copies de ce au grand chancelier.

8. La cassation d'un légionnaire sous-officier en activité, et le renvoi d'un soldat ou d'un marin légionnaire, ne pourront avoir lieu que d'après l'autorisation du Ministre de la Guerre ou du Ministre de la Marine. Ces Ministres ne pourront donner cette autorisation qu'après en avoir informé le grand chancelier, qui prendra les ordres du chef de la Légion.

9. Le grand conseil pourra suspendre, en tout ou en partie, l'exercice des droits et prérogatives attachés à la qualité de membre de la Légion d'Honneur, et même exclure de la Légion lorsque la nature du délit et la gravité de la peine

prononcée correctionnellement paraîtront rendre cette mesure nécessaire.

10. Les avis que les conseils d'administration des cohortes jugeront convenable de donner aux légionnaires sur leur conduite, seront transmis par le chef de la cohorte, qui en instruira le grand chancelier, lequel en rendra compte au grand conseil.

11. Les Ministres sont chargés, chacun en ce qui le concerne, de l'exécution du présent arrêté.

La surveillance du chef de l'Empire ne laisse rien échapper : au milieu de ses méditations sur les grands intérêts de l'Europe, viennent se placer des objets d'un intérêt bien inférieur, et c'est souvent sur le champ de bataille même, qu'il porte son attention sur des objets d'administration intérieure.

Aussi n'a-t-il pas dédaigné de s'occuper de quelques portions de la dotation de la Légion d'Honneur dans un décret impérial du 18 septembre 1806, mais que nous ne rapportons pas en entier, n'étant qu'un objet d'administration intérieure.

En rétablissant la noblesse, le chef de la monarchie française a créé des princes, des ducs, des comtes, des barons et des chevaliers.

Le décret impérial du 1er. mars 1808 porte, art. 11 et 12, ce qui suit :

Art. 11. Les membres de la Légion d'Honneur, et ceux qui, à l'avenir, obtiendront cette distinction, porteront le titre de chevalier.

Art. 12. Ce titre sera transmissible à la descendance directe et légitime, naturelle ou adoptive, de mâle en mâle, par ordre de primogéniture de celui qui en aura été revêtu, en se retirant devers l'Archi-Chancelier de l'Empire, afin d'obtenir à cet effet nos lettres-patentes, et en justifiant d'un revenu net de trois mille francs au moins.

La pension attachée à la qualité de membre de la Légion d'Honneur, a été déclarée inaliénable, par avis du Conseil d'Etat, du 23 janvier 1808, approuvé par Sa Majesté, le 2 février suivant, en ces termes :

Le Conseil d'Etat, qui, d'après le renvoi ordonné par Sa Majesté, a entendu le rapport de la section de la guerre sur celui du Ministre de ce département, tendant à faire décréter que les traitemens de réforme, soldes de retraite et pensions des veuves et enfans des militaires seront inaliénables, sous quelque prétexte que ce soit :

Considérant, 1°. que l'arrêté du 7 thermidor an 10 a statué qu'il ne serait reçu aucune signification de transport, cession ou délégation de pensions qui seraient insaisissables ;

2°. Que le but de cet arrêté a été d'assurer la jouissance de ces pensions aux individus qui les ont obtenues, et ce à l'exclusion de tous autres ;

3°. Que ces pensions doivent être en effet considérées comme des alimens accordés par l'Etat, et destinées spécialement à l'individu qui les obtient ; qu'elles ne pourraient devenir, par une vente, la propriété d'un autre sans que l'objet bien évident de cette institution ne fût manqué, puisque l'institution du Gouvernement a été d'assurer un secours annuel, et non de donner une somme une fois pour toutes ;

4°. Que ces considérations s'appliquent également aux traitemens de réforme et aux pensions de la Légion d'Honneur ;

Est d'avis, 1°. que, d'après l'arrêté du 7 thermidor an 10, et sans qu'il soit besoin d'une nouvelle disposition, les soldes de retraite et les pensions militaires et de la Légion d'Honneur sont inaliénables ;

2°. Que les traitemens de réforme ne sont pas susceptibles non plus d'aliénation ;

3°. Que les individus qui peuvent avoir vendu ces pensions ou traitemens, depuis le 7 thermidor an 10, doivent être réintégrés dans cette propriété, sauf aux acheteurs, comme il est dit dans l'arrêté précité, à répéter, par les voies, et ainsi qu'il appartiendra contre les cédans, la restitution des sommes qu'ils peuvent leur avoir payées ;

N'entendant pas néanmoins déroger, par le présent avis, à celui du 22 décembre dernier, qui a eu pour objet les retenues à faire sur les pensions de retraite des militaires, au profit de leurs femmes et de leurs enfans, quand ils ne rempliraient pas à leur égard les obligations imposées par le Code Napoléon.

Le Conseil d'Etat s'est encore expliqué sur la question de savoir si les pensions des militaires pouvaient être frappées d'une retenue en faveur des femmes et enfans des militaires, à l'égard desquels les pensionnés ne rempliraient pas les devoirs que leur imposent les art. 203 et 214 du Code Napoléon (1).

Son avis, en date du 22 décembre 1807, et approuvé par l'Empereur le 12 janvier 1808, est ainsi conçu :

Le Conseil d'Etat, qui, en exécution d'un renvoi ordonné par Sa Majesté, a entendu le rapport de la section de la guerre sur celui du Ministre de ce département, tendant à faire décréter que les traitemens de réforme, soldes de retraite et pensions des veuves ou enfans des militaires seront inaliénables, sous quelque prétexte que ce soit;

Considérant, 1°. que l'arrêté du 7 thermidor an 10 a statué qu'il ne serait reçu aucune signification de transport, cession ou délégation de pensions à la charge du trésor public, et que ces pensions seraient insaisissables;

2°. Que le but de cet arrêté a été d'assurer la jouissance de ces pensions aux individus qui les ont obtenues, et ce à l'exclusion de tous autres;

3°. Que ces pensions doivent être en effet considérées comme des alimens accordés par l'Etat, et destinées spécialement à l'individu qui les obtient; qu'elles ne pourraient devenir, par une vente, la propriété d'un autre, sans que l'objet bien évident de cette institution ne fût manqué, puisque l'intention du Gouvernement a été d'assurer un secours annuel, et non de donner une somme une fois pour toutes;

4°. Que ces considérations s'appliquent également aux traitemens de réforme et aux pensions de la Légion d'Honneur;

Est d'avis, 1°. que, d'après l'arrêté du 7 thermidor an 10, et sans qu'il soit besoin d'une nouvelle disposition, les soldes

_____

(1) Art. 203. Les époux contractent ensemble, par le fait seul du mariage, l'obligation de nourrir, entretenir et élever leurs enfans.

Art. 214. La femme est obligée d'habiter avec le mari, et de le suivre partout où il juge à propos de résider : le mari est obligé de la recevoir et de lui fournir tout ce qui lui est nécessaire pour les besoins de la vie, selon ses facultés et son état.

.de retraite et pensions militaires et de la Légion d'Honneur sont inaliénables ;

2°. Que les traitemens de réforme ne sont pas susceptibles non plus d'aliénation ;

3°. Que les individus qui peuvent avoir vendu ces pensions ou traitemens, depuis le 7 thermidor an 10, doivent être réintégrés dans cette propriété, sauf aux acheteurs, comme il est dit dans l'arrêté précité, à répéter, par les voies et ainsi qu'il appartiendra, contre les cédans, la restitution des sommes qu'ils peuvent leur avoir payées ;

N'entendant pas néanmoins déroger, par le présent avis, à celui du 22 décembre dernier, qui a eu pour objet les retenues à faire sur les pensions de retraite des militaires au profit de leurs femmes et de leurs enfans, quand ils ne rempliraient pas à leur égard les obligations imposées par le Code Napoléon.

L'avis du 22 décembre 1807, dont il est parlé dans celui qui précède, et qui a été approuvé par l'Empereur le 12 janvier 1808, répond à la deuxième des questions ci-dessus proposées.

Le Conseil d'Etat (porte-il), qui, en exécution d'un renvoi qui lui a été fait par Sa Majesté l'Empereur et Roi, a entendu la section de la guerre sur un rapport du Ministre de ce département, ayant pour objet de déroger à l'arrêté du 7 thermidor an 10, en faveur des femmes et enfans des militaires qui jouissent d'une pension ou solde de retraite ;

Considérant que, par l'arrêté précité, le Gouvernement a eu pour objet, non-seulement d'assurer leur subsistance aux militaires pensionnés ou jouissant d'une solde de retraite, mais encore d'assurer des alimens à leurs femmes et enfans ;

Est d'avis que le Ministre de la Guerre peut ordonner une retenue du tiers au plus sur la pension ou solde de retraite de tout militaire qui ne remplirait pas, à l'égard de sa femme ou de ses enfans, les obligations qui lui sont imposées par les chap. 5 et 6 du tit. 5 du liv. 1er. du Code Napoléon, sauf le recours du mari au Conseil d'Etat, commission du contentieux, dans le cas où il se croirait lésé par la décision du Ministre.

La pension d'un membre de la Légion d'Honneur peut-elle être saisie par ses créanciers ?

M. Merlin décide la négative dans son nouveau Répertoire de Jurisprudence.

Il s'appuie sur l'article 12 de la déclaration du Roi, du 7 janvier 1779, ainsi conçu :

> Les pensions et graces viagères ne peuvent être saisies ni cédées pour quelque cause et raison que ce soit, sauf aux créanciers d'un pensionnaire à exercer, après son décès, sur le décompte de sa pension, toutes les poursuites et diligences nécessaires pour la conservation de leurs droits et actions.

Les pensions des membres de la Légion d'Honneur étant des pensions et graces viagères, sont donc insaisissables.

Aux termes de l'avis du Conseil, du 23 janvier 1808, elles sont inaliénables.

Deux exceptions seulement ont été apportées à ces principes : la première, par le décret impérial du 16 thermidor an 13, qui permet aux légionnaires partant pour le service maritime de déléguer une portion de leur pension à leurs femmes ou à leurs enfans ;

La seconde, par l'avis du Conseil d'Etat, du 22 décembre 1806, qui autorise la retenue d'une portion de cette pension, mais exclusivement au profit des femmes et des enfans à l'égard desquels les légionnaires oubliraient leurs devoirs sacrés de père et d'époux.

XLIIIe. ARTICLE.

Bulletin des Lois.

Le Bulletin n°. 242 contient :

1°. Sous le n°. 4485, un décret impérial contenant proclamation de brevets d'invention délivrés pendant le second trimestre de 1809, donné au camp impérial de Schonbrunn, le 18 juillet 1809;

2°. Sous les n°ˢ. 4486 et suivans, jusques et y compris 4491, les actes suivans :

Décret portant prorogation du délai accordé pour l'instruction des Priviléges et Hypothèques dans les trois départemens de la Toscane.

Au camp impérial de Schonbrunn, le 5 août 1809.

Napoléon, Empereur des Français, Roi d'Italie, et Protecteur de la Confédération du Rhin,

Sur le rapport de notre Grand-Juge Ministre de la Justice;
Notre Conseil d'Etat entendu,
Nous avons décrété et décrétons ce qui suit :

Art. 1ᵉʳ. Le délai accordé par le ci-devant gouverneur général de la Toscane pour l'inscription des priviléges et hypothèques des trois départemens de la Toscane, lequel est expiré au 1ᵉʳ. mai 1809, est prorogé d'une année, à compter de la publication de notre présent décret.

2. Néanmoins, les inscriptions qui auraient pu être prises valablement par des tiers, depuis ledit jour (1ᵉʳ. mai 1809) jusqu'à la publication du présent décret, auront tout leur effet; et, en conséquence, les inscriptions prises en vertu de l'article précédent ne pourront leur être opposées.

3. Notre Grand-Juge Ministre de la Justice et notre Ministre des Finances, sont chargés, chacun en ce qui le concerne, de l'exécution du présent décret.

Signé NAPOLÉON.

Par l'Empereur, le Ministre Secrét. d'Etat, *signé* H. B. Maret.

Extrait des Minutes de la Secrétairerie d'Etat.

Au camp impérial de Schonbrunn, le 5 août 1809.

Avis du Conseil d'Etat relatif au régime des Bois affectés aux Majorats. (Séance du 8 juillet 1809.)

Le Conseil d'Etat, qui, d'après le renvoi ordonné par Sa Majesté, a entendu le rapport de la section des finances sur celui du Ministre de ce département, présentant la question de savoir si les bois concédés à titre de majorats, avec clause de retour à la couronne à défaut de descendance mâle, doivent rester soumis au régime forestier et être régis par les agens de l'administration générale des forêts;

Vu le statut impérial du 4 mai 1809 pour la conservation des biens composant les majorats dotés par Sa Majesté, et qui peuvent faire retour à la couronne;

Vu pareillement la loi du 9 floréal an 11, relative au régime des bois appartenans aux particuliers, aux communes ou à des établissemens publics;

Considérant, 1°. que, d'après l'art. 2 du statut précité, les fonctions des agens conservateurs créés par l'art. 1er. pour les majorats situés hors de l'Empire, sont, entr'autres choses, de veiller à ce que, pendant sa vie, le titulaire jouisse, en bon père de famille, des biens affectés au majorat;

2°. Que l'art. 3 du même statut ordonne aux agens conservateurs qui auront reconnu que les intérêts du majorat sont compromis, d'en informer le procureur général près le conseil du sceau des titres;

3°. Que, d'après l'art. 26, les dispositions du même statut, pour la conservation des biens des majorats en pays étranger, sont applicables aux majorats dotés par Sa Majesté dont les biens sont situés dans l'étendue de l'Empire; qu'à l'égard de ces derniers, la régie de l'enregistrement et des domaines, et l'administration forestière pour la partie des forêts et bois composant le majorat, sont chargées de remplir, chacune en ce qui la concerne, les fonctions attribuées à l'agent conservateur;

4°. Que l'art. 28 porte que les bois futaies seront coupés quand ils seront dans les taillis, dans les cas où ils le sont dans les forêts domaniales; et quand ils seront en réserve ou en pièce, sans taillis, ils seront aménagés, s'ils en sont susceptibles; enfin que, si leur étendue ne permet pas l'aménagement, ils ne pourront être coupés qu'après autorisation donnée par Sa Majesté en son Conseil d'Etat, sur l'avis du conseil du sceau des titres;

5°. Que, suivant l'art. 29, les dispositions de l'art. 28 ci-dessus sont applicables aux majorats formés avec des biens appartenans aux particuliers à qui Sa Majesté aura accordé des titres;

6°. Que la loi du 9 floréal an 11 a prescrit des règles pour le régime des bois appartenans aux particuliers; que, d'après l'article 9 notamment, aucune coupe de futaie ne peut avoir lieu sans déclaration faite, six mois d'avance, à l'administration forestière;

Est d'avis, 1°. que la question proposée par le Ministre est résolue par les articles précités du statut impérial du 4 mai 1809, et par la loi du 9 floréal an 11;

En conséquence, que, dans la surveillance qui est accordée
à l'administration forestière par le même statut, cette administration doit se borner à veiller à ce que le titulaire d'un
majorat doté par Sa Majesté jouisse en bon père de famille,
et sans dégrader ; qu'elle doit seulement constater les dégra-
dations et anticipations de coupes lorsqu'elles ont lieu, et en
informer le procureur général du conseil du sceau des titres ;

2°. Que l'administration forestière n'a que la même surveillance à exercer sur les bois faisant partie des majorats que
Sa Majesté a permis aux particuliers de former ;

3°. Que le présent avis soit inséré au Bulletin des Lois.

Pour extrait conforme, le Secrétaire-Général du Conseil
d'Etat, *signé* J. G. LOCRÉ.

Approuvé, en notre camp impérial de Schonbrunn, le
5 août 1809.

Signé NAPOLÉON.

Par l'Empereur, le Ministre Secrét. d'Etat, *signé* H. B. MARET.

Extrait des Minutes de la Secrétairerie d'Etat.

Au camp impérial de Schonbrunn, le 5 août 1809.

*Avis du Conseil d'Etat sur plusieurs questions relatives à la
perception du droit d'enregistrement sur les Actes judiciaires.*
(Séance du 8 juillet 1809.)

Le Conseil d'Etat, qui, d'après le renvoi ordonné par
Sa Majesté, a entendu le rapport de la section des finances
sur celui du Ministre de ce département, tendant à faire
statuer sur plusieurs questions relatives à la perception du
droit d'enregistrement sur les actes judiciaires ;

Vu la loi du 22 frimaire an 7, ensemble les observations
de l'administration de l'enregistrement et des domaines ;

Est d'avis, 1°. que lorsqu'un jugement contient plusieurs
dispositions dont les unes le rendent sujet à l'enregistrement
sur la minute, et les autres seulement sur l'expédition, le
droit ne peut être exigé que pour les dispositions sujettes à
l'enregistrement sur la minute, sauf à percevoir le droit pour
les autres dispositions sujettes à l'enregistrement sur l'expédition, lorsque cette expédition est requise ;

2°. Que lorsqu'un jugement, par lequel il est prononcé des
condamnations sur des conventions verbales, est présenté à la

formalité après le délai fixé par l'art. 20 de la loi du 22 frimaire an 7, il y a lieu de percevoir le double droit sur le montant de la condamnation prononcée, et seulement le droit simple sur la convention qui fait matière de la demande, à moins que cette convention n'ait pour objet une transmission de propriété, d'usufruit ou de jouissance d'immeubles, susceptible par elle-même de la peine du double droit, à défaut d'enregistrement dans les délais fixés par la loi, auquel cas seulement le double droit est aussi perçu sur la convention;

3°. Et que le présent avis soit inséré au Bulletin des Lois.

Pour extrait conforme, le Secrétaire-Général du Conseil d'Etat, *signé* J. G. Locré.

Approuvé, en notre camp impérial de Schonbrunn, le 5 août 1809.

Signé NAPOLÉON.

Par l'Empereur, le Ministre Secrét. d'Etat, *signé* H. B. Maret.

Extrait des Minutes de la Secrétairerie d'Etat.

Au camp impérial de Schonbrunn, le 5 août 1809.

Avis du Conseil d'Etat portant que les fonctions d'Avoué sont incompatibles avec celles de Conseiller de Préfecture.

Le Conseil d'Etat, qui, d'après le renvoi ordonné par Sa Majesté, a entendu le rapport de la section de législation sur celui du Ministre de l'Intérieur, ayant pour objet de faire décider si les fonctions d'avoué près les Tribunaux sont incompatibles avec celles de conseiller de préfecture;

Est d'avis que ces deux fonctions sont incompatibles.

Pour extrait conforme, le Secrétaire-Général du Conseil d'Etat, *signé* J. G. Locré.

Approuvé, en notre camp impérial de Schonbrunn, le 5 août 1809.

Signé NAPOLÉON.

Par l'Empereur, le Ministre Secrét. d'Etat, *signé* H. B. Maret.

Extrait des Minutes de la Secrétairerie d'Etat.

Au camp impérial de Schonbrunn, le 6 août 1809.

Avis du Conseil d'Etat portant qu'un Décret qui accorde un nouveau delai pour l'inscription des anciennes Hypothèques en Toscane, est applicable aux trois Vicairies de Pontremoli, Bagnone et Fivizzano. (Séance du 15 juillet 1809.)

Le Conseil d'Etat, qui, d'après le renvoi ordonné par Sa Majesté, a entendu le rapport de la section de législation sur celui du Grand-Juge Ministre de la Justice, concernant un délai d'un an proposé pour l'inscription des priviléges et hypothèques acquis conformément aux lois toscanes, avant le 1er. mai 1808, dans les ci-devant vicairies de Pontremoli, Bagnone et Fivizzano, distraites de la Toscane et réunies au département des Apennins par décret du 9 juin de la même année ;

Vu le décret du 5 de ce mois, qui proroge pour un an le délai accordé par le ci-devant gouverneur général de la Toscane, pour l'inscription des priviléges et hypothèques de ce pays ;

Considérant que les motifs qui ont fait accorder un nouveau délai pour l'inscription des anciennes hypothèques en Toscane, s'appliquent aux trois vicairies de Pontremoli, Bagnone et Fivizzano ;

Est d'avis que toutes les dispositions du décret du 5 de ce mois, qui accorde un nouveau délai d'un an, à partir du 1er. mai 1809, jour où le premier délai est expiré pour l'inscription des hypothèques anciennes en Toscane, doivent aussi recevoir leur exécution dans les trois vicairies de Pontremoli, Bagnone et Fivizzano.

Pour extrait conforme, le Secrétaire-Général du Conseil d'Etat, *signé* J. G. Locré.

Approuvé, en notre camp impérial de Schonbrunn, le 6 août 1809.

Signé NAPOLÉON.

Par l'Empereur, le Ministre Secrét. d'Etat, *signé* H. B. Maret.

Décret impérial concernant les Archives des Tribunaux supprimés de Florence.

Au camp impérial de Schonbrunn, le 6 août 1809.

Napoléon, Empereur des Français, Roi d'Italie, et Protecteur de la Confédération du Rhin,

Sur le rapport de notre Grand-Juge Ministre de la Justice;

Notre Conseil d'Etat entendu;

Nous avons décrété et décrétons ce qui suit :

Art. 1er. Les archives des Tribunaux supprimés de Florence demeureront réunies au greffe de la Cour d'Appel de cette ville, ainsi qu'il a été arrêté par la junte extraordinaire de Toscane.

2. Un commis-greffier sera particulièrement chargé de la garde de ces archives. Il est en conséquence alloué au greffier une somme annuelle de quinze cents francs, à partir du 1er. janvier de la présente année : les fonds en seront faits sur ceux affectés aux dépenses de l'ordre judiciaire.

3. Notre Grand-Juge Ministre de la Justice et notre Ministre des Finances, sont chargés, chacun en ce qui le concerne, de l'exécution du présent décret.

Signé NAPOLÉON.

Par l'Empereur, le Ministre Secrét. d'Etat, *signé* H. B. Maret.

3°. Sous le n°. 4492, les lettres de création du dépôt de mendicité du département de l'Orne, datées du camp impérial de Schonbrunn, le 6 août 1809;

4°. Sous le n°. 4493, mêmes lettres et même date pour le département de la Somme;

5°. Sous le n°. 4494, mêmes lettres pour le département de la Meuse-Inférieure, sous la date du 10 août 1809;

6°. Sous le n°. 4495, un décret impérial du 10 août 1809, qui autorise l'école polytechnique à accepter deux ouvrages dont la propriété lui a été léguée par les sieur et dame Durand;

7°. Sous le n°. 4496, le décret impérial dont la teneur suit :

Décret impérial qui annulle deux Arrêts de la Cour d'Appel de Metz, portant renvoi au Conseil d'Etat de contestations relatives aux Droits d'Octroi.

Au camp impérial de Schonbrunn, le 10 août 1809.

Napoléon, Empereur des Français, Roi d'Italie, et Protecteur de la Confédération du Rhin ;

Sur le rapport de notre Ministre des Finances ;

Vu les réglemens pour la perception de l'octroi de la commune de Rocroy, département des Ardennes, approuvés par notre Ministre des Finances, les 12 messidor an 13 et 11 avril 1808 ;

Vu les jugemens rendus par le juge de paix du canton de Couvin et par le suppléant du juge de paix du canton de Rocroy, qui condamnent plusieurs individus de cette dernière commune au payement des droits portés au tarif de l'octroi, pour les fourrages qu'ils avaient fait entrer chez eux ;

Vu les actes par lesquels ces particuliers ont interjeté appel desdits jugemens devant la Cour d'Appel de Metz ;

Vu les deux arrêts rendus par cette Cour, le 28 juillet 1808, par lesquels elle se déclare incompétente et renvoie les causes et les parties pardevant notre Conseil d'Etat ;

Lesdits arrêts motivés sur ce que la Cour ne peut prononcer si c'est à l'Autorité administrative ou aux Tribunaux à statuer, *lorsqu'on soutient n'être pas assujeti au droit ;*

Vu l'art. 13 de la loi du 27 frimaire an 8, ainsi conçu :

« Les contestations qui pourront s'élever sur l'application du tarif ou sur la quotité des droits exigés par les receveurs d'octroi, seront portées devant le juge de paix dans l'arrondissement duquel siége l'administration municipale, à quelque somme que le droit contesté puisse s'élever, pour être par lui jugées sommairement et sans frais, soit en dernier ressort, soit à la charge de l'appel, suivant la quotité du droit réclamé. »

Considérant que, d'après les dispositions de l'article 13 ci-dessus rapportées, les juges de paix doivent connaître de toutes les contestations relatives à l'octroi, soit qu'il s'agisse de l'application du droit, soit qu'il s'agisse de sa perception ; que la Cour d'Appel de Metz a mis en question un point décidé par la loi ;

Notre Conseil d'Etat entendu ,

Nous avons décrété et décrétons ce qui suit :

Art. 1er. Les deux arrêts de la Cour d'Appel de Metz, du

28 juillet 1808, qui ont renvoyé devant notre Conseil d'Etat les contestations relatives aux droits d'octroi de la commune de Rocroy, seront regardés comme non avenus.

2. Les parties sont renvoyées devant les juges compétens pour procéder sur l'appel des jugemens rendus par le juge de paix du canton de Couvin et par le suppléant du juge de paix du canton de Rocroy.

3. Notre Grand-Juge Ministre de la Justice et notre Ministre des Finances, sont chargés, chacun en ce qui le concerne, de l'exécution du présent décret, qui sera inséré au Bulletin des Lois.

Signé NAPOLÉON.

Par l'Empereur, le Ministre Secrét. d'Etat, *signé* H. B. MARET.

8°. Sous les n°s. 4497, jusques et y compris 4499; puis sous les n°s. 4503, jusques et y compris 4514; puis sous les n°s. 4516, jusques et y compris 4520; puis sous les n°s. 4525, jusques et y compris 4540, des décrets impériaux portant autorisation d'accepter des legs et donations aux hospices et autres établissemens de bienfaisance;

9°. Sous les n°s. 4500, jusques et y compris 4502, des décrets impériaux qui ordonnent le payement de pensions accordées à des veuves de militaires;

10°. Sous le n°. 4515, un décret impérial du 4 juin 1809, additionnel à celui du 9 vendémiaire an 13, concernant les établissemens militaires de Mayence;

11°. Sous les n°s. 4521, jusques et y compris 4523, des décrets impériaux qui concèdent le droit d'exploiter des mines de houille et de fer pendant cinquante années;

12°. Enfin, un décret impérial du 4 juin 1809, qui change le jour de la tenue de la foire de Saint-Lupicin, arrondissement de Saint-Claude, département du Jura.

Le Bulletin n°. 243 contient :

1°. Sous le n°. 4541, un décret impérial du 6 août 1809, relatif aux mines d'AUMETZ et d'AUDUN-LE-TICHE ;

2°. Sous le n°. 4542, lettres portant création d'un dépôt de mendicité du département du Doubs, datées du 29 août 1809 ;

3°. Sous le n°. 4543, mêmes lettres de la même date pour le département du Taro ;

4°. Sous le n°. 4544, mêmes lettres de la même date pour le département de Sambre et Meuse ;

5°. Sous le n°. 4545, mêmes lettres de la même date pour le département du Mont-Tonnerre ;

6°. Sous le n°. 4546, mêmes lettres de la même date pour le département de la Vendée ;

7°. Sous le n°. 4547, mêmes lettres de la même date pour le département des Ardennes ;

8°. Sous le n°. 4548, le décret impérial qui sera rapporté dans la suite du présent volume ;

9°. Sous les n°'. 4549, jusques et y compris 4553, et sous les n°'. 4556, jusques et y compris 4586, des décrets impériaux qui autorisent les acceptations de divers legs et donations en faveur des hospices et autres établissemens de bienfaisance ;

10°. Enfin, sous les n°'. 4554 et 4555, deux décrets impériaux relatifs à des pensions accordées à des veuves de militaires.

XLIV°. ARTICLE.

GARDE NATIONALE. — RESPECT DÛ AUX AUTORITÉS CONSTITUÉES.

En donnant une *Conférence* sur la garde nationale, nous devrions peut-être donner à cette partie de la force publique les éloges qui lui sont dus pour le zèle avec lequel, sans qu'il ait été nécessaire de l'y contraindre par l'émission d'une loi, d'un sénatus-consulte ou d'un décret impérial, elle vient de se porter à la défense du territoire menacé de l'irruption de l'ennemi.

Mais il faut une plume plus éloquente pour chanter la bravoure, le civisme et le dévouement de deux cent mille Français que le seul bruit de l'apparition d'une flotte ennemie sur l'un des points de notre territoire maritime, a arraché, à la voix de leurs administrateurs, à leurs foyers, à leurs familles, à leurs travaux commerciaux et agricoles, pour aller repousser un ennemi que leur aspect a dû déterminer à la retraite.

Notre objet est de remettre sous les yeux de nos lecteurs la législation qui régit la garde nationale au moment où celle de presque toutes les villes de l'Empire français reprend un service long-temps suspendu, mais jamais supprimé.

Ce fut au mois de septembre 1791 que les habitans de la France toute entière, par un mouvement spontané, prirent les armes, en manifestant la volonté de maintenir la sûreté des personnes et des propriétés, comme celle de résister à tout genre d'oppression.

Ce mouvement sublime pouvait devenir dangereux, s'il n'était pas régularisé. L'Assemblée Constituante se hâta de s'en emparer pour la soumettre aux lois d'une sage organisation. Ce fut l'objet de la loi suivante :

Loi relative à l'Organisation de la Garde Nationale, donnée à Paris, le 14 octobre 1791.

Décret de l'Assemblée Nationale, du 5 septembre 1791.

SECTION Iʳᵉ. — *De la Composition de la Liste des Citoyens.*

ART. 1ᵉʳ. Les citoyens actifs s'inscriront pour le service de la garde nationale sur des registres qui seront ouverts à cet effet dans les municipalités de leur domicile ou de leur résidence continuée depuis un an.

2. A défaut de cette inscription, ils demeureront suspendus de l'exercice des droits que la Constitution attache à la qualité de citoyen actif, ainsi que celui de porter les armes.

3. Ceux qui, sans être citoyens actifs, ont servi depuis l'époque de la révolution, et qui sont actuellement en état de service habituel, seront maintenus dans les droits de leur service : les gens déclarés suspects, sans aveu et mal-intentionnés, aux termes des décrets sur la police municipale, en seront exceptés.

4. Aucune raison d'état, de profession, d'âge, d'infirmités ou autre, ne dispensera de l'inscription des citoyens actifs qui voudront conserver l'exercice de leurs droits ; plusieurs d'entr'eux seront néanmoins dispensés du service, ou l'exercice en demeurera suspendu, ainsi qu'il sera dit ci-après.

5. Tous les fils de citoyens actifs seront tenus de s'inscrire sur lesdits registres, lorsqu'ils seront parvenus à l'âge de dix-huit ans accomplis.

6. Ceux qui, à l'âge de dix-huit ans, n'auront pas satisfait aux dispositions de l'article précédent, ne pourront prendre à vingt-un ans l'inscription civique ; ils ne seront admis à celle-ci que trois ans révolus après l'inscription ci-dessus ordonnée.

7. Les citoyens actifs ou fils de citoyens actifs qui sont maintenant âgés de plus de dix-huit ans, seront admis, à l'âge de vingt-un ans, à prendre l'inscription civique, s'ils se font inscrire dans le délai de trois mois au plus tard, après la publication du présent décret.

8. Les étrangers qui auront rempli les conditions prescrites pour devenir citoyens français et leurs enfans, seront traités à cet égard comme les Français naturels.

9. Nul ne sera reçu à s'inscrire par procuration, mais tous seront tenus de prendre leur inscription en personne. Les pères, mères, tuteurs, pourront cependant faire inscrire leurs enfans absens, si la suite de leur éducation est la cause de leur absence.

10. Les fils de citoyens actifs qui auront satisfait à ces devoirs, jouiront, après dix ans révolus de service, de tous les droits de citoyens actifs, quand ils ne payeraient pas la contribution exigée, pourvu que d'ailleurs ils remplissent les conditions prescrites par la Constitution.

11. Les registres d'inscription des municipalités seront doubles, et l'un d'eux sera renvoyé tous les ans et conservé dans le directoire du district.

12. Les fils de citoyens actifs qui se seront inscrits dans l'année, seront reçus au serment de la garde nationale, qui se prêtera à la fête civique du 14 juillet suivant, dans le chef-lieu du district.

13. Les citoyens inscrits et distribués dans les compagnies, lorsqu'ils seront commandés pour le service, pourront, en cas d'empêchement légitime, se faire remplacer, mais seulement par des citoyens inscrits sur les registres et servant dans la même compagnie; les pères pourront se faire remplacer par leurs fils âgés de dix-huit ans, et les frères, par leurs frères ayant l'âge requis.

14. A l'égard de ceux qui, ayant d'ailleurs les qualités requises, ne se seront pas fait inscrire, et qui auront perdu le droit d'activité, ils seront soumis comme les autres à un tour de service, à la décharge des citoyens inscrits; mais ils ne feront jamais leur service en personne, et ils seront, sur mandement du directoire de district, taxés, par chaque municipalité, pour le payement de ceux des citoyens inscrits qui les remplaceront dans le service qu'ils auraient dû faire. Cette taxe sera égale à deux journées de travail.

15. Ceux des citoyens inscrits qui ne serviront pas volontairement ou ne fourniront pas volontairement leur remplacement au jour indiqué pour leur service, seront pareillement taxés par la municipalité; et à la troisième fois qu'ils auront été contraints à payer cette taxe dans la même année, ils seront suspendus, pendant un an, de l'honneur de servir en personne, et de l'exercice du droit de citoyens actifs ou éligibles.

Les femmes, les veuves et les filles seront exemptes de toute contribution.

16. Les fonctions de la garde nationale et celles des fonctionnaires publics qui ont droit de requérir la force publique, sont incompatibles ; en conséquence, les membres du Corps Législatif, les ministres du roi, les citoyens qui exercent les fonctions de juges ou commissaires du roi près les Tribunaux, les juges des Tribunaux de Commerce, les juges de paix, les présidens des administrations, vice-présidens et membres des directoires, les procureurs-syndics de département et de district, les officiers municipaux, les procureurs de la commune et leurs substituts, ne pourront, nonobstant leur inscription, faire aucun service personnel dans la garde nationale ; mais ceux d'entr'eux qui seront salariés par la nation, seront soumis au remplacement ou à la taxe.

Les évêques, curés et vicaires, et tous citoyens qui sont dans les ordres sacrés, ne pourront également faire aucun service personnel, mais ils seront soumis au remplacement et à la taxe.

17. Seront dispensés du service de la garde nationale, les officiers, sous-officiers, cavaliers et soldats des troupes de ligne et la marine étant actuellement en activité de service, les officiers, sous-officiers et cavaliers de la gendarmerie nationale et des gardes soldées, et les sexagénaires, les infirmes, les impotens et les invalides.

18. En cas de changement de domicile ou de résidence habituelle, le citoyen inscrit fera rayer son nom sur le registre de l'ancienne municipalité, s'inscrira sur celui de la nouvelle, et sera distribué dans une compagnie ; faute de quoi, il demeurera sujet au service ou au remplacement dans l'une et dans l'autre municipalité.

Section 2. — *De l'Organisation des Citoyens pour le Service de la Garde Nationale.*

Art. 1er. La garde nationale sera organisée par district et par canton ; sous aucun prétexte, elle ne pourra l'être par commune, si ce n'est dans les villes considérables, ni par département.

2. Les sections dans les villes seront, à cet égard, considérées comme cantons, et les villes au-dessus de cinquante mille ames, comme districts.

3. Les bataillons des gardes nationales seront formés, dans les districts et dans les cantons, de quatre compagnies, dans lesquelles seront distribués, en nombre à peu près égal, tous les citoyens inscrits dans le registre des gardes nationales.

4. Il sera pris sur les quatre compagnies de quoi en former une cinquième de grenadiers, composée comme dans la garde nationale parisienne. Dans les lieux où les compagnies de grenadiers actuelles excéderaient le nombre de quatre-vingts hommes sur quatre compagnies, elles tendront à se réduire au nombre prescrit par le présent décret, en ne recevant plus de nouveaux sujets jusqu'à la réduction ci-dessus désignée.

5. Chaque compagnie sera divisée en deux pelotons, quatre sections et huit escouades.

6. Il y aura dans chaque compagnie un capitaine, un lieutenant, deux sous-lieutenans, deux sergens et quatre caporaux.

7. Le lieutenant et l'un des sous-lieutenans commanderont chacun un peloton, et auront chacun un sergent sous leurs ordres.

8. A la tête de chacune des quatre sections, il y aura un caporal qui commandera la première escouade, et la seconde sera commandée par le plus âgé des soldats de l'escouade.

9. Chaque bataillon aura un commandant en chef, un commandant en second, un adjudant, un porte-drapeau et un maître armurier.

10. La réunion des bataillons du même district, jusqu'au nombre de huit à dix, formera une légion.

11. Chaque légion sera sous les ordres d'un chef de légion, d'un adjudant général et d'un sous-adjudant général. Les légions réunies auront pour chef un commandant de légion qui exercera ce commandement, à tour de rôle, pendant trois mois, si ce n'est dans les villes au-dessus de cent mille ames, où il y aura un commandant général des légions nommé par les citoyens actifs de chaque section inscrits et distribués par compagnies.

12. On tirera tous les ans au sort ; savoir : dans le chef-lieu de district, le rang des légions et des bataillons ;

Dans le chef-lieu de canton, le rang des compagnies ;

A la tête des compagnies, le rang des pelotons, des sections, des escouades.

13. La formation des compagnies se fera de la manière suivante :

Dans les villes, chaque compagnie sera composée des citoyens du même quartier ; et dans les campagnes, des citoyens réunis des communautés les plus voisines.

14. Dans les communes qui ne pourraient pas former une compagnie, on formera des pelotons des sections ou des escouades, selon la population de chaque communauté.

15. Pour former, dans les cantons, la première composition des compagnies, les maires ou premiers officiers municipaux des communes, accompagnés chacun d'un des notables, se réuniront au chef-lieu de leur canton, apportant avec eux la liste des citoyens actifs et de leurs enfans inscrits. Ils conviendront ensemble du nombre et de la formation des compagnies ; ils adresseront le résultat au directoire de district, et ce dernier réglera ces distributions et en instruira le directoire du département.

16. Les citoyens actifs destinés à former une compagnie se réuniront, tant pour eux que pour leurs enfans, et sans uniforme, avec les maires de leurs communes, dont le plus ancien présidera : ceux-ci, et les citoyens ainsi réunis, éliront ensemble, au scrutin individuel et à la pluralité absolue des suffrages, ceux qui devront remplir, pendant le temps qui sera déterminé dans les articles suivans, les fonctions de capitaines, celles de lieutenans et celles des deux sous-lieutenans.

Ensuite ils procéderont par scrutin individuel, mais à la simple pluralité relative, à l'élection pour les places de sergens et pour celles de caporaux.

17. Après l'élection des officiers et sous-officiers, les citoyens élus pour les places de capitaines, lieutenans et sous-lieutenans de chaque compagnie, formeront les deux pelotons pour les deux sergens et les quatre sections pour les quatre caporaux ; ils auront soin de réunir dans cette formation les citoyens des mêmes communes dans les campagnes, et des mêmes quartiers dans les villes.

18. Les citoyens élus aux places de capitaines, lieutenans, sous-lieutenans et sergens des différentes compagnies du même canton, se réuniront au chef-lieu du canton, et là, sous la présidence du plus âgé des capitaines, ils formeront la distribution des bataillons, à raison d'un demi-bataillon depuis trois compagnies jusqu'à cinq, et d'un bataillon depuis six compagnies jusqu'à dix.

Ils auront soin de placer dans le même bataillon les compagnies des communes voisines.

19. Cette distribution faite, les capitaines et lieutenans, sous-lieutenans et sergens des compagnies dont chaque bataillon sera composé, en éliront, au scrutin individuel et à la pluralité absolue des suffrages, le commandant en chef, le commandant en second et l'adjudant.

20. Les commandans en chef, commandans en second et adjudans des bataillons, les capitaines et lieutenans des

compagnies dont ces bataillons seront composés, se réuniront au chef-lieu du district; et tous ensemble, sous la présidence d'un commissaire de directoire, ils éliront au scrutin individuel et à la pluralité absolue des suffrages, le chef, l'adjudant et sous-adjudant général de la légion, s'il n'y en a qu'une, et ceux de chaque légion, s'il y en a plusieurs, après avoir déterminé les bataillons dont chacune sera composée.

21. Les élections des officiers des légions, de ceux des bataillons, des officiers et sous-officiers des compagnies dans les villes, se feront de la même manière que dans les campagnes, mais en observant que les sections étant réputées cantons, dix commissaires, choisis par chaque section, au scrutin de liste et à la pluralité relative, formeront la distribution des compagnies, aux termes des art. 13 et 14.

22. Aucun officier des troupes de ligne ni de gendarmerie nationale ne pourra être nommé officier des gardes nationales.

23. Les officiers et sous-officiers de tout grade ne seront élus que pour un an, et ne pourront être réélus qu'après avoir été soldats pendant une année. Les élections seront faites par les compagnies, les bataillons et les légions, le second dimanche de mai de chaque année. En cas de service contre l'ennemi de l'État, il ne sera fait aucune réélection d'officiers et de sous-officiers tant que durera le service.

24. L'uniforme national sera le même pour tous les Français en état de service; les signes de distinction seront les mêmes que dans les troupes de ligne.

25. L'uniforme est définitivement réglé ainsi qu'il suit: habit bleu de roi, doublure blanche, passe-poil écarlate, paremens et collet d'écarlate et passe-poil blanc; revers blancs et passe-poil écarlate; manches ouvertes, à trois petits boutons; poches en dehors, à trois pointes et trois boutons, et passe-poil rouge; le bouton tel qu'il est prescrit par le décret du 23 décembre dernier; l'agraffe du retroussis écarlate; veste et culotte blanches.

26. Néanmoins, dans les campagnes, l'uniforme ne pourra être exigé; le service des citoyens actifs et de leurs enfans âgés de dix-huit ans inscrits, sera reçu sous quelque vêtement qu'ils se présentent; mais à dater du 14 juillet prochain, ceux qui porteront l'uniforme seront tenus de se conformer, sans aucun changement, à celui qui est prescrit.

27. Les drapeaux des gardes nationales seront aux trois couleurs, et porteront ces mots : *Le Peuple français;* et ces autres mots : *La Liberté ou la Mort.*

28. Les anciennes milices bourgeoises, compagnies d'arquebusiers, fusiliers, chevaliers de l'arc ou de l'arbalête, compagnies de volontaires et toutes autres, sous quelque forme et dénomination que ce soit, sont supprimées.

29. Les citoyens qui font actuellement le service de gardes nationales continueront le service dont elles seront requises jusqu'à ce que la nouvelle composition soit établie.

30. L'Assemblée Nationale, voulant rendre honneur à la vieillesse des bons citoyens, permet que, dans chaque canton, il se forme une compagnie de vétérans, de gens âgés de plus de soixante ans, organisés comme les autres et vêtus du même uniforme, et ils seront distingués par un chapeau à la Henri IV et une écharpe blanche : leur arme sera un esponton.

31. Ces vétérans ne seront employés que dans les événemens publics ; ils assisteront assis aux exercices des gardes nationales, distribueront les prix, et seront appelés les premiers, dans chaque district, au renouvellement de la fédération générale du 14 juillet.

32. L'Assemblée Nationale permet également qu'il s'établisse dans chaque canton, sous la même forme d'organisation, une compagnie composée de jeunes citoyens au-dessous de l'âge de dix-huit ans. Cette compagnie, commandée par des officiers de la même classe, sera soumise à l'inspection de trois vétérans nommés à cet effet par leurs compagnies, ou, à défaut de vétérans, d'inspecteurs désignés par les municipalités.

33. Il pourra y avoir dans chaque district deux compagnies de cavalerie, ce qui sera déterminé par le directoire ou département, sur l'avis du directoire du district ; on suivra, pour leur formation et la nomination des officiers, les mêmes règles que pour celles des autres compagnies des gardes nationales.

Les officiers et cavaliers de ces compagnies seront tenus d'avoir chacun leur cheval.

34. Dans les districts qui voudront profiter de la permission qui leur est accordée de mettre sur pied deux compagnies de gardes nationales à cheval, elles seront formées du même nombre d'hommes déterminé pour la garde parisienne à cheval ; mais outre les deux capitaines, il y aura pour tout état-major un chef d'escadron qui commandera les deux compagnies.

35. Dans les villes qui ont actuellement des compagnies de gardes nationales à cheval, elles se réduiront à deux, qui

seront formées et commandées comme il a été dit dans l'article précédent ; mais les hommes excédant le nombre de la formation, et qui ont fait jusqu'à présent partie du corps, y resteront attachés jusqu'à ce que le corps soit réduit au nombre fixé par les décrets, et l'on ne pourra y admettre jusque-là aucuns nouveaux sujets. Ils pourront conserver leur uniforme jusqu'au 14 juillet 1793.

L'uniforme de la cavalerie sera pareil à celui qui est fixé pour la garde nationale parisienne à cheval. Le bouton portera le nom du district.

36. Les villes qui auront des pièces d'artillerie pourront en attacher deux à chacun de leurs bataillons de garde nationale, soit sédentaires, soit volontaires, destinés à la défense des frontières ; et, dans ce cas, il sera attaché à la compagnie de grenadiers du bataillon une section de canonniers, composée d'un officier, de deux sergens, deux caporaux et douze canonniers.

37. L'uniforme des canonniers de la garde nationale est réglé ainsi qu'il suit :

Habit bleu de roi, doublure écarlate, paremens et collet écarlates, passe-poil blanc, revers blancs, passe-poil écarlate, les pates des poches de l'habit à trois pointes, un gros bouton sur chaque pointe, quatre gros boutons au-dessous du revers, la manche ouverte et fermée par trois boutons ;

Veste bleu de roi, passe-poil écarlate, culotte bleu de roi ; pour retroussis, un canon et une grenade ; les boutons comme ceux des gardes nationales.

SECTION 3. — *Des Fonctions des Citoyens servant en qualité de Gardes nationales.*

ART. 1er. Les fonctions des citoyens servant en qualité de gardes nationales sont de rétablir l'ordre et de maintenir l'obéissance aux lois, conformément aux décrets.

2. Les citoyens et leurs chefs, requis au nom de la loi, ne se permettront pas de juger si les réquisitions ont dû être faites, et seront tenus de les exécuter provisoirement sans délibération ; mais les chefs pourront exiger la remise d'une réquisition, par écrit, pour assurer la responsabilité des requérans.

3. Les gardes nationales qui ne seront pas en activité de service ne seront requises et employées qu'à défaut ou en cas d'insuffisance de la gendarmerie nationale, des gardes soldées dans les villes où il y en a, et des troupes de ligne.

4. Toute délibération prise par les gardes nationales sur les affaires de l'Etat, du département, du district, de la commune, même de la garde nationale, à l'exception des affaires expressément renvoyées au conseil de discipline qui sera établi ci-après, est une atteinte à la liberté publique et un délit contre la Constitution, dont la responsabilité sera encourue par ceux qui auront provoqué l'assemblée, et par ceux qui l'auront présidée.

5. Les citoyens ne pourront ni prendre les armes, ni se rassembler en état de gardes nationales sans l'ordre des chefs médiats ou immédiats, ni ceux-ci l'ordonner sans une réquisition légale, dont il sera donné communication aux citoyens à la tête de la troupe.

6. Pourront cependant les chefs, sans réquisition particulière, faire toutes les dispositions et donner tous les ordres relatifs au service ordinaire et journalier aux patrouilles de sûreté et aux exercices.

7. En cas de flagrant délit ou de clameur publique, tous Français, sans exception, doivent secours à ceux qui sont attaqués dans leurs personnes ou dans leurs propriétés; les coupables seront saisis sans qu'il soit besoin de réquisition.

8. Dans le cas de la réquisition permanente, qui aura lieu aux époques d'alarmes et de troubles, les chef donneront les ordres nécessaires pour que les citoyens se tiennent prêts à un service effectif; les patrouilles seront renforcées et multipliées.

9. Dans le cas de réquisitions particulières, ayant pour objet de réprimer les incursions extraordinaires du brigandage, ou les attroupemens séditieux contre la sûreté des personnes et des propriétés, la perception des contributions ou la circulation des subsistances, les chefs pourront ordonner, selon les occasions, ou des détachemens tirés de compagnies, ou le mouvement et l'action des compagnies entières.

10. Les gardes nationales légalement requises dissiperont toutes émeutes populaires et attroupemens séditieux; ils saisiront et livreront à la justice les coupables d'excès et de violences pris en flagrant délit ou à la clameur publique; ils emploieront la force des armes, dans le cas où ils en seront spécialement requis par les officiers civils, aux termes, soit de la loi martiale, soit des art. 25, 26, 27, 28 et 29 de la loi sur la réquisition de la force publique.

11. Les corps de la garde nationale auront en tous lieux le pas sur la gendarmerie nationale et la troupe de ligne, lorsqu'ils se trouveront en concurrence de service avec elles. Le

commandemen: , dans les fêtes ou cérémonies civiles , appartiendra à celui des officiers des trois corps qui aura la supériorité du grade , ou , dans le même grade , la supériorité de l'âge ; mais lorsqu'il s'agira d'action militaire , les corps réunis seront commandés par l'officier supérieur de la troupe de ligne ou de la gendarmerie nationale.

12. En cas d'invasion du territoire français par une troupe étrangère , le roi pourra , par l'intermédiaire des procureurs généraux syndics , faire parvenir ses ordres relativement au nombre des gardes nationales qu'il jugera nécessaire.

13. Lorsque les gardes nationales légalement requises sortiront de leur foyers pour aller contre l'ennemi extérieur , elles seront payées par le trésor public , et passeront sous les ordres du roi.

14. Les gardes nationales marchant en corps ne seront point individuellement incorporées dans les troupes de ligne , mais elles marcheront toujours avec leurs drapeaux , ayant à leur tête les officies de leur choix sous le commandement du chef supérieur.

15. Aucun officier des gardes nationales ne pourra , dans le service ordinaire , faire distribuer des cartouches aux citoyens armés , si ce n'est en cas de réquisition précise , à peine de demeurer rsponsable des évènemens.

16. Tous ls dimanches , pendant les mois d'avril , mai , juin , septembre et octobre , ou pendant les cinq mois de l'année qui seont déterminés par les administrations ou directoires de départemens , les citoyens se rassembleront par communes ou dans les villes au-dessus de quatre mille ames , par sections , pour être exercés suivant l'instruction arrêtée à cet effet , et qui a été distribuée dans les départemens.

Tous les premiers dimanches des mêmes mois , ils se rassembleront pr bataillon dans le chef-lieu de canton , pour y apprendre ensemble des marches et évolutions militaires , et tirer à la cible. Les administrations de département détermineront avec économie la dépense de ces rassemblemens et exercices.

Il sera donné chaque fois , au meilleur tireur , un prix d'honneur , ont la valeur n'excédera pas six livres , et dont les fonds seront faits par compagnie pour l'année entière.

17. Les citoyens actifs qui se présenteront à une assemblée de commune, assemblée primaire , assemblée électorale ou toute autre asemblée politique avec des armes de quelque espèce qu'elles oient , seront avertis de se retirer par le président

et autres officiers, et toute délibération sera à l'instant interrompue jusqu'à ce qu'ils soient sortis.

18. Les fusils et mousquets de service et le surplus de l'armement délivrés des arsenaux de la nation, étant une propriété publique, le nombre en sera constaté par chaque municipalité, et les citoyens qui en seront dépositaires, seront tenus d'en faire la représentation, tous les trois mois, en bon état, et toutes les fois que la municipalité le requerra, ou d'en payer la valeur.

19. Le drapeau de chaque bataillon sera déposé chez le commandant du bataillon; les flammes des compagnies seront déposées chez les capitaines.

20. Le serment fédératif sera renouvelé chaque année, dans le chef-lieu du district, le 14 juillet, jour anniversaire de la fédération générale.

21. Il ne sera fait à l'avenir aucune fédération particulière: tout acte de ce genre est déclaré un attentat à l'unité du royaume, et à la fédération constitutionnelle de tous les Français.

Section 4. — *De l'Ordre du Service.*

Art. 1er. L'ordre et le rang des bataillons, des compagnies de chaque bataillon, des pelotons, sections et escouades de chaque compagnie étant réglés par le sort tous les ans, ainsi qu'il est dit en l'art. 12 de la section seconde, l'ordre du service sera déterminé sur cette base, toutes les fois qu'il faudra rassembler et mettre en marche des bataillons de gardes nationales.

2. Les bataillons seront formés d'un nombre égal d'escouades tirées de chacune des compagnies.

3. Le tour commencera toujours par la première escouade de la première compagnie du premier bataillon, et continuera par la quatrième escouade de la deuxième compagnie, jusqu'à la première escouade de la dernière compagnie du dernier bataillon, et toutes ces escouades composeront huit compagnies qui formeront un bataillon.

4. S'il faut un second bataillon, le tour de service sera repris dans le même ordre, à l'escouade où le précédent tour de service se sera arrêté.

5. Chaque bataillon ainsi formé sera divisé de la même manière que les bataillons primitifs des gardes nationales, et sur le pied du taux moyen, quant au nombre des hommes; il en sera de même des compagnies.

22

6. Il y aura, parmi les officiers de chaque grade, un rang de piquet réglé par le sort, et l'adjudant général en tiendra note.

7. Les officiers de chaque grade seront appelés au commandement des compagnies, bataillons et détachemens, suivant le rang dont il vient d'être parlé.

8. Il y aura dans le détachement par compagnies et bataillons, le même nombre d'officiers que dans l'organisation primitive.

9. Les mêmes règles seront suivies dans chaque canton par les petits détachemens ; les escouades seront tirées à tour de rôle de chaque compagnie du bataillon, de la manière qui vient d'être expliquée.

10. S'il est nécessaire de rassembler deux ou trois compagnies, elles seront formées par d'autres escouades commandées pareillement à tour de rôle, en commençant au point où le précédent tour de service se sera arrêté.

11. Les compagnies ainsi formées seront commandées par le même nombre d'officiers déterminé pour l'organisation primitive, et pris à tour de rôle, aux termes de l'art. 6.

12. En cas d'invasion ou d'alarme subite dans une commune, les citoyens marcheront par compagnies, pelotons, sections ou escouades, tels qu'ils ont été primitivement formés, sous les ordres de leurs capitaines, lieutenans, sous-lieutenans, sergens, caporaux ou anciens, sur la première réquisition qui leur en sera faite par le corps municipal.

13. Les patrouilles, soit ordinaires, soit extraordinaires, se feront dans les villes, selon le même tour de rôle, par demi-escouades ou par escouades tirées des diverses compagnies, en reprenant toujours le rang de service au point où le précédent s'est arrêté.

Section 5. — *De la Discipline des Citoyens servant en qualité de Gardes nationales.*

Art. 1er. Ceux qui seront élus pour commander dans quelque grade que ce soit, se comporteront comme des citoyens qui commandent à des citoyens.

2. Chacun de ceux qui font le service de la garde nationale, rentrant à l'instant où chaque service est fini dans la classe générale des citoyens, ne sera sujet aux lois de la discipline que pendant la durée de son activité.

3. Le chef médiat ou immédiat, quel que soit son grade, n'ordonnera de rassemblement que lorsqu'il aura été requis

légalement ; mais les citoyens se réuniront à l'ordre de leur chef, sans aucun retard, sauf la responsabilité de celui-ci.

4. S'il arrivait néanmoins que quelques-uns des citoyens inscrits, distribués par compagnies, ne se présentassent ni par eux-mêmes, ni par des soldats citoyens de la même compagnie, aux ordres donnés par les chefs médiats ou immédiats, ceux-ci ne pourront user d'aucun moyen de force, mais seulement les déférer aux officiers municipaux, qui les soumettront à la taxe de remplacement comme il est dit ci-dessus.

5. Tant que les citoyens sont en état de service, ils sont tenus d'obéir aux ordres de leurs chefs.

6. Ceux qui manqueraient, soit à l'obéissance, soit au respect dû à la personne des chefs, soit aux règles du service, seront punis des peines de discipline.

7. Les peines de discipline seront les mêmes pour les officiers, sous-officiers et soldats, sans aucune distinction.

8. La simple désobéissance sera punie des arrêts, qui ne pourront excéder deux jours.

9. Si elle est accompagnée d'un manque de respect ou d'une injure envers les officiers ou sous-officiers, la peine sera des arrêts pendant trois jours, ou de la prison pendant vingt-quatre heures.

10. Si l'injure est grave, le coupable sera puni de huit jours d'arrêts ou de quatre jours de prison.

11. Pour manquement au service ou à l'ordre, la peine sera d'être suspendu de l'honneur de servir depuis un jour jusqu'à trois.

12. La sentinelle qui abandonnera son poste, sera punie par huit jours de prison ; le détachement qui abandonnerait le poste qui lui serait confié, sera puni de quatre jours de prison. Si le commandant ne pouvait justifier qu'il a fait tout ce qu'il a pu pour conserver le poste, il sera puni de deux fois vingt-quatre heures de prison ; s'il l'avait abandonné, il sera également puni de deux fois vingt-quatre heures de prison et destitué.

13. Celui qui troublera le service par des conseils d'insubordination, sera condamné à sept jours de prison.

14. Ceux qui ne se soumettront pas à la peine prononcée, seront notés sur le tableau des gardes nationales, et par suite suspendus de l'exercice des droits de citoyens actifs, jusqu'à ce qu'ils viennent exprimer leur repentir, et subir la peine imposée : et néanmoins ceux qui seront soumis à la taxe, seront tenus de la payer.

15. Il sera créé pour chaque bataillon, un conseil de

*

discipline, lequel sera composé du commandant en chef, des deux capitaines les plus âgés, du plus âgé des lieutenans, des deux plus âgés des sous-lieutenans, du plus âgé des sergens, des deux plus âgés des caporaux et des quatre fusiliers les plus âgés dans chacune des compagnies, lesquelles les fourniront alternativement de six mois en mois, par tour de quatre. Ce conseil s'assemblera par ordre du commandant en chef, toutes les fois qu'il sera nécessaire ; le commandant le présidera.

16. Ce conseil est la seule assemblée dans laquelle les gardes nationales pourront exercer, en cette qualité, le droit de délibérer, et ils ne pourront y délibérer que sur les objets de la discipline intérieure.

17. Ceux qui croiront avoir à se plaindre d'une punition de discipline, pourront, après avoir obéi, porter leurs plaintes à ce conseil, qui ne pourra, en aucun cas, prononcer contre ceux qui auront tort, aucune peine plus forte que celles qui sont établies dans la première section.

18. Tout délit, tant militaire que civil, qui mériterait de plus grandes peines, ne sera plus réprimé par les lois de la discipline, mais rentrera sous la loi générale des citoyens, et sera déféré au juge de paix, soit pour être puni, sauf l'appel, aux peines de police, soit pour être renvoyé au tribunal criminel s'il y a lieu.

19. Lorsqu'il y aura rassemblement de gardes nationales pour marcher hors de leurs districts respectifs, ils seront soumis aux lois décrétées pour le militaire.

Articles généraux.

Art. 1er. Les chefs et officiers de légions, commandans de bataillons, capitaines et officiers des compagnies seront responsables à la nation de l'abus qu'ils pourront faire de la force publique, et de toute violation des articles du présent décret, qu'ils auront commise, autorisée ou tolérée.

2. Les administrations et directoires de département, veilleront, par eux-mêmes et par les administrations et directoires de district, sur l'exécution du présent décret, et seront tenus, sous leur responsabilité, de donner connaissance au Corps Législatif de tous les faits de contravention qui seraient de nature à compromettre la sûreté ou la tranquillité des citoyens, sans préjudice de l'emploi provisoire de la force publique, dans tous les cas où cette mesure serait nécessaire au rétablissement de l'ordre.

Le Directoire Exécutif crut devoir rappeler la

garde nationale à l'observation, et de la loi que nous venons de rapporter, et de toutes celles qui depuis avaient été promulguées; il en réunit les régles principales, dans l'arrêt dont nous rapportons ici les dispositions pénales.

Chap. VI. *Dispositions pénales.*

Négligence ou abus de pouvoirs.

1°. Les administrateurs municipaux et de département, investis du droit de requérir la force publique, qui négligent d'user de ce droit lorsque la sûreté publique est compromise, ou qui abusent de ce droit pour vexer les citoyens, encourent non-seulement la destitution de leurs fonctions, mais encore la traduction devant les tribunaux.

La Constitution délègue exclusivement au Directoire Exécutif le pouvoir de cette destitution et de cette traduction. (Art. 196.)

Refus d'obéissance de la part des Chefs de la Garde nationale.

2°. Si les chefs de la garde nationale refusent d'exécuter les réquisitions qui leur sont faites, ils seront poursuivis à la requête de l'accusateur public, et punis conformément à l'article 4, section 5 de la 2e. partie du Code Pénal, sans préjudice des peines plus graves prononcées par la loi, contre les crimes attentatoires à la tranquillité.

Refus de la Gendarmerie.

3°. Les chefs de la gendarmerie nationale, les commandans de brigade et les gendarmes qui n'optempèrent pas aux réquisitions des autorités civiles dans les cas prévus par la loi, sont destitués de leurs fonctions, d'après le compte rendu au Directoire Exécutif; ils sont, en outre, dénoncés à l'accusateur public, à la diligence du commissaire central, pour être jugés selon qu'il y a lieu, et punis, soit d'un emprisonnement qui ne peut être moindre de trois mois, soit des peines déterminées par la loi contre ceux qui attentent a la sûreté intérieure. (*Loi du 28 germinal an 6, art. 233.*)

Refus des Citoyens.

4°. Si le refus d'obéissance provient des citoyens, la peine se gradue suivant le genre de service pour lequel ils avaient été commandés.

Service ordinaire.

Taxe de remplacement.

S'il s'agit d'un service ordinaire, il faut distinguer un service de vingt-quatre heures à un poste de surveillance, et un service momentané pour escorter les autorités civiles dans les fêtes nationales et décadaires.

Dans le premier cas, le citoyen commandé ou averti qui ne se présente pas en personne, et ne se fait pas remplacer, est soumis à une taxe de remplacement de la valeur de deux journées de travail.

Dans le second cas, par la considération que le service a moins de durée, la taxe ne doit être que d'une journée de travail. (*Loi du 14 octobre 1791.*)

Pour ôter lieu à toute évaluation arbitraire, la valeur de la journée de travail est réglée, tous les trois mois, par l'administration centrale, sur l'avis de chaque administration municipale.

Cette taxe de remplacement ne devant être considérée que comme une contribution personnelle, c'est aux administrations municipales à en prononcer l'application et à en ordonner le recouvrement.

Mode de recouvrement.

Ainsi, lorsque des citoyens faisant partie de la garde nationale sédentaire, sont commandés ou avertis pour un service ordinaire, et ne se font pas remplacer, le commandant dresse l'état nominatif des manquans, avec indication du jour et de la durée du service : il remet cet état au commissaire du Directoire Exécutif près l'administration municipale, lequel, en sa qualité d'agent particulier des contributions directes, forme un rôle de chaque taxe due.

Ce rôle est arrêté par l'administration municipale, qui le rend exécutoire, avec l'autorisation de procéder immédiatement, et sans autres formalités, à la saisie des meubles et effets, en cas de refus de payement lors de la notification et sommation qui sera faite par l'huissier chargé de la mettre à exécution.

Réclamation de la Taxe.

Si les citoyens taxés se croyent fondés à réclamer contre cette taxe, ils doivent porter leurs réclamations, d'abord devant l'administration municipale, qui statue provisoirement, ensuite vers l'administration centrale, qui prononce définitivement, en observant qu'aucune réclamation ne peut être admise sans qu'on ait justifié du payement préalable de la taxe et des frais occasionnés pour son recouvrement, parce qu'il est de principe que tout rôle de contribution s'exécute provisoirement, sauf réclamation.

Versement de la Taxe et son emploi.

Le montant de cette taxe doit être versé dans la caisse de chaque administration municipale, qui en tient registre.

Ces fonds sont destinés à payer les remplaçans qui ont été fournis par le commandant de chaque bataillon ; celui-ci délivre à chacun d'eux un bon pour leur valoir de titre à la caisse municipale.

L'excédant des sommes versées doit être employé à entretenir la propreté et la commodité des corps-de-garde , à réparer les caisses de chaque bataillon, et à subvenir aux menus frais des fêtes nationales et décadaires.

La somme due pour chaque remplaçant est détérminée par l'administration centrale, sur l'avis des administrations municipales, et eu égard à la durée du service.

Qualités des Remplaçans.

C'est ici le moment d'observer que le choix des remplaçans intéresse essentiellement le maintien du bon ordre et la sûreté intérieure.

Les commandans doivent à leurs concitoyens de n'admettre que des hommes dont la moralité et le civisme soient garantis par chaque administration municipale de leur domicile.

Une autre précaution, non moins nécessaire , est d'empêcher les remplaçans d'être employés quarante-huit heures de suite.

Service extraordinaire.

Peine correctionnelle.

Mais lorsqu'il s'agit d'un service extraordinaire, c'est-à-dire de dissiper des attroupemens, de faire des patrouilles, soit de nuit, soit de jour, sur les routes ou dans l'intérieur des communes, pour réprimer le brigandage, comme alors le refus du service peut compromettre la tranquillité publique et la sureté intérieure, et occasionner des maux incalculables, la peine que la loi inflige est aussi plus grave; les citoyens, en pareil cas, qui ont refusé le service et ne se sont pas fait remplacer, sont punis, par voie de police correctionnelle, et sont condamnés, suivant la gravité des circonstances, à un emprisonnement qui ne peut excéder un an. (*Loi du 3 août* 1791, *art.* 42 *et* 43.

Mode des Poursuites.

Dès lors, toutes les fois qu'un citoyen légalement requis, soit par billet, soit par avertissement, ne se présente pas et ne se fait pas remplacer, le commandant doit sur-le-champ en faire son rapport au commissaire du Directoire Exécutif près l'administration municipale, lequel dénonce cette contravention au juge de paix de l'arrondissement, celui-ci, agissant comme officier de police judiciaire, traduit le citoyen désobéissant devant le tribunal correctionnel. Si par évènement, quelque citoyen ainsi traduit, se trouve indûment acquitté, le commissaire près le tribunal correctionnel doit interjeter appel au tribunal criminel; et s'il y a lieu, le commissaire près le tribunal criminel doit se pourvoir en cassation. (*Arrêté du* 26 *nivose an* 6.

CHAP. VII. — *Conseil de Discipline.*

Il faut distinguer dans le service de la garde nationale, le service commandé, et l'exécution du service, son activité et sa durée.

Les citoyens commandés doivent se réunir à l'ordre de leur chef, c'est-à-dire, se présenter en personne, ou se faire remplacer par des citoyens de leur compagnie.

Celui qui manque en pareil cas, et n'obéit pas à l'ordre, n'est pas justiciable du conseil de discipline.

Ses chefs ne peuvent user envers lui d'aucun moyen de force, mais seulement en déférer à l'administration municipale, en remettant au commissaire établi près d'elle l'état nominatif de ceux qui n'ont pas obéi et ne se sont pas fait remplacer, afin que ce commissaire provoque contre eux et d'après le mode indiqué chap. 6, soit la taxe de remplacement s'il s'agit d'un service ordinaire, soit la peine correctionnelle s'il s'agit d'un service extraordinaire. (*Loi du 14 octobre 1791, section 5 art. 3.*)

Celui qui obéit à la convocation soit personnellement, soit comme remplaçant, est tenu d'exécuter les ordres du chef, tant qu'il est en état de service.

Dès lors, si pendant la durée de ses services il manque, soit à l'obéissance, soit au respect dû à la personne du chef, soit aux règles du service, il doit être puni des peines de discipline. (Ibid. *art. 5 et 6.*)

Ici cesse la compétence de l'autorité administrative, et commence celle des conseils de discipline.

Ces conseils sont, en pareil cas, investis du droit d'appliquer les peines déterminées par la loi, sans pouvoir en prononcer de plus fortes que celles qu'elle établit.

Les décisions du conseil de discipline doivent s'exécuter provisoirement, sauf à ceux qui croiraient avoir droit de se plaindre de la punition infligée, à se pourvoir vers ce même conseil contre le chef qui, par un faux rapport, aurait provoqué une punition imméritée. (*Art. 16 et 17.*)

Quand la décision du conseil de discipline est notifiée au citoyen qui en est l'objet, il doit se soumettre à l'exécuter.

En cas de refus, le commandant, en sa qualité de président de ce conseil, doit pour le maintien de cette décision, donner un ordre d'exécution, soit au capitaine, soit à tout autre officier de la compagnie, lequel prend les moyens militaires pour que force et respect demeurent à la loi, dont les membres de ce conseil de discipline n'ont été que les organes.

Si au contraire, pendant la durée du service, un citoyen se rend coupable d'un délit qui emporte une peine autre que celles que les conseils de discipline peuvent appliquer, il doit être renvoyé vers le commissaire du Directoire Exécutif près l'administration municipale, s'il s'agit d'un délit punissable, le tribunal de simple police, et vers le juge de paix de l'arrondissement, qui agit comme officier de police judiciaire, s'il s'agit d'un délit qui entraîne une peine correctionnelle ou afflictive.

En l'an 8, une constitution nouvelle fut donnée

au peuple français; l'art. 48 de cet acte constitutionnel est ainsi conçu :

La garde nationale en activité de service est soumise aux réglemens d'administration publique : la garde nationale sédentaire n'est soumise qu'à la loi.

L'immortel Napoléon fut appelé au trône de l'Empire Français , et un décret du 21 messidor an 12 régla la cérémonie de son couronnement ; les articles 7 , 14 , 15 et 16 de ce décret eurent pour objet la garde nationale , en ces termes :

Art. 71. Les gardes nationales de chaque département de l'Empire enverront à Paris un détachement de seize hommes avec un drapeau par détachement, dont moitié de fusiliers ou grenadiers, un quart de sous-officiers, et un quart d'officiers.

Art. 14. Toutes ces députations prêteront successivement serment de fidélité et d'obéissance à sa Majesté l'Empereur.

Art. 15. Les députations des gardes nationales, celles des arrondissemens maritimes, et celles des corps ayant des drapeaux, guidons ou étendards, recevront ensuite de sa Majesté pour leurs départemens ou régimens, un drapeau par département, un pavillon par détachement de la marine, et un drapeau , guidon ou étendard par bataillon ou escadron.

Art. 16. Les drapeaux des départemens resteront au chef-lieu, à l'hôtel de la préfecture, sous la garde déjà réglée pour les préfets. Ils n'en sortiront que portés par un officier nommé par l'Empereur ; ils seront déployés et montrés au peuple dans toutes les solennités.

Les choses restèrent en cet état, jusqu'au 2 vendémiaire an 14 , époque à laquelle fut rendu le sénatus-consulte suivant :

Sénatus-Consulte qui ordonne la Réorganisation des Gardes nationales, du 2 vendemiaire.

Napoléon, par la grâce de Dieu et les Constitutions de la République, Empereur des Français, à tous présens et à venir, salut.

Le Sénat, après avoir entendu les orateurs du Conseil d'Etat, a décrété et nous ordonnons ce qui suit :

Extrait des Registres du Sénat Conservateur, du 2 ven-
démiaire an 14.

Le Sénat Conservateur, réuni au nombre de membres
prescrit par l'art. 90 de l'Acte des Constitutions de l'an 8;

Vu le projet de sénatus-consulte rédigé en la forme prescrite par l'art. 57 du sénatus-consulte organique du 16 thermidor an 10;

Après avoir entendu les orateurs du Conseil d'Etat, et le
rapport de sa Commission spéciale nommée dans la séance du
jour d'hier;

L'adoption ayant été délibérée au nombre de voix prescrit
par l'art. 56 du sénatus-consulte organique du 16 thermidor
an 10;

Décrète ce qui suit :

ART. 1er. Les gardes nationales seront réorganisées par
décrets impériaux rendus en la forme prescrite pour les réglemens d'administration publique.

Sa Majesté nommera les officiers.

2. Sa Majesté l'Empereur déterminera l'époque où la nouvelle organisation sera effectuée dans chacun des départemens,
arrondissemens et cantons de l'Empire qui seront alors désignés.

3. Les gardes nationales seront employées au maintien de
l'ordre dans l'intérieur, et la défense des frontières et des
côtes.

Les places fortes sont spécialement confiées à leur honneur
et à leur bravoure.

4. Quand ces gardes nationales auront été requises pour un
service militaire, il leur sera compté tel, et leur en assurera
les avantages et les droits.

5. Le présent sénatus-consulte sera transmis, par un message, à Sa Majesté l'Empereur et Roi.

Les président et secrétaires, *signé* FRANÇOIS (de Neuf-
château), *président*; PORCHER, CALAUD, *secrétaires.*

Vu et scellé, le Chancelier du Sénat, *signé* LAPLACE.

Mandons et ordonnons que les présentes, revêtues des
sceaux de l'Etat, insérées au Bulletin des Lois, soient
adressées aux Cours, aux Tribunaux et aux Autorités administratives, pour qu'ils les inscrivent dans leurs registres,

les observent et les fassent observer ; et le Grand-Juge Ministre de la Justice est chargé d'en surveiller la publication.

Donné à notre quartier-général impérial de Strasbourg, le 6 vendémiaire an 14.

Signé NAPOLÉON.

Vu par nous Archi-Chancelier de l'Empire, *signé* CAMBACÉRÈS.

— Le Grand-Juge Ministre de la Justice, *signé* REGNIER.

Par l'Empereur, le Secrétaire d'Etat, *signé* H. B. MARET.

Le 8 du même mois de vendémiaire an 14, intervint le décret impérial dont voici la teneur :

Décret Impérial sur l'organisation de la Garde nationale sédentaire.

Au quartier-général impérial de Strasbourg, le 8 vendémiaire.

NAPOLÉON, Empereur des Français, Roi d'Italie ;

Notre Conseil d'Etat entendu,

Nous avons décrété et décrétons ce qui suit :

ART. 1er. Dans les départemens, arrondissemens, cantons ou villes où nous ordonnerons, conformément au sénatus-consulte du 2 du présent mois, l'organisation de la garde nationale sédentaire, tous les Français valides, depuis l'âge de vingt ans jusqu'à soixante ans révolus, pourront être appelés à en faire partie.

Le mode d'appel sera établi en chaque lieu par les réglemens ou instructions qui ordonneront l'organisation de la garde nationale.

2. Le décret qui ordonnera l'organisation, pourra ne comprendre qu'un département, qu'un arrondissement, qu'un canton, ou même une seule ville.

3. Il fixera le nombre des bataillons à organiser ; ces bataillons prendront le nom de cohortes.

4. Quand nous ordonnerons la formation de plusieurs cohortes, elles seront formées en légions.

5. Chaque cohorte sera divisée en dix compagnies, dont une de grenadiers, une de chasseurs, et huit de fusiliers.

6. Chaque compagnie sera divisée en deux pelotons, chaque peloton en deux sections, et chaque section en deux escouades.

7. Il y aura par chaque légion un chef et un adjudant-

major ; par chaque cohorte , un commandant et un adjudant ;

Par chaque compagnie, un capitaine, un lieutenant, un sous-lieutenant, un sergent-major, quatre sergens, huit caporaux et un tambour.

8. Chaque peloton sera commandé par un officier ; chaque section par un sergent ; chaque escouade par un caporal.

9. La nomination des officiers sera faite par nous , sur la présentation des Ministres de l'Intérieur et de la Police , et d'après l'avis du préfet, pour la légion, s'il en est formé une, ou pour chaque cohorte , s'il n'est pas formé une légion.

Lesdits officiers seront pris parmi les citoyens ayant les facultés nécessaires pour s'habiller et s'équiper à leurs frais.

10. Lorsque les officiers seront nommés , il sera formé un conseil où seront nécessairement appelés le sous-préfet , le maire de la commune , ou des communes , si l'organisation en embrasse plusieurs , et le commissaire-général de police , auxquels nous pourrons adjoindre telles autres personnes que nous aviserons.

11. Lorsqu'on organisera une légion , le chef de légion, l'adjudant-major , les commandans des cohortes et les capitaines des grenadiers et chasseurs feront partie du conseil.

Lorsqu'on organisera une cohorte , le chef de cohorte et tous les capitaines des compagnies feront parties du conseil.

12. Le préfet se transportera dans le chef-lieu de l'arrondissement pour l'organisation.

13. Le conseil formera les compagnies sur les listes d'habitans qui seront fournies par les maires des communes ; il commencera par celles des grenadiers et chasseurs.

14. Le conseil prononcera sur toutes les exceptions ou exemptions qui seront demandées pour quelque cause que ce soit. Les décisions seront provisoirement exécutées , sauf le recours au préfet.

15. Les grenadiers seront pris parmi les hommes ayant au-dessus d'un mètre 68 centimètres (5 pieds 2 pouces) , et les chasseurs parmi ceux qui seront au-dessous de cette taille.

16. Les sous-officiers seront nommés , savoir , les sergens , par les chefs de cohortes , sur la présentation du capitaine , sauf l'approbation du chef de légion , ou , à son défaut , du préfet , et les caporaux , par le capitaine , sauf l'approbation du chef de cohorte.

17. L'uniforme de la garde nationale sera tel qu'il existe aujourd'hui : le bouton blanc avec une couronne d'olives et de chênes, et au milieu ces mots : *Garde Nationale ;* épaulettes d'argent.

18. L'uniforme des grenadiers et chasseurs sera le même ; seulement ils auront, les grenadiers un bouton portant une grenade, et autour ces mots : *Garde Nationale ;* les chasseurs, un cor de chasse, et au milieu ces mots : *Garde Nationale.*

19. Lorsque le drapeau donné par nous à chaque département, à l'époque de notre couronnement, sortira, en conformité de nos ordres, l'officier nommé par nous pour le porter, sera placé au centre de la compagnie des grenadiers de la première cohorte de la première légion du département.

Le rang des légions de chaque département, s'il y en a plusieurs, et le rang des cohortes de chaque légion, seront tirés au sort par le préfet, en présence du conseil d'organisation.

20. Lorsque les individus composant la garde nationale seront requis pour un service militaire, ils seront payés, et recevront en route l'étape et le logement, comme les troupes de ligne, et seront en tout traités comme elles, suivant leur arme et leur grade.

21. Les individus faisant partie des gardes nationales sédentaires recevront des armes des magasins de l'Empire ; ils en seront responsables.

22. Notre Ministre de l'Intérieur nous proposera les moyens de pourvoir aux dépenses de chaque légion ou cohorte, à mesure que nous en ordonnerons leur formation.

23. Les dépenses seront :

1°. La solde des adjudans de légion et de cohorte ;

2°. La solde des tambours ;

3°. L'entretien des armes ;

4°. L'achat des drapeaux ;

5°. Les frais de registres, papier, contrôle et billets de garde.

24. Le préfet de chaque département réglera le mode d'ordonnance et de comptabilité des dépenses.

25. Nos Ministres de l'Intérieur, de la Guerre et de la

Police Générale , sont chargés , chacun en ce qui le concerne , de l'exécution du présent décret , qui sera inséré au Bulletin des lois.

Signé NAPOLÉON.

Par l'Empereur, le Ministre Secrét. d'Etat, *signé* H. B. Maret.

Il résulte bien de l'ensemble de ces lois, que la garde nationale n'a point été supprimée, qu'elle a seulement été destinée à un nouveau mode d'organisation.

L'Empereur a pu ordonner la nouvelle organisation dans le département où il a cru utile de la faire exécuter; mais la garde nationale des autres départemens n'en est pas moins restée soumise aux régles et à l'organisation des lois primitives de son établissement.

Dans la ville du Mans, chef-lieu du département de la Sarthe, la garde nationale a continuellement fait un service actif auprès des tribunaux et des prisons.

Il paraît que les citoyens étaient admis à se faire remplacer, et que ce remplacement était confié à un certain nombre d'individus choisis à cet effet par l'autorité municipale.

Les citoyens se rédimaient du service personnel, en payant une somme modique, de laquelle il était dressé un état de répartition, que le préfet du département rendait exécutoire.

Un sieur Moreau , habitant de la ville du Mans, a prétendu que cette perception était irrégulière et vexatoire.

Le 17 mars 1807 , M. le préfet avait déclaré exécutoire contre le sieur Moreau, le rôle qui le constituait débiteur d'une somme de 12 fr.

M. le maire de la ville du Mans , muni de ce rôle rendu exécutoire, se borna , pendant deux ans, à inviter le sieur Moreau à l'obéissance.

Le sieur Moreau avait constamment répondu qu'il était déterminé à ne rien payer, ce qui détermina M. le préfet de la Sarthe à prendre un second arrêté sous la date du 24 janvier 1809, qui déclara exécutoire contre le sieur Moreau, le rôle qui l'établissait débiteur d'une somme de 13 fr. 25 c., pour gardes montées en son remplacement, depuis le 19 avril 1807, jusqu'au 25 octobre 1808.

Ces deux exécutoires s'élevaient à une somme de 25 fr. 25 c. de principal, et à 6 fr. 48 c. pour les frais.

Le débiteur, persistant toujours dans son refus de payer, il fut procédé contre lui par voie de saisie-exécutoire, le 29 avril 1809.

Dans un dire consigné au procès-verbal de saisie, le sieur Moreau avait déclaré :

« *Qu'il s'opposait à la saisie, attendu qu'elle était faite sans cause valable, et sans titre légitime; qu'elle était le résultat d'un acte arbitraire, réprouvé par les lois, et qu'il protestait de se pourvoir devant l'autorité supérieure, non-seulement pour annuler ledit acte, mais encore pour obtenir réparation du préjudice qu'il lui causait.* »

Cette déclaration n'arrêta pas l'officier ministériel ; il procéda à la vente des objets saisis.

Le saisi s'est pourvu devant le Conseil d'Etat ; il a imprimé et distribué un mémoire, dans lequel il établissait comme un fait constant, que la garde nationale n'existait plus depuis long-temps ; il en cherchait la preuve dans le sénatus-consulte du 2 vendémiaire an 14, et dans le décret impérial du 8 du même mois.

« *Lorsque Votre Majesté* (disait-il) *crut devoir faire un appel à la garde nationale, le décret qui la rétablit dans certains départemens, et pour un certain genre de service , suffit pour prouver qu'elle avait cessé d'exister.* »

Le sieur Moreau qualifiait, dans ce mémoire , la taxe à laquelle il avait été soumis comme les autres habitans de la ville du Mans , d'impôt illégalement établi, arbitrairement perçu , donnant un produit net de 38,000 fr. au moins, somme qui, selon lui , ne faisait pas partie du budjet des dépenses communales de la ville du Mans.

Il concluait ainsi : .

A ses causes , Sire , Votre Majesté est humblement suppliée de vouloir bien déclarer illégale et abusive la contribution exigée des habitans de la ville du Mans , sous prétexte de remplacement de service dans la garde nationale ; et en conséquence annuler , comme vexatoires et contenant excès de pouvoir , les arrêtés de M. le préfet de la Sarthe , des 17 mars 1807 et 24 janvier 1809 , ensemble la saisie mobiliaire faite le 29 avril suivant dans le domicile de l'exposant , en exécution desdits arrêtés , et la vente judiciaire qui a suivi ladite saisie ; et attendu le discrédit et le trouble que l'exposant a éprouvés dans son commerce , lui allouer la somme de 3000 fr. à titre de dommages et intérêts , s'en rapportant à la sagesse de V. M. de déclarer par qui et dans quelle forme lesdits dommages et intérêts seront payés ;

Et Votre Majesté fera justice.

Signé Moreau.

La résistance du sieur Moreau reposait sur une erreur de fait, et s'il se fût borné à cette erreur , il n'aurait pas attiré sur lui la censure du Conseil-d'Etat.

Mais son opposition à la saisie mobiliaire exécutée contre lui , était conçue en termes peu mesurés, irrévérencieux. Son mémoire n'était pas marqué au coin du respect dont les citoyens doivent toujours entourer les fonctionnaires publics , lors même qu'ils se croyent fondés à réclamer contre quelques-unes de leurs opérations.

Sur la contestation sommaire au Conseil-d'Etat, est intervenu le décret impérial suivant :

Décret Impérial qui supprime un Mémoire du sieur M reau, et ordonne l'exécution de deux Arrêtés du Préfet de la Sarthe, concernant le service de la Garde Nationale.

An camp impérial de Schonbrunn, le 10 août 1809.

NAPOLÉON, Empereur des Français, Roi d'Italie, et Protecteur de la Confédération du Rhin,

Sur le rapport de notre commission du contentieux ;

Vu la requête du sieur *Moreau*, marchand faïencier au Mans, tendante à faire annuler ceux arrêtés du préfet de la Sarthe, des 17 mars 1807 et 24 janvier 1809, qui déclarent exécutoires contre lui les rôles de recouvrement, montant à 25 fr. 25 cent., plus, 6 fr. 48 cent. pour frais, à cause d'indemnité, pour remplacement dans le service de la garde nationale ; se fondant, le sieur *Moreau*, sur le motif que les lois sur la garde nationale se trouvant éteintes de droit depuis l'établissement de l'Empire, toute contribution exigée des habitans de la ville du Mans, sous prétexte de remplacement de service dans la garde nationale, est illégale et abusive ; ledit sieur *Moreau* demandant, en outre, qu'il lui soit alloué une somme de 3,000 fr. à titre de dommages et intérêts;

Vu les deux arrêtés dont est appel ;

Vu les observations du préfet de la Sarthe, sur la requête du sieur *Moreau*, qui lui a été communiquée par ordonnance de notre Grand-Juge, Ministre de la Justice ; le préfet de la Sarthe concluant au maintien de ces deux arrêtés, à ce que le sieur *Moreau* soit tenu de faire une réparation authentique au maire de la ville du Mans, contre lequel il s'est permis des insinuations outrageantes et calomnieuses, en imprimant dans un mémoire répandu avec profusion, que la somme perçue pour frais de garde nationale dans la ville du Mans s'élevait à 42,000 fr., tandis qu'il est constaté par pièces authentiques, que jamais la rente n'a excédé pour cet objet la somme de 7,000 fr. ; concluant, en outre, à ce qu'il soit enjoint au sieur *Moreau* d'être plus circonspect à l'avenir, et à ce qu'il soit prononcé contre lui telle peine qu'il nous plaira;

Vu la loi du 14 octobre 1791, et l'arrêté du 13 floréal an 7;

Considérant qu'aucune loi n'a abrogé celle du 14 octobre 1791 ; que, loin de la, l'existence de la garde nationale a été maintenue par une foule de lois, de décisions et de décrets subséquens ; que la garde nationale est même l'objet de l'article 48 de l'acte constitutionnel du 22 floréal an 8 ; que les gardes nationales de tout l'Empire ont été appelées à envoyer un détachement à la cérémonie de notre couronnement ; que si le sénatus-consulte du 2 vendémiaire an 9, et le décret impérial du 8 du même mois ont apporté quelque innovation à l'organisation de la garde nationale, ces innovations n'ont lieu que dans les seuls départemens où il nous a plu d'en appliquer les dispositions par un décret spécial ; que partout ailleurs la garde nationale existe telle qu'elle a été constituée dès son origine ;

Considérant, en outre, que tous les faits avancés dans le mémoire du sieur *Moreau* sont entièrement dénués de preuves, et que plusieurs sont évidemment faux ; qu'ils pourraient tendre, par l'extrême publicité qui leur a été donnée dans un mémoire imprimé et répandu avec profusion dans le département de la Sarthe, à altérer le respect que les citoyens doivent porter aux principaux magistrats, et notamment aux maires ; que la publication de ce mémoire est doublement répréhensible, d'abord par son contenu, ensuite parce qu'il a été jeté dans le public dans l'instant même où les gardes nationales du département de la Sarthe pouvaient être appelées par les maires de ce département pour le maintien de l'ordre public ;

Notre Conseil-d'Etat entendu,

Nous avons décrété et décrétons ce qui suit :

Art. 1er. La requête du sieur *Moreau* est rejetée ; les arrêtés du préfet de la Sarthe sont maintenus.

2. Le mémoire publié par le sieur *Moreau*, commençant par ces mots : « *Tous bons Français* », et finissant, à la page 8, par ceux-ci : « *Lesdits dommages et intérêts sont payés* », *Signé* Moreau et supprimé.

3. Enjoignons au sieur *Moreau* d'être plus circonspect à l'avenir.

4. Notre Grand-Juge Ministre de la Justice et notre Ministre des Finances sont chargés, chacun en ce qui le concerne, de l'exécution du présent décret, qui sera inscrit au Bulletin des Lois.

Signé NAPOLÉON.

Par l'Empereur, le Ministre Secrét. d'Etat, *signé* H. B. Maret.

XLVᵉ. ARTICLE.

*Suite de la Conférence sur les Appels des Juge-
mens de police, sous l'empire du nouveau
Code d'Instruction Criminelle.*

Nous avons donné notre première *Conférence*
sur cette matière, à la page 159 et suivantes de ce
volume.

Cette première *Conférence* n'a embrassé que
l'art. 173 du nouveau Code.

L'art. 173 n'est pas susceptible d'un grand développement ; il est ainsi conçu :

« L'appel sera suspensif. »

C'est-à-dire, qu'après que l'appel aura été interjeté, il ne sera plus permis d'exécuter le jugement,
jusqu'à ce que l'appel ait été jugé par le Tribunal
auquel la connaissance en appartiendra.

L'article qui va suivre veut que l'appel d'un
jugement de police soit interjeté dans les dix jours
de la signification de la sentence à personne ou
domicile.

La loi ne dit pas si le jugement pourra être
ramené à exécution pendant ces dix jours, ou si
l'exécution ne pourra avoir lieu qu'après que ces
dix jours se seront écoulés sans appel.

Les jugemens des Tribunaux de Police n'étant
pas sujets à appel sous l'empire du Code des Délits
et des Peines, on ne peut pas résoudre la difficulté
par des principes puisés de ce Code. On peut dire
qu'ici la matière est neuve.

Elle présente même d'autant plus de difficultés,
que le Code, qui est resté muet sur ce point, s'ex-
prime en termes précis, relativement aux appels

de jugemens de police correctionnelle, en son article 203.

Cet article borne également à dix jours la faculté d'appeler, mais il ajoute : « PENDANT CE DÉLAI, ET PENDANT L'INSTANCE D'APPEL , IL SERA SURSIS A L'EXÉCUTION DU JUGEMENT.

On pourrait donc s'étayer de cet article pour soutenir, que les jugemens de police peuvent être mis à exécution pendant le délai accordé pour appeler ;

Que si le législateur avait voulu le contraire , il l'aurait dit formellement, comme il l'a fait pour les jugemens de police correctionnelle.

On invoquerait quant à ce, la maxime *inclusio unius est exclusio alterius*.

On dirait encore , que les Tribunaux de Police ne pouvant prononcer que des peines légères , il n'y a pas un grand inconvénient à ce que l'exécution en soit poursuivie pendant le délai accordé pour appeler, d'autant mieux que le condamné , étant encore dans son délai utile, pourrait toujours arrêter les poursuites en appelant.

Nous sommes loin d'adopter cette opinion.

La loi accorde à celui qui est condamné par un tribunal de police , la faculté d'appeler, pendant dix jours, du jugement qui le condamne.

Si l'exécution du jugement pouvait être poursuivie pendant ces dix jours, le condamné se verrait contraint , ou à exécuter une chose souvent irréparable en définitif, ou à faire son appel avant l'expiration du délai.

Alors on le priverait de ce bénéfice de la loi, puisqu'il ne jouirait pas, dans toute son étendue, du délai qu'elle lui accorde.

Nous disons que le condamné serait forcé d'exécuter des choses souvent irréparables en définitif.

Les Tribunaux de Police ont le droit de condamner à un emprisonnement ; certes, si le condamné pouvait être incarcéré avant l'expiration du délai d'appel, quel que fût ensuite le succès de son appel, l'exécution provisoire serait bien irréparable en définitif.

En matière extraordinaire, ce qui est obscur et douteux doit toujours s'entendre et s'expliquer en faveur du prévenu ; ainsi, quand il pourrait s'élever quelque doute raisonnable sur la difficulté qui nous occupe, nous pensons qu'il faudrait la résoudre à l'avantage du condamné, et tenir pour constant, qu'on ne peut pas exécuter un jugement de police, pendant le délai que le Code accorde pour en interjeter appel.

Art. 174. L'appel des jugemens rendus par le Tribunal de Police, sera porté au Tribunal Correctionnel. Cet appel sera interjeté dans les dix jours de la signification de la sentence à personne ou domicile ; il sera suivi et jugé dans la même forme que les appels des sentences de justices de paix.

Cet article nécessite des explications très-importantes.

§ Ier. — *L'Appel sera porté au Tribunal Correctionnel.*

On conçoit bien que c'est au Tribunal Correctionnel de l'arrondissement communal dans lequel se trouve le Tribunal de Police, que l'appel doit être porté.

Le Tribunal Correctionnel d'un arrondissement communal, n'est autre que le Tribunal de Première Instance de l'arrondissement communal dans le territoire duquel se trouve le Tribunal de Police dont le jugement est attaqué.

§ II. — *Dans quelle forme cet appel sera-t-il interjeté?*

Ici, la loi est encore muette ; ici, nous sommes encore dans l'impossibilité de consulter le Code des Délits et des Peines, puisqu'il n'avait pas permis l'appel des jugemens de police.

Le Code des Délits et des Peines avait permis l'appel des jugemens de police correctionnelle , et il voulait que l'appelant en passât sa déclaration au greffe du Tribunal qui avait rendu le jugement, le dixième jour au plus tard après celui qui suivait la prononciation du jugement.

Le nouveau Code contient la même disposition ; quant au mode d'appel des jugemens de police correctionnelle , la déclaration devra aussi en ê re faite au greffe du Tribunal qui a rendu le juge- ment, dix jours au plus tard après celui où il aura été prononcé, s'il est contradictoire : si, au contraire, il est par défaut, le délai sera de dix jours au plus tard après celui de la signification qui en aura été faite à la partie condamnée , ou à son domicile , outre un jour par trois myriamètres.

On remarque la différence qui existe entre ces deux espè es de jugemens : celui de police correc- tionnelle, rendu contradictoirement , doit ê re atta- qué par la voie de l'appel dans un délai qui court du jour de sa prononciation ; à l'égard de celui de poli e , même rendu contradictoirement , le délai pour appeler ne court que du jour de la significa- tion à personne ou domicile.

La loi ne dit pas que les appels des jugemens de police seront faits par déclaration au greffe du Tribunal qui a rendu le jugement attaqué ; elle ne donne pas aux greffiers le caractère nécessaire pour qu'ils puissent recevoir ces déclarations d'appel et en donner acte ; elle ne les oblige pas à transmettre ces appels au Tribunal qui doit y statuer.

Nous nous déterminons donc à penser que les appels des jugemens de police doivent être inter-jetés par un exploit.

C'est ce qui nous paraît d'ailleurs le plus conforme à cette disposition du même article qui porte : « Il sera suivi (l'appel) dans la même forme » que les appels des sentences de justice de paix. »

Examinons, dans le Code de Procédure Civile, les dispositions qu'il contient relativement aux appels des sentences rendues par les justices de paix.

Art. 404. Seront réputés matières sommaires, et instruits comme tels, les appels des Juges de Paix, etc.

Art. 405. Les matières sommaires seront jugées à l'audience, après les délais de la citation échus, sur un simple acte, sans autres procédures ni formalités.

Art. 456. L'acte d'appel contiendra assignation dans les délais de la loi, et sera signifié à personne ou domicile, à peine de nullité.

Nous pensons donc, 1°. que les appels des jugemens rendus par les Tribunaux de Police devront être faits par un acte signifié à la partie civile, soit qu'elle soit plaignante, soit qu'elle soit prévenue ;

2°. Que l'acte d'appel doit contenir, de la part de l'appelant, assignation à l'intimé à comparaître à l'audience du Tribunal Correctionnel ;

3°. Que puisque ces sortes d'appels sont assimilés par le nouveau Code aux appels des sentences rendues par les justices de paix, on doit assigner à jour fixe, mais à un délai qui ne pourra pas être moindre que de huitaine ;

4°. Que l'appel devra aussi être signifié au ministère public, avec semblable assignation.

Quoiqu'il répugne à nos principes et aux usages reçus jusqu'à présent, qu'une partie assigne le ministère public, nous n'en sommes pas moins forcés de voir ainsi l'exécution de l'article du nouveau Code.

Ce qui nous confirme dans notre opinion, c'est que ce qui nous paraît un inconvénient doit cesser de l'être, puisque l'article 151 du même Code contient une disposition précisément semblable, en ces termes :

L'opposition au jugement par défaut pourra être faite par déclaration, en réponse au bas de l'acte de signification, OU PAR UN ACTE NOTIFIÉ DANS LES TROIS JOURS DE LA SIGNIFICATION, OUTRE UN JOUR PAR TROIS MYRIAMÈTRES ; L'OPPOSITION EMPORTERA DE DROIT CITATION A LA PREMIÈRE AUDIENCE, APRÈS L'EXPIRATION DES DÉLAIS, ET SERA RÉPUTÉE NON AVENUE, SI L'OPPOSANT NE COMPARAÎT PAS.

§ III. — *Les Jugemens des Tribunaux de Police prononceront presque toujours des condamnations, et dans l'ordre public, et dans l'intérêt des parties civiles.*

Ainsi, par exemple, un individu traduit au Tribunal de Police pour fait d'injures verbales, aura été, attendu la gravité ou la fréquence des injures, condamné en vingt-quatre heures d'emprisonnement et 10 fr. d'amende : voilà la condamnation dans l'intérêt de l'ordre public.

La partie lésée avait été elle-même le prévenu, ou bien, à l'audience, elle a demandé à être reçue partie intervenante, et à ce que, statuant sur son intervention, il plût au Tribunal lui accorder des dommages-intérêts, et l'affiche de son jugement à titre de dommages-intérêts.

Sur ces conclusions, le Tribunal aura condamné le prévenu en 50 fr. de dommages-intérêts, et

aura ordonné l'impression et l'affiche de son jugement : voilà la condamnation dans l'intérêt de la
partie civile.

L'art. 163 du Code porte : LE MINISTÈRE PUBLIC ET LA
PARTIE CIVILE POURSUIVRONT L'EXÉCUTION DU JUGEMENT,
CHACUN EN CE QUI LE CONCERNE.

Ainsi, dans l'espèce ci-dessus, le ministère public
devra faire signifier le jugement au condamné.

Si, dans les dix jours de la signification, le condamné n'interjette pas appel, le Ministère public
pourra, devra même le faire arrêter pour lui faire
subir l'emprisonnement de vingt-quatre heures. Il
remettra ensuite l'expédition du jugement au
percepteur de la Régie de l'Enregistrement, chargé
par la loi de recouvrer les amendes et les frais
revenant au trésor public.

La partie civile a, de son côté, le droit de prendre
expédition du jugement, et de le signifier au condamné.

Si, dans les dix jours de cette signification, le
condamné n'interjette pas appel, la partie civile
pourra ramener le jugement à exécution, en le
faisant imprimer et afficher par un huissier qui en
dressera procès-verbal, si l'impression et affiche en
ont été ordonnées, et les frais, aux commandeurs
de payer les dommages-intérêts, et les dépens dont
le jugement prononce la condamnation.

Il suit des dispositions de l'art. 165, que le condamné sera exposé à payer deux expéditions du
même jugement; c'est un inconvénient, mais il est
inévitable, car le ministère public et la partie
civile ayant le droit de poursuivre l'exécution du
jugement, chacun en ce qui le concerne, il paraît
inévitable qu'ils ayent chacun une expédition,
sans laquelle ils ne pourraient pas poursuivre.

Il pourra arriver souvent que le ministère public

et la partie civile ne signifieront pas le jugement le même jour ; il pourra même arriver que le ministère public soit le seul qui veuille exécuter le jugement, tandis que la partie civile, satisfaite de son triomphe à l'audience, où mue par tout autre motif, ne voudra pas poursuivre l'exécution du jugement en ce qui la concerne.

Que devra faire alors le condamné qui voudra se rendre appelant ? Nul doute, d'abord, qu'il devra dans les dix jours de la signification du jugement signifier son appel à l'officier du ministère public, à la requête duquel la signification du jugement lui aura été faite, avec assignation devant le Tribunal de Première Instance de l'arrondissement, jugeant en police correctionnelle.

Nous déciderons qu'il faut signifier l'appel à la partie civile, par le même acte, avec assignation.

Notre opinion se fonde sur ce qu'on ne peut pas diviser l'instruction sur l'appel, et le juger à une époque avec le ministère public, et à une autre époque avec la partie civile, avec le danger de tomber en contrariété de jugement.

D'ailleurs, l'instruction sur l'appel devant se faire comme devant le Tribunal de Police, la partie civile doit y être entendue, et il est naturel qu'il puisse être proposé contre ses déclarations, tous les moyens de reproches d'atténuation et de justification qui appartiennent au prévenu.

Ainsi, lorsque le ministère public aura signifié le jugement, le condamné qui voudra appeler devra signifier son appel dans le délai fixé, et au ministère public et à la partie civile, et les assigner l'un et l'autre.

Nul doute encore que, si la partie civile avait été la plus diligente, et avait signifié le jugement avant le ministère public, le condamné devrait agir comme nous venons de le dire, et signifier son appel avec assignation, tant à la partie civile qu'au ministère public.

Si l'on agissait autrement, il arriverait que le Tribunal d'Appel, statuerait deux fois sur le même appel, ce qui serait contraire à tous les principes.

Il pourrait arriver encore, si on pouvait statuer, à une époque, sur l'appel signifié à la partie publique, et à une autre époque sur l'appel signifié à la partie civile, que le prévenu serait absous par l'un des jugemens et condamné par l'autre.

Nous croyons devoir donner ici la formule d'un appel, en supposant l'espèce suivante :

Le sieur Martin a cité devant le Tribunal de Police du canton de Vouvray, département d'Indre et Loire, le sieur Hubert, qui, jusques à quatre fois dans une même journée, l'avait publiquement inculpé d'avoir volé du blé dans un champ.

Le fait de vol n'était pas vrai ; l'injure était grave ; elle avait été publique. Le sieur Martin avait conclu à ce qu'Hubert fût déclaré convaincu de l'avoir méchamment injurié à diverses reprises, dans la même journée, en lui reprochant calomnieusement d'avoir volé du blé dans un champ, et que pour réparation civile de ce délit, ledit Hubert fût condamné en 5o fr. de dommages-intérêts ; qu'il lui fût fait défense de récidiver, sous plus grandes peines ; qu'il fût ordonné que le jugement à intervenir serait publié et affiché dans tout le ressort du Tribunal de Police, au nombre de cinquante exemplaires, aux frais du prévenu, lequel serait en outre condamné en tous les dépens.

Le maire, remplissant les fonctions du ministère public, avait conclu à ce qu'Hubert fût condamné en trois jours d'emprisonnement, et en 10 fr. d'amende.

Le Tribunal de Police avait condamné Hubert

en 5 fr. d'amende et un jour d'emprisonnement, et statuant sur les conclusions du sieur Martin, avait envers lui condamné Hubert en 25 fr. de dommages-intérêts, avec impression et affiche du jugement au nombre de 25 exemplaires, et avec dépens.

Hubert voulant interjeter appel de ce jugement, qui lui a été signifié à la requête de M. le maire, l'a fait par l'acte qui suit :

Le... mil huit cent ...., à la requête du sieur Denis Hubert, vigneron, demeurant à la Vallée-Coquette, commune de Vouvray, qui constitue pour son avoué au Tribunal de Première Instance de l'arrondissement communal de Tours, département d'Indre et Loire, M^e. Delavergne, demeurant à Tours, rue Mirabeau, j'ai ...., huissier près le Tribunal de première Instance séant à Tours, y reçu et immaculé, patenté sous le n°...., résidant à ..., soussigné ;

Déclaré et signifié à M. le maire de la commune de Vouvray, ayant fait les fonctions du ministère public dont il va être parlé, en son domicile audit Vouvray, en parlant à ....

Et au sieur Martin, cultivateur, demeurant à la Frilière, commune de Vouvray, partie civile, un même jugement, en son domicile, parlant à .....

Que le réquérant est appelant, comme il appelle par le présent acte, du jugement rendu entre les parties par le Tribunal de Police du canton de Vouvray, le ...., dernier, qui le condamne en 5 fr. d'amende, un jour d'emprisonnement, en 25 fr. de dommages-intérêts envers ledit sieur Martin, impression et affiche dudit jugement à concurrence de 25 exemplaires, et aux dépens ; ledit jugement signifié au requérant, à la requête de mondit sieur le maire, par exploit de ...., huissier près ledit Tribunal de Paix, en date du ....

J'ai en outre donné assignation à mondit sieur le maire, en sadite qualité, et audit sieur Martin, à comparaître le ...., du ....

A l'audience et pardevant MM. les Président et Juges composant la Chambre ...... du Tribunal de Première Instance de l'arrondissement communal de Tours, département d'Indre et Loire, jugeant en Police correctionnelle, et en appel de Police, heure ordinaire d'audiences, pour voir recevoir le requérant appelant du susdit jugement, et statuant sur ledit appel, voir mettre l'appellation et ce dont est appel au néant, émendant, voir décharger l'appelant des condamnations contre lui prononcées.

Au principal, attendu que les faits imputés à l'appelant ne sont pas judiciairement prouvés; subsidiairement, attendu que dès le ......, le requérant a signifié au sieur Martin un acte par lequel il a déclaré qu'il avait eu tort de proférer contre le sieur Martin les injures dont s'agit; qu'il le reconnaît pour homme d'honneur et de probité, incapable des faits dont il l'a inculpé, dans un état d'ivresse qui ne lui laissait pas l'usage de sa raison;

Attendu que cette réparation est suffisante, se voir les intimés déclarer non recevables, ou en tout cas mal fondés dans les conclusions par eux prises et adjugées par ledit jugement.

Se voir en outre, le sieur Martin, condamner aux dépens. Pourquoi j'ai, tant à mondit sieur le maire, en sadite qualité, qu'audit sieur Martin, laissé copie du présent appel, en parlant comme dessus; le coût duquel est de .... fr. ... cent.

Le maire, auquel un semblable appel est signifié doit se hâter de l'adresser au Procureur Impérial près le Tribunal de Première Instance saisi de l'appel, ainsi que toute la procédure qui a été tenue devant le Tribunal de Police.

§ IV.— *Le nouveau Code ne dit pas si le ministère public et la partie civile pourront ou ne pourront pas appeler du jugement rendu par le Tribunal de Police ; mais cela ne peut pas être douteux à l'égard de la partie civile, surtout quand il arrivera que, faute par elle de prouver les faits de sa plainte, elle sera condamnée aux dépens, et même en des dommages-intérêts envers le prévenu.*

La loi est muette sur le délai pendant la durée duquel, soit la partie civile, soit le ministère public, doivent interjeter leur appel à peine d'en être déchus.

Sans doute qu'il interviendra sur cette partie de la loi quelque loi supplétive, ou quelque instruction réglementaire ; mais jusque-là nous croyons qu'un prévenu qui aura été acquitté, ou contre lequel il aura été prononcé des condamnations moindres que celles auxquelles il aura été conclu contre lui, soit par le ministère public, soit par la partie civile, et qui voudra que son jugement obtienne la force de la chose jugée, devra lever ce jugement et le signifier au ministère public et à la partie civile ; si ni l'un ni l'autre n'appellent du jugement dans les dix jours, alors le jugement sera inattaquable, sauf ce qui sera dit ailleurs relativement au recours en cassation.

Dans un article que nous expliquerons dans une prochaine *Conférence,* il est dit : que les Tribunaux de Police enverront au commencement de chaque trimestre, au Procureur Impérial, l'extrait des jugemens qu'ils auront rendus dans le trimistre précédent :

Mais aucune des dispositions du nouveau Code

ne donne au Procureur Impérial le droit d'appeler des jugemens de police.

Si ce n'est pas une omission volontaire du législateur, c'est encore une lacune de la loi que nous desirons voir disparaître.

C'est surtout lorsqu'il va y avoir autant de Tribunaux de Police que de communes, et que tous les maires seront appelés à remplir des fonctions judiciaires qui leur sont totalement étrangères, que les Procureurs Impériaux auraient dû être investis du droit d'appeler des jugemens de police, comme les Procureurs-Généraux Impériaux le sont d'appeler des jugemens de police correctionnelle.

XLVIe. ARTICLE.

Du Serment.

Le Code Napoléon a rangé le serment parmi les preuves des obligations et des payemens.

Ses dispositions sont contenues dans les articles suivans :

Art. 1357. Le serment judiciaire est de deux espèces:

1°. Celui qu'une partie défère à l'autre pour en faire dépendre le jugement de la cause : il est appelé décisoire ;

2°. Celui qui est déféré d'office par le juge, à l'une ou à l'autre des parties.

§ 1er. — *Du Serment décisoire.*

Art. 1358. Le serment décisoire peut être déféré sur quelque espèce de contestation que ce soit.

1359. Il ne peut être déféré que sur un fait personnel à la partie à laquelle on le défère.

1360. Il peut être déféré en tout état de cause, et encore qu'il n'existe aucun commencement de preuve de la demande ou de l'exception sur laquelle il est provoqué.

1361. Celui auquel le serment est déféré, qui le refuse, ou ne consent pas à le référer à son adversaire, ou l'adversaire à qui il a été référé et qui le refuse, doit succomber dans sa demande ou dans son exception.

1362. Le serment ne peut être référé quand le fait qui en est l'objet n'est point celui des deux parties, mais est purement personnel à celui auquel le serment avait été déféré.

1363. Lorsque le serment déféré ou référé a été fait, l'adversaire n'est point recevable à en prouver la fausseté.

1354. La partie qui a déféré ou référé le serment, ne peut plus se rétracter, lorsque l'adversaire a déclaré qu'il est prêt à faire ce serment.

1365. Le serment fait ne forme preuve qu'au profit de celui qui l'a déféré, ou contre lui, et au profit de ses héritiers et ayant-causes, ou contr'eux.

Néanmoins, le serment déféré par l'un des créanciers solidaire ou débiteur, ne libère celui-ci que pour la part des créanciers.

Le serment déféré au débiteur principal, libère également les cautions.

Celui déféré à l'un des débiteurs solidaires, profite aux codébiteurs.

Et celui déféré à la caution, profite au débiteur principal.

Dans ces deux derniers cas, le serment du codébiteur solidaire ou de la caution, ne profite aux autres codébiteurs, ou au débiteur principal, que lorsqu'il a été déféré sur la dette, et non sur le fait de la solidarité ou du cautionnement.

§ II. — *Du Serment déféré d'office.*

1366. Le juge ne peut déférer à l'une des parties le serment, ou pour en faire dépendre la décision de la cause ou seulement pour déterminer le montant de la condamnation.

1367. Le juge ne peut déférer d'office le serment, soit sur la demande, soit sur l'exception qui y est opposée, que sous les deux conditions suivantes :

Il faut, 1°. Que la demande ou l'exception ne soit pas pleinement justifiée ;

2°. Qu'elle ne soit pas totalement dénuée de preuves.

Hors ces deux cas, le juge doit ou adjuger, ou rejeter purement et simplement la demande.

1368. Le serment déféré d'office par le juge à l'une des parties, ne peut être par elle référé à l'autre.

1369. Le serment sur la valeur de la chose demandée ne

peut être déféré par le juge au demandeur , que lorsqu'il est d'ailleurs impossible de constater autrement cette valeur.

Le juge doit même, en ce cas , déterminer la somme jusqu'à concurrence de laquelle le demandeur en sera cru sur son serment.

Les dispositions de l'art. 1367 ont donné naissance à une question fortement controversée. C'est celle de savoir si, dans le cas où la preuve par témoins est prohibée , les juges prenant les aveux et déclarations des parties pour une preuve non complète , peuvent supplétivement déférer le serment à l'une d'elles.

1ʳᵉ. *Espèce.* — Le 9 mai 1807, le sieur Letellier avait pris un cheval chez le sieur Lemirre.

Le 18 du même mois, Letellier ramena le cheval , mais Lemirre refusa de le reprendre, en prétendant qu'il l'avait vendu à Letellier.

Letellier insistait, au contraire, pour que Lemirre reprît le cheval, à l'égard duquel il soutenait qu'il y avait eu location et non vente.

Le 14 juillet 1807 , le Tribunal de Première Instance de l'arrondissement communal de Neufchâtel rendit le jugement suivant :

Attendu qu'il résulte des plaidoiries des parties , une apparence de livraison, condamne Letellier à payer à Lemirre la somme de 300 livres , pour le prix du cheval dont s'agit en la demande, à la charge par Lemirre d'infirmer par serment , partie présente ou duement appelée , qu'il a réellement vendu le cheval à Letellier.

Letellier s'est pourvu en cassation contre ce jugement , comme ayant violé les dispositions des art. 1341 , 1353 , 1366 et 1367 du Code Napoléon.

Il disait avec l'art. 1367 : dans les cas où la preuve testimoniale est prohibée , les juges ne peuvent déférer le serment, soit au demandeur, à l'appui de sa demande, soit au défendeur , à l'appui de ses exceptions , que dans deux cas.

Le premier est, lorsque la demande ou l'exception ne sont pas pleinement justifiées.

Le second est, lorsque la demande ou l'exception ne sont pas dénuées de preuves.

Appliquant ces principes à l'espéce, il disait que les parties avaient été respectivement dans l'état de simples allégations, puisque l'une disait : je n'ai pas loué le cheval, je l'ai vendu, et que l'autre disait : le cheval m'a été loué, et non pas vendu. Les parties ne rapportaient pas plus l'une que l'autre à ce commencement de preuves, d'après lesquelles il est permis de dire qu'une demande ou une exception ne sont pas totalement dénuées de preuves.

Il n'y avait qu'un fait, celui que le cheval avait été pris par Letellier chez Lemirre.

Or, ce fait ne prouvait pas plus la vente que la location, puisque dans un cas comme dans l'autre, le cheval avait nécessairement été déplacé.

Tout ce qu'on pouvait induire de plus favorable au demandeur, c'est qu'il s'élevait des présomptions en faveur de la demande.

Mais aux termes de l'art. 1353 du Code Napoléon, les présomptions ne peuvent être admises que dans les cas où la preuve testimoniale pourrait l'être.

La preuve testimoniale n'est pas admissible, quand l'objet de la demande excède 150 fr.

Dans l'espéce, l'objet de la demande excédait cette somme.

La preuve testimoniale n'avait donc pas pu être admise.

Et, par conséquent, le juge devait rejeter les présomptions.

S'il ne pouvait les prendre en considération, comment le demandeur pouvait-il jamais acquérir, à la faveur de ces présomptions, non pas une preuve entiére, mais même ce commencement de preuves indispensable, pour accorder le serment supplétoire.

Ce serment supplétoire a cependant été accordé. La loi a donc été violée ; il y a donc ouverture à cassation.

Nonobstant cette argumentation, plus spécieuse que solide, la Cour de Cassation a rendu, le 5 juillet 1808, section des requêtes, au rapport de M. Porriquet, et sur les conclusions conformes de M. Daniels, substitut de M. le Procureur-Général Impérial, l'arrêt dont la teneur suit :

Attendu que les juges de Neufchâtel ont pu, sans contrevenir aux art. 1341, 1353, 1366 et 1367 du Code Napoléon, avoir égard aux déclarations faites par les parties elles-mêmes à l'audience, et déférer le serment au demandeur, pour en assurer davantage la sincérité, la Cour rejette le pourvoi du sieur Letellier.

Nous donnerons dans quelques *Conférences* ultérieures des développemens sur les diverses natures de serment, et sur les discussions auxquelles elles ont donné lieu.

Nous nous occuperons aujourd'hui, des difficultés nées des différens cultes, qui permettent ou défendent telle ou telle nature de serment.

Nous connaissons trois religions différentes qui prohibent le serment, ou qui ne le permettent que dans telle ou telle forme.

C'est la religion des juifs, celle des quakers et des anabaptistes.

Il se présente une première réflexion qui nous paraît importante.

Dans les siècles reculés, lorsque le droit de propriété était encore presque inconnu, les hommes étaient fidèles à leurs engagemens ; ils vivaient ensemble, sans soupçon, sans défiance. La bonnefoi régnait parmi eux ; ils se croyaient réciproquement sur leurs paroles ; ils ne savaient ce que c'était que de faire des sermens ni de les violer.

Mais l'intérét personnel dût diviser ceux qui, jusqu'alors, avaient été unis. Les jouissances corrompirent les mœurs ; le desir de jouir amena celui de posséder, et dès lors naquirent l'ambition et la cupidité, dont la fraude et l'artifice sont les instrumens nécessaires.

Il fallut recourir à des précautions.

On n'avait pas encore imaginé les contrats ; les simples promesses n'étaient plus assez respectées : on chercha à les rendre plus imposantes, en les marquant du sceau de la religion, en y faisant en quelque sorte intervenir la Divinité.

La promesse de l'homme n'étant plus suffisante, on voulut la corroborer par une sorte de cautionnement, et c'est dans le ciel qu'on alla chercher la caution.

Mais l'homme a reçu différens cultes : ce sont autant de moyens différens par lesquels il communique avec le ciel. De là, la nécessité de faire jurer chaque individu suivant son rit, car en lui faisant prêter serment dans une autre forme que celle établie par la religion qu'il professe, ce serment n'aurait aucune autorité pour lui. Il pourrait ne pas se croire engagé plus fortement qu'il ne l'aurait été par une promesse simple, et le but serait manqué.

Nous croyons, d'après ce raisonnement, que les tribunaux doivent non-seulement permettre, mais même enjoindre à ceux auxquels ils défèrent le serment, de le prêter avec les formes et les solennités établies par le culte auquel ils sont attachés.

Cependant, des Cours d'Appel ont jugé diversement ce point de discussion. Nous allons rapporter les arrêts pour et contre.

Les juifs doivent, aux termes de leurs lois religieuses, jurer sur la bible, qui leur est à cet effet présentée par un de leurs Rabbins.

Sous l'ancienne jurisprudence, les tribunaux ne faisaient aucune difficulté de permettre, même d'ordonner aux juifs, de prêter, dans cette forme, les sermens qui leur étaient déférés par la justice.

Dans tous les lieux où il existait des Rabbins, leur présence était nécessaire à toute prestation de serment que faisait un juif, soit en jugement, soit hors jugement.

Il paraît qu'il y avait alors des Rabbins patentés par le souverain, et d'autres Rabbins subalternes, qui n'étaient que des délégués des Rabbins patentés.

Ces Rabbins subalternes n'en étaient pas moins autorisés à intervenir aux sermens que les juifs devaient prêter devant les justices inférieures.

2ᵉ. *Espèce.* — Lazarre Brunswick était porteur d'un billet de la somme de 1540 fr., souscrit à son profit par un sieur Rudler.

Après la mort de ce dernier, Brunswick assigna sa veuve et ses héritiers en condamnation au payement de cette somme de 1540 fr.

Ils se défendaient en alléguant que Rudler et Brunswick avaient compte à faire ensemble, et que divers à-comptes avaient été payés sur le montant du billet.

Le 1ᵉʳ. avril 1739, le juge de Thaun condamna la veuve et héritiers Rudler à payer le montant du billet réclamé par Brunswick, à la charge par celui-ci d'affirmer, 1°. qu'il n'a jamais tenu de journal pour ses propres affaires ; 2° qu'il n'a rien reçu en déduction du montant du billet, et que ce monant entier lui est dû.

Le Rabbin patenté du gouvernement demeurait à Ribeauvillé, à une grande distance de Thaun ; mais, à Affholtz, lieu beaucoup moins éloigné, résidait un Rabbin subalterne, devant lequel le juge de Thaun permit à Brunswick de se présenter pour y faire l'affirmation qui lui était déférée.

Les Rudler se rendirent appelans, devant le Conseil souverain de Colmar, de l'ordonnance qui avait permis à Brunswick de jurer devant tout autre Rabbin que celui de Ribeauvillé, seul patenté par le roi.

Mais par arrêt du 10 juin 1739, rendu toutes les chambres assemblées, *consultis classibus*, le Conseil souverain ordonna :

Que ce serment déféré à Brunswick, et tous autres déférés aux juifs, dans les siéges de Première Instance, y seraient reçus en langue vulgaire, par le Rabbin, lequel serait tenu de les faire faire de la même manière que cela se pratique de juif à juif, et sans fraude, à peine de punition et de tous dépens, dommages et intérêts, lui allouant 20 fr. pour la prestation, et 6 fr. par jour en cas de déplacement.

3e. *Espèce.* — Le Rabbin Samuel Weil exerçait ses fonctions dans toute la Haute-Alsace, en vertu de lettres-patentes du 4 mai 1711.

C'était, aux termes de son titre constitutif, devant lui que les sermens déférés aux juifs de la Haute-Alsace devaient être prêtés.

Il présenta requête au Conseil souverain d'Alsace, à fin d'être autorisé à déléguer d'autres Rabbins non patentés, pour recevoir les affirmations à son lieu et place.

Le 15 mai 1749, le Conseil souverain fit droit à sa demande en ces termes:

Ce Conseil ayant aucunement égard à la requête de Samuel Weil, et y faisant droit, a ordonné et ordonne, que dans tous les cas où il échéra de recevoir en justice des sermens de juifs, du district du suppliant, en exécution de sentences ou autrement, lesdits sermens seront prêtés entre les mains du suppliant, et en cas d'infirmités ou autres empêchemens légitimes de sa part, entre celles des Rabbins des lieux qui seront par lui approuvés.

Des arrêts semblables avaient encore été rendus par le même Conseil souverain, le 8 juin 1753, au profit de Samuel Halberstatt, Rabbin de la Basse-Alsace, et au profit de Samuel Moïse Eusch, Rabbin de la Haute-Alsace, le 12 juillet 1754.

4e. *Espèce.* — Au mois d'avril 1753, un juif avait une affirmation à faire, en exécution d'une sentence de la première Chambre des Requêtes du Palais.

M. Boucher d'Argis raconte qu'à l'audience, l'avocat qui plaidait pour l'Israëlite demanda qu'il fût admis à affirmer suivant les usages et priviléges de sa nation ;

Que M. le Président Desvieux, interrompant la remontrance, ordonna au juif de lever la main ;

Que le juif se couvrit, et au lieu de lever la main, tira de sa poche une bible qu'il mit dans sa main gauche, et posa sa droite sur cette bible ;

Qu'en cet état, le Président lui dit : *vous jurez et promettez de dire vérité ;* à quoi il répondit : *je le jure ;*

Qu'alors le Président lui fit les interrogations nécessaires, auxquelles il répondit, après quoi le Président donna acte de l'affirmation ainsi faite.

De ces divers exemples, il résulte, qu'avant la révolution, les tribunaux admettaient les juifs à affirmer en justice, suivant les régles particulières à leur culte.

Depuis notre nouvelle législation, on a agité la question de savoir si la loi du 27 septembre 1791, qui a admis les juifs à exercer tous les droits civils et politiques, ne les assimilait pas aux autres citoyens, pour la forme de prestation de serment en justice, et si elle n'avait pas à cet égard abrogé les rites de leur culte.

Nous rapportons ici une espèce prise dans l'estimable ouvrage intitulé : Journal de la Jurisprudence du Code Civil.

Bittighœffer, juif, devait, suivant acte notarié du 23 nivose an 8, à Aaron et Gerson Marx, la somme de 8000 fr.

Par autre obligation, du 4 complémentaire, il était encore débiteur de 9350 fr., conjointement avec sa femme, sous le cautionnement solidaire de son beau-père, et avec une espèce de procuration donnée aux créanciers de vendre des biens jusqu'à concurrence de la dette.

Cette vente faite, Bittighœffer et son épouse prétendent que les créanciers ne sont pas légitimes ; ils demandent en conséquence qu'Aaron et Gerson soient tenus de prêter le serment, *d'après le rit judaïque*, sur la sincérité d'icelles.

Jugement qui, par le motif que la légitimité de la créance est prouvée par des titres qui font foi jusqu'à inscription de faux ; que les opposans ne proposent point de moyens de nullité contre aucun d'iceux ; que le serment d'incisoire ne peut être déféré que sur un fait douteux ou qui n'a pas été reconnu par la partie qui le défère ; que le contraire résulte des titres mêmes, qu'ainsi les intimés ne peuvent être obligés de prêter le serment, puisqu'il n'y a pas de doute à lever ; déboute les conjoints Bittighœffer, etc.

Ceux-ci appellent de ce jugement, et argumentent

avec vigueur des art. 1358 et 1360 du Code Civil ;
ils font valoir tous les moyens que nous avons com-
plétement développés, pag. 226 et suiv., du 6ᵉ, vol.
de cet ouvrage, dans nos observations sur plusieurs
arrêts qui avaient été rendus en cette matière.

Ces moyens ont été accueillis par la Cour de
Colmar.

ARRÊT TEXTUEL.

Attendu que tout ce que l'appelant a allégué contre l'acte
du 4 complémentaire an 9, ne tend qu'à faire naître des présomptions qui ne sauraient détruire la foi due à un titre légal
et authentique ; qu'ainsi il y a lieu à cet égard de confirmer le
jugement dont est appel ; et comme les intimés, pour tran-
quilliser l'appelant, ont déclaré sur le barreau qu'ils n'entendent faire usage, quant aux sommes, d'aucun des titres et
cédules antérieurs à la transaction du 4 complémentaire de
l'an 9, et y rappelés, il y a lieu de donner à l'appelant de cette
déclaration, sauf néanmoins l'hypothèque, si aucune il y a ;

Attendu que l'article 1358 du Code Civil est ainsi conçu :
« Le serment décisoire peut être déféré sur quelque espèce
« de contestation que ce soit » ;

Attendu qu'il résulte évidemment de ces dispositions, que
le serment déféré ne peut être refusé par celui à qui il est
déféré, et qui ne saurait se plaindre que sa partie adverse, en
se reposant sur sa probité, fasse ainsi un appel à sa conscience,
et le constitue juge dans sa propre cause. Au cas particulier,
l'appelant oppose par exception aux intimés, que leurs titres
ne sont pas sincères, etc. Or, ne justifiant aucunement des
faits qu'il allègue, il a pu déférer le serment aux intimés,
puisque l'article 360 cité le lui permet, encore qu'il ne rap-
porte aucun commencement de preuve de son exception :
c'est donc mal-à-propos que les premiers juges ont pensé
que le serment ne pouvait être déféré, et c'est le cas d'infirmer sous ce rapport ; d'ailleurs, les intimés ont déclaré ne
pas entendre refuser l'affirmation ; qu'à l'égard de la forme
selon le rit judaïque, à laquelle l'appelant provoque, ils s'en
rapportaient à la prudence de la Cour ;

Attendu que les intimés, en s'en rapportant ainsi à justice,
consentent dès lors à prêter le serment dans la forme que la
Cour arbitrera ; que l'appelant insistant à ce qu'il soit prêté

selon le rit judaïque, il y a lieu d'ordonner qu'il soit prêté dans cette forme ;

La Cour, etc.,

Dit qu'il a été mal jugé, en ce que les intimés n'ont pas été chargés d'affirmer la sincérité et la légitimité de leurs créances ; émendant, quant à ce, ordonne qu'au résidu, le jugement sortira son effet, à charge par les intimés d'affirmer, selon le rit judaïque, que les créances dont s'agit sont sincères, etc.

Du 19 juillet 1806.

Nota. Les intimés se sont présentés au serment avec le s'e.r Salomon, de Colmar, qui faisait les fonctions de Rabbin ; mais le caractère de Salomon ayant été contesté, la Cour ordonna que les intimés feraient intervenir un Rabbin reconnu.

OBSERVATION.

L'arrêt ci-dessus n'a point eu à décider la difficulté de savoir si l'on pouvait astreindre un individu à prêter le serment suivant les formes prescrites par les dogmes de la religion qu'il professe; cette question s'était directement élevée dans l'espèce suivante : déjà nous l'avions examinée dans notre *Praticien Français*, 2ᵉ. vol., pag. 201. Il est à regretter qu'elle n'ait point été décidée nettement dans l'arrêt ci-après :

Voici cependant les faits qui y ont donné lieu.

Thomas Fischer, exproprié dans ses biens, on procédait à la collocation, lorsqu'il s'éleva entre les créanciers, des contestations sur la préférence; le débiteur, qui y figurait aussi, soutint qu'il avait soldé la créance des sieurs Seligmant, Hirsch, Lob et consorts, suivant quittance qui a péri lors de l'incendie de sa maison; qu'aussi cette créance n'avait point été inscrite dans l'inventaire dressé depuis au décès de Lob Mortgé.

Weiller (autre créancier), qui avait excipé que les appelans ne s'étaient pas fait inscrire en temps utile au procés-verbal d'ordre, abandonna cette exception, à charge par lesdits appelans d'affirmer la ligitimité de leur demande, de la manière usitée *dans le rit judaïque.*

Le Tribunal de Wissembourg colloqua les appelans, à charge par eux d'affirmer sur le *Coscher Sepher Thora*, et *d'après le rit judaïque,* en présence du plus proche Rabbin : « qu'ils ne savent, » ni ne croyent que la totalité ou partie de la créance » en question ait été payée, et qu'ils croyent qu'elle » est encore légitimement due; à quel effet un » commissaire à ce nommé se transportera à la sy-» nagogue de Wissembourg pour recevoir ledit » serment. »

Appel.

Voici en résumé les moyens respectifs des parties.

On disait *de la part des appelans* : que la créance n'avait jamais été contestée par le débiteur; qu'il était inutilé ici de leur imposer une affirmation, puisqu'ils étaient presque tous mineurs, et que le tuteur ne pouvait faire que *le serment de crédulité;* que lors du jugement contradictoire du 20 floréal an 12, le débiteur, loin d'avoir osé alléguer pour lors s'être libéré et avoir perdu la quittance dans l'incendie, a au contraire refusé de plaider; qu'en tous cas, le mode de serment prescrit par le Tribunal *a quo* de jurer sur le *Coscher Sepher Thora*, par devant un commissaire à la synagogue, était intolérable et inusité.....

De la part des intimés : que c'est le débiteur lui-même qui a été cause que l'affirmation a été imposée aux appelans, en soutenant qu'il avait soldé leur créance et que la quittance avait été brûlée lors de l'incendie...; qu'ils auraient donc dû intimer également ce débiteur, qui sous ce rapport avait principalement qualité, de même que les autres créanciers, puisque tous avaient intérêt à ce que les appelans fussent chargés de l'affirmation; d'ailleurs, en matière d'ordre, l'affirmation des créanciers est d'usage; que dans l'espèce il ne s'agit pas seulement d'un serment de crédulité, puisqu'on a la certitude que plusieurs des cohéritiers appelans ont une connaissance personnelle de la libération de la dette : que si les premiers juges ont proscrit le mode du serment dans *le rit judaïque*, c'est parce que l'on sait que les juifs se jouent du serment ordinaire; qu'ils ne regardent comme acte religieux, obligatoire pour eux, que le serment qu'ils prêtent par l'organe du Rabbin.

Arrêt textuel.

Attendu que le point de fait ne se trouve pas encore assez éclairci pour qu'il puisse y avoir, dès à présent, une décision définitive; qu'il importe que la Cour ait, au préalable, sous les yeux, l'inventaire dressé au décès de Lob Mortgé, tuteur des appelans.

La Cour ordonne que les appelans produiront, dans le mois, l'inventaire dont il s'agit, etc.

Du 24 janvier 1806.

Nota. Lorsque la question se présentera à décider au fond, elle éprouvera sûrement quelques difficultés. Nous allons donner une idée de ce qui se pratiquait anciennement.

Les réglemens du ci-devant Conseil souverain d'Alsace, en exigeant que les juifs fussent assistés d'un Rabbin, lorsqu'ils avaient à prêter une affirmation, n'avaient rien prescrit quant aux cérémonies, ni au lieu où le serment doit être prêté, à la synagogue ou ailleurs. Le juif à qui un serment était imposé, se présentait devant le juge; un Rabbin était appelé pour lui faire prêter, en *langue vulgaire*, le serment selon le *rit judaïque;* on s'en rapportait à cet égard à la foi du Rabbin; on n'en exigeait pas davantage : cela est confirmé par un arrêt du Conseil, rendu dans l'espèce suivante:

Le 15 mai 1782, Thiébaut Müller et sa femme, de Locheviller, furent condamnés par le bailli de Marmoutier, au payement de 197 florins, portés par obligation de 1774, passée au profit de Leyser Kahn, juif de Marmoutier, en *affirmant, par celui-ci, qu'il n'a pas reçu les livraisons articulées, etc.*

Kahn donne assignation aux conjoints Müller pour voir faire l'affirmation.

Par acte du 16 juin 1782, ces débiteurs acquiescent à la sentence, à charge par Kahn de prêter le serment d'après le formulaire qu'ils ont inséré audit acte, et dont voici l'analyse :

Le juif fera venir un Rabbin duement instruit dans la science rabbinique... avec lequel il se rendra, en présence des requérans, au jour fixé, dans la salle de l'auditoire de Marmoutier, tous deux revêtus du manteau, et couverts du chapeau qu'ils portent à la synagogue, en même temps il fera trouver audit auditoire douze garçons juifs, de 14 ans, qui doivent représenter les douze tribus d'Israel : après quoi se tenant debout au milieu d'eux, il lavera ses mains et les essuiera après le manteau; ensuite il tirera sa ceinture de cuir des dix commandemens, liera avec cette ceinture son bras droit au bras gauche du Rabbin, puis posera la main droite jusqu'au poignet sur la bible, à la page et à l'endroit où se trouvent les mots de la loi et du commandement de Dieu qui portent ce qui suit : ADONAÏ CLOECHA LACHOFF KILO JENAYE ADONAÏ et ARCHET, ISSA et SCHDMO LACHOFF ; *c'est-à-dire vous ne prendrez point le nom du Seigneur votre Dieu en vain, car le Seigneur ne laissera pas impuni celui qui prendra son nom en vain....*

Vient ensuite une invocation, puis le serment, et enfin des imprécations, etc.

Les débiteurs terminèrent leur acte en déclarant que si Kahn ne voulait affirmer de la sorte, ils interjetaient appel..... Le juif présente sa requête et demande permission de passer outre à l'exécution de la sentence, aux offres qu'il fait d'affirmer suivant la sentence.

Arrêt du 8 juillet 1782, au rapport de M. Michelet, rendu en la première chambre, où M. Jourdain, greffier actuel de la Cour de Colmar, tenait le plumitif comme greffier audiencier; par lequel il a été ordonné qu'il sera passé outre à l'exécution de la sentence, *à charge par Kahn de faire son affirmation entre les mains d'un Rabbin, si les appelans le requièrent, pardevant le juge dont est appel.*

5e. *Espèce.*—Un jugement du Tribunal de Sarrebourg, en date du 17 décembre 1807, avait renvoyé le sieur Coblentz, juif, d'une demande contre lui formée, à la charge par lui d'une affirmation qu'il ferait suivant les formes établies par le rit auquel il est attaché

Coblentz, appelant de ce jugement, soutenait qu'ayant été, par la loi du 27 septembre 1791, assimilé à tous les autres citoyens français, pour l'exercice de ses droits civils et politiques, il l'était nécessairement aussi pour le mode de jurer en justice.

Le 15 juillet 1808, la Cour d'Appel séante à Nancy, a, sur ce litige, rendu l'arrêt suivant :

La Cour, considérant que le serment est tout à la fois civil et religieux ; civil, parce que la loi l'autorise ; religieux, parce que celui qui le prête, prend Dieu à témoin de la vérité de sa déclaration. Que si la différence des cultes en met dans les solennités qui doivent l'accompagner pour lui donner le caractère d'un véritable serment, les solennités, les formes sont de l'essence du serment dans le culte qui les prescrit, et qu'elles doivent être respectées comme le culte lui-même, sans quoi il n'y aurait pas même de serment ; et que loin de trouver dans la loi une disposition contraire, le principe est puisé dans la loi même qui protège également tous les cultes ; que l'appelant et l'intimé sont juifs tous deux, et tous deux soumis par conséquent aux formes religieuses établies dans le culte juif, qui n'admet de sermens, qui n'en connaît de valables que ceux où un Rabbin est appelé pour présenter, en présence du juge, aux juifs qui doivent jurer, la bible sur laquelle ils jurent ;

Que cette forme, sans laquelle un juif ne se croit point engagé, connue dans tous les lieux habités par les juifs, a été observée dans tous les temps dans les tribunaux des ci-devant provinces de Lorraine et d'Alsace, où il y avait plus de juifs qu'ailleurs, et où l'on aurait même inutilement exigé d'eux d'affirmer à la forme simple des chrétiens ;

Que le serment se rapportant à Dieu, il est dans la raison, comme dans l'esprit de la loi qui l'autorise, que celui qui le prête le fasse selon le mode que lui prescrit son culte, puisque c'est la seule garantie que l'on puisse avoir de la vérité de sa déclaration et de la justice de sa défense ;

Que c'est en vain que l'appelant invoque sa qualité de citoyen français, qui ne lui est point contestée non plus que ses droits politiques ; qu'un juif peut être citoyen français et jouir de tous les avantages que ce titre procure, sans préjudice pour cela au privilége de tromper ses concitoyens, comme on peut le présumer de celui qui, chargé d'affirmer, veut prêter son affirmation dans une forme que sa religion ne regarde pas comme obligatoire, et qui n'aurait d'autre effet que de le dispenser de l'affirmation, laquelle ne serait qu'un jeu pour lui, après en avoir écarté la solennité d'usage, et la seule forme qui puisse lui donner, aux yeux des juifs, la force d'un serment ; système contraire à une saine morale, et qu'il est impossible d'admettre dans l'administration de la justice ;

Par ces motifs,

La Cour a déclaré l'appelant non recevable et mal fondé dans son appel, et l'a condamné à l'amende et aux dépens.

Nous avons annoncé que la question avait été diversement jugée par des Cours différentes.

Voilà comment la Cour d'Appel séante à Turin, l'a décidée.

6e. *Espèce.* — Dans une cause pendante devant ladite Cour, il avait été rendu, le 14 décembre 1808, un arrêt préparatoire, portant que le sieur Joseph Trèves serait tenu de communiquer dans huitaine au sieur Jerrero Dormeu, 1°. un acte de transport que Lazarre Trèves avait fait audit Joseph Trèves, d'une créance sur ledit Jerrero Dormeu ; 2°. deux lettres de change et un arrêté de compte formant les titres de la créance transportée.

L'arrêt portait en outre cette disposition :

Sauf audit Trèves d'affirmer par serment devant le Cour, qu'il ne retient point ces pièces, qu'il ne sait où les prendre, et qu'il ne s'en est point dessaisi par dol et par fraude.

En exécution de cet arrêt, Joseph Trèves offrit la communication de l'acte de transport ; mais quant aux deux lettres de change et arrêté de compte, il déclara ne point les avoir, et offrit de faire l'affirmation ordonnée par l'arrêt du 14 décembre.

Le sieur Jerrero Dormeu éleva alors un incident sur le mode de cette affirmation, et conclut à ce que la Cour ordonnât que Joseph Trèves la ferait suivant le rit judaïque.

Trèves, au contraire, soutint qu'il devait jurer dans la même forme que tous les autres citoyens français, et offrit néanmoins de le faire conformément au rit judaïque, si la Cour l'ordonnait ainsi.

Sur cette contestation, intervint, le 22 février 1809, arrêt conforme aux conclusions du ministère public, en ces termes :

« Considérant que, quoiqu'il soit incontestable que l'acte solennel par lequel l'homme prend Dieu à témoin de la vérité de son affirmation, est un acte purement religieux et tellement important, que toutes les nations civilisées l'ont regardé comme le supplément des lois civiles, il est néanmoins certain et conciliable avec la dignité de la chose, de dire qu'il ne faut guère confondre l'essence du serment avec les formes dans lesquelles il peut être fait en justice, qui n'en sont que l'accessoire ; la première, sanctifiée par toutes les religions, est aussi indépendante que la conscience ; les secondes, plus sensiblement liées à l'ordre public, ont été dans tous les temps dans le domaine de la loi civile, et c'est dans ce sens que doit être expliqué ce qu'en disent les auteurs en la matière, lorsqu'ils désignent le serment sous le titre d'un acte civil et religieux ;

Que si cette vérité avait besoin d'être prouvée, on pourrait recourir à ces fins à un argument frappant, tiré des anciennes constitutions du ci-devant Piémont, où on verrait des formalités plus solennelles établies pour le cas où le serment avait lieu pour un objet d'une valeur excédant les 400 liv., et des autres moins importantes pour les choses évaluées à des sommes moindres : et enfin, on trouverait encore une infinité de cas où le serment s'accomplissait par le seul attouchement des écritures, dans les mains de la personne chargée de le recevoir, et cependant on n'aurait point osé contester que cette variation de formes ne portait aucune atteinte à la validité du serment, qui était indistinctement regardé, dans tous les cas, comme un appel fait à la conscience, de la manière que la loi du pays avait jugé convenable de déterminer ; considérant que, quelle que soit la différence qui existe entre le culte de l'Eglise Catholique et celui de la Synagogue, la loi civile étant uniforme pour tous, la différence d'opinions religieuses ne suffit plus pour rendre les hommes inégaux dans le temple de la Justice, où le devoir exige de confondre tout ce qui, partout ailleurs, forme matière à distinction ; — Qu'ainsi, puisque d'un côté les magistrats emploient indistinctement des formes déterminées et invariables, en vidant les contestations qui leur sont soumises ; puisque les règles de la procédure n'admettent rien d'arbitraire en raison des personnes, il est conforme à l'ordre public que, de l'autre, les actes quelconques et ceux surtout qui doivent, au vœu spécifique de la loi, être passés pardevant le juge, ainsi qu'il arrive du serment, le soient d'une manière uniforme par tous ceux qu'il appartient d'en faire : de manière qu'on peut dire que l'uniformité dans les signes extérieurs, dirigés à faire comparaître la vérité en face des tribunaux, quelque liaison intime qu'ils ayent avec le secret de l'âme, est aussi raisonnable et nécessaire que celle du langage et des costumes, dans les affaires civiles et dans les fonctions de la vie publique, où une tolérance libérale confond, pour ainsi dire, et par pure fiction légale, le catholique avec l'israélite, l'anabaptiste avec le musulman ; — Considérant que, si l'on parcourt les recueils de jurisprudence, interprètes les plus sûrs des lois et des usages, on y trouve une série de preuves de la maxime qu'on vient d'établir ; on y voit surtout que les tribunaux français, ceux même qui se sont trouvés moins éloignés qu'on ne l'est aujourd'hui des temps où, par l'influence d'intérêts de vues étrangères à la sainteté du serment, on en était au point de le croire nécessaire dans presque toutes les transactions et dans toutes les instances judiciaires, ont pensé cependant que l'admission des individus professant une religion autre que la catholique, à jurer suivant leur rit spécial, était un privilége dont le juge pouvait bien, suivant les temps et lieux et autres circonstances, accorder ou refuser l'exercice ; mais qu'aucun droit positif ne pouvait autoriser la prétention de la faire adopter ou de l'exclure ; et aussi on a vu tour à tour les Parlemens accorder ou refuser ce privilége. Telle est la cause d'une espèce de contradiction qu'on remarque dans les arrêts, comme, par exemple, entre la notice donnée en la matière par Denisart, au mot *Juif*, et l'arrêt rapporté au Répertoire Universel, au mot *affirmation*. — S'il a donc été dans l'arbitre du juge d'adopter ou non les formes appartenantes à chaque rit, lorsque ces formes étaient reconnues par l'usage et par la loi, il doit être au moins plus régulier de n'en plus admettre aucune, depuis que la loi trace une forme unique et uniforme, sans en connaître de spéciale et de privilégiée. Considérant que ce qu'on vient d'observer ne saurait être affaibli par l'objection que la loi ne prescrit aucune forme sacramentelle à suivre dans la prestation du serment, et qu'ainsi le juge, pour plus ample garantie de l'acte, peut recourir à la solennité qu'il croit la plus imposante pour l'individu qui le passe, et exiger en conséquence que le serment soit fait sur le saint évangile, ou sur la bible ou le koran, etc., etc., suivant la croyance de celui qui jure ; car, même sans contester la vérité de ladite proposition, on ne peut cependant, en l'état des choses, admettre une conséquence si évidemment erronée : en effet, il faut d'abord retenir que la loi n'a sanctionné expressément aucune forme, parce que l'usage général consacré par la jurisprudence, avait depuis long-temps introduit en France une manière seule de jurer pour tous les Français ; elle consiste à affirmer, étant debout, la main droite nue et levée, en prenant Dieu à témoin que telle chose est vraie. Le motif principal d'un tel usage n'a pas besoin de développement ; car n'est-il pas évident que, par cette forme, l'homme qui jure, engage solennellement sa conscience, et prend la Divinité à témoin de ce qu'il affirme, et en s'assujétissant à sa vengeance, si ce qu'il affirme est faux, quels que soient les rits de la religion qu'il professe, disent les publicistes, se réduit à une affirmation faite sur sa conscience, et à une imprécation contre le parjure ; ainsi, la forme, quoique variée par les signes, est toujours la même pour le fond ; — Qu'il est, en second lieu, constant en fait que cet usage a été formellement adopté et proclamé dans le ci-devant Piémont, par l'art. 70 du réglement sur la forme

*

de procéder du 28 frimaire an 10, et ainsi antérieurement au nouveau Code, en supprimant sous ce rapport les dispositions des anciennes constitutions; — D'où il suit que, d'après les règles élémentaires du droit, il faut dire que la loi nouvelle ayant trouvé un usage constant et général, légitimement établi, et n'ayant rien statué en la matière, est censé l'avoir confirmé par une sanction tacite; et le juge qui la changerait arbitrairement, en rappelant aujourd'hui l'usage des formes antiques sur ce point, s'érigerait, pour ainsi dire, en législateur, en franchissant les bornes de la juste démarcation des attributions et des pouvoirs; — Au surplus, le fondement de cet usage uniforme, ainsi que la raison du silence de la loi à son égard, consistent essentiellement dans un principe inhérent dans la législation actuelle, qui est de toute sagesse et qui sert de plus ample garantie contre toute prévention qui pourrait naître de l'influence étrangère des idées surnaturelles et des préjugés d'opinion: — En effet, ce serait contrarier ouvertement l'esprit de la loi civile, que de forcer l'homme qui invoque l'appui de la justice humaine à dévoiler au préalable quelle religion il professe, pour savoir sous quelle forme on doit enchaîner sa conscience au nom de la Divinité, et quelles nuances son assertion doit avoir pour être censée véritable et obligatoire; — Considérant que, ne pouvant être contesté, d'après l'usage constant de l'ancienne et de la nouvelle France, que tous les auteurs attestent qu'une forme unique de serment a été reçue indistinctement pour tous les Français, on ne pourrait non plus soutenir le contraire par un argument tiré du décret impérial du 7 mars 1808, contenant des mesures qui paraissent établir ou conserver, aux yeux même de la loi civile, une distinction marquante relativement aux individus professant la religion de Moïse. Car il doit suffire d'observer que, précisément parce que dans les choses où la loi a plus exigé du juif que du chrétien, elle l'a exprimé, et encore par une mesure textuellement temporaire, en donnant à son silence le seul sens qui lui appartient, on doit dire qu'elle n'a rien voulu statuer sur la forme du serment, puisqu'elle n'en a point parlé. Une disposition législative exhorbitante du droit commun, ne peut et ne doit recevoir en justice aucune extension au delà des bornes que son texte présente; — Considérant enfin que le refus du juif Trèves de jurer suivant son rit qui forme l'objet de sa conclusion principale, soit l'effet de sa mauvaise foi, ou du desir de faire fraude aux hommes d'une religion différente de la sienne, et aux vues de la justice, ne saurait être accueillie, après que, par une conclusion subordonnée, il s'est dit prêt à le faire, si la Cour le croit régulier et légal, ce qui ne peut pas être par les motifs qu'on vient d'exprimer : — La Cour, faisant droit, admet Joseph TRÈVES à faire, par-devant la Cour, à la première audience après la signification du présent arrêt, partie présente ou duement appelée, le serment porté par l'arrêt précédent du 14 décembre 1808. »

7e. *Espèce.*-En fondant une colonie dans le Nouveau Monde, Thomas Penn y établit une secte religieuse, sous la dénomination de QUAKERS.

Les lois de ce culte défendent de jurer par le nom de Dieu.

Les Quakers ne se croyent pas dignes de prononcer un nom aussi auguste.

La formule de leur serment est :

J'affirme devant la Justice, et en présence de l'Être qui me défend, sous peine de blasphème, de prononcer son nom, la vérité de ce que je vous déclare. Si je la trahis, je me voue à toutes les peines contre les parjures.

8e. *Espèce.* — Le sieur Jona Jones, négociant à Bordeaux, professant la religion de Penn, avait frété et chargé à Bordeaux, le navire américain *le Pigou*, pour l'île de France.

Ce bâtiment, pendant son voyage de retour, fut capturé par les Anglais, et conduit à Hallifax dans la nouvelle Écosse.

La cargaison fut confisquée, et le sieur Mason, associé du sieur Fenwick de Bordeaux, racheta la presque totalité des marchandises dont la capture avait été déclarée bonne et valable.

Ces achats furent faits en présence, et au vu et su du sieur Gabriac, que le sieur Jona Jones avait établi subrécargue à bord du *Pigou*.

Il paraît que les marchandises rachetées par le sieur Mason, furent revendues avec perte assez considérable, ce qui fit naître de la part des sieurs Mason, Fenwick et compagnie, la prétention de faire supporter cette perte par le sieur Jona Jones, pour le compte duquel ils alléguaient avoir fait le rachat.

Ils l'assignèrent devant le Tribunal de Commerce de Bordeaux, au payement de la somme qui faisait la différence entre le prix du rachat, et le produit de la revente.

Le sieur Jones se défendait en disant qu'il n'avait jamais donné l'ordre de racheter la cargaison, ni pour lui, ni pour ses cointéressés; qu'on ne lui avait jamais annoncé que ce rachat eût été fait pour son compte : il offrait d'affirmer ces deux faits selon sa religion, et moyennant cette affirmation, il demandait à être relaxé de la demande.

Le 9 germinal an 11, le Tribunal de Commerce séant à Bordeaux, rendit un jugement par lequel :

Attendu que les demandeurs ne sont pas fondés en titre, relaxe le sieur Jona Jones de la demande contre lui formée par les sieurs Mason, Fenwick et compagnie, *à la charge par ledit Jona Jones, et conformément à ses offres,* de se purger par serment devant le Tribunal, parties présentes ou duement appelées, qu'il n'avait jamais donné des ordres à Gabriac ni à Mason, ni aux sieurs Gouverneur et Kemple, ses correspondans à New-Yorck, d'acheter, en tout ou en partie, la cargaison du navire le *Pigou;* qu'il n'avait jamais reçu les comptes d'achats et reventes de ladite cargaison, avant que le sieur Fenwick les lui eût présentées à son retour d'Amérique, et qu'il n'avait nullement été instruit de ce rachat pour son compte et celui de ses intéressés affréteurs.

Les sieurs Mason, Fenwick et compagnie se rendirent appelans de ce jugement, mais il fut confirmé par arrêt de la Cour d'Appel séant à Bordeaux, rendu le 12 août 1806.

Jona Jones fit indiquer jour pour son affirmation; il assigna les adversaires pour y être présens; ils firent défaut, et par son jugement du 10 mars 1807, le Tribunal de Commerce donna acte à Jona Jones, de ce qu'il avait *affirmé dans les principes de sa religion et en son âme et conscience*, les faits sur lesquels les jugement et arrêt avaient ordonné son affirmation.

Les sieurs Mason, Fenwick et compagnie se sont rendus appelans de ce dernier jugement; ils fondaient leurs griefs sur cette disposition qui a admis Jona Jones à jurer suivant le rit des quakers.

Mais la Cour d'Appel a de nouveau proscrit leur réclamation, par l'arrêt dont la teneur suit:

La Cour, considérant qu'il résulte du jugement du 9 germinal an 11, que le sieur Jones, par ses conclusions, avait offert d'affirmer, suivant les principes de sa religion, qu'il n'avait point autorisé le rachat qu'on prétendait avoir été fait pour son compte;

Que dès lors le Tribunal de Commerce, en ordonnant que le sieur Jones se purgerait par serment et conformément à ses offres, est censé n'avoir entendu et n'a pu entendre, autre chose, si ce n'est que le sieur Jones ferait l'affirmation judiciaire qu'il avait offerte, parce que, d'après le langage des auteurs, et les dictionnaires de droit, les mots serment et affirmation se confondent dans la même acception;

Qu'autrement il y aurait contradiction dans les termes du dispositif du jugement, en ce que, d'une part, le Tribunal aurait adopté le serment ou l'affirmation offerts par le sieur Jones, et que, d'autre part, il aurait ordonné un serment contraire à celui qui était offert;

Que cette contradiction n'existe point, puisque les juges du Tribunal de Commerce, en recevant, par leur jugement du 10 mars 1807, l'affirmation offerte par le sieur Jones, lui donnèrent acte de ce qu'en exécution du jugement du 9 germinal an 11, il avait affirmé dans les principes de sa religion, en son âme et conscience; d'où il suit que le même Tribunal a décidé qu'il n'avait ordonné que l'affirmation judiciaire offerte par le sieur Jones, et suivant les principes de sa religion, sans quoi, il n'aurait reçu cette affirmation, ni n'en aurait donné acte;

Considérant, d'ailleurs, que le serment est tout à la fois un acte civil et religieux; qu'il ne peut être par conséquent obligatoire pour celui qui le prête, qu'autant qu'il est conforme à sa croyance religieuse ; que ce serait un acte indifférent et dé-risoire qu'un serment contraire à la religion et au culte de celui à qui la justice l'impose ;

Qu'il est prouvé au procès que le sieur Jones est né quaker et professe la religion des quakers ; que le sieur Fenwick conteste vivement aujourd'hui ce qu'il a formellement reconnu dans sa lettre du 18 mars 1808 ; que la négligence des devoirs d'une religion n'en détruit pas la croyance ; que la religion des quakers leur interdit de jurer au nom de Dieu, et ne leur permet que l'affirmation en leur âme et conscience ; qu'on ne pourrait donc exiger du sieur Jones un serment contraire à sa religion, qu'en violant la liberté des cultes et des cons-ciences, qui est expressément garantie par les lois de l'État ; qu'aucune loi civile, actuellement en vigueur, n'a prescrit une forme exclusive de serment, et qu'ainsi on ne peut exiger d'aucun citoyen d'autre serment que celui que sa religion lui permet : que ces maximes ont été consacrées par plusieurs arrêts récens, notamment par celui de la Cour d'Appel de Nancy, du 10 juillet 1808, rendu dans la cause de deux juifs, et qu'il ne paraît pas qu'il en ait été rendu de contraire par la Cour de Cassation ;

Que de là il résulte cette conséquence ultérieure que les sieurs Fenwick, Mason et compagnie sont non-recevables, sous tous les rapports, à se plaindre du jugement du 10 mars 1807, qui a reçu l'affirmation judiciaire du sieur Jones, en exécution de celui du 9 germinal an 11 ;

Reçoit les sieurs Fenwick, Mason et compagnie, opposans pour la forme, envers l'arrêt du 23 février 1808 : néanmoins ordonne que ledit arrêt sera exécuté selon sa forme et teneur ; condamne les sieurs Fenwick, Mason et compagnie aux dépens.

Quel que soit notre respect pour les motifs qui ont déterminé l'arrêt de la Cour d'Appel de Turin, nous ne balançons pas à admettre de préférence ceux qui ont déterminé les Cours d'Appel de Nancy, Colmar et Bordeaux.

Nous desirons que la question soit soumise aux lumières de la Cour de Cassation, et nous nous empresserons de publier sa décision.

FIN DU SECOND VOLUME.

TABLE DES ARTICLES

CONTENUS

DANS CE VOLUME.

FIN DE LA TABLE.